本书获得教育部国别和区域研究培育基地——西南科技大学拉丁美洲和加勒比研究中心出版资助

黄卓才 袁艳◎编著

从契约华工
到改革先锋

From Indentured Labor
to Reform Pioneers

中国社会科学出版社

图书在版编目（CIP）数据

从契约华工到改革先锋：中国人抵达古巴 170 周年纪念
文集／黄卓才，袁艳编著 . —北京：中国社会科学出版社，
2017.7

ISBN 978 - 7 - 5203 - 0311 - 8

Ⅰ . ①从… Ⅱ . ①黄…②袁… Ⅲ . ①华工—古巴—
近代—纪念文集 Ⅳ . ①D634.375.1 - 53

中国版本图书馆 CIP 数据核字（2017）第 099923 号

出 版 人	赵剑英	
责任编辑	张　林	
特约编辑	张冬梅	
责任校对	高建春	
责任印制	戴　宽	

出　　版	中国社会科学出版社	
社　　址	北京鼓楼西大街甲 158 号	
邮　　编	100720	
网　　址	http://www.csspw.cn	
发 行 部	010 - 84083685	
门 市 部	010 - 84029450	
经　　销	新华书店及其他书店	

印　　刷	北京明恒达印务有限公司	
装　　订	廊坊市广阳区广增装订厂	
版　　次	2017 年 7 月第 1 版	
印　　次	2017 年 7 月第 1 次印刷	

开　　本	710×1000　1/16	
印　　张	25.25	
插　　页	2	
字　　数	406 千字	
定　　价	118.00 元	

目　　录

第二辑　学术论文

身份认同与文化对话：华裔古巴人与

第三辑　特写与访谈

第四辑　书评与序跋

代　序

沉舟侧畔千帆过

——纪念中国人到达古巴 170 周年

黄卓才①

　　170 年前即 1847 年的 6 月 3 日，是古巴华侨史上一个饱含辛酸而又意义非凡的日子。那一天，从厦门起航的"奥肯德"号双桅帆船，经过 131 天漫长的航行，载着 206 名契约华工抵达哈瓦那港。检疫后，这些华工被陆续转卖到古巴各地，在白人庄园主、工厂主和黑人工头的严酷管制下于甘蔗园、制糖厂等从事超负荷的繁重劳动，中国人在古巴艰辛谋生的序幕由此揭开。而从古巴人的视角，这个日子也有特殊意义，它"标志着远涉重洋的华工成为我们古巴民族的一部分，他们将古老悠久的民族文明和丰富多彩的异国文化融进了我们古巴民族的怀抱"。②

　　其后一个半世纪，有 20 多万中国移民旅居过这个拉美岛国。从契约华工时期到自由移民时期，他们由原先没有人身自由、地位低下的"猪仔""苦力"，变成可以自由择业的劳动者，成为有一定经济能力的华侨小商小贩，实现了社会地位的蜕变和提升。作为古巴当年主要外来劳动力的十四五万契约华工，将自己的血汗、青春和生命贡献给这个西班牙殖民地国家，助力其发展成被誉为"世界最大糖罐"的产糖大国。

---

① 作者为暨南大学中文系教授、华侨华人研究院研究员。
② ［古巴］梅塞德斯·克雷斯波·德格拉著，刘真理、王树雄译：《从苦力到主人翁——纪念华人到古巴 150 周年》，世界知识出版社 1996 年版，第 15 页。

19 世纪末，华侨华人积极参与两次古巴民族独立战争①，涌现了许多战斗英雄和可歌可泣的事迹，其中胡德上尉还在战后被古巴人推举为总统候选人。"在古巴的中国人，没有一个是逃兵，没有一个是叛徒。"② 华侨把古巴看成自己的第二个祖国，骁勇善战，忠义报国，深受古巴人民的称赞。

其后，赎回自由之身的契约华工与由美国加利福尼亚辗转而来的华侨，还有接踵而至的中国自由移民，在古巴首都哈瓦那市中心开辟了纵横40 多条街道的大华区。高峰时期，哈瓦那华侨达十万人，华侨社团 140 多个。他们筚路蓝缕，众志成城，营造了拉美最大最繁华、可以媲美三藩市唐人街的华埠，为这座城市一跃成为"小巴黎"增添了无限的东方风情。与此同时，古巴华侨华人遍布 300 多个城镇，所拥有的商店、餐馆、工厂、农场等发展到 4000 家。这些中小企业活跃了古巴城乡经济，为当地居民提供了生活便利和优质服务。

20 世纪中期，又有华人华裔加入卡斯特罗革命的洪流，涌现了以崔、蔡、邵黄三位华裔将军为代表的大批革命者。在 20 世纪 90 年代开始的政治经济中"更新"，华裔邵黄将军在劳尔·卡斯特罗的支持下带领部队种菜，顶着保守势力的反对，参与和开启了古巴经济改革之门。另有一批华侨华裔，则"春江水暖鸭先知"，率先在中国城开设了"广州餐室""东坡楼""天坛饭店"等十多家私营餐厅，勤奋耕耘个体经济再生的"试验田"，从而成了勇立改革潮头的先锋。

长期以来，古巴华侨华人在努力学习和吸取所在国西洋文化的同时，也孜孜不倦地传扬中华文化。他们以言传身教、潜移默化等灵活有效的方式，让中华文化在古巴发扬光大，对古巴人的思想行为、道德取向、饮食习惯、宗教信仰、医药技术、文化艺术和生活习俗产生了深刻影响。华侨融入古巴民族的程度之深、之独特，在世界上是有数的。他们不但都用西班牙语（古巴法定语言）名字，还与白人、黑人同居、结婚，生下大量

---

① 参见庞炳庵《中国人与古巴独立战争》，北京新华出版社 2013 年版。

② 古巴政治家、民族战争英雄贡萨洛·格德萨达（Gonzalo de Quesada）将军语。出自其《中国人与古巴独立》一文，1892 年 1 月，后收入庞炳庵《中国人与古巴独立战争》一书，新华出版社 2013 年版。

混血儿，在古巴民族的血液里直接注入中华民族勇敢、勤劳、聪慧的基因。华侨华人对古巴社会的贡献的确难以估量。正如古巴前驻华大使夫人梅塞德斯·克雷斯波·德格拉女士所说："从中国人踏上古巴这块土地开始，他们就把自身的精华、文化、传统习俗、反对奴隶制、反对殖民主义和反对独裁统治的斗争精神，为捍卫国家主权而奋战的英雄气概，统统融进了我们的民族。而我们的祖国也像对待自己的儿女一样接纳了他们。中国人在这儿扎根、安家落户、繁衍子孙，最终，在他们的心灵深处抹去了国界线。"①

今天，我们纪念中国人到达古巴170周年，首先要缅怀历史，追思先侨。早期的古巴先侨遭遇过"猪仔劳工"的非人待遇和深重苦难，参与过两次民族独立战争；后来的自由移民也经历过20世纪中期的卡斯特罗革命，经历过严酷的"国有化"社会主义改造。170年的古巴华侨史几次大起大落，既饱含辛酸苦涩，又充满自豪与荣光。这么大的反差，在世界华侨史上是独一无二的。我们对被拐骗、贩卖的"猪仔"寄予无限的同情，对早期自由移民的勇敢和无畏深表敬佩。五六个月漫长的海上航行，乘坐的是设备很简陋、安全没有保障的帆船，要去的是地球另一边的陌生世界，这，需要多么大的决心和勇气啊！"家里贫穷去阿湾，去到阿湾实艰难。""猪仔"劳工的深重苦难乃至一去无回，后来者不是毫无所知，但为了谋生、为了追求好一点生活，"明知山有虎，偏向虎山行"，他们的漂洋过海是以豁出去的生命为代价的。而当他们被欺压迫害走投无路时，又敢于呼唤呐喊，向祖国亲人求救。于是就有清朝政府派出陈兰彬外交使团前往调查交涉的壮举。这种勇于拼搏、敢于抗争的精神，多么值得颂扬！

鲁迅先生有句名言："我好像一头牛，吃的是草，挤出来的是奶、血。"老一代古巴华侨都有这样的优秀品格。他们生活和创业的条件十分艰苦，即使在资本主义发达的20世纪30—50年代，在古巴做生意也受到诸如《五十工例》等法律上、经营上的种种掣肘。为了开个街角店铺，摆个路边小摊养家糊口，也要兢兢业业、胼手胝足，千方百计躲避贪官污

---

① ［古巴］梅塞德斯·克雷斯波·德格拉著，刘真理、王树雄译：《从苦力到主人翁——纪念华人到古巴150周年》，第17页。

吏敲诈勒索，犹如"戴着锁链跳舞"。因此，我们从未听说过古巴华侨中出现过哪家大公司、大企业，出现过哪一位资本家、企业家。然而，"国家兴亡，匹夫有责"，就是这样一个华侨"匹夫"群体，却在抗战初期专门派人把集腋成裘的一万美元送回国内，送到前线抗日部队。其后八年抗战中，他们又众志成城，捐款总数竟达 240 万美元之巨！古巴华侨堪称世界上家国观念最强的华侨！他们夜以继日辛勤劳作所赚到的一点血汗钱，总是极尽所能寄回家乡，赡养父母妻儿亲人，接济穷苦亲友，支援国家建设。1968 年老侨胞最后一批店铺摊档被没收，只靠微薄退休金苦度余生。他们连自身也难保了，却仍然坚持将仅有的一点积蓄寄回家乡，直至生命的最后一刻。"春蚕到死丝方尽，蜡炬成灰泪始干"，这种爱国爱家，终身为祖国、为亲人无私奉献的精神，是多么的感人！

纪念中国人到达古巴 170 周年，我们同时要关注当下，护侨惠侨。古巴老侨民如今只剩 100 多人，2000 年以来因结婚等原因移民的新华侨也只有二三十人。他们是一个十分弱势的群体。我们首先希望中国政府的"惠侨行动"继续发展，有关措施进一步落到实处，并且重点惠及垂垂老矣、贫病交加但乡愁很重的古巴老华侨，尽可能帮助他们解决一些生活困难。经济发达的侨乡，侨务部门已经在邀请、资助古巴华人华裔回乡观光寻根；关注古巴华人命运的学者和社会人士也在行动，爱护古巴老侨，扶助古巴新侨，这些行动都很得侨心。古巴侨团都有自己的资产，诸如会馆、餐厅、学校、报馆、坟场等，我们要多方合力，做好保护工作。现时哈瓦那和许多中小城市的馆舍已经关闭。古巴第一家、建馆时间比古巴中华总会馆还早的大沙华中华会馆已经人去楼空 20 余年，馆内文物资料片纸不留[1]。《光华报》2012 年被停刊，其百年老印刷机等设备也有被古巴政府当作国家文物接收的可能。如何保护这些日渐流散的财产和文物，古巴华侨有责任，古巴中华总会馆有责任，中国外交部和驻古巴大使馆更有责任。对于哈瓦那、西恩富戈斯、谢戈德阿维拉、关塔那摩、圣地亚哥、圣克拉拉等地的十多个现存社团及其资产文物，必须力保不失。

纵观古巴华侨史，是一部浸透血泪却又无比辉煌的历史，一部跌宕起

---

[1] 详情参见黄卓才《古巴随笔—追寻华人踪迹》之《古巴第一个中华会馆今昔》篇，广东高等教育出版社 2017 年版。

伏、精彩纷呈的历史，但直至今天，还没有充分发掘，完整记录下来。国内外学术界过往的研究，着力点较多放在前期三四十年的契约华工史，对其后三五十年的现代史却眷顾较少。而1959年革命至今半个多世纪的当代史，研究的深度和广度也远远不够。由于古巴的封闭，由于中国的相隔万里山长水远，由于中古关系因中苏论战而一度疏远，情况不甚了了，诸多的原因，令国内古巴华侨研究在20世纪下半期的数十年内成为一片荒漠，直至新世纪才略有起色。如今，我们要趁亲历其境、与时代风云变幻一同过来的老华侨和老一辈的侨属还在，尽快做好调查研究，做好文物史料的保护、整理、抢救工作。

近十多年来，国内古巴华侨华人研究的起色和成绩，据我所知，包括专家学者陆续前往古巴调研，到侨乡去访问，收集了一些文物资料，一批有价值的学术著作得到陆续出版，还发表了一些论文，学者专家的学术讲座也有举行，等等。但现时古巴华侨研究的圈子太小，需要政府的重视和学术机构的扶持，更需要中青年学者的踊跃加入。我们还要扩大与古巴、与古巴华侨华人华裔的文化交流，增强侨乡与他们的联系。"留得青山在，不怕没柴烧。"我们要把古巴华侨的物质文化根基留住，才能对国家、对历史有个交代。

纪念中国人到达古巴170周年，我们还要满怀信心，期待未来。古巴老侨民群体的确已经极度萎缩，华人社团盛势不再，唐人街亦已相当颓败。但是，"黄昏叹"似乎过于悲观，"衰亡论"更是杞人忧天。中国有句老话："物极必反"。回顾契约华工时代，仅仅三四十年间，十四五万"猪仔"活下来的只有六万人。而幸存者最终一般也活不过50岁。由于地位低下，贫病交加，没有多少人能够结婚生子，几乎连香火也断了，谁知道其后却又迎来自由移民时代，大量新侨涌入古巴。20世纪初，古巴排华，眼看华侨陷入困境，但不久却又出现了一个更大的移民潮……古巴华侨社会的几起几伏证明天无绝人之路，到了"山重水复疑无路"之时，往往又有"柳暗花明又一村"的惊喜。如今古巴出现"更新"，虽然它的社会发展还存在不确定性，但人心思变，改革开放的潮流是不可阻挡的[①]。

---

① 古巴官方不用"改革开放"一词，而用"更新"（actualización）表达。

古巴华裔蕴藏的力量，需要我们足够的重视。在古巴本土和国外有大量的古巴华裔。本土有多少？由于经过与白人、黑人几代多重混血，华裔数量已经很难确算；而古巴采取刻意抹除种族界限的政策，也令调查研究难以进行。据美国中央情报局《世界概况》的估计，2008 年古巴境内有华裔 11.4 万人①。比较乐观的估计是 50 万至 100 万人②。这些华裔虽然大部分不会讲汉语，但基本上都知道自己有华人血脉，并以是中国人为荣。他们对中国、对祖辈的家乡充满向往，对于到中国做生意很有兴趣。他们纷纷进入哈瓦那大学孔子学院、古巴武术学校学习中国文化，前来中国留学的华裔青年越来越多。这是一个喜人的现象。

随着开放改革的深入发展，以及人才外流、老龄化导致劳动力短缺，古巴对于引进移民尤其是专业技术人才和资金的需求会加大。古巴本是移民国家，说不定哪一天，他们又会想起中国移民。"无商不富，无华（华侨）不活"，古巴人不会忘记。也许终有一天，他们又会想起再次引入聪明勤奋的中国人。

"沉舟侧畔千帆过，病树前头万木春。"古巴华侨华人华裔的春天值得期待。

---

① 转引自《港媒讲述古巴华人百年艰辛：19 世纪做苦力 3/4 死去》，参考消息网（北京）2016—05—23。此项估计与古巴官方公布的华人人口占总人口 1% 的数据吻合。

② 古巴中华总会馆前任主席伍迎创先生的估计是上百万。这是伍主席 2014 年 6 月 3 日在中华总会馆对作者所说。另有中国前驻古巴、阿根廷、厄瓜多尔大使徐贻聪先生《老一辈华人为何在拉美地区受尊重》一文："古巴相关官员对我说过，有 8%—9% 的古巴人拥有中国姓氏。"该文见 2012 年 6 月 24 日搜狐博客。

第 一 辑

话说侨史

华侨华人在古巴 170 年的沧桑

徐世澄①

1847 年 6 月 3 日，悬挂着西班牙国旗的"奥坎多号"（Oquendo）双桅帆船运载着 206 名契约华工（原载 212 名，途中死亡 6 名），经过 131 天的航行，从中国的厦门抵达哈瓦那附近的雷格拉（Regla），开启了华工大量输入古巴的浪潮。② 从 1847 年至今，中国人抵达古巴已经整整 170 年。

在这 170 年里，华侨华人在古巴经历了殖民时期（1847—1902 年）、共和国时期（1902—1959 年）和革命时期（1959 年至今）三个不同的历史时期。170 年来，在古巴的华侨华人为古巴的独立和民族解放，经济、社会和文化的发展，为促进中国与古巴两国和两国人民的友好关系做出了重要贡献。

本文通过可靠的文献资料，简要地介绍和分析华侨华人在古巴三个不同历史时期的遭遇、古巴华侨华人历史与现状、古巴华侨华人与中古关系、华侨华人与古巴发展、华侨华人与古巴革命等问题，并以此文纪念中国人抵达古巴 170 周年。

---

① 作者为中国社会科学院荣誉学部委员、拉美研究所研究员，1964—1967 年曾在哈瓦那大学文学和历史学院进修。

② Juan Jimenez Pastrana, Los chinos en las luchas por la liberación cubana（1847 – 1930），Instituto de Historia, La Habana, Cuba, 1963, p. 25.

一　古巴殖民时期的华侨华人

在第一批契约华工抵达古巴哈瓦那9天后，1847年6月12日，英国
"阿盖尔公爵号"（Duke of Argile）双桅战舰运载着365名契约华工（原载
400名，途中死亡35名），经过123天的航行，也从厦门抵达哈瓦那。[①]

历史背景和原因

西方殖民主义者为了掠夺拉丁美洲的自然资源，需要大量的劳动力，
而鸦片战争后贫穷落后、人口众多的中国成为他们掠卖苦力的重要场所。
当时古巴仍处在西班牙殖民统治之下，西方殖民主义者和西班牙甘蔗种植
园主互相勾结，开始掠卖契约华工。

从中国方面来说，1840年鸦片战争以后，在西方资本主义的入侵下，
中国的封建社会加快了解体的进程，致使大量的农民和手工业者破产。他
们中间的一部分人流落城市，受本国或外国资本家的雇用，靠出卖劳动力
来维持生活。另一部分人，则为生活所迫，在走投无路的情况下，被迫作
为契约劳工，流落海外，谋求出路。被迫作为契约劳工的，还有参加太平
天国起义（1851—1864年）的一些农民，在起义失败后，走投无路，只
好流落海外。[②]

从西方资本主义国家来说，由于黑奴买卖在各国连续被禁止，而其殖
民地的经济发展又需要补充大量劳动力，因此，西方国家的人口贩子就把
目光紧盯在中国的劳工身上。从19世纪中叶起，西方资本主义列强展开
了一场疯狂掠夺中国人口的狂潮。为了掩盖其贩卖人口的罪行，他们变换
了方式，变赤裸裸的人口买卖，为"自由劳工""自由移民"，强迫中国
劳工在定期的卖身契约上签字，因此，被称为"契约华工"。1842年，英
国国会的一个委员会提出从亚洲用签订"雇工契约"的方式来向殖民地

---

① Juan Jimenez Pastrana, Los chinos en las luchas por la liberación cubana（1847 – 1930），Instituto de Historia, La Habana, Cuba, 1963, p. 25.

② Coralia Alonso Valdés：La inmigración china：Su precencia en el Ejército Libertador de Cuba
（1895 –1898），publicado en la revista Cataure, Año 2, No. 2 de 2000, por la Fundación Fernando Ortiz, p. 131.

输入劳动力。两年后，在英国殖民地牙买加、特立尼达和圭亚那就出现了贩卖华工的市场。

由于19世纪初期，西班牙殖民当局镇压了古巴的独立运动和黑人奴隶的起义，从而延长了它对古巴岛的殖民统治，使古巴成为西班牙在拉美的最后一块殖民地。为了避免黑人奴隶再次发生大规模起义，古巴殖民当局于1845年3月2日正式禁止黑人奴隶贸易。1846年，哈瓦那王家农贸与移民促进会同设在古巴的英国伦敦苏鲁埃塔公司签订了一项合同，委托这家英国公司承包首批运送600名中国劳动力到古巴，每名华工各立一份契约，即合同。按照合同，王家农贸与移民促进会通知全岛庄园主、种植园主申报各自需要劳工的数字，并预付每名50比索的保证金，1847年6月3日和6月13日，最早抵达哈瓦那的两批契约华工，就是英国人贩子用悬挂着西班牙国旗的"奥坎多"号和英国"阿盖尔公爵号"载运的。

为了巩固其在古巴的殖民统治，发展以甘蔗种植和制糖生产为主的经济，急需补充劳动力，西班牙女王伊莎贝尔二世于1847年7月3日颁布《诏书》，正式把古巴招募华工作为一项基本国策确定下来。她在《诏书》中强调："那些亚洲人生性温顺、勤劳、节俭而又有节制。他们能吃苦耐劳，适于田间劳作，尤其适于种植甘蔗的劳动。"①

贩卖华工能够给人口贩子带来丰厚的利润。据专门贩卖华工的古巴佩雷达·沃尔德鲁普公司统计，每贩运一名华工，平均花费50比索，而华工到达古巴后的售价，为120比索，公司可获利70比索。而人口贩子佩德罗·苏鲁埃达贩卖到古巴的571名华工，平均售价为170比索，他从每名华工身上牟取了120比索的暴利。② 华工在古巴人口市场上的售价急剧上涨。1859年9月18日，古巴《航海日报》报道说，输入古巴的42 321名华工，平均售价是185比索。据古巴著名学者记载，1861年2月，他看到有两批华工在市场上出售，每名卖到221比索，到了同年年底，每名华工的售价涨到425比索。另据美国记者詹姆斯·奥凯利回忆，1872年每名华工售价已卖到500比索。他参观过一艘运载900名华工的船只，人

---

① Juan Jimenez Pastrana, Los chinos en las luchas por la liberación cubana (1847 - 1930), Instituto de Historia, La Habana, Cuba, 1963, pp. 34, 36.

② Corbitt Duvon Clough, A Study of the Chinese in Cuba, 1847 - 1947, Wilmore, 1971, p. 25.

口贩子共卖得 45 万比索，扣除 5 万比索的预支费用，共获利 40 万比索。因此，他十分感慨地写道："即使在非洲黑奴贸易最盛行的年代，也从来没有过这么惊人的收入！"①

关于在古巴契约华工的人数

关于到达古巴的契约华工的总的人数，有几种不同的数字。据菲利克斯·埃莱丘（Felix Erenchun）的《古巴编年史》记载："在 1853—1873 年的 20 年间，共计有 132 435 名中国人被运来古巴。"另据古巴历史学家胡里奥·列·里维朗特（Julio Le Riverend，1912 - 1988）的统计，1848—1874 年到达古巴的华工约有 15 万，其中包括走私进来的人。② 据 1879 年起担任中国驻古巴总领事的谭乾初的调查统计，1847—1874 年的 37 年中，输入古巴的华工共达 126 008 名（运输途中因各种原因死亡的 17 032 名除外）。③

由于古巴庄园主、种植园主、制糖厂和制烟厂的老板拼命地剥削和压榨华工，造成了华工的大批死亡。从道光二十六年（1846 年）至同治十二年（1873 年）"此 27 年中所赴古巴华人共计十四万三千有零"，然而到了光绪十五年（1889 年）华工人数仅存四万余名。④

另据何塞·巴尔塔尔统计，从 1861 年至 1907 年在古巴的华工人数减少的情况如下⑤：

年份	古巴中西部华工人数	古巴东部地区华工人数	合计
1861	33 733	1095	34 828
1877	42 683	615	43 298

---

① 李春辉、杨生茂主编：《美洲华侨华人史》，东方出版社 1990 年版，第 476 页。

② ［古巴］梅塞德斯·克雷斯波·比利亚特：《华人在蔗糖之国——古巴》，复旦大学出版社 1998 年版，序第 4 页，第 6 页。

③ 李春辉、杨生茂主编：《美洲华侨华人史》，第 479 页。

④ 《清史外交史料》卷八五，第 6 页，转引自张恺《中国与西班牙关系史》，大象出版社 2003 年版，第 283 页。

⑤ ［古巴］梅塞德斯·克雷斯波·比利亚特：《华人在蔗糖之国——古巴》，序第 4 页，第 11 页。原表格没有合计数，合计数为本文作者添加。

续表

年份	古巴中西部华工人数	古巴东部地区华工人数	合计
1887	27 999	753	28752
1899	13 936	927	14863
1907	10 259	958	11217

契约华工的悲惨遭遇

18 世纪中叶，在澳门、厦门和香港都有招募华工的机构，这些机构拥有一些专门通过各种诱骗方式能招募到青壮年男子的"猪仔头"，他们给"猪仔"8 个墨西哥的银比索（当时墨西哥的银比索可以在中国流通），然后就把"猪仔"们带到"招工馆"关起来，逼迫他们在契约上签字，然后，装船运走。

所谓的契约，就是雇工合同（contract）。通过对几份保留至今的雇工合同的分析，不难看出契约华工在古巴的遭遇。

如一份名叫吴生的华工于 1866 年 10 月 25 日（清同治五年九月十七日）在澳门签署的雇工合同上写明："雇工期限为 8 年"，"所有城内城外，不论何工种的活：无论在田间还是在村里，或在家里使唤，或在商行里干活，或在炼糖厂，或在平原，或在山林，或在咖啡种植园，或牧马或种田，总之凡是老板让我干的活，我都要去做"，"一天 24 小时，做工时间不得超过 12 小时，但家务事和农家院子里的事，要照常做"，"按照 8 年工期合同，自开工日起，每月付给我 4 个比索"，"代办人应预付我 8 个比索或等值的金圆或银圆，以便我准备行装上路，一旦到达哈瓦那，将从我每月的工资中扣除 1 个比索，直到扣足为止"，"8 年工作期满，我可以自由选择其他工作"，"本合同期满时将给我 60 天时间以便我准备自费回国，如果我愿意回国。如不想回国，将根据自己的能力和爱好另谋高就。"[①] 在另一份名叫 Lay—Aiockd 于 1861 年 5 月 11 日在澳门签署的雇工合同[②]上的内容与上述合同内容基本相同，这表明，时隔 5 年，无论是动

---

① 庞炳庵主编：《中国人与古巴独立战争》，新华出版社 2013 年版，第 85—91 页。

② Juan Jimenez Pastrana, Los chinos en las luchas por la liberación cubana (1847 – 1930), Instituto de Historia, La Habana, Cuba, 1963, pp. 157 – 159.

身时支付的定金和 8 年期间的工资，没有任何增加。

契约华工名义上与奴隶不同，但是，实际上，在古巴的契约华工与奴隶没有多少差别。所谓契约，实际上只不过是中国苦力在西方殖民主义者的逼迫下不得不签字画押的一张卖身契而已。

大部分契约华工在古巴主要在甘蔗种植园或农庄当苦力，小部分在建筑业、工厂、矿山劳作或在有钱人家中当佣人。据坎贝尔在《中国的苦力移民》中分析，"约有 90% 的契约，连同签约的苦力由甘蔗种植园主买下。其余的人则由经营烟叶、咖啡种植园、农庄、菜园、货栈，制造雪茄、靴鞋、帽子工厂，炼铁、烧炭、木匠、石匠作坊，面包房、糕饼店，洗衣房、砖瓦窑，铁路，煤气厂和货船业的业主分别雇用。另有些契约苦力则或被古巴市政机关用作扫街夫，清除垃圾工人等等，或在私人家庭中充当侍仆、厨师等等。"①

契约华工在古巴遭遇各种苦难。华工一到古巴，就被卖作奴隶。在拍卖时，华工的衣服被剥光。正如华工叶福君控诉的："始到古巴，约同帮数百人尽押入卖人行发卖……俱要脱光衫裤，赤身验看估计，全无羞耻，凌辱太甚。"按照契约规定，华工每天必须劳动 12 小时，但实际上，华工每天至少要劳动 14 小时，而最普遍的情况则是每天必须工作 18 至 21小时。华工张观申诉说："一日二十四点钟，要做足 21 点钟，如少做半点钟，皮鞭重打数十，皮飞肉烂，有病在身亦不得休息一时，仍要做足21 点钟之工。"② 按照契约规定，华工的工资是每月四比索，这个数字相当于当时古巴普通工人工资的四分之一到五分之一，相当于当时中国两个银元。就是这点可怜的工资，种植园主还常常克扣不给。华工阿端控诉说，他"卖在瓦窑 18 个月不发工银。"在糖厂劳动的阿利工作五年，从未按月领到工资，"计五年共给过 125 元（比索）。"③ 更有甚者，为了盘剥华工，雇主通常在种植园、糖厂和厂矿开设店铺，强迫华工必须在这些店铺购买质量低劣、价格昂贵的商品，如不照办，到别处购物，则以逃犯

---

① 陈翰笙主编：《华工出国史料》第 4 辑，中华书局 1981 年版，第 383 页。

② 陈兰彬：《古巴华工事务各节》第 2 卷，第 22 页，转引自李春辉、杨生茂主编《美洲华侨华人史》，第 495 页。

③ 陈兰彬：《古巴华工事务各节》第 1 卷，第 28 页，转引自李春辉、杨生茂主编《美洲华侨华人史》，第 498 页。

论罪。

由于华工不堪忍受种植园主的残酷剥削和压迫，常常以各种形式进行反抗。为了镇压华工的反抗，殖民者和种植园主建立了一整套残酷压迫华工的管理和惩罚制度。华工如不服从命令，处以鞭打十二鞭，如固执不服，再抽十八鞭。如不听从雇主命令，则被关押 10 天，关押期间，扣除全部工资。种植园或糖厂的监禁室里备有镣锁、脚枷、皮鞭等刑具。华工如企图逃跑，被捕获后，则要戴脚镣关闭数月。

华工 8 年期满之后，必须在两个月内重新签约，否则要被勒令离境。契约期满后必须领得居留证，才能在古巴居留。此外，还必须领有"满身纸"（身份证）和"行街纸"（通行证）方能行走。华工唐建在古巴当了 27 年苦力，仍领不到"满身纸"，他对清政府特使陈兰彬哭诉说，他在古巴，真正是"做一世奴，永无脱身之日"。①

清政府特使陈兰彬对华工状况的调查

古巴是拉美地区华工最集中之地。当时古巴尚处于西班牙殖民统治之下。清政府为了解决华工受虐问题，与西班牙多次进行过交涉。中国清政府与西班牙于 1864 年（清同治三年）建交。同年 10 月 10 日，清政府与西班牙在天津签订了《和好贸易条约》，条约主要涉及古巴输入华工问题，条约的第 10 款规定要"保全华工"："凡有华民情甘出口，在日斯巴尼亚（即西班牙）所属各处（包括古巴等殖民地）承工，俱准与日斯巴尼亚国民人立约为凭，无论单身或愿携带家属，一并由通商各口前往。该处官员与日斯巴尼亚官员查照各口地方情形，会定章程，为保全此华工之意。但不得收留中国逃人及另有拐卖不法情事。如有前项情弊，一经地方官知会领事官，即行查出送还中国究办，不得肯留。"

华工在古巴和拉美其他国家的悲惨遭遇，引起了国内外人民的广泛同情和支持。在国内外舆论强烈呼吁给予华工保护和救援的压力下，清政府自 19 世纪 70 年代中期开始，就华工问题与西班牙殖民当局进行交涉，1873 年 10 月 22 日，清政府和西班牙又签订了中西《古巴华工条款》。

---

① 陈兰彬：《古巴华工事务各节》第 1 卷，第 1 页，转引自李春辉、杨生茂主编《美洲华侨华人史》，第 503 页。

1874 年 3 月，清政府派陈兰彬为专使去古巴实地调查华工状况。

陈兰彬等先后视察了哈瓦那与古巴各省的甘蔗园和制糖厂以及监禁华工的"官工所"。他们所到各处，华工们冒着危险，纷纷前来控诉殖民者的残酷暴行，有的投递禀帖，有的出示身上的伤痕。陈兰彬深为自己的同胞所受的苦难所震撼。在古巴调查期间，共录得口供 1176 份，又收得 1165 名华工单独或联名禀帖 85 张。后来，在陈兰彬等致总理衙门的申呈内，以深沉的笔触概述了古巴华工被打死、伤死、缢死等各种悲惨的遭遇。①

根据陈兰彬这一报告，清政府于 1877 年 11 月 17 日与西班牙重订《古巴华工条款》。该条款于 1878 年 12 月 6 日正式生效。条约规定：1. 古巴停止输入新的契约华工，原来的契约华工期满后发给自由证书，并给予资遣回国及其他侨居合法权利；2. 中国允许古巴在华招募自由移民，古巴对移入的华侨给予最惠国条约待遇；3. 中国在哈瓦那设立总领事馆，负责保护华侨及其他事宜。主要基于华工问题的交涉，以及发展贸易往来的考虑，1879 年 10 月，清政府在古巴首府哈瓦那设立总领事馆，由刘亮源任首任总领事。另派陈霭廷任驻古巴马坦萨斯市的领事。

古巴于 1875 年停止输入华工。19 世纪末至 20 世纪初，中国劳工为古巴甘蔗种植园经济的繁荣和制糖业的迅速发展做出了贡献。

从美国加利福尼亚移居古巴的华人

自 1860 年起，由于美国的排华浪潮，连续有华人从美国加利福尼亚移居古巴，还有一些华人从美国其他地区、中国国内或从墨西哥等国移居古巴，据估计，大约有 5000 人。② 这些华人与契约华工不同，他们是自由的移民，都有一定的资产。他们到古巴后，不是到种植园或蔗糖厂做工，而是从事工商业。随着他们的到来，在哈瓦那形成了唐人街，陆续成

---

① 关于陈兰彬去古巴调查古巴华工的详细情况，请参见张恺《中国与西班牙关系史》，第 279—291 页。

② ［古巴］梅塞德斯·克雷斯波·比利亚特：《华人在蔗糖之国——古巴》，第 52 页；袁艳：《融入与疏离：华侨华人在古巴》，暨南大学出版社 2013 年版，第 34—35 页。

立了古巴华人社团如"结义堂"（1867 年，Kit Yi Tong）、"恒义堂"（1868 年，Hen Yi Tong），又于 1893 年，成立了中华总会馆（Casino Chung Wah），1897 年成立了中华总商会，此外，还陆续成立了进出口公司、开设了商店、银行以及戏院、药店等。加利福尼亚华人移民的到来，对古巴华侨华人社会的形成产生了重要的作用。

华侨对古巴独立战争的贡献

哪里有压迫，哪里就有反抗。在 19 世纪后期古巴人民进行的反对西班牙殖民统治的两次独立战争中，华工、华商和其他华侨与古巴人民并肩战斗，流血牺牲，为古巴的独立和解放做出了杰出贡献，受到古巴人民的称赞。

据曾担任古中友协主席的华裔将军莫伊塞斯·邵黄对新华社记者说，"在上世纪（指 19 世纪）古巴独立战争期间，先后约有 6000 名中国人同古巴人民一道为反抗殖民统治浴血奋战。"[①]

古巴华工在反抗甘蔗种植园主和糖厂主等当地压迫者的斗争中，逐渐认识到要摆脱奴役，争取自由，首先要反对西班牙的殖民统治。因此，他们决心与古巴人民一起，为推翻西班牙的殖民统治而斗争。"近 20 年的现实告诉中国人，他们与黑奴一样都受到经济和社会令人窒息的压迫，处在同样的奴役之下，因此，亚洲人的反抗同其他受剥削的民众一样，他们都支持革命事业。"[②] 根据古巴民族英雄何塞·马蒂的战友贡萨洛·德格萨达将军和古巴历史学家帕斯特拉纳等的记载，在参加起义军的华工中，有许多华工因作战勇敢、立下战功被晋升为中尉、上尉、少校，甚至中校。在古巴的独立战争中，非战斗地区的华侨华商也给了巨大的支援，"出力者固多，输财者尤众。"[③]

在贡萨洛·德格萨达将军写的《中国人与古巴独立》一书中，歌颂

---

①　侯耀其：《古巴华裔将军——邵黄》，载庞炳庵主编《中国人与古巴独立战争》，新华出版社 2013 年版，第 112 页。

②　Juan Jimenez Pastrana, Los chinos en las luchas por la liberación cubana（1847 – 1930），Instituto de Historia, La Habana, Cuba, 1963, p. 70.

③　陈孟瑜：《古巴华侨概况》，1933 年南京国民政府侨务委员会印，第 4 页，转引自沙丁等《中国和拉丁美洲关系简史》，河南人民出版社 1986 年版，第 183 页。

了"那些东方天国之子们创建的伟绩",他称赞在古巴的中国人"他们曾像猛兽一样在战场上拼搏,他们曾在工厂里为改善战士的条件贡献出一切,他们曾在这几次战争中忍受一切饥寒困苦,他们一旦被俘就视死如归,壮烈牺牲","他们曾流尽慷慨和不留名的鲜血,而不抱有任何求荣的欲望或个人的追求,也不企求追念时的眼泪和感谢的花束!"这位将军在书的结尾表示希望:"当人们有朝一日可以在我们已解放的祖国崇扬爱国主义,为那些在十年战争中同黑人奴隶和白人奴隶同受苦难、共享胜利的人,为那些以自己的鲜血在我们的土地上帮助巩固博爱平等的人,树立一座纪念碑,也就是说为中国人树立一座他们受之无愧的纪念碑时,碑座上只要铭刻如下一些永不磨灭的字就足够了:没有一个古巴华人是逃兵,没有一个古巴华人是叛徒。"①

1931年,古巴各界在哈瓦那建立了一座"旅古华侨协助古巴独立纪功碑",纪功碑上刻着的题词就是贡萨洛·德格萨达将军所愿望的:"没有一个古巴华人是逃兵,没有一个古巴华人是叛徒。"

华侨华人与中国文化对古巴的影响

随着华侨华人与古巴民族的融合,华侨华人把中国古老悠久、丰富多彩的文化融进了古巴。

华侨给古巴带来了中国的唢呐(古巴人称之为"中国喇叭"),中国的唢呐与非洲的鼓结合,奏出的音乐使当地的孔卡舞跳起来节奏感更加强烈。在古巴传统的狂欢节中,可见到中国的灯笼和清脆悦耳的小铃铛。

在古巴的文学作品中,有不少描写古巴华侨华人的故事,如古巴小说家拉蒙·梅萨(Ramón Meza,1861－1911)写的小说《卡尔梅纳》就是描写一位白人、一位黑白混血女孩与一位华人之间的三角恋爱和冲突的故事。② 古巴著名华裔诗人、古巴第一任驻中国文化参赞雷希诺·佩特罗索

---

① 贡萨洛·德格萨达:《中国人与古巴独立》(译文),载庞炳庵主编《中国人与古巴独立战争》,第5、16页。

② Ana Cairo, *Apuntes sobre los chinos en la literatura cubana*, publicado en la revista Catauro, Año 2, No. 2 de 2000, por la Fundación Fernando Ortiz, pp. 167－174.

（Regino Pedroso，1896－1983），他撰写了不少关于中国的诗歌，其中有一本诗集题为《袁佩孚的李树》。

在宗教方面，在古巴的华侨华人把中国的关公即关羽奉为英雄神，并把它本土化，称为 San Fancón，成为古巴独有的一个神明。[1]

古巴历史学家胡安·希门尼斯·帕斯特拉纳在《古巴解放斗争中的华人》一书中提到，19 世纪 70 年代古巴华工中有一位名叫詹伯弼的中医大夫享有盛名，当时古巴人每提到他的医术和医德时，便赞不绝口，认为再也没有比他更高明的大夫了；而且他经常免费给穷人看病，分文不取。他对前来就医的病人说：“如果你有钱，就给我；如果没有钱，就不用给。我这药是给穷人治病的啊！”

在古巴美术界，有两位著名的华裔画家，一位是享有盛誉的维尔弗莱多·林（中文名：林飞龙，Wifredo Lam，1902－1982）[2]，另一位是当代画家弗洛拉·冯（中文名：邝秋云，Flora Fong，1949－），在两人的画作中充分体现了中国根。

1999 年 6 月在古巴历史研究所举行的纪念中国人抵达古巴 150 周年的研讨会上，古巴作家恩里克·西鲁埃莱斯（Enrique Cirules）发表了《对中国人在古巴的一些思考》的报告[3]，他在报告中说：“中国人以他们的艺术和科学与古巴的文化结合在一起。此外，他们在日常生活，在思想、行动和集体心理方面与古巴人结合在一起……中国的唢呐已经成为古巴圣地亚哥英雄城市著名的民间孔卡舞的象征。大米饭成为古巴最好的主食。如果古巴人家里餐桌上没有大米饭，等于没有吃饭。由于中国人来到古巴，他们的耐心、毅力和美德也成为古巴民族的基本特点。在古巴还可以找到中国文化对医药知识的影响。中国人对古巴的植物进行了研究，将古巴的一些植物用于医疗……”

---

[1]　［英］班国瑞（Gregor Benton）：《关公与观音：两个中国民间神在古巴的变形》。http：//smartemple. com/user/news/id/15753。

[2]　参见曾长生《林飞龙》，河北教育出版社 2006 年版。

[3]　Enrique Cirules：*Algunas reflexiones sobre la presencia de los chinos en Cuba*，conferencia impartida en evento conmemorativo del 150 Aniversario de la Presencia China en Cuba，celebrado en el Instituto de Historia，junio de 1997，publicado en la revista Catauro，Año 2，No. 2 de 2000，por la Fundación Fernando Ortiz，pp. 30－31。

二 古巴共和国时期的华侨华人

清政府与古巴建交

1902 年古巴宣告独立。清政府于同年 9 月 16 日宣布承认古巴为独立国,并同意正式建立公使级外交关系,由中国驻美公使兼任驻古公使,使馆事务由总领事兼参赞周自齐代办。从此,中古两国开始发展国家关系,促进了双方的友好往来。

古巴虽自独立时起,就与当时中国清政府正式建立外交关系,但双方不曾签约。在美国操纵下,古巴政府于 1902 年下令严格禁止从中国移民古巴,1904 年改为携带资本到古巴经商的华人可以入境。1907 年华侨总数为 11 837 人。

第一次世界大战前后到古巴的中国移民

第一次世界大战期间,由于糖价飞涨,古巴扩大耕种蔗糖种植面积,增建和扩建糖厂,需要增加劳动力,因此,古巴国会于 1917 年 8 月 3 日通过一项法令,准许"一切临时工和劳工移入古巴"。此后,华人大量涌入古巴,1922 年,旅古华侨已达六七万人。

然而,好景不长。第一次世界大战结束后,资本主义国家经济不景气,使糖价暴跌,古巴经济受到沉重打击,殃及华商。古巴政府再次严格限制华人入境。尤其在 1929 年世界经济危机爆发后,古巴政府又下令在各行业中,古巴工人必须占 75% 以上,这对以雇佣华人为主的华商来说是一个巨大打击。不少华商不得不离开古巴,另谋出路。到 30 年代初,旅居古巴的华侨由 6 万多人减少到 3 万多人。

古巴侨团的发展

20 世纪上半期,古巴华侨华人的社团发展很快,最多时达 80 多个,各个侨团在古巴各地还有下级组织。古巴的侨团分成公共团体、同乡团体、姓氏团体、职业团体、会党团体和业余爱好团体等。在中古建交前,特别是在新中国成立前,中国国民党在古巴设有 3 个支部,下设 20 多个分部。古巴侨团曾有多种华文报刊,如《民声日报》《开明公报》《光华报》等。80 年代之后，只剩下 1928 年创办的《光华报》。1987 年 10 月，《光华报》成为中华总会馆的新闻机关报。由于经费匮乏、侨团数量和华侨人数即读者的锐减等原因，《光华报》已于 2012 年停刊。①

旅古华侨对中国抗日战争的声援

在抗日战争期间，旅古华侨积极声援抗日战争。1931 年"九一八事变"发生后，古巴中华总会馆立即召集华侨社团和商庄开会，成立旅古华侨抗日后援总会，当场捐款数万元。旅居古巴的爱国侨胞就在中华总会馆的领导之下，积极捐钱捐物和购买爱国公债，支援祖国的抗日战争。抗战胜利的消息传到古巴后，中华总会馆同其他侨团一道，举行盛大庆祝活动，舞狮舞龙，广大侨胞敲锣打鼓，手持彩旗，参加游行，整个华人社区一片欢腾。

据统计，在抗战期间，古巴华侨华人共计捐款 240 万美元，在美洲国家华侨捐款数额中名列第三，仅次于美国、加拿大。②

1942 年 11 月 12 日，当时国民党政府驻古巴公使李迪俊与古巴外交部部长马丁内斯在哈瓦那签订了中古第一个条约《友好条约》。条约明确规定："两缔约国人民得在与其他国人民同样条件之下，自由出彼此领土"，"其身体财产，应享受所在国法律章程完全之保护"。但是，古巴政府仍限制华侨入境。据国民政府驻古巴领事馆统计，1942 年旅古华侨共32 000 人。到 1947 年据古巴移民局统计，华侨总数为 28 832 人。

1949 年 10 月 1 日新中国成立后，当时统治古巴的巴蒂斯塔独裁政府以"防止共产主义渗透"为由，严格控制华侨入境。1959 年，据台湾当局驻古巴"公使馆"统计，在古巴的华侨华人约有 31 039 人。

投身于古巴革命的华人

1928 年，古巴一些进步华侨成立了"美洲华侨拥护工农革命大联

---

① 《探访古巴哈瓦那"华人街"》，2015 年 4 月 10 日，http：//news. china. com. cn/live/2015 - 04/10/content_ 32230736_ 8. htm。

② 华侨革命史编纂委员会编：《华侨革命史》下册，台北正中书局 1981 年版，第 683—684 页。

盟"，先后创办了《工农呼声》《救国报》和《光华报》，宣传民族民主革命思想，在团结华侨参加古巴反帝民主斗争方面做了很多工作。古巴马查多独裁政府同中国国民党在古巴的势力互相勾结，对该组织进行种种打击和迫害。1929 年，马查多政府将该联盟领导人之一路易斯·李等 4 名华侨以"共产党"的罪名遣送回国，企图借国民党政府之手加以杀害。1930 年 5 月 29 日，该联盟领导人、古巴共产党（后改名为人民社会党）党员黄淘白（即 Jose Wong）与古巴共产党几名领导人同时被捕，同年 8 月 12 日夜，黄淘白被杀害。① 古巴历史学家胡安·希梅内斯·帕斯特拉纳认为，黄淘白"象征了在那个时代，中国人民向古巴人民提供的兄弟般的援助，帮助他们为了自身的彻底解放所进行的一切努力和牺牲。"②

20 世纪 50 年代后期，卡斯特罗兄弟和格瓦拉等在古巴东部马埃斯特腊山区开展游击斗争，反对巴蒂斯塔独裁统治。数百名华侨华人响应卡斯特罗的号召，参加武装斗争，其中最突出的有 3 名华人因战功彪炳，在革命胜利后被晋升为准将，他们是阿曼多·蔡（Armando Choy）、古斯塔沃·崔（崔广昌，Gustavo Chui，现任中华总会馆主席③）和莫伊塞斯·邵黄（Moisés Sio Wang），邵黄（1938—2010）又名邵正和，曾任古巴国家物资储备局局长和古中友好协会主席。这三位将军可以说是参加古巴革命和为古中友谊做出贡献的杰出的华人代表。④

三 古巴革命胜利后的华侨华人

大多数华侨华人支持古巴革命政府

1959 年 1 月 1 日，古巴革命取得胜利。当时古巴华侨内部的冲突很激烈。国民党在古巴的分部是它在海外最庞大的，有自己的日报和党部

---

① 关于黄淘白等华侨华人参加古巴革命斗争的事迹，参见 Juan Jimenez Pastrana, Los chinos en las luchas por la liberación cubana（1847 - 1930），Instituto de Historia, La Habana, Cuba, 1963, pp. 114 - 121。中文的译文，参见庞炳庵主编《中国人与古巴独立战争》，第 57—68 页。

② 庞炳庵主编：《中国人与古巴独立战争》，第 67—68 页。

③ http：//www.fmprc.gov.cn/web/zwbd_ 673032/jghd_ 673046/t1339372.shtml。

④ ［美］玛丽—爱丽丝·沃特斯编著：《我们的历史并未终结：古巴革命中的三位华裔将军》，知识产权出版社 2008 年版，第 1—6 页。

大楼。革命后，华侨中的左派夺取了权力①，大部分在古巴的国民党人和一部分华商陆续离开了古巴。绝大多数留在古巴的华侨华人都支持古巴革命政府。② 古巴华侨成立了"黄淘白华裔民兵队"，这支民兵队伍后来还参加了 1961 年 4 月抗击美国雇佣军入侵的吉隆滩战役。华侨华人积极支持古巴的土地改革，1959 年 4 月，古巴华侨华人赠送了 3 部拖拉机给古巴土地改革委员会，价值约 4000 比索。但也有不少华侨华人持观望态度。

古巴革命胜利时，华侨大多经营粮食、杂货、餐饮、洗衣店、食品店等。也有一些人从事农业。哈瓦那有华商 2000 多户，经营粮食、杂货店约 500 家，资本在 1 万美元以上的有 200 多家；餐馆约 300 家，资本在 10 万美元以上者有 11 家，水果及水产店 300 多家，洗衣店 200 多家，资本均不超过 5000 美元。

另据统计，截至 20 世纪中叶，古巴的华人资本尚有杂货店 1667 家、蔬菜店 720 家、洗衣店 591 家、餐厅 281 家、农庄 20 座，其他的企业如烟厂、药店、首饰店、影像馆、戏院、报社也都十分齐备。

1959 年古巴革命取得胜利，1960 年 9 月 28 日，古巴与新中国建交，旅古华侨华人社团的事业也进入了一个新阶段。中华总会馆先后承办了侨胞向国内亲属的侨汇工作，开设了"中华药店"，扩建了赡养老侨的"中华颐侨院"，整修了华侨公墓"中华总义山"……促进了古巴华侨华人福利事业和文化事业的发展。

古巴革命政府的经济社会改革对华侨华人的影响

古巴革命胜利后，革命政府执行各民族一律平等的政策，华侨华人享受平等的权利，不再受到歧视。但古巴革命政府所采取的一系列改革措施，如两次土地改革、住房改革、物价改革、外汇管理条例、国有化等措施，不能不使一部分华侨华人的利益受到影响。加上 20 世纪 60 年代后期至 80 年代中期，中古两国关系趋于恶化等原因，不少华侨华人因生活困难、生意难做而迁居美国、加拿大或其他拉美国家，投靠亲友谋生，少数

---

① 《古巴有个夏湾拿》，《北京青年报》2016 年 7 月 15 日。
② 庞炳庵主编：《中国人与古巴独立战争》，第 93 页。

人回国，古巴华侨华人人数日益减少。1963 年下降为 25 000 人，1974 年约 15 000 人，到 80 年代初，据中国有关部门统计，减少到 4910 人，65 岁以上老人占 70% 以上。

古巴革命后，1959 年 1 月，古巴商务部对大米的配给和价格进行了限定，且规定商店的利润不得高于 12%。尽管古巴政府在制定政策时并没有刻意针对华人，但在执行中，受打击范围最广的就当属华商了。随后，政府将利润限制扩大到了几乎所有日用品，规定了 20% 的最高利润，市场份额很高的杂货铺变得无利可图。此外，为了保护本国工业，古巴政府将关税提高了 30%—50% 之多，这使从中国进货的华侨小商铺几乎断了货源，一向小本经营的华商难以为继。由于市场失稳，古巴政府不得不持续调整物资定价，收取名目繁多的各种杂税，如溢利税、运输税、买卖税等进一步压缩了小商业的生存空间。[①] 1961 年 5 月 14 日，已故古巴老华侨黄宝世在给他的儿子、广州暨南大学教授黄卓才的家书中说："事因古巴政府禁绝外汇，虽用黑市，亦甚难寄出。尤其向商人种种抽税，损失甚巨。"[②]

古巴革命政府建立初期，台湾当局仍在古巴驻有"大使馆"。1959 年 4 月，经古巴政府同意，新华社派记者常驻古巴，并在哈瓦那建立了分社。1960 年 9 月 2 日，菲德尔·卡斯特罗在哈瓦那当着百万民众的面宣布与新中国建交，并断绝与台湾的美国傀儡政权的关系。9 月 28 日，中古双方发表了建交公报，两国正式建交。与台湾"断交"后，一部分与台湾关系密切的华人感到恐慌，有 3000 个华人家庭在革命后离开了古巴。

从 1962 年起，古巴政府将所有外国资本和本国私人资本经营的工商业收归国有，华侨华人的职业则重新予以安排，大多数留在原单位工作，领取工资维持生活，只有少数在农村的小农仍可自己耕种。职工月工资最少为 85 比索。古巴政府规定，男子年满 65 岁退休，每月领取 65 比索的退休金。华侨大多数年迈，领取退休金，靠退休金生活。无工作又无退休金的老华侨，可以向政府申请生活补助费，每人每月 30 比索。中华总会

---

① 袁艳：《融入与疏离：华侨华人在古巴》，第 186—187 页。
② 黄卓才：《鸿雁飞越加勒比——古巴华侨家书纪事》，暨南大学出版社 2011 年版，第 47 页。

馆对无依无靠的老华侨，经证实后，每月也发给 20 比索生活补助费。

1968 年的"革命攻势"和中古关系的曲折发展使华侨华人的利益受损

从 20 世纪 60 年代后期至 80 年代中后期，一方面，古巴政府政策偏左；另一方面，由于中古关系处于低潮，华侨华人在古巴受到一定程度的歧视，再加上美国的长期封锁和古巴经济困难重重，华侨华人人数不仅没有增加，反而逐渐减少。

1968 年 3 月 13 日，卡斯特罗宣布古巴政府将发动一场"革命攻势"，"向小贩宣战"，[①] 要将所有的私人商店、饭馆、洗衣店、工厂企业统统收归国有。他宣称，"在古巴商业、个体户和私人产业是没有前途的，商业活动是非生产的、寄生虫的活动。"据统计，1968 年的"革命攻势"，共没收了 55 636 家小商户，其中有 11 878 家食品店，3130 家肉铺，3198 家酒吧，8101 家饭馆，6653 家洗衣店，3643 家理发店，1188 家修鞋铺，4544 家汽车修理店，1598 家手工艺店和 3345 家木匠铺等。[②] 这些小商户中，有不少是华侨华人开设的。这番"革命攻势"使近百年发展起来的私营华裔社区经济几乎不复存在。

1968 年 8 月 29 日，古巴老华侨黄宝世在给他的儿子黄卓才的家书中，在谈到 1968 年古巴"革命攻势"对华侨的打击时说："我的退休金由古巴政府发给，每月 40 元（比索），仅可糊口。如买多少黑市货，就无法应付。"黄卓才说，"父亲信中谈到他的退休金。他所经营的是'个体'商店，早几年已列入古巴政府的没收计划，能够坚持到 1968 年，就算'大命'了……一个发迹的神话在 1968 年破灭了，所有私营企业收归国有……父亲也自然难逃此劫。"[③]

由于国内经济的颓势和对外关系的紧张，古巴在革命后不久就开始实行外汇统制。古巴在革命前的外汇储备主要来自糖业出口、旅游和国外投

---

① 卡斯特罗 1968 年 3 月 13 日的讲话原文，请参看：http://www.cuba.cu/gobierno/discursos/1968/esp/f130368e.html。

② http://www.martinoticias.com/a/ofensiva-revolucionaria-cuba-gastronomia-/16474.html。

③ 黄卓才：《鸿雁飞越加勒比——古巴华侨家书纪事》，第 162—163 页。

资，革命之后由于与美国关系恶化，旅游业和国际投资都有所减少，国际糖价则持续走低，其外汇储备十分吃紧。古巴华人家属很多还居住在国内，依靠侨汇补给家用，但以 1960 年为例，古巴准许向国外汇款的数额仅为以往的三分之一，后期虽有放宽，但也是十年后才恢复革命前水准。据华文报纸统计，革命后古巴华人的平均收入下降了三四成，在这样的光景下，手有余款的华人还是难以将钱汇出去。

由于汇款有限制，许多华人决心归国营生，但这也困难重重：一是汇款困难，手里的财产难以转移回国；二是一票难求，黄宝生在家书中提到，即便愿意支付高额的回程机票，也得排上两三年的队才轮得上。尽管如此，在古巴生计无着的一些华人还是设法绕道回国，也有许多人移居美国。据一位学者的统计，仅在美国佛罗里达的一个城市，就有革命后从古巴迁来的华裔 3000 人。华人急于离开古巴一方面基于经济原因，另一方面由于时局艰难，很多人要想生存下去就得加入古巴籍，以谋求更好的工作机会。

革命后两年的 1961 年，在古巴中华会馆登记的华人有 9002 人，加入古巴籍的有 1955 人。由于没有新移民的输入和大量华人人口外流，到了80 年代，在古巴只有大约 300 名在中国出生的第一代侨民，而随着与西班牙裔和非洲裔的通婚，新生代的华人的族群意识已经非常淡薄。如今走在哈瓦那的大街上，昔日的"中国城"只不过是小牌楼后面的近十家饭馆，而大家认可的华人文化也仅仅是过年过节舞狮子、耍龙灯，曾经繁华一时的华人社区已不复存在。

古巴成立"唐人街促进会"

20 世纪 80 年代后期，中古关系逐步改善。古巴政府对旅古华侨华人工作予以关注。1989 年，古巴政府出资修复扩建了哈瓦那唐人街，当时，古巴领导人卡斯特罗还在中国驻古巴大使的陪同下，亲自到唐人街进行实地考察。1994 年，在古巴政府的支持下，成立了"唐人街促进会"（Grupo Promotor de Barrio Chino），归哈瓦那历史学家办公室领导。1999 年 12月 10 日至 12 日，世界海外华人研究学会（ISSCO）在哈瓦那召开年会，200 多人与会。2007 年 5 月 30 日至 6 月 3 日，为纪念华人抵达古巴 160周年，在哈瓦那举办了第 10 届海外华人艺术节、理论研讨会等一系列活动。现在，每逢中国春节、国庆节以及首批华工抵达古巴的纪念日，在唐人街均会组织庆祝或纪念活动。自 19 世纪中叶第一批华工抵古以来，历经百年融合，现今古巴 1100 万人口中，有近 1% 拥有中国血统。他们积极推动中华文化在当地社会的融合与传播，发展了独具特色的艺术表现形式。①

毋庸讳言，自古巴革命胜利后，在古巴的华侨华人人数呈下降趋势，而且识汉字的华侨华人更少，大部分华裔都不会讲中文。在古巴的华侨华人很多已年逾古稀，白发苍苍，有的需要古巴政府救济，有的住进了政府养老院。目前，古巴华侨华人面临着很多困难，一是会馆侨领大都年事已高，文化水平不高，西班牙文差，与当地政府及华裔青年很难交往。二是由于人员青黄不接，设备陈旧，读者稀少，会馆创办的拥有 80 多年历史的唯一中文报纸《光华报》于 2012 年不得不停刊，缺少了维系华侨华人与祖（籍）国的文化交流纽带。三是华侨华人经济不景气，会馆经营的"医疗室"缺少药品，难以为继。四是华文教育问题。现在只有哈瓦那大学的孔子学院开设汉语教育班，会馆开办的汉语学习班因缺乏师资也停办了。

据哈瓦那大学华裔教授伍月梅 2016 年 12 月对笔者说，"目前全古巴只剩下约 100 位华侨，平均年龄超过 80 岁，他们在古巴居住了 60 多年之久。最近 50 年古哈瓦那唐人街走向衰落，趋于消失。"另据统计，在古巴 1100 多万人口中，大约有 1% 的人，即约 11 万人不同程度有中国血统，如现任古巴全国人民政权代表大会主席埃斯特万·拉索·埃尔南德斯（Estebán Lazo Hernández）的祖父是华人。②

值得庆幸的是，近些年来，由于古巴的逐渐改革和开放，随着中古两国关系的改善，来自中国的新移民开始在古巴出现。据统计，在哈瓦那的中国新移民有数十人，大多在当地做些旅游和导游生意。在古巴民众中，出现了学习汉语、了解中国文化的"中国热"。

---

① http://www.fmprc.gov.cn/web/zwbd_ 673032/jghd_ 673046/t1339372. shtml。
② ［美］玛丽—爱丽丝·沃特斯编著：《我们的历史并未终结：古巴革命中的三位华裔将军》，第 62 页。拉索 2007 年作为国务委员会副主席访华期间，曾到中国社会科学院拉丁美洲研究所参加一个会议，他亲自对与会者说（笔者也在场），他有中国血统。

"猪仔"华工出了大英雄

黄作湛①

华侨到古巴始于 1847 年，当时西班牙殖民主义者在古巴垦植蔗田的面积不断扩大，劳动力不足，因此便派人来我国招募华人去古巴当苦工。由于我国在帝国主义和封建主义的双重压迫下，广大破产农民及失业手工业者走投无路，只好漂洋过海谋生。又当 1864 年洪杨革命②失败后，不少太平天国战士为逃避清政府的屠杀而流亡海外。当时去古巴的华人多是被拐骗当"猪仔"去的，华人在猪仔船中备受西班牙船主虐待，稍有反抗即加以鞭挞或枪杀，杀后丢入海中，不少人便因而葬身鱼腹。其侥幸生存者，抵岸后被迫垦荒，建造糖寮及在烟、蔗、咖啡种植园当苦工，在西班牙殖民者及大庄园主的残酷剥削下，过着非人的生活，大多数因受虐待及过度操劳或患病无医而死亡，其中少数备尝苦难，最后摆脱"猪仔"契约的束缚，而成群结队逃往哈瓦那及其他城市，自立谋生。

哈瓦那（华侨称为夏湾拿或湾城）的华侨区有几条街，即省下街（Zanja）、鳞昂汝街（Dragones）、沙鲁街（Salud）、黎右街（Rayo）、山汝个鳞街（San Nicolas）、盲李忌街（Manrigue）等。侨团多集中省下街，商店则以山汝个鳞街为多，一般人习惯把华区统称为省下街。华侨到哈瓦那之初，集居于省下街，原来这个地方都是烂地臭水沟，西班牙文"省下（Zanja）就是沟渠的意思。华工挣脱了"猪仔"契约束缚后逃到城

---

① 作者为已故旅居古巴著名爱国侨领，曾任古巴致公党主席、开平县副县长等职。
② 洪杨革命，洪秀全、杨秀清的革命，即太平天国运动。

市，也只能聚居于此，风餐露宿，与毒蚊为伍。通过他们的辛勤劳动，逐渐把烂地填平，建造了一些小屋。以后殖民主义者看到有利可图，又填平了臭水沟，把小屋拆掉，建筑三四层楼房租给华侨，加重对他们的剥削，这样从一条街扩展为几条街。我们华侨飘零海外，就是用自己的血和汗才冲出一条生路，特别是最初到此地的前辈，受尽了折磨，不少人在殖民者的残酷迫害下含冤而死。1898 年当美国封锁古巴时，华侨得不到粮食，连清水也没有，只得饮沟渠水，饿死病死的不计其数，在省下街常见街上走着的人，突然倒地而死。

目前在古巴的华侨有两万余人，是拉丁美洲国家中华侨最多的国家，古巴全国 300 多个大小城市都有华侨的足迹，大部分集中在大城市，以首都哈瓦那人数为最多，约占在古巴华侨总数的一半以上。古巴华侨几乎全是广东省人，其中台山县人约占 40%，其他则属新会、开平、中山、恩平、南海、番禺、鹤山和高要等县。他们在城市的职业是经营杂货店、西餐馆、洗衣店、旅馆及各种小商贩如贩卖瓜果凉水等。初期从事洗衣业的最多，其后则经营杂货店较多。湾城的华侨杂货店分布到各个角落，大的有十余人，小的也有三五人，杂货店经售米面油糖豆和香料等日常必需的主副食品。古巴人因华侨做生意诚实可靠，都喜欢到华侨店买东西。尤其是洗衣馆的华侨，很受古巴人民欢迎。洗衣馆的习惯是上门接洗衣服，他们在古巴人家里穿房入舍，将洗干净的衣服代为放好，又取去其要洗的脏衣服，一如自己的家，对房间的东西丝毫不动。

古巴人民对华侨没有种族歧视，因此华侨和古巴人结婚的很普遍，婚后家庭也很融洽，有些女子有职业的，婚后也能继续原来的工作，没有职业的婚后多和丈夫一起劳动，帮助丈夫料理店务。所生子女有的在华侨学校读书，有的在古巴学校读书，他们对祖国文化也很喜爱。湾城有四个粤剧团，演员都是土生子女，不会说中国话的，也能唱粤曲，导演者和乐队都是从祖国聘去的。

在古巴的华侨和古巴的劳动人民，早先同样是在西班牙殖民主义者的铁蹄下生活，老一辈的华侨里面有相当一部分是曾在祖国参与过太平天国革命斗争的洪门人士，反抗暴力的斗争意识比较强烈，他们本身受到残酷的迫害，看到当地人民所受殖民主义的压迫剥削，也义愤填膺，因此积极参加当地人民的反殖民主义斗争，不少人将自己性命财产全部献给了古巴革命，并立下不朽的功勋，在古巴革命史上，留下光辉的一页。在哈瓦那市中心区，建有华侨纪功碑，这座两丈多高圆柱形的纪念碑是黑色大理石雕成的，刻着"在古巴的中国人，没有一个是逃兵，没有一个是叛徒"。华侨曾参加过古巴1868年至1878年的第一次独立战争，以及在何塞·马蒂（José Martí）等民族英雄领导下的1895年至1898年的独立战争。在这些战争中，有不少华侨无名英雄，也有不少人物被记载入古巴的史册中，为古巴人民所传颂。然而，他们绝大部分用了西人名字，大概是因为当"猪仔"华工时，以为信奉了宗教，那些牧师神甫便会同情他们，处境或许会改善一些，所以入教后就改了西人名字。以后又由于他们交结古巴朋友，为了便于称呼，也常用西人名字，因此留存在古巴史册中的华侨英雄人物，看不到他们原来姓名，例如古巴冈萨洛将军所写的《中国人对古巴独立的帮助》一书，记载了不少华侨战士英勇善战、可歌可泣的光荣事迹，不少华侨在革命军中得到少尉、中尉、上尉以至少校等军衔，有些人在英勇牺牲之后，棺上盖着古巴国旗。但所载的姓名都是西人名字。如革命先烈黄滔白就改名何塞·黄，与古巴人民一道，反对马查多独裁政权而英勇牺牲，至今在古巴人民中留下不可磨灭的印象。

我在1914年由墨西哥到古巴，在湾城街上常见有挂着金质或银质勋章的华侨，在华侨战士中，我所认识的有赖华、陈胜及胡德三位，他们都是当时较有名望的。赖华是"猪仔"华工给西班牙人看仓库的，听说他在独立战争中，英勇善战，授以大尉军衔，独立战争结束后，他复员回到湾城，与胡德常有来往，胸前挂着一枚勋章，操客家语。陈胜是广西人，洪杨革命军的将军，在太平天国失败后，当"猪仔"到古巴，在昂美的糖寮做工，参加古巴独立战争时当连长，为一位少将所器重，两人经常出入与共。陈身材魁伟，八十高龄还与青年人赛马，骑在高大的马背上疾驰，高举一根以金镶嘴的名贵手杖，显得特别威武。听说那手杖是糖寮财主的，在革命斗争中，打进该糖寮，少将取以赠他，作为纪念。他曾捐出巨款在湾城建一所同乡会馆。胡德是我的舅父，我刚从墨西哥到古巴时，曾住在他家，是由他帮我搞起生意的，所以对他知之较详，现将他的生平略述如下：

当古巴独立战争结束后，成立临时参议院，对战功卓著的人，论功行赏，当时公认外国人帮助古巴独立，功绩最大而有资格当选古巴总统的有两人，一是圣多明各（Santo Domingo）太子，一是胡德。古巴人称胡德为"何塞胡"（Jose bir）。胡德是广东开平人，原名胡开枝，曾在恩平县城读过四年书，他父亲在县城开油坊，在他17岁那年的盂兰节前夕，父亲命他送钱回乡"烧衣"（送鬼），路经赤坎，途中被人诱骗入赌场，把手上的钱输光，还欠了赌债，被迫卖身作"猪仔"，至澳门上了西班牙"猪仔"船直往古巴。家中父母日夜盼望，但杳无音信，数十年后，有一日，家里突然收到他从古巴寄来两万元，家人喜出望外。以为他在外洋做老板发了大财，谁知该款并非经商盈利，而是由于他在古巴独立战争中立了功勋，国会决议赏给他两万元的奖金。胡德到古巴，初期也和其他"猪仔"华工一样，在蔗园当苦工，不久，由于蔗园主看他年轻体壮，相貌端正，便要他到家里当侍役。该蔗园主有糖寮多间，每间糖寮附设杂货店，供应工人伙食用品，又设有杂货总行向各店批发，通过杂货店的剥削，蔗园主又可以把发给奴隶们的微薄工资刮回到自己的腰包。

后来那蔗园主觉得胡德为人诚实可靠，又调他管理杂货总行。胡德积了些钱后便和一个土生华女结了婚。此时，适值清政府钦差大臣陈兰彬到古巴，向西班牙殖民政府交涉"猪仔"华工问题，胡德便乘机摆脱"猪仔"身份，辞去该杂货总行职务，自己在善灰咕（Cienfuegos）开了一间杂货店。这时正是古巴第一次独立战争之后，与西班牙签订了沙康条约，这个条约是西班牙殖民主义者对古巴人民的欺骗，古巴人民对这条约极为反对，斗争仍在继续，当时昂美将军（José Miguél Gómez）等领导了这次反殖民主义的斗争，在汕打加拉省（Santa Clara）山林中展开活动，有华侨数百人参加了那个队伍。斗争非常艰苦，粮食缺乏，战士生活受到严重威胁。当时有个大财主在码头附近，开设了一间规模极大的杂货批发行，专为供应各大蔗园的杂货总店。胡德虽然当苦工的时间不长，但他离开蔗园后仍惦记着同伴们的悲惨生活，他知道解救同伴们苦难的最好办法是争取独立，因此他热情地支持独立战争，把自己的资本献作革命军饷，并以大批的粮食接济革命队伍，自己的本钱用完了，又用自己店的名义向该大杂货批发行赊销粮食。因为他曾替蔗园主管理过杂货总店，是那大杂货总行的老顾客，所以，向该行买货赊货都很便利。初期是半买半赊，其后全部赊账，该行起初以为他生意好，货物畅销，后来发现他销售得惊人速度，便产生怀疑，而报告当局进行侦查，果然发现他是支援独立战争，便将他逮捕。革命军探得他被关在监牢里，就星夜出动，围攻监狱将他救出。胡出狱后，参加了革命队伍，共同对敌斗争，后来也将其妻接去参加了革命。胡德在革命军中十余年，受伤五次，升至上尉，死时授以上校军衔。

古巴独立战争后，胡德在汕打加拉省当卫生局长。因为曾先后担任过古巴总统的昂美、棉诺加（Mario García Menocal）、马查多（Gerardo Machado）三人都是他的老友，昂美的儿子认他为谊父（干爹），由于他将全部财产帮助了独立战争，所以当昂美任总统时，就给他机会发点财。当时卫生局长的职位，人们都认为是"肥缺"，但他当卫生局长并不想赚钱，只知道集中精力搞好卫生工作，对环境卫生特别重视，他每天清早5时就出门，左手提着消毒药水罐子，右手执着喷射筒，到处巡察，当时有人认为他有机会不"捞钱"很可惜！有人认为他身为局长提着消毒器具到处跑太不雅观，有辱官员体面。昂美知道他老实不会贪钱，为了让他生活过得好一点，便调他到哈瓦那移民局当领导，专管亚洲、非洲移民出入境签证的工作。过去按习惯每一张出入境签证要交款10元，但在胡任职期间，分文不收，连去移民局的过海钱也免收，他说："要人家出钱？哪个新来的'乡里'（同乡）不是穷苦人？自己也是过来人呀！"棉诺加任总统时，调他去湾城戏院当稽查，职务就是看戏，他每天晚饭后就去执行他的职务，和妻子一同坐在湾城戏院厢房里看戏，发现观众有打架、吵闹、吸烟等妨碍剧场秩序时，他就以食指按嘴唇做出嘘嘘之声，捣乱者闻他嘘声，无不肃然安静。

胡德薪俸很高，由于乐善好施，他家门前常有叫花子排着队在等，常见他妻子胁下挟着一个盛零钱的小篮子给他们分派。他家庭生活很俭朴，在最丰足的岁月里，也是清茶淡饭，午餐七人吃饭，只有一碟素菜，一碟咸鱼，晚饭经常都在万香楼吃，这是一间最便宜的饭店。老板一见他来，就喊："德伯来了！"跟着又喊："一角子素菜，一角子咸鱼，七人白饭端上。"这家饭店很优待德伯，他们乐意不计成本，给他老人家吃好一点。他穿的是粗布衣服，洗熨得非常光鲜，本来他对衣着是很不讲究的，但当他到洗衣馆探访同乡时，他们每每强迫他把外衣脱下来，马上替他洗熨好，又给他穿上。上面说他一家七口人吃饭，其实他只一妻一女，其余四人中，三个是他的"乡里"，一个是非洲黑人，这位黑人是参加古巴独立战争时在胡德部下当连长，两腿受过伤，走动不便，胡德待他如兄弟，因此成为胡家的一员，胡死时他跪地痛哭。那三个乡里都是新到湾城没有工作，在他家里暂住的。其中一个叫赵良的，胡德视他如子侄，出入常带他在身边，给人介绍时都说是自己的侄儿。而赵良之所以跟随胡德是别有所图的，他知道好些有名望的人都是胡德的老朋友，当时一般官员对胡都很尊重，他就利用胡的关系，结识那些有地位的人，如马查多认他为谊子（干儿子），马查多当了总统，他就通过这层关系，包烟包赌，骗了华侨很多钱，每逢节日就给马查多送三五千元礼。又通过请客送礼的手段和警察厅那些人混得很熟。胡德鄙视其为人，有一次相遇，他故作热情地招呼胡德，胡不理睬他。赵怀恨在心，与警察串通说胡身上带着枪想谋害他，警察搜胡身果有枪，便带回警察厅。厅长见胡，问他来厅有何事？胡德说是你们警察抓我来的。

原来那厅长知道胡德所带之枪是昂美在独立战争后赠给他留为纪念的，便喝骂警察如此大胆，然后向胡赔礼，请其回去。马查多未当总统时，常到胡家聊天，特别是在进行竞选时，到胡家高谈阔论，请胡帮他竞选，并许诺了当选后给胡高官厚禄，又说派胡任驻华公使或驻粤领事。因为胡在古巴公民心中信誉很高，华侨对胡的一举一动更是马首是瞻，即使是没入古巴国籍的华侨，他们的家属也绝大部分是古巴公民，胡支持他竞选，是有相当一部分力量的。胡表示不想当大官也不要任公使，而对驻粤领事这个职位则非常感兴趣，因为当时古巴没有设驻粤领事，有关事务都是委托美国领事馆代办的，华侨申请去古巴，美国领事馆往往借口古巴移民律的限制，诸多为难，拖一两年是常有的事。胡一心想如果能回祖国当古巴领事，有机会对出国同胞帮个忙，那真是一件称心喜事。人家问他，德伯呀，如果你当了领事，"乡里"要出国你签不签字？他说，当然签啦！湾城的华侨也鼓励他帮马查多的忙，动员更多的人投马查多的票。但马当选总统以后，没有履行诺言，甚至连胡家也少去，胡对他如此不守信义非常不满。马查多任总统后，还施行种种苛政，限制华人入境，每年缴纳人头税三元以上，政府稽查人员更借机勒索，华侨常有被虐待欺诈的。胡常摇头叹息，感到灰心。

胡德临终前留下遗嘱，他死后不在革命功勋会殡仪馆治丧，也不葬在功勋会坟场，要在家里收殓及葬在中华义山。古巴政府设有革命功勋会殡仪馆及坟场，专为对革命有功勋的人料理丧事。湾城23街也有一种规定，必须是有功勋者出殡才能在此通过。胡逝世时，政府要在功勋会殡仪馆为他治丧，并准备把他葬于功勋会坟场，但胡的家属坚持遵照其遗嘱，卒在家里办丧事，遗体葬于中华义山。出殡时，环游湾城，虽不在功勋会治丧，但仍经过23街，以示隆重。送殡的队伍很长，从出殡至安葬足足进行了一整天时间，观众之多，可说是万人空巷。

古巴在摆脱西班牙殖民统治后，1902年至1909年曾两次被美国军事占领。在古巴设美国军政府，根据美国移民法，颁布古巴移民律，禁绝华工入境，对其他华人入境，限制条件也非常苛刻。第一次世界大战发生后，古巴商业突兴，工农劳动力缺乏，对华工入境禁令暂废，这期间入古华人骤增，据估计约有两万人。大战结束后第二年，禁华律又复施行。古巴独立后，名义上虽由古巴总统执政，实际还是在美国控制下，施行美国军政府法令。古巴政局动乱，政府官员贪污受贿之风极盛。

在十多年独立战争中，华侨与古巴人民并肩作战，凝成了血肉友谊。虽然排华风浪时起时伏，但华侨在反排华反迫害的斗争中，处处得到古巴人民的同情和支持。例如，1922年至1923年在古巴的西班牙资本家，因忌华商取得古巴人民信任，在商业上成为他们的劲敌，便不择手段地打击华商，在西班牙资本家所办的《马连拿报》上连续发表排华谬论，企图挑起种族歧视，煽动古巴人排华。

当时中国的北洋军阀政府驻古巴公使刁作谦，驻哈瓦那总领事章守默，均属庸懦之辈，只知媚外别无作为。侨团在发现排华谬论以后，即召开华侨代表大会，组织华侨外交协会，向当地朝野上下揭露西班牙资本家的排华阴谋，深得古巴人民的支持。古巴一些进步报纸也投入反排华的战斗，反击《马连拿报》的谬论。这样一来，古巴人民对西班牙资本家更加憎恨，华商的生意就更为兴隆了。这次斗争，由于曾参加过古巴独立战争的华侨战士到处奔走呼吁，起到很大的作用。他们就是在湾城常见的佩着金质或银质勋章的老华侨。又如1944年古巴政府实施对外侨的《五十工例》（《五十工例》原来是1933年格劳·圣马丁（Grau de San Martín）任总统时颁布的，当时未能严格执行，至1944年格劳·圣马丁再度登台，又复施行此例）。规定凡旅古外侨经营工商农业的，必须雇用50%古巴人，企业职工有遗缺的，先补用古巴人，需裁员的则先裁减外侨。当地政府不敢触犯帝国主义的大企业，而专向我华侨的小本经营开刀。此例施行后，华侨损失很大，失业人数增多。因为华侨绝大多数是由三五人合资经营的小本生意。他们既是股东又是职工，如果添雇50%古巴人，生意就难以维持了。加以有些歹徒纠集社会上一些闲散人等，借故说华侨不执行《五十工例》，到华侨杂货店餐馆等捣乱。当时中国驻古巴公使李迪俊不但不根据华侨的实际情况向古巴政府提出交涉，反而奉行外交部部长宋子文的旨意，要华侨遵守《五十工例》的规定。当地国民党《民声日报》总编辑顾任侠还发表评论，认为"五十工例未可厚非"。当时华侨对国民党反动派非常愤恨，《华文商报》驳斥了顾任侠的谬论。各侨团商议组织旅古华侨职业团体联合会进行交涉。该联合会是由商会、衣馆公会、杂货行工商联合会、生果（水果）行公会、农业劳资联合会及餐馆行公会等六个团体组成，分别向古巴政府及有关部门反映华侨各行业执行《五十工例》的实际情况和困难，深得古巴人民的同情，并在报刊上发表支持华侨的评论。后来古巴政府也就没有强制执行此项工例。但古巴政府的劳工部官员乘机向华侨索贿，每月贿款180元，款项由组成该侨团联合的六个行业团体分担，延续了两年之久。

（本文节选自《古巴见闻录》，题目为本书编者所加，原载《中华文史资料文库》第十九卷，中国文史出版社1996年版）

跨越三世纪古巴华人沧桑史之研究

［中国台湾］ 熊建成①

前　言

华工出国历史，是中国史乃至世界史上的一个重要课题。西方国家产业革命的兴起和发展，借用大量落后国家的劳动人民，为其开发荒芜地区，积累自身资本与财富，而华工为其所奴役的重要的廉价劳工资源之一。

古巴有华人之足迹，至今刚满 166 年（1847—2013），华人初来从事蔗糖种植园工作，当时正值古巴制糖业兴起，在西班牙殖民统治下，为取代岛上对黑奴劳力之需求，故雇运大量中国契约华工（苦力）来古。

今天，如果我们沿着哈瓦那唐人街 San Nicolás 及 Cuchillo 两个街区漫步，将会观察到许多有意思的人种类型，我们将发现他们之中的大部分人具有黑、白和中国人的特征。他们是 19 世纪三个 25 年间，大约 12 万名中国苦力涌入古巴后种族融合的结果。

1999 年 12 月 10 日至 12 日 "世界海外华人研究学会"（ISSCO）经精心策划，选在社会主义国家古巴哈瓦那举行年会，中外学者 200 余人与会，深具意义。大会期间，我们特别拜会了具有一百多年历史的 "中华总会馆"，当时主席周一飞先生设晚宴招待，场面感人。

---

① 作者为台湾淡江大学美洲研究所荣誉教授、西班牙巴斯克大学讲座教授、前拉丁美洲暨加勒比海地区国际研究协会主席。

一 古巴华工移民血泪史

第一批 571 名华工是于 1847 年 6 月分别乘坐苦力船"Oquendo"号及"Duke of Argyle"号抵达哈瓦那。依据哈瓦那 1853 年 10 月 30 日《殖民地公报》统计资料，自 1847 年 6 月 3 日至 1873 年 6 月 14 日，被运往古巴的华工总计 135 955 人，途中死亡 15 622 人，实际安全抵达哈瓦那为 120 333 人。从 1847 年至 1902 年输入古巴华工总计为 150 000 人。

华工的性别、年龄取决于繁重的甘蔗种植园的工作条件，输入古巴的中国契约劳工具有四个特点：首先，是个人行为，而不是团体或家族的；其次，男性占绝对多数；再者，90% 以上签约时介于 20 至 30 岁之间；最后，99% 为未婚壮汉①。

1849 年 4 月 10 日颁布一项严厉的《印第安人暨亚洲人管理与待遇条例》，共 21 条款，其中 19 项专为华工而设，以加强对"苦力"之控制与奴役②。1850 年 3 月 2 日，西班牙皇家谕旨正式"恩准"上述 21 条款，正式开启了古巴华工取代黑奴劳工之辛酸史③。1854 年 3 月 22 日，西班牙皇家谕旨核准古巴当局 1853 年 12 月 23 日草拟的《古巴引进华工管理条例》，至此华工沦为奴隶之社会位阶，诚如第 19 项条款所揭示："华工与中介者签约时，便得放弃与其工作性质相左的基本人权。"④ 该管理条例规定华工只能在教会规定的休息日自由支配时间，而且未得许可不准擅自离开种植园的界域。生病时必须有医生证明才能不上工。如果华工违抗命令、拒绝干活、逃跑、酗酒、违反园规或厂规，园主或其代理人可直接惩罚。如果华工违抗命令、拒绝工作的同时使用武力，那么园主也可用武力强加制止。这套管理法规一直延续了 30 多年，直到 1879 年中国在古巴设立领事馆才废止。

---

① 马德里国家历史档案馆，海外部（Sección de Ultramar, Archivo Histórico Nacional de Madrid），第 87 卷（1861 年古巴人口普查报告）。

② 马德里国家图书馆，美洲手抄本（Manuscritos de América, Bibioteca Nacional Madrid），第 13857 号，第 10—14 页。

③ 同上书，第 33 页。

④ 哈瓦那《殖民地公报》，1854 年 3 月 12 日。

华工之社会定位

1847 年 11 月 7 日，古巴"皇家农商促进会"提出一项有关华人管理办法草案，视中国契约劳工为黑奴对待①。实质上，19 世纪中国的"苦力贸易"可称得上"古代版的奴隶贸易"。

1847 年第一批到达古巴的华工于 1858 年契约期满，古巴当局即下令，满了契约的华工必须在两个月内重新签订第二次的契约，否则勒令出境。其借口是契约期满后，为了避免华工到处流浪以致犯罪。实际的情况是华工从每月四元（比索）的工资中根本不可能积满回国的路费，契约期满后他们走投无路，只好被迫在两个月内再次卖身。

华工积极参与古巴 30 年独立战争（1868—1898）争取自由权利

1868 年 10 月 10 日，古巴独立之父 Carlos Manuel Céspedes 于其 Demagagua 制糖厂宣布废除奴隶制度，让岛上所有居民均能享有同样自由平等的权利。

古巴的华工，长期受奴役，为追求解放、自由、平等人权，积极投入古巴 30 年之独立战争，英勇作战，争取"对所有参与起义行列之奴隶或华工赋予之自由权利"②。

独立战争结束后，古巴对中国劳工在独立战争中的英勇行为，大无畏的牺牲精神，深感怀念与感激。因此，1931 年在首都哈瓦那为华工树立了一座两丈高的圆形柱黑色的大理石纪念碑，碑上刻着西班牙文："古巴的中国人无逃兵，古巴的中国人无叛徒！"（"No hubo un chino cubano desertor. No hubo un chino cubano traidor！"）这是古巴民族英雄 José Martí 的亲密战友 Gonzalo 将军，褒奖古巴华人在 1895 年反对西班牙殖民统治的独立战争中英勇参战建立了不朽功勋的题词。

古巴华工对中国建立共和国和抗战之贡献

这些华工除了对古巴的独立战争有所贡献外，对中国建立共和国、抗

---

① 马德里国家图书馆，美洲手抄本（Manuscritos de América, Bibioteca Nacional Madrid），第 13857 号，第 1—7 页。

② Ramiro Guerra y Sanchez, *Historia de la Nación Cubana*, Tomo V. Libro Primero, La Habana, 1962, p. 9.

战亦作出贡献：1911 年 8 月间，清廷最大的军舰"海圻号"访问哈瓦那，古巴华人为支持孙中山先生领导的国民革命进行宣传，鼓励舰上官兵投入革命队伍。"海圻号"返回上海后不久，舰上清廷的官兵就响应武昌起义，参加国民革命①。

1931 年 9 月，日本帝国主义在东北发动"九一八"事变，侵略东三省，古巴华人积极动员起来，成立"抗日救国总会"，进行募捐活动，给东北义勇军捐献了一万美元②。

日本帝国主义又于 1932 年 1 月 28 日发动了进攻上海的侵略战争，古巴华人也跟美洲其他地区华人一样，汇给淞沪抗日部队数十万元。

二 早期古巴华人侨社

第二次世界大战爆发后，中国同拉丁美洲国家关系得到进一步改善。1942 年 11 月 12 日双方共同签署《中古友好条约》，对华人移居古巴作出了有利的规定。1902 年限制华人入境之全部禁令到此才告废除。随即掀起另一波华人移居古巴浪潮，把侨社推向全盛时期。据古巴人口普查数据，1943 年古巴有华人 15 822 人。

自美洲侨社成立时间先后顺序而言，美国最早，加拿大次之，拉丁美洲居后。

自 19 世纪 60 年代开始，古巴华工一旦契约期满或通过其他方式获得自由之后，就有可能依据自己的意愿和条件，选择自己的职业和安排自己的生活，有的仍滞留种植园继续从事农业生产。也有不少华人因经营有方，日渐富裕起来，成为农场主，例如 1899 年古巴岛就有华人农场主 42 个③；有的则"进军"城市，多数从事餐馆业，经营南北货为主，从商人数达到华人总数的 17% 以上④，不少经商致富成了当地很有名望的商人。

早期契约华工，一旦摆脱了契约束缚后，就聚集而居，其聚居地常为人们称为"唐人街"（Barrio Chino），是他们生活的需求。他们多不懂西

---

① 陆国俊：《美洲华侨史话》，台湾商务印书馆 1994 年版，第 121 页。
② 同上书，第 125 页。
③ 同上书，第 67 页。
④ 同上书，第 65 页。

班牙语，也不习惯当地生活方式，爱吃"唐餐"，过"唐山"的传统生活，聚居一起可相互照应、支持，有助于他们在当地生活下来。

古巴规模最大的唐人街坐落在哈瓦那市 Dragones，Salud，Reina，Zanja，Realidad，San Nicolas，Galiano，Amistad 等 44 个街段之间。华人在唐人街开设商店、餐馆、旅社等，从事各种商务活动。稍后成立的华人社团总会"中华总会馆"（Casino Chino Chung Wah），中国国民党驻古巴支部及中国银行均设在 Amistad 街 120 号。

古巴侨社组织产生很早，几乎随着华工转居城市同时发生，一城组织侨社，各城仿效。拉丁美洲地区出现最早的侨社组织，是在 1867 年古巴华人钟熙等人在哈瓦那市成立的"结义堂"。至 1893 年，拉丁美洲几乎所有华人聚居的主要城镇都建立了会馆或堂号，古巴中华总会馆亦于 1893 年 5 月 9 日在哈瓦那成立。

古巴侨社种类繁多，有按姓氏关系建立的侨社；有以原籍地区组织的侨社；有以政治理念结合的政党组织；亦有以职业组成的各种会社。

以姓氏组织的宗亲会社主要有黄姓的"江夏堂"、李姓的"陇西堂"等；同乡会性质的华人组织主要有由广东南海、番禺和顺德三县合组而成的"三邑会馆"，台山、新会、开平和恩平四县组成的"四邑会馆"等；以不同的政见组织的政党主要有"致公堂"（洪门、三合会）。1946 年，致公堂转型为民治党（Partido Demócrata Chino）。1959 年古巴卡斯特罗领导革命成功之后，民治党就失去其政党性质，转化为联谊性组织。早在 1911 年辛亥革命后，中国国民党开始在古巴设立支部。1927 年，一些激进的华人在哈瓦那成立"工农保护联盟"（Alianza Revolucionaria Protectora de Obreros y Campesinos Chinos dE Cuba）。1959 年，深受中国与古巴革命影响，更名为"古巴中国新民主联盟"。次年，该联盟建立"中国革命民兵大队"，捍卫古巴革命政权。同年 10 月，民兵大队占领哈瓦那国民党支部、民声日报社、中国银行及中华总会馆①。1880 年古巴第一个"中华会馆"设立于 Sagua la Grande 镇，该镇位于哈瓦那东部车程约 300 公里处。当时有华人约 3113 人。1942 年 2 月 24 日中华民国外交部部长曾至当

---

① 1959 年 2 月，古巴发生革命。1960 年 9 月 3 日古巴与台湾断交，是第一个外交承认中华人民共和国的拉丁美洲国家。

地访问。

三 当今古巴华人侨社

古巴唐人街主要集中于哈瓦那市中心，跨越 44 个街区，拥有 13 个华人侨社团，而其中的中华总会馆，称得上历史悠久、规模最大、功能最多的古巴华人侨社。

1893 年 5 月 9 日古巴中华总会馆创立于哈瓦那市，下辖有 12 个侨社，每个侨社均有会所，其会所主要集中于唐人街[①]。早期中华总会馆曾由中国国民党和洪门民治党管理，该会馆除了设有中医诊所服务华侨外，更致力于提供当地华侨慈善、福利、文化及教育方面的服务，其中弱势及年迈者为其首要帮助对象，比如 1915 年中华总会馆以 3.35 万余美元创建颐侨院，专门收容 60 岁以上贫苦无依的华侨。隶属于该会馆的《光华报》（Kwong Wah Po），为古巴境内仅存的华文报纸，亦是唯一使用中国传统印刷技术的报纸。此外，中华总会馆亦致力于将"文化之家"（la Casa de la Cultura）与"古巴武术馆"（la Escuela Cubana de Wushu）[②]紧密联结，以供华侨子弟及古巴人民学习中华文化。

中华总会馆除了致力于古巴华人事务外，对于中国的奉献亦不遗余力：1931 年"九一八"事变后，总会馆代表曾回国向政府请命，要求政府派军事训练人员至古巴，以便组织华侨青年回国参加抗日战争。另外，自 1937 年"七七事变"到 1945 年 8 月抗日战争结束，古巴华侨共捐献 230 万美元。

1959 年古巴革命后，中华总会馆在前主席周一飞与现任主席伍迎创等华侨的管理下，每逢中古两国重要节庆，均举办活动庆祝，以维系古巴华人与当地人民间的交流。例如：农历新年期间，由古巴华侨诠释的武术表

---

① 数据参考中国会馆，详见 http：//huiguan. org. cn。

② 1995 年古巴武术馆由李荣富大师（el Maestro Roberto Vargas Lee）创立，自 2001 年属于古巴武术联合会（la Federación Cubana de Artes Marciales）和中国武术国际联合会（la Federación Internacional de Wushu en China），同时，亦受中华总会馆及哈瓦那市历史学家办公室（la oficina del historiador de la ciudad de la habana）的指导。该武术馆招收学生不限年龄、性别及国别。数据参考古巴武术联合协会（la Escuela Cubana de Wushu），详见 http：//www. wushucuba. com/。

演、传统中国乐曲、吉卜赛舞蹈及声乐活动，皆体现出两国文化间的融合。

四　结论

古巴侨社为 20 世纪初全美洲规模最庞大之侨社之一。有华文报业三家，分别为《华文商报》、中国国民党的《民生日报》及民治党的《开明公报》、联合月刊杂志，现仅存的"中华总会馆"机关报《光华报》因经费无着，只能每两周出刊一次。

1953 年古巴华人有 11 826 人，唯 1959 年古巴革命后，大量华人外移。1999 年全岛华人仅剩 400 人左右，平均年龄高达 79 岁①。另有华裔 3000 余人，唯多数已不谙华语②。据 2010 年统计，当今加入总会馆和各分会所的华裔共有 2806 人，其中华侨有 292 人，而持中国护照者 144 人，有 98% 以上的人居住在哈瓦那市、哈瓦那及圣地亚哥两省③。令人忧心的是，由于青壮华人早就出走一空，留下的几乎全是认命的老人，虽然近年来古巴移民政策已放宽，由于美国的经济封锁下，造成生计困难，根本没有华人愿意前往，不用多久，曾是拉丁美洲规模最大、华人会馆最多、总人数曾高达 10 万之多的哈瓦那唐人街，将会走入历史。

为了避免走入历史，重建唐人街成了目前古巴侨居华人当务之急，1994 年，在古巴政府支持下，华人侨社成立了"唐人街促进会"。唯因缺乏新血，经费不足，任务之艰巨是不难想象的。笔者认为，古巴侨社是否能够恢复先前荣景，除中国与古巴政府之侨务政策至关重要外，部分亦将依赖海外侨界的支持与援助。

[本文原为第二届海外华人研究与文献收藏机构国际合作会议（2003 香港中文大学）论文，后百度学术、豆丁等网站转载，题目为《跨越三世纪古巴华人之研究》，作者向本文集供稿有修改。]

---

① José Boltar Rodrígues, *Los Chinos de Cuba*：*Apuntes Etnográficos*, Fundación Fernando Ortiz, La Havana, 1997, p. 93.

② 有三位华人从军，官拜少将。其中邵正和将军于笔者 1999 年访古期间担任"古巴—中国友好协会"会长。

③ 数据参考中国会馆，详见 http://huiguan.org.cn。

古巴，一页独特的华侨史

[中国香港] 雷竞璇①

　　一直以来，华侨史不在我的阅读兴趣范围之内，近年来却对古巴华侨的今昔变化，颇作了点探讨，去过这遥远的岛国三次。当中因缘，说来既偶然，也唏嘘。

　　我祖父和父亲都在古巴谋生，1959 年古巴革命后，他俩和其他当地华侨一样，多年辛勤积累所得，化为乌有。结果两人都回来香港，在此地离世。我父亲尤其短寿，殁时（1968）只得 47 岁。由于这一段伤心往事，我母亲不喜欢提到古巴，于是，一家人对父辈这段海隅沧桑，也就逐渐淡忘。2004 年母亲逝世，之后我整理她的遗物，找到保留下来的父亲历年从古巴寄回来的约两百封信。我读了，很受触动，于是决定去一趟古巴，尝试找寻一下祖父、父亲在那里的足迹，2010 年终于成行。时日湮远，我寻得的片段非常零碎，却因此目睹了当地老华侨的凄凉景况。这些老人飘零海外，流落远方，活在近乎和外面世界隔绝的状态，很令人感慨。之后在 2013 年年初和年底，我再去了两次，和大约 40 位老华侨访谈，努力为他们的经历留点记录。从这个尝试出发，我免不了也阅读和古巴华侨有关的书刊文献，于是对这一段历史，从无到有，得到一些认识。当中经过，我在最近出版的《远在古巴》一书中已有记述。②

　　华侨足迹所至，遍及世界各个角落，各地华侨社群有不少共通之处，

---

　　①　作者为香港中文大学香港亚太研究所荣誉研究员。
　　②　雷竞璇：《远在古巴》，香港：牛津大学出版社 2015 年版。

但因所在地差别，每处又自有其独特情况。研究华侨史的美国学者麦基翁（Adam McKeown，又译麦孔）在《中国移民网络与文化变迁：秘鲁、芝加哥、夏威夷，1900—1936》（*Chinese Migrant Networks and Cultural Change: Peru, Chicago, Hawaii, 1900 - 1936*）一书中，便以秘鲁、芝加哥、檀香山三处的华侨群体为例，探讨当中分别。① 与上述三地的华侨社群比较，古巴华侨与其不同之处有如下各项：其一，历史悠长；其二，经历盛衰起伏很大；其三，经历革命，接受了社会主义改造；其四，革命后华侨社群基本保持原貌，但整体而言面临消亡。以下分别扼要说明一下。

历史悠长

中国人最早抵达美洲大陆，应在明朝末年。隆庆五年（1571），西班牙人占领菲律宾之后，开始有中国人乘坐西班牙大帆船从该地出发，横越太平洋前往美洲，目的地主要是墨西哥的西岸，相信当中有人再辗转抵达古巴，但记载稀少，难以细究。清道光二十七年（1847），两艘船只"Oquendo"号和"Duke of Argyle"号将500多名华工运抵夏湾拿（Havana，如今一般译作哈瓦那），古巴华侨的历史就从此时正式开始。② 不久之后美国西海岸发现金矿，引发淘金热潮，加州成为中国人前往美洲的另一个热门目的地。19世纪中国人前赴加州，主要是乘坐船只越过太平洋，航程约两个月，但要前往位于美洲大陆东侧的古巴，由于当时巴拿马运河还未兴建，须经由印度洋、好望角、大西洋再进入加勒比海才能到达夏湾拿，航程约需四个月。孤悬天际、远隔重洋的古巴竟然成了中国人在美洲大陆最早的落脚点和聚居地，说来也是一桩历史奇缘。

自1847年500多名华工抵达古巴，之后便络绎不绝，20多年间共约14万中国人被贩运到此岛，形成整个美洲大陆最为庞大的华侨群体。在

---

① Adam McKeown, *Chinese Migrant Networks and Cultural Change: Peru, Chicago, Hawaii, 1900 - 1936*, Chicago, IL: University of Chicago Press, 2001.

② Duvon C. Corbitt, A Study of the Chinese in Cuba, 1847 - 1947, Wilmore, KY: Asbury College, 1971.

古巴岛上，中国人也成了西班牙裔人、非洲黑人之后的第三大社群。自此之后，中国人就成了古巴社会的一部分，从未间断，延至今日，已经超过一个半世纪。东南亚地区由于和中国邻近，国人出洋聚居，以此地区为时最早，其次就是古巴了。路程如此遥远，交通如此不便，古巴竟然早在19世纪中期便已出现一个庞大的华侨群体，说来也令人称奇。中国人聚居古巴源远流长，超过一个半世纪未曾中断，可说是古巴华侨的一个独特之处。

跌宕起伏一个半世纪

中国人在海外聚居和谋生，一般情况是：人数逐渐增加，生活逐渐安定，经济状况和社会地位逐渐改善。其中当然也有例外，如20世纪60年代印尼华侨因为所在地的政治变动，几乎遭遇灭顶之灾。中国人在古巴超过一个半世纪，其经历的独特之处，在于遭逢了很大的起伏，盛衰之间，差异悬殊。一个半世纪的古巴华侨史，大略可以分为三个阶段：1847—1874年是第一个阶段，可称为萌芽期，华工是此阶段的主角；1875—1959年是第二个阶段，也是古巴华侨社会的繁荣期；1959年至今是第三个阶段，华侨社会在此阶段进入消亡期。

1847—1874年这27年是古巴华侨史的第一个阶段，此期间被贩运到古巴的华工超过14万人。"华工"在中国民间的说法是"猪仔"，绝大部分是被骗、被拐甚至被绑架、被掳掠而去的，这是一页令人沉痛的人口贩卖史。以种植甘蔗、烟草、咖啡为主的古巴，劳动力本来依赖非洲黑奴，19世纪初欧洲兴起禁奴运动后，古巴劳动力缺乏，于是转向中国寻求劳工。这里说的"华工"，英文一般作"coolie"，此字有时译作"苦力"，学术用语为"indentured laborer"，即"契约劳工"。这些华工名义上手持一份契约（一般为八年）前往古巴当佣工，但到达后实际成了奴隶，所得待遇往往还不如非洲黑奴。这些华工绝大部分在年轻力壮时出洋，一成多在漫长的航程中因缺粮缺水、被虐被囚或海难等原因死去；抵达古巴的，半数在五年内亡故，主要由于劳动过于繁重以及种种不人道待遇。华工贩运在1874年结束时，14万多名华工中仍存活的只有6万余人。对于这一段相当可怕的历史，外国的研究颇多，有好几种英文、西班牙文专著，部分由博士论文改写而成。① 中文研究则甚少，较可观的只有已故台湾学者吴剑雄的《19 世纪前往古巴的华工（1847—1874）》，以及中国年轻学者袁艳的《融入与疏离：华侨华人在古巴》。②

　　惨无人道的华工贩运得以在 1874 年结束，和清政府派遣大臣陈兰彬到古巴调查华工状况有关，这是中国近代外交史上的大事。由于华工在古巴、秘鲁等地的悲惨状况逐渐为世人所知，引起国际关注，清政府不可能再坐视不理，最后决定派遣官员前往调查。同治十二年（1873），陈兰彬到了古巴，停留近两个月，对数以千计的华工进行调查，之后写成报告，呈交总理衙门。③ 报告的正文还译成英文和法文，以便向外国发布。清政府据之和当时统治古巴的西班牙交涉，终于迫使西班牙中止贩运华工出洋的勾当。派遣官员出国调查国民在海外的待遇，并据之进行外交交涉，这在中国历史上是破天荒的第一次，对当时深受列强压迫的清政府来说，此举尤其难得。而成就此一创举的，是华工在古巴的苦难。

　　1875 年，古巴华侨史便进入一个新阶段，此阶段一直延续到 1959 年古巴发生革命为止。华工贩运虽然结束，但留在古巴、无法回国的华工还有几万人，大部分因为契约期未满，不能自由行动和择业，于是，清政府不得不考虑如何保护这些侨民的问题。其结果就是 1879 年在夏湾拿设立总领事馆，并在华人数目众多的另一古巴城市马丹萨（Matanzas）设立分馆。第一任总领事是广东人刘亮沅，在陈兰彬担任首位出使美国、西班牙、秘鲁三国大臣时，他参与过有关工作。第一任驻马丹萨领事是香港人陈善言，皇仁书院毕业，在古巴任满后到北京清政府任职。刘、陈两人到

---

　　① 英文论著参见：Lisa Yun, *The Coolie Speaks: Chinese Indentured Laborers and African Slaves in Cuba*（Philadelphia, PA: Temple University Press, 2008）; Arnold J. Meagher, *The Coolie Trade: The Traffic in Chinese Laborers to Latin America, 1847 - 1874*（n. p.: Xlibris, 2008）; Benjamin N. Narvaez, "Chinese Coolies in Cuba and Peru: Race, Labor, and Immigration, 1839 - 1886"（Ph. D. thesis, University of Texas at Austin, 2010）；西班牙文论著参见：Juan Pèrez de la Riva, *Demografìa de los culìes chinos 1853 - 1974*（La Habana: Pablo de la Torriente Brau, 1996）; *Los culìes chinos en Cuba*（La Habana: Ciencias Sociales, 2000）。

　　② 中文论著参见吴剑雄《19 世纪前往古巴的华工（1847—1874）》，"中研院"三民主义研究所 1988 年版；袁艳：《融入与疏离：华侨华人在古巴》，暨南大学出版社 2013 年版。

　　③ 陈兰彬等：《古巴华工调查录》，上海书店出版社 2014 年版。

达古巴上任后，积极开展护侨工作，贡献甚多。中国终于形成积极的侨务政策。在海外设立领事馆，很大程度源于华工在古巴的悲惨命运，古巴在华侨史上具有独特的地位，这是原因之一。

此阶段开始时，在古巴的数万华侨，大部分是八年契约工期未满的华工，小部分契约期已满的，可以自由择业和行动，一般成为自雇的小商贩——肩挑两个箩子，沿街叫卖水果蔬菜或其他生活杂货，这种小贩形象在古巴深入民心，仿佛成了早期华侨的标志。由于他们收入微薄，当时有经济能力返回中国的千中无一，绝大部分老死当地。前一阶段被贩运到古巴的华工，几乎全部是男性，他们当中能够和古巴女子结婚的为数极少，大多数无法成家立室，孤身而殁。于是，随着这些华工的老去和死亡，古巴华侨的数目就逐渐下降，到了 20 世纪初，人数只得万余名，之后在1919—1925 年间，约三万名中国移民进入古巴，从此时开始直到 1959 年古巴革命，古巴华侨的总数徘徊在三万至五万之间。①

新增的华侨人口，部分来自美国，这是因为美国的排华政策使原本在加州等地的华侨迁移到古巴。这批华侨具备较雄厚的财力，也有较丰富的商业经验，夏湾拿和古巴各城市渐渐形成华侨社区及相关的经济活动，与这些美国华侨的到来很有关系。此外就是从中国前来的华侨，一直以来以广东四邑人为主，多数是因为家乡生活困难，到海外谋出路。古巴对华侨入境的政策时宽时紧，但由于官员普遍贪污，即便在厉行排华的时期，中国人还是不难找到门路进入古巴。晚清和民国时期，中国在古巴的使馆也发挥了一定的护侨作用，好几位大使或领事深受华侨称赞，如凌冰、袁道丰、李迪俊。

古巴华侨人数虽然不及前一阶段多，但由于他们可以自由择业和经商，逐渐积累了财力，各城市的华侨社区日益兴旺和活跃。1937 年，古巴中华总会馆调查全古巴的华侨商业状况，记录的各类店铺共 3800 余家，资本总额为 390 万美元，其中以杂货店、水果店、洗衣馆和西餐厅为数最多，遍布古巴各大小城镇。② 华侨社区的兴旺活跃，又在社团数目、报刊出版和娱乐事业等方面得到反映。据 1945 年的侨刊《华侨先锋》报道，

---

① 袁艳：《融入与疏离：华侨华人在古巴》，第 99 页。
② 同上书，第 104—106 页。

当时古巴全国有 130 多个华侨社团，当中 40 余个在夏湾拿，其余分布各城镇，包括同乡会、宗亲会、职业团体、会党、业余爱好团体等，另国民党分别在 15 个城镇设有支部或分部。报刊方面，1959 年古巴革命前，有三份每日出版的中文报章，分别为 1912 年创刊的《华文商报》、1921 年创刊的国民党机关报《民声日报》，以及洪门民治党在 1922 年创办的《开明公报》。从 20 世纪 30 年代开始，夏湾拿华侨社区内主要有三家电影院经营，分别为新大陆、金鹰和新民戏院，前两者各有 1500 个座位，后者也有 1200 个，每日不停播映中文影片，主要是香港摄制的粤语片，间中上演粤剧大戏。此外还有四个能演粤剧的戏班，演员中唱旦角的古巴女子何秋兰（Caridad Amaran）如今仍健在，网上可以找到她唱粤曲的纪录片。何女士近年来过香港，虽然已经 80 多岁，唱起曲来还是板眼分明，很见功底。[①]

第二次世界大战结束后，古巴华侨社会进入鼎盛期，出现较大型的企业如办馆、农庄等，小资本经营的店铺比之前更多。据老华侨回忆，此时期在古巴谋生比在美国容易，古巴比索币值和美元相等，古巴社会对华侨的歧视比美国少，可说是古巴华侨史上的黄金时期。之后的变化是 1949 年新中国成立后，逐步限制国民出国谋生，前来古巴的华侨日少，1954 年后基本中止。相应地在古巴的华侨也因为恐惧共产中国，很少返回家乡，古巴华侨变成孤悬海外的群体，再无新血补充。

1959 年古巴革命对当地华侨来说，是由盛而衰的转捩点。从此之后，基本上再没有华侨到来。原有的陆续离开，留下来的则日渐衰老和死亡，古巴华侨群体进入萎缩、消亡期。这可以说是古巴华侨史的第三阶段。

古巴革命胜利之后，实行社会主义制度，所有私营店铺被收归国有，古巴华侨从此陷入困难处境。当中有能力的离去，余下的接受古巴革命政府的改造，人数不断减少。1961 年，中华总会馆在全岛进行华侨登记，次年公布结果，共登记华侨 9002 人，其中男性 8771 人，女性 231 人。[②]

---

① 袁艳：《古巴中国戏院的历史变迁——从表演木偶戏、粤剧到放映电影》，《拉丁美洲研究》2011 年第 6 期，第 37—42 页。

② 袁艳：《融入与疏离：华侨华人在古巴》，第 212—13 页。

我父亲当时在古巴，也参加了登记；我到古巴时，从中华总会馆的档案中找到了他的登记文件。不过由于诸多原因，这次登记不算全面和深入，但所得结果也反映了古巴华侨人数缩减的趋势；而过了半个多世纪后的今天，终于到了即将消亡的境地。

2010 年 12 月我第一次到古巴时，看到的夏湾拿华侨社区非常残旧破败，全古巴只剩下约 300 名华侨，都垂垂老矣，境况凄凉。2013 年 1 月我再到古巴时，老华侨告诉我，他们只有约 200 人，该年年底我第三次到古巴，得知余下华侨只有大约 150 人，是个即将消失的群体。

华侨在古巴这一个半世纪，经历了很大的起伏跌宕，以悲情开始，也以悲情终结，令人唏嘘。

50 多年的革命改造

革命和古巴华侨之间有一种奇特的因缘，和其他地方的华侨群体相比，古巴华侨卷入当地政治的程度相当深。1868 年古巴爆发第一次独立革命战争时，古巴岛东部很多华工加入革命军，还以骁勇善战而扬名。之后的几次革命战争都有不少华侨参军，其中胡德（José Bu）因为战功彪炳，在 1902 年古巴独立成功后，破格获得参选总统的资格，是当时得到如此特殊待遇的五名外国人之一。① 古巴华侨此一革命传统，主要源于华工、华侨在当地处于社会底层，参军作战往往能为他们提供出路。此外，晚清太平天国失败后，部分广东籍军人流亡到古巴，也推动了华侨当兵的风气。古巴政府为纪念华侨的贡献，1931 年在夏湾拿树立"旅古华侨协助古巴独立记功碑"，其上铸刻的两句西班牙文 "No hubo un chino cubano desertor，no hubo un chino cubano traitor"（"没有一个古巴华人是逃兵，没有一个古巴华人是叛徒"）在当地近乎家喻户晓，也常常被研究古巴华侨史者引用。

由于有这样历史的渊源，到了 20 世纪 50 年代卡斯特罗（Fidel Castro）发动革命时，不少华侨、华裔加入，当中最知名的是崔广昌（Gustavo Chui Beltrán）、蔡国强（Armando Choy Rodríguez）和邵正和（Moisés

---

① Kathleen López, *Chinese Cubans：A Transnational History*，Chapel Hill，NC：University of North Carolina Press，2013，p. 117.

Sío Wong)三位,他们后来都晋升为将军,而且都是在古巴出生的第二代华裔。[①]古巴革命前夕,支持、响应革命的华侨、华裔,组成黄淘白民兵队和古巴华侨社会主义大同盟,并且在革命胜利后从国民党手上夺取了对华侨社会、团体的控制权。我在古巴时曾和赵肇商、吴帝胄访谈,他们都是黄淘白民兵队的成员,经历了这一段从革命到夺权的过程。[②]虽然有如此激进的一群,但大部分华侨还是以谋生为主,回避政治,只是革命后的古巴,令他们堕入社会主义改造的深渊。

古巴革命后,留下来的华侨别无选择,只得接受社会主义制度的改造,他们经历的一段适应过程,在其他地方的华侨群体很少见。袁艳在上述《融入与疏离:华侨华人在古巴》一书中谈及此事,根据古巴华文报章刊载的资料,认为是个"被整合和融入"的历程。[③]我到古巴和老华侨访谈,他们也说到这段历史,总结起来,主要变化如下:

古巴革命后,开展土地改革,将私人土地收归国有,分配给农民,在农村建立合作社。华侨很少拥有土地,此举本来对他们打击不大,但合作社建立后,完全改变了农产品的供销关系。杂货业是华侨最多从事的行业,店铺的货源被中断,经营困难,于是损失惨重。随后,古巴政府推行国有化政策,将私营企业收归国有,华侨经营的各式店铺陆续被充公。将私营企业收归国有时,政府本应作出赔偿,但对有关企业要先进行严格的账目和经营审查,华侨的店铺一般存在逃税瞒税或雇用黑工等情况,结果被审查后不是资不抵债,就是还要向政府补纳税款。我在古巴访谈过的老华侨中,好几位在革命前经营店铺,但没有任何人得到过赔偿;被清算后,大家只能重新出发,当国家的职工,领取政府规定的工资。

与此同时,古巴进行货币改革,废除旧比索,发行新比索,政府规定国民在两天之内将所有款项存入银行,并将存款冻结,每人只能定期提取若干,作为生活补贴之用。华侨一般有一定积蓄,但不习惯存入银行,很多华侨对政府的货币改革持观望态度,没有遵从规定,结果钞票成了废

---

① See Mary-Alice Waters, ed., *Nuestra historia aún se está escribiendo: La historia de tres generales cubano-chinos en la Revolución Cubana* (New York: Pathfinder, 2005). 我到古巴和老华侨访谈时,与崔、蔡两位将军见过面,邵将军在 2010 年去世,无缘识荆,只见到其遗孀。

② 参见本书《海隅秀才赵肇商》和《华裔名士吴帝胄》篇。

③ 袁艳:《融入与疏离:华侨华人在古巴》,第 177—221 页。

纸，积蓄化为乌有。国有化加上货币改革后，华侨社会长期积累而得的财富荡然无存，人们只能以无产者的身份，在社会主义配给制度和政府的住房、医疗、教育、养老等保障措施下继续生活，直至如今。

不过，对华侨打击最大的是侨汇问题。华侨出洋谋生的主要目的是将金钱汇回家乡接济亲人。古巴革命后，为了防止资金外流，政府收紧了汇款措施，华侨汇款出国愈来愈困难，初期还可以通过黑市兑汇，后来政府严厉打击，黑市也都中断。1960 年 9 月，古巴和中国建交，之后两国谈判订立商务条约，翌年古巴允许恢复侨汇，但华侨只能汇钱给在中国大陆的家人，不能汇到香港或其他地方，而且每年汇出的总额设有上限，须根据亲疏关系规定数目，如可向父母妻子每人每年汇出 270 美元，由古巴中华总会馆统一办理。侨汇的恢复，纾缓了华侨的困境，但经历了国有化和货币改革后，华侨大都陷入贫困境地，再无能力接济家乡亲人。我父亲于 1966 年决定离开古巴，我们得从香港汇钱给他购买机票才能回到香港，正是此情况的写照。为数众多的华侨，既无能力离开，也无颜面回乡，只能流落古巴，终老海外。

古巴革命后，美国采取吸纳古巴侨民的政策，先后有为数达 100 万的古巴人去了美国定居，当中有一些是入籍古巴的华侨，但具体数目无从确定；也有一些去了中南美洲其他国家或者来到香港。古巴和中国建交后，两国有海上货运往来，中国货轮回国时，经中国大使馆安排，也可以运载若干华侨回乡定居，但古巴政府规定：华侨离开，不能携带金钱。是以革命之后虽然有华侨离去，但毕竟是少数，大部分仍留在古巴，适应新环境，苟延残喘。

早期面貌至今未改

"华侨"一词，历史学者王赓武认为在中文著作中用得太浮泛，指涉往往不够清楚。他从历史角度出发，提出"华侨"主要是民国时期出洋谋生的中国人，他们属于中国籍，在海外受中国政府保护，一般不打算在侨居地永久停留，钱赚足或者年老时会返回故乡。在此之前，中国人出国有"华商"和"华工"两个阶段，前者较早，主要是粤、闽两省人士到南洋一带，以经商为主；后者则从鸦片战争前后开始，被招聘或者贩运到海外当劳工。"华商、华工、华侨"这三个阶段之后，可称为"华人"阶段，他们具有中国血统，但不是中国公民，也不会返回中国定居，故此不可以称为"侨民"。① 以此分期或分类法，本文论述的是华工和华侨。在古巴，由于华工、华侨历史悠久，留下的后裔颇不少，一般估计约占古巴人口总数百分之一。但这数以万计的古巴华裔或华人，并不在本文讨论范围之内，我在这方面也没有做过什么研究。

分散世界各地的华侨、华人社群，近半个多世纪以来出现很大的变化，原因是新中国成立后，移民海外者大为减少，海外华侨、华人和家乡的关系愈来愈疏远，在缺乏新成员补充下，这些群体主要靠内部繁衍，之后也有来自台湾、香港的移民，改变了海外华侨、华人社群的组成结构。从 20 世纪 80 年代开始，随着中国大陆改革开放，再有新移民从大陆移居海外。华侨、华人社会因而呈现一种不断新旧更替的情况，较早期华侨群体的面貌慢慢被取代，渐次消失。

然而在古巴，由于 1959 年后再没有新移民进入，华侨社群保持原貌，基本上没有什么变化，这是我到古巴调查研究时最感到惊讶的一面，其情况大致如下：

其一，男性为主，女性极少。这些男华侨都在青壮年时期出洋，少数已在故乡结婚，没有携带家眷，这当中既有传统观念的原因，也有实际的经济困难。古巴女华侨人数较多的时期，是在第二次世界大战之后到古巴革命这大约十年间，但比例也不会超过百分之五。至于在古巴积累了点钱，得以回乡成家立室的华侨，婚后也是只身返回古巴，继续工作并汇钱回乡接济亲人。此外，如前所述，在古巴能够和当地女子结婚的为数也不多。故总体而言，这是个由单身男性组成的社群，相当一部分终身未婚，没有自己的家庭和子女。我访谈过的老华侨，正是如此面貌。

其二，绝大部分属于中国社会的低下层民众，以农民为主，受教育不多，因为家乡生活艰难而出洋谋生。出洋的手续一般靠在古巴的亲戚或同乡办理，有关费用也由后者垫支，抵达后便靠这些亲戚、同乡安排工作，然后偿还款项，往往要偿还十数年才能偿清。他们在古巴安顿以后，亦以同样方式安排他们的亲戚、同乡前往古巴打工，可说是一种接力式的移民

---

① See Wang Gungwu, "The Origins of Hua-ch'iao", in *Community and Nation*: *China*, *Southeast Asia and Australia*, Sydney: Allen and Unwin, 1992, pp. 1 – 10.

关系。因此之故，社群出现一种高度的地域同一性，同乡之间互相引介扶持。古巴华侨七八成是广东四邑人，其中属台山、开平两地的尤其多，我在古巴和老华侨访谈，没有遇见来自台湾、香港者，也没有遇见不属广东籍者。

其三，工作集中于几个行业，主要是杂货、洗衣和餐馆，都是小本经营，雇用的工人很少，这和上述的亲戚、同乡之间互相接引有关。开店铺的华侨安排亲戚、同乡来古巴，往往让到来者在自己的店铺工作，再从他们的应得工资中扣回垫支的款项。他们吃、住就在店铺内，所得大部分用于偿还垫支款项，小部分汇回家乡，自己能支配的非常有限。这是古巴华侨直到1959年的情况，之后随着社会主义制度的建立才有所改变。

其四，出洋后很少有机会返回家乡。我访谈过的古巴老华侨当中，有一位名叫马持旺，台山人，1949年到古巴，由已在当地居住的父亲协助办理移居手续，之后从未回乡，2015年已经95岁。这是古巴华侨的常见情况，能够有幸回过家乡的，多数因为改革开放后得到中国驻古巴使馆的协助，才能返回家园。这反映了上一辈华侨"离乡难，回乡更难"的景况，当中既有盘缠欠缺的原因，也有自感颜面无光的原因。

其五，家乡观念浓重，例如对籍贯非常重视，讲究同乡关系，对来自家乡的消息很关心。此外，远徙海外的目的主要是将所得金钱汇回故乡，接济家属和亲戚。侨汇问题因而最为华侨关心，华侨社会也就发展了种种"驳汇"方式——不必经由正规的金融机构（如银行）而能够将金钱汇往中国。① 侨汇最后在古巴中止，是20世纪90年代的事。

其六，保留了昔日的语言习惯。由于孤悬海外超过半个世纪，其间和外面世界极少联系，近几十年来形成的中文词汇，不见于古巴华侨的谈话中，他们的语气和发音也依然是从前的模样。古巴华侨以台山人居多，他们所说的台山话仿如我小时候祖父、祖母辈说的台山话，这种音调的台山话今日在台山也很少听得到，因为随着广播、教育的普及和人群频密的交往，如今台山地方的方言已深受广东话、普通话的影响，反而在古巴的台山华侨还保留了早年的乡音。

----

① 参见袁丁、陈丽园、钟运荣《民国政府对侨汇的管制》，广东人民出版社2014年版，第33—63页。

以上种种，都令古巴华侨如同海外华侨社群的"活化石"，他处已经消逝的情状，在古巴还保存着，而且相当完整。我到古巴和老华侨访谈，目的就是希望为他们的面貌和经历留点记录，他们都属于基层民众，文化教育水平有限，没有意识也没有能力这样做。

结　语

在广义的"华侨史"上，古巴占有独特的地位，作为移民群体的古巴华侨，拥有不少与众不同之处，本文尝试从四个方面论述这些不同。研究华侨史的英国学者班国瑞（Gregor Benton）提到，古巴华侨创造了好几个"第一"，包括：在西方世界最早建立一个庞大的移民群体，令古巴成为清政府在对外关系上第一个取得突破的地方；陈兰彬到古巴对华工进行调查，开了中国外交的先河，古巴成为清朝最早建立领事馆进行护侨工作的地方之一；古巴1902年独立，清政府是最早承认其独立并派遣使节的国家之一；辛亥革命后，古巴也是最早承认中华民国并取消中国移民限制的国家之一；1959年古巴革命后，中古建交，古巴成为中华人民共和国在整个美洲大陆第一个外交伙伴。以上诸多"第一"，背后都有古巴华侨这个因素。①

2015年9月，周卓明先生从古巴来到香港，他祖籍中山，在古巴出生，担任中华总会馆的秘书超过40年。我到古巴调查研究时，他给予很大帮忙。他告诉我，古巴华侨剩下只有120人左右，指的是从中国前往古巴而现今尚在者，闻之唏嘘。古巴从20世纪90年代开始也尝试开放和改革，和中国的关系大有改善。中国向古巴派遣了数千名留学生，前往古巴的技术、商贸人员为数也不少，将来或会更多，估计中国人在古巴会再次形成一个重要的社群，但这个社群的面貌和从前的华侨恐怕完全不同了。

（本文原载《二十一世纪》2016年4月号）

---

① Gregor Benton, "China, Cuba, and the Chinese in Cuba: Emigration, International Relations, and How They Interact", in *China and International Relations: The Chinese View and the Contribution of Wang Gungwu*, ed. Zheng Yongnian, London: Routledge, 2010, p. 158.

古巴革命与华侨的命运

[美] 程映虹①

　　这幅画上的两位历史人物，一个是在中国废君主立共和的孙中山，另一个是古巴共和国国父何塞·马蒂。作画者是古巴哈瓦那民间历史学家吴帝胄。吴帝胄把这幅画赠给另一个古巴民间历史学家加西亚，后者把它悬挂在自家客厅最显眼的位置上。画上的名言，分别是孙中山借用孔子的"天下为公"和马蒂的"祖国就是人类"。在这幅画像的背后是两个跌宕起伏的人生，一个志同道合的事业和一个令人深思的感悟。

---

　　① 作者为旅美历史学家，德拉华州立大学教授。

　　吴帝胄和加西亚都是快 80 岁的人了。他们年轻时都是革命者，志在推翻旧社会建立新社会，投身于卡斯特罗的古巴革命甚至世界革命。但退休之后，近二十年来他们却把余生完全奉献给了古巴华人历史研究，聚焦于哈瓦那中国城和中国社区，力图用历史叙述复原一个被革命摧毁，被权力话语忽视和遮蔽，在古巴民族历史记忆中长期消失的少数族群的真实面貌和昔日辉煌。这幅画上的文字表明，这个晚年的事业不但凝聚了他们对革命的深刻反思，而且把他们在精神上带入一个超越族群认同，摆脱意识形态窠臼的普世主义境界。

　　2009 年加西亚和吴帝胄合作的部分成果以《华人在古巴——1847 年至今》（*The Chinese in Cuba* 1847 – *Now*）的书名在美国以英文出版。英国著名中国历史学家班国瑞（Gregor Benton）和两位作者建立了密切的工作关系和个人友谊，不但翻译了这本书，而且是书的编者，并撰写了长篇序言帮助西方读者理解此书的背景和贡献。这本书出版后，英国的《中国季刊》（*The China Quarterly*）找我写书评。我在班国瑞的介绍下和加西亚通过电子邮件建立了联系，并于 2010 年 3 月前往古巴对两位老人进行了采访。

从外交官到历史学家——加西亚的人生经历

　　加西亚（西班牙名 Mauro García Triana）出生于一个西班牙裔的工人家庭。他在高中时就加入了推翻巴蒂斯塔独裁政权的运动，1959 年以前担任卡斯特罗领导的"七二六"运动在拉斯维拉斯省的地下学生组织负责人。革命胜利后，1960 年，他还在大学读国际关系专业，被卡斯特罗政府委任为古巴驻玻利维亚的高级外交官，在驻在国左派学生和知识分子中大力扩散古巴革命的影响。他的极左立场引起驻在国不满，1961 年回到哈瓦那，任外交部社会主义国家司司长。1962—1966 年，他任古巴第一任驻越南民主共和国大使，之后回到哈瓦那担任社会主义国家司司长；1967—1971 年，任驻中国临时代办；1972—1975 年，任驻东德大使。此后他先后在外交部和古巴科学院从事和亚洲事务有关的研究。1991 年退休后，他致力于古巴华人历史研究，前两年历尽艰辛用西班牙文在古巴出版了《古巴华人和中古关系》。这是该领域一部资料性很强的著作，但由于它处理的是一个"正史"以外的领域，只印了 300 册左右，也从来没有进入公开发行渠道，只是私下馈赠给同道，和一些在中国问世的历史著作的命运很相似。

加西亚的中国缘是由"文化大革命"促成的。1967 年 1 月，中国学生在莫斯科红场上的"文革"行为导致了和苏联警方的冲突，全中国掀起了反苏狂潮。古巴驻中国大使馆内的中国职员向大使馆提出参加反苏示威，并和大使馆官员发生冲突。古巴大使馆擅自改变了部分中方职员的办公地点，将他们的用品搬出，解雇了中方翻译。中方职员于是"造反"，指责古巴大使"挑战中国"，如此对待中方员工是"法西斯"，发起了罢工，向大使馆方提出翻译复职、中方人员搬回原办公地点、中国职工的权利必须被尊重、古巴大使要道歉这四项要求。古巴驻华使馆日常工作处于瘫痪状态。古巴总统多铁戈斯召见加西亚询问对策，加西亚说除了道歉，其他都可以接受，于是外交部紧急将加西亚派往中国解决问题。加西亚到北京后采取了息事宁人的态度，在和中方会面时他叮嘱还在气头上的古巴大使不要开口，一切由他来应付。除了回避要古巴官方正式道歉的要求，他基本上迁就了造反派的要求。问题解决后，古巴立即召回了大使和参赞，加西亚以临时代办身份主持大使馆的工作，一直到 1971 年春。因此，他实际上的身份可以说是大使。

加西亚因缘际会，在华期间经历了"文化大革命"，这不但是他外交生涯中极不平凡的一段，而且我感觉到这段生活在他晚年对革命的思考中有着重要意义。这是因为"文革"代表了整个 60 年代国际范围内左翼思潮和极端主义的巅峰，古巴与此同时也发起了和"文革"类似的"革命攻势"（1968—1971），吸引了众多西方左派的眼球。加西亚从 1967 年 3 月到 1971 年 4 月在中国，没有切身经历这个"攻势"，但根据采访中他对古巴革命史和现状的评论，我感觉中国的"文革"在他思想变化的过程中不会是一个无足轻重的阶段，而是给了他一个特殊的观察和思考的角度。他对我介绍了很多"文革"的细节，例如造反派对外交机构和很多国家使馆的冲击，整个外交使团内部对"文革"的态度，苏联东欧阵营的外交使节每个星期都聚会商讨局势等等。有一次他在首都机场被中方人员拦住，强迫他读毛泽东语录，他设计脱身，留下一个低级外交官去应付。但最有意义的一段是他帮助中国官方把"井冈山会师"由当时的"毛林会师"改回"朱毛会师"，并由此受到周恩来的接见。

朱德和毛泽东的"井冈山会师"是中共历史上的重要事件，但在"文革"期间由于林彪被定为毛的"接班人"，朱德被批为"老军阀"，"朱毛会师"一度被篡改为"毛林会师"。好学的加西亚对中国革命史十分熟悉。1971年1月2日，周恩来破例前往古巴大使馆参加古巴国庆招待会，这是周恩来开始调整受"文革"冲击的中国外交政策的一个步骤。加西亚抓住机会向周恩来提出在他离任前到中国一些地方（尤其是在中国革命历史上有特殊意义的地方）走一走，中方批准了。"文革"期间外国人不能随意离京，外交官去外地旅游也要特批。在江西参观期间，江西省革命委员会负责人一再要求他对中方的工作"提意见"，于是他向中方提出了一些受"文革"影响的历史问题，例如为什么南昌起义纪念馆被关闭，在井冈山究竟是"朱毛会师"还是"毛林会师"。他告诉中方人员，古巴也有过类似的对历史的处理问题。有一次卡斯特罗出席一个纪念古巴革命英雄埃切维里亚的会议，会上古巴青年团的负责人重读了埃切维里亚在发动推翻巴蒂斯塔政权的武装起义时的一份声明。但卡斯特罗发现这个干部故意漏掉了原文中类似于"上帝保佑我们"这样的语句，于是他打断了那个干部，要他重读这句话，还说了一段大意是历史就是历史这样的话。中方外交部官员把加西亚的意见上报后，周恩来批转给毛泽东。毛林当时的矛盾已经深化，毛于是批示，要求改回"朱毛会师"。这段改来改去的历史，后来在官方所谓"林彪事件"的叙述中非常重要。

加西亚在"文革"的一个特殊时刻起了那样一个意想不到的作用，这件事早就记载在一些中国外交官的回忆文章中，尽管细节上有出入，也没有卡斯特罗谈埃切维里亚那一段。这段故事我很多年前就读到了，由此也知道了加西亚这个名字，在为《中国季刊》写书评时立刻就想到这两个加西亚是同一人。在采访中，加西亚详细介绍了周恩来在1971年4月初他离任前和他的谈话，这是对中方材料的重要补充，对研究"文革"历史应该有一定意义。周恩来感谢他帮助中国纠正了一个历史错误，并就他被中方人员要求读毛泽东语录一事表示歉意，说当时中国的外交工作出现了无政府状况，外交部甚至一度失去了对密码的控制。周恩来介绍了"文革"中国内的情况，针对军管的情况说军队现在应该回到军营中去，军人不知道如何管理国家。对中国的外交，周说中国现在不再坚持一个"好的反帝主义者必须是一个好的反修主义者"（即"反帝必反修"）这个说法，意为中共可以和与苏联保持密切关系的共产党发展关系，例如古巴。周恩来花了很长时间和他谈了美国问题和中美关系。尽管当时中美在越南战争中实际上在直接对抗，周恩来强调中美关系中最大的问题是台湾而不是越南。他还告诉加西亚：中美很快就可能在最高层展开接触（当时离基辛格秘密访华还有好几个月），中方想让古巴方面了解这个情况。加西亚根据当时古巴官方的立场说尼克松政府是法西斯政权，尼克松英文名字中的"X"在古巴报纸上从来就是印成法西斯的那个符号。周恩来纠正说：尼克松不是法西斯，美国永远不会走法西斯主义的道路。他们还谈到了当时东巴基斯坦从巴基斯坦独立出去（即现在的孟加拉）引起的印巴战争和国际冲突——中国支持巴基斯坦，反对东巴独立，而印度和苏联支持东巴独立，中国认为这是苏联在南亚扩张势力并和印度地区扩张主义联手。加西亚说他认为东巴要求独立是东巴民族主义问题，周恩来承认他的看法有道理，但说中国必须支持巴基斯坦，反对东巴独立。

前往一个在很多方面处于非理性的混乱无序中的国家就任，而且是匆忙之间走马上任解决一个棘手的外交问题，对于很多外交官来说可能很难培养起对这个国家及其文化的感情。但加西亚不同。在中国的特殊经历给了他了解中国及其文化的机会。尽管自己曾经是个激进的革命者并为此被迫离开第一任外交职位，他对中国的"文革"还是绝无好感。但这并没有影响他对中国的态度。他对我说，他对中国的态度和苏联东欧阵营的外交官不同。苏联东欧阵营的外交官每周聚会，商讨如何对付中国。加西亚说他从不参加这样的聚会，他对他的苏东同僚说，他来中国是为了保持和发展中古关系。当中美开展"乒乓外交"，美国乒乓球队在北京和中国队进行"友谊比赛"时，苏东阵营没有高级外交官出席，但他去了，中方注意到了，周恩来和他见面时也提及此事并表示谢意。中国方面对"井冈山会师"一案的纠正和周恩来的军队现在应该回到军营去的谈话，让敏感的加西亚觉得林彪的地位有问题了。在和我的交谈中，尽管时隔多年，他仍然为自己当时准确的判断而骄傲。

加西亚在中国任职的后期，正是周恩来试图扭转中国由于"文革"而在国际上处于空前孤立的局面的时候。周恩来既想和一些社会主义国家恢复关系，又想和美国发展关系，这在冷战的国际环境下是难以两全的，事实上也给中国和朝鲜、阿尔巴尼亚的关系投下了阴影。周恩来给加西亚很高的礼遇，在会见时可以说畅所欲言，但这并没有起到他所期待的结果。加西亚回国后，古巴方面不久就对基辛格访华一事对中国大张挞伐，一度有望改善的中古关系又急剧降温。20世纪70年代中期以后，由于古巴加入苏联的全球战略，将军队派往非洲，和中国在非洲的战略发生直接冲突，被当时的中国称为"苏联霸权主义的走卒"和"反华小丑"。1979年中国和越南发生边界战争，而越南一直被古巴视为最了不起的反美英雄，所以哈瓦那勃然大怒，不但召开数十万人大会谴责中国，而且把当时中国领导人称为"希特勒式的角色"。这个政治环境对对华友好的加西亚显然不利。他告诉我说，一些人指控他"亲华"。这和他在结束了东德大使的任期后没有再担任外交使节，而是安排去研究国际问题有没有关系呢？我没有问，只是猜测而已。

从革命者到佛教徒——吴帝胄的人生经历

吴帝胄（西班牙名 Petro Eng Herrera）有一半华裔血统。他的父亲吴国祥原籍广东新会，上世纪初移民古巴，是哈瓦那的小商人，也是知识分子，为当地华文报纸写稿，支持孙中山的民主革命，也支持古巴的民族主义革命，还是古巴独立战争领导人的密友。吴帝胄的母亲是一个十分貌美的西裔护士，不顾家庭反对和吴帝胄的父亲结婚，但不幸在吴帝胄五岁时就去世了。吴帝胄有一个兄长，抗战时期奉父命回中国参加中国空军，成为飞行员，还受到宋美龄的接见，1949年以后他选择留在大陆。吴帝胄从小就受父亲的中华民族主义思想影响。抗日战争胜利后的1946年，中国海军舰队访问古巴时，哈瓦那中国社区举行盛大欢迎仪式，少年吴帝胄是乐队中的乐手。中华民族主义之外，吴帝胄也深受中国的社会主义思想在古巴华社的影响。自20世纪20年代起，古巴华社先后成立过工农反帝大革命同盟、新民主同盟和社会主义同盟，出版左翼日报《光华报》，并和古巴共产主义和社会主义运动发生过密切联系。古巴共产党人甚至想在古巴建立和中国国共合作类似的统一战线。50年代中期，在他父亲的杂货店里工作的吴帝胄（当时20岁出头）就加入古巴社会主义运动，在工会中工作。1959年卡斯特罗的革命成功后，他带头成立华裔民兵队，以20年代哈瓦那华社共产主义运动领导人黄淘白的名字命名，帮助新政权接管中国城。1960年秋当古巴与台湾断交和中华人民共和国建交时，吴帝胄的民兵队在接管国民党在哈瓦那的外交和党政机关以及各项产业中一马当先。黄淘白民兵队后来并入古巴正规军，吴帝胄进入古巴内政部工作。

1974 年，吴帝胄的人生经历发生重大转折，他被古巴内政部开除，原因是有人指控他亲华。出于对苏联援助的依赖，古巴在中苏对立中支持苏联，和中国关系自 1965 年开始恶化，1971 年中美开始逐渐恢复外交关系后两国关系更是雪上加霜。古巴的华社深受两国关系恶化的影响，很多在古巴党政军机构中工作的人被迫放弃华裔认同，回避和华社的来往，也有人为他们的华裔身份受到歧视和迫害。吴帝胄失业一年多，才被安排进文化部担任一般干部。吴帝胄本来和在中国大陆的兄长一直保持联系，但在 20 世纪 70 年代的气氛下出于恐惧而中断，后来彼此再无音讯。除了受中古关系的影响，在华社内部吴帝胄也成为极"左"分子的攻击目标。古巴华社内部的极"左"分子对中国的"文化大革命"亦步亦趋，在华社内挖反革命，吴帝胄因参加 1946 年欢迎中国海军的活动（当时他还是少年）而被批为"国民党分子"，他的父亲由于和革命前华社各方面的复杂关系也被戴上"国民党"的政治帽子。

1991 年吴帝胄退休后，以民间历史学家的身份全身心投入华裔对古巴民族独立、政治革命、经济发展和文化繁荣的研究，收集了大量历史材料。此外他还是一个自学成才的画家，自 50 年代中期就开始创作。他用绘画的方式叙述历史，其风格有些类似于原始主义画派，用粗犷的线条和亮丽的色彩把 1959 年革命前五彩缤纷的哈瓦那华社表现得生气勃勃。他告诉我，自己现在是一个佛教徒。这是一幅他画的"慈航普渡"：释迦牟尼佛如很多佛像上那样坐在莲花宝座上，但下面多了一棵加勒比海常见的棕榈树。

向民间揭示真相——吴帝胄和加西亚的古巴华人历史研究

吴帝胄和加西亚晚年都投身于古巴华人史的研究并因此成为密友。他们的族群身份和人生经历很不相同，但他们都曾经是理想型甚至狂热型的革命者。吴帝胄说他 11 岁时就参加了哈瓦那华社中社会主义同盟的活动，加西亚则在高中时就加入了左翼学生组织。那么，是什么让他们走到一起了呢？为什么他们都选择了古巴华人史作为研究对象呢？

我在采访中向他们提出了这个问题，他们的回答十分简明：这是为了历史的公正，恢复华裔在古巴历史叙述和民族构成中应得的地位。那么，华裔究竟对古巴有过什么样的贡献呢？

华人于 1847 年开始前来古巴，取代即将取得自由的黑人奴隶，大大减轻了废奴运动在加勒比地区带来的劳动力短缺问题，使古巴经济在奴隶制废除后能继续发展。19 世纪 70 和 80 年代，大量从美国西部过来的华人加入了创建哈瓦那中国城的活动。这些人在美国小有积蓄，但受到 19 世纪 70 年代美国排华运动的影响而选择离开美国。20 世纪中期，哈瓦那的中国城在规模上在世界范围内仅次于旧金山的中国城，拥有数千大小商家，华裔成为古巴经济中最活跃的少数族群。在政治上，出于对西班牙殖民统治的愤恨和对自由与尊严的追求，大量华工和小业主参加了古巴民族主义者马蒂领导的反抗西班牙殖民统治的斗争，从马蒂的战友，古巴开国元勋之一的奎萨塔（Gonzalo de Quesada）那里赢得了"没有一个中国人是逃兵；没有一个中国人是叛徒"的赞誉。奎萨塔早在 1892 年，即古巴独立前 10 年，就写下长文赞扬参加古巴独立斗争的华裔的贡献。1931 年古巴政府和华人社区在哈瓦那海边建立了"旅古华人协助古巴独立纪功碑"，但由于"九一八事变"，哈瓦那华社没有举行揭幕和庆祝仪式，而是将之留到 1946 年中国抗战胜利后成为世界大国，中国海军第一次访问古巴，他们才举行了盛大的纪念碑揭幕仪式和欢迎中国海军的活动。民族主义革命之外，从 20 世纪 20 年代开始，华人知识分子也积极参加了古巴的左翼和社会主义运动，很多人加入了古巴人民社会主义党（即 1962 年以前的古巴共产党）。50 年代下半期，大量华人参加了卡斯特罗领导的"七二六"运动，目的是恢复被军事强人巴蒂斯塔中止的宪政，实现社会正义，争取古巴经济独立。古巴华人对所在国政治生活的贡献有它的特殊意义：一般来说海外华人总是尽量避免卷入当地政治冲突和纠纷，很少有华人在他国政治独立和国家建设中像古巴华人那样积极。

在文化和社会生活上，华人社区以哈瓦那中国城为中心，区区 2 万人口（常驻）不到，却拥有四家报纸（起码有两家日报），数十个拥有自己活动场所的民间社团和一个代表华社整体的中华总会（由各社团选举产生），四家影剧院，众多的文体俱乐部，一家银行，一家医院，一家养老院，一个面积很大的社区墓地，还举办各种和中国文化或者拉美文化（例如嘉年华日）有关的庆祝活动。因此，整个华人社区在古巴（尤其是哈瓦那）经济文化和社会生活中占据的地位远远超出了它在总人口中的比重（1959 年古巴人口有 600 多万，华裔只有一万多），中国城因其繁华而有"加勒比的小巴黎"之称。

历史作证：华人在古巴不是外人，不是埋头挣钱万事不问的打工仔或小店主，也不是用炫耀和卖弄自己族群文化的奇异特色博得主流社会青睐和宽容的少数族群，而是古巴民族独立和国家建构的积极参与者，是古巴除了西裔和非洲裔以外第三个重要的族群。在华人社团场所，孙中山的画像和中国国民政府的旗帜与马蒂的画像和古巴共和国的旗帜并列悬挂，体现了华人对中国和古巴的双重民族主义情感。华人参加马蒂领导的革命，是为了反抗西班牙的殖民统治，建立独立的古巴共和国。他们参加卡斯特罗领导的革命，是为了这个革命许诺的恢复宪政和民主的目标。在这个意义上，一个非常说明问题的历史细节是：推翻巴蒂斯塔的联合阵线建立新政权，就通过了以被巴蒂斯塔中止的 1940 年宪法为蓝本的古巴共和国新宪法，确认了自由、民主、人权这些普世价值。华社在一周之内就迅速翻译出版了这个新宪法的中文本《古巴共和国基本大法》，其第一条就是古巴是"共和国家，以共同享受政治自由、社会正义、个人和集体福利和人类团结为本"。（毫无疑问，国家最高权力的独揽和共和制是格格不入的，就连巴蒂斯塔当初也不得不声明共和宪法的中止是暂时的。但众所周知的是，这个由民主革命的统一战线产生的《古巴共和国基本大法》很快就在掌握了枪杆子的政治权力下变成一纸空文，现在则完全被遗忘了。

但是，这样一个对民族历史做出卓越贡献并具有鲜明的民主共和意识的族群，在今天的古巴已经到了"灭绝"的边缘。1959 年古巴革命后，在经济收入上高于平均水平的华人社区成为革命的对象，私人产业从银行、商店到街头小贩先后全部被国有化，整个社群在经济上被釜底抽薪。失去财产的华人社区各个民间社团和文化事业也置于政治权力的直接控制下而大大萎缩，例如四家报纸革命后就被关了两家，到 60 年代末只剩下《光华报》一家。就这唯一的一家自 70 年代起就一直处于半死不活的状态，常常因为没有纸张和缺乏资金而暂停出版。我在报社印刷厂采访时，看到挂在印刷机上的是一张印到一半的两个月前的报纸。在阅读华社团体自 70 年代以来的会议记录中，不时可以看到有关《光华报》停刊和复刊的讨论，说明它一直困难重重。曾经是社区财产的墓地也被国有化，但政府却不承担任何维护责任，古巴工人进入墓地种树，今天很多个人墓穴已经被树根从底部拱起而断裂或粉碎。作为社区空间的中国城今日之衰落和破败，令在记忆中仍然保有昔日"小巴黎"印象的人触目惊心。

最令人痛心的是，华裔族群意识的消失。今天全古巴只有200个左右垂垂老者还可以说是"华人"，他们是1959年革命以来的活化石，还能说一些广东话，识一些中文。中华总会馆今天号称有3000会员，但据会馆秘书长周卓明先生告诉我，这只不过是个纸面上的统计数字。这些人多半是华人和西裔或非洲裔婚配的后代，自20世纪60年代以来华社在古巴的地位和华人的遭遇早就造成了他们和这个族群的特有文化和传统的隔膜。虽然节庆时期或者当有中国代表团来访时他们可能被找来应景，但他们当中没有人懂汉语或广东话。可以预计，如果没有新鲜移民血液的输入，华人社群在古巴很快将真正成为历史。

后冷战时期中古重新建立战略性关系后（始于1989年古巴政府旗帜鲜明地支持中国政府的立场），古巴政府开始修正对华社的政策，设立了哈瓦那中国城重建项目，由一个政治局委员主管，尤其是对哈瓦那中华总会馆的内部装修投入了大量资金，今日这个会馆里面可以说很富丽堂皇，形形色色的中国代表团访问哈瓦那时就被带到这里参观。逢年过节时，在中国城也常能看到舞龙和其他具有中国文化特色的表演。此外还给华社以私人和团体开设餐馆的特权。因此，华裔的身份今天不再是一种忌讳。一个政治权力的牺牲品就这样出于政治考虑转而成了权力的受惠者。当然，这种在官方主持下的复原离昔日哈瓦那"小巴黎"之间的距离是不可以道理计的。今日游览哈瓦那中国城的人看到的往往只是那条在"中国城"小牌楼后面的近十家饭馆，以为这就是"中国城"了，从而加深了华人只会开饭店，华人在居住国的文化点缀就是过年过节舞狮子和耍龙灯这些族群和文化偏见。这样一种重建已经在西方学界引起了"新的东方主义"的议论和批评。

在古巴官方历史叙述中，直到20世纪90年代，华人和华社一直是个禁区。官方以促进族群融合，创造一个新的不分种族的"古巴人"为理由回避和压制对古巴华人史的研究。这种态度加上中国和古巴的敌对关系，更加剧了华社的衰落和华人族群意识的消亡。自90年代起，受中古同志关系和多元文化主义的影响，古巴官方开始允许甚至鼓励华裔历史的叙述和研究。但是这种叙述和研究仍然有着难以逾越的禁区，这就是革命前古巴华社究竟有多么繁荣，革命后华社又为什么迅速消亡？2005 年在美国出版的《我们的历史没有终结》（有中文版并加入了中国的"红色"怀旧话语）就是一个事例。这本书是美国著名的左派出版社"探路者"的编辑对三个身居高位的古巴华裔将军的采访。它的积极意义在于第一次由有古巴官方身份的人出面对华裔的历史贡献以大张旗鼓的方式作了高度评价，可以说正式结束了这个话题作为禁区的历史。但在编辑的处理下，全书被革命（解放）话语主导，不但书名，内容也在于强调古巴革命并没有"终结"。它说古巴革命给华裔带来"新生"，因为革命实现了阶级平等和种族平等，例如在拉丁美洲找不出另一个华裔当上将军成为政府高官的国家。这种论证不过说明"官本位"绝不是中国特色，而是由所有崇拜政治权力的社会所共享。华裔既然如此从革命中受惠，那么又如何解释哈瓦那中国城的消失呢？三位将军基本上回避了政治权力的作用，而是归咎于"生老病死"。此外，全书的重点在于古巴华裔对"革命"的贡献，而非华社在 1959 年以前的全貌。对古巴华社的消失感兴趣的读者从这本书中很难得到实质性的答案。

在这个意义上，吴帝胄和加西亚的工作具有非凡的勇气和意义。在《华人在古巴——1847 年至今》这本书中，华人对古巴独立和革命的贡献固然是一个重点，但全书用了大量篇幅详细介绍华社 1959 年以前作为独立自治的民间社会是如何繁盛的全貌，不但那些社团组织和报刊俱乐部的来龙去脉，就连有多少洗衣店、多少水果摊和理发店这样的细节都无一遗漏。它对华社文化的丰富和社会活动的积极也有全方位的描绘。任何一个具有起码的常识和理性的读者在读完全书后都会对那个被革命话语百般诅咒的时代产生一种全新的认识和感受，很难相信那是一个被华社内部的阶级矛盾和外部对华人的种族歧视所统治的社会。对哈瓦那中国城的衰落和华人族群意识的消亡的具体过程，两位作者在古巴当今的环境下虽然还不可能专设一个章节来揭露，但在很多地方或是点明或是暗示，那就是因为革命、国有化和对华裔族群意识的压制。因此，1959 年的革命带来的与其说是种族平等，不如说是族群消亡。或者说，革命话语在概念上把族群消亡偷换成了种族平等。

在言论自由的西方，左翼史学自我标榜"向权力诉说真理"，听上去很有站在道德高地的气势，但在很多情况下实际上变成了"帮权力掩盖真相"。《我们的历史没有终结》就是这样一种史学的范例。相形之下，"向民间揭示真相"是一种更朴素更明了的诉求和目标，这就是吴帝胄和加西亚的选择。青年吴帝胄和加西亚参与了摧毁旧古巴、建设新社会的过程。但半个多世纪后，他们却在晚年用全部精力试图在文字和画面上重现那个被摧毁的旧世界的一个场面甚至一个角落。吴帝胄笔下的旧中国城阳光灿烂，连墓地和祭祀都用了强烈的色彩来表现。在他眼中华社生活一事一景都可以入画，连磨药的石碾和称药材的量具都描绘得趣味盎然。两位老人带我前往和昔日哈瓦那华人社区历史有关的很多地方，目光所及之处无不引起他们深深的叹息。在哈瓦那一处由于防止古巴人从这里偷渡去美国而被关闭的港湾，加西亚告诉我 50 年代当他第一次来到这里时码头是如何热闹，夜晚灯光是如何灿烂，人流是如何熙熙攘攘，难以相信今天会变得如此死寂。吴帝胄则沉浸在儿时父亲带他来这里在清澈的海水中游泳和钓鱼的回忆中。在哈瓦那市中心最著名的景点国会大厦的对面，马路旁边在破烂的挡板背后存放着十多个锈迹斑斑的废弃的火车头，周围又没有铁路。我看了十分不解，这就等于在北京人民大会堂对面无来由地出现这么一大堆废铜烂铁。我问他们为什么在这样一个旅游者摩肩接踵的地方会出现这么一个煞风景的场面，他们都很茫然，但我又觉得他们对此类现象早已习以为常。两人简短交谈几句后，加西亚意味深长地用英文对我说："I'm gonna."我立刻明白，这不是他的话，而是最高领导人信心满满要摧毁一个旧社会创造一个新社会时曾经的口头禅，意为"看我的"或者"什么都会有的"。

历史的潮流和普世的追求

加西亚和吴帝胄两位老人的选择和志业其实是全球范围内后革命和后冷战时期有良知的知识分子挑战官方或者主流历史话语，重写国家历史和重建民族记忆的时代潮流的一部分。在这个意义上他们的工作具有普世性。在思想层面，本文开始时介绍的那幅画揭示了更深刻的普世主义精神。"天下为公"用最朴实的语言回答了"什么是社会公正"这个人类社会最基本的政治问题，会心的读者自然能明白它在当时当地的含义；而

"祖国就是人类"则在身份认同上超越了任何狭隘的族群意识，体现了精神和心灵上"世界公民"的境界。吴帝胄的身份既是华裔又是西裔，一生经历了源于族群身份的追求和困扰，但在晚年得出这个感悟，并把这个感悟和加西亚分享。加西亚和吴帝胄不同，他虽然没有族群身份的困扰，但他却把这幅画展示在自己家中最醒目的位置，说明了吴帝胄的感悟在他心中的共鸣。他晚年投身于发掘和拯救一个和自己的族群身份无关的少数族群被政治湮没的历史和被权力压抑的记忆，这本身就闪耀着普世精神的光芒。我告诉加西亚，这幅画表达的境界让我很感动。我向他顺便提起中国正在进行的中国特色和普世价值的争论。他听了十分会心，说他完全理解这样的争论具有什么样的背景。

超越族群认同和意识形态的是非，追求以社会公正为核心的普世价值，这就是把吴帝胄和加西亚联系在一起的纽带，也是孙中山和马蒂这两位自己国家民主共和制度之父的追求。后人评判历史和现实，应该以此为参照。

（本文原载《炎黄春秋》2010 年第 8 期）

哈瓦那种菜的华裔将军开启了
古巴经济改革

[美] 程映虹①

社会主义国家经济改革的过程中，古巴不但起步很晚，而且和华裔古巴人的历史传统、大胆试点和他们受中国的影响分不开。这是一段值得介绍和铭记的历史。

1991 年的某一天，古巴第二号领导人劳尔·卡斯特罗把自己以前的秘书、时任古巴国家物资储备局局长也是军队后勤部门领导的邵黄将军（Moises Sio Wong，1938—2010，正式的中文名字是邵正和）叫来，向他布置了一个特殊任务：为前来古巴的外国旅游者生产蔬菜。由于苏联东欧集团的瓦解，古巴当时失去了长达 30 年的外援，处于 1959 年革命胜利后最艰苦的时期，官方称为"和平年代的特殊时期"。为了度过这个困难时期，古巴政府不得不部分恢复革命后废止的旅游业，希望外国旅游者能给古巴带来一点外汇收入。

经历了 30 年严格的指令计划经济，本来是旅游天堂的古巴百废待兴，外国旅游者来了以后要什么没什么，其中最短缺的就是食品，尤其是蔬菜。劳尔要邵黄在他主管的军队后勤部门生产蔬菜，除了供应外国旅游者，今后也可以逐步满足古巴人自己的需求。邵黄接受了命令，但提出大量生产蔬菜需要搭建棚架，为此向劳尔要一些水泥、木材和其他物资。

当时古巴的体制很像 20 世纪 70 年代初中国的情况，"促生产"需要

---

① 作者为旅美历史学家，德拉华州立大学教授。

由"抓革命"来带动，搞经济要有政治理由，哪怕是为了给人民生产粮食和生活必需品。有改革思想的劳尔是军队领导人，手上没有经济权力，只好在自己掌管的军队后勤部门开一个口子。而军队在古巴体制中政治地位特殊，可以试点，不会在社会上引起波动。

邵黄刚着手搭建蔬菜生产的棚架，就听到很多领导干部兴师问罪："在和平年代的特殊时期，怎么可以把国家紧缺的水泥和木材浪费在蔬菜生产上？"劳尔听到这些言论后为他撑腰，说："我听到有人在批评邵黄。这些人应该去做他正在做的工作。让他们来找我，我是蔬菜生产项目的'教父'"。有劳尔的强力支持，邵黄顶着压力把蔬菜生产的基本设施建立起来，由军队后勤部门的人员负责生产。

劳尔要邵黄给他一个蔬菜生产的产量估计。邵黄回答说，根据华人的经验，产量大概每平方米每年 25 公斤。但项目开展 3 年后，产量从来没有超过 10 公斤。邵黄认为这完全是因为生产者没有积极性，干多干少一个样。经过慎重考虑，1995 年，他面见劳尔，提出在他领导的蔬菜生产中实行"承包制"。他后来回忆说："我们要求采用一个新的报酬方法，一个和古巴当时的制度相矛盾的方法。"这个新的报酬制度有三项原则：生产者集体从蔬菜农场得到土地使用权，所有开支自理，但可以得到百分之五十的纯利润；这个百分之五十的纯利润在劳动者内部不是平均分配，而是多劳多得；生产单位的管理者为生产负责任，报酬比最高工资再高出百分之十。

新的报酬方法实行后，第二年蔬菜生产就由上年的每平方米 10 公斤提高到 30 公斤。邵黄的干部同僚们都觉得奇怪，纷纷问他有什么秘诀。他回答说，除了"全面、持久的生产积极性以外没有别的秘诀"。现在这些"军队农民"们每天都干十个小时或更久，很多人星期天也不休息，他们的农场也不需要靠自 60 年代革命以来一直强制推行的"义务劳动"来帮忙。

但邵黄还没来得及为产量翻两番而高兴，就又遇到了政治上的麻烦。他的农场中报酬最高的员工每月薪水达到 1000 比索，而政府部长的平均工资才 250 比索。很多人不但就此患了"红眼病"，而且质疑改革的"方向"。中国当时驻古巴大使王成家和邵黄以及劳尔关系都很密切，他披露说：邵黄的改革在古巴引起了激烈的争论，有些人在党报上发表文章，说他在走资本主义道路，给邵黄带来了很大的压力。这时劳尔又出面保护他，说："为什么一个农民就不能比部长挣得多？他是多劳多得，那是符合社会主义原则的。"

就在邵黄顶风而上试验承包制的时候，1997年年底劳尔第一次访问中国。邵黄也参加了那次访华。在中国，劳尔走了很多城市，尤其是一些经济改革的试验区，每到一地他都仔细参观，晚上和代表团集体讨论。他还把江泽民在中共十五大上关于社会主义市场经济的报告研读了多遍，并和中国总理朱镕基的经济顾问深入交谈。劳尔那次从中国回到古巴后，直接就去邵黄的农场视察，既是为他撑腰，也是向外表态。他回忆说："劳尔站在我四楼的办公室里，沉思着俯视下面的蔬菜农场。通过诚实的劳动每个月挣1000比索不是犯罪——这就是劳尔的结论。他在公开场合也是这么说的。"

有人居然视给诚实的劳动者带来更多收入的改革为"犯罪"——从邵黄这番话中，人们不难听出不但是他，甚至古巴第二号领导人劳尔当时也面临着压力。

可贵的是，作为古巴改革中第一个"吃螃蟹"的人，邵黄并不仅仅是一个被逼出来的实干家。他对自己试验的历史背景和理论意义有非常清楚的认识。他知道自己正在做的和古巴革命的基本经验有很大的不同，尤其是和古巴最高领导人对"社会主义"的定义不同。承包制为什么能成功？邵黄直言不讳，说这是因为向劳动者提供了物质刺激，或者叫作物质动力。

对于熟悉古巴革命历史的人来说，"物质刺激"或者"物质动力"是一个高度敏感的政治概念。早在20世纪60年代中期，古巴就面临严重的由于劳动者缺乏生产积极性而造成的物资供应短缺。当时苏联正在讨论和试验在更大程度上落实多劳多得的公平分配原则，简单来说就是使用物质刺激。苏联的试验在很多社会主义国家引起反响，当时的中国正准备发动"文革"，把物质刺激视为资本主义复辟，作为苏联修正主义的一个重要纲领来批判。在古巴，领导集团发生了分裂，主管农业和外贸的领导人主张采用苏联模式，而主管国营工业的格瓦拉主张依靠精神鼓励和思想觉悟。这场争论很快被平息，此后，古巴虽然在国际上追随苏联，但国内的经济政策基本上和中国很类似。"物质刺激"或者"物质动力"是一个被批判和否定的原则。

了解了这个历史背景，我们就可以明白，邵黄在 20 世纪 90 年代直言不讳地用这个概念来解释蔬菜农场的成功得需要多大的政治勇气。不但如此，邵黄后来回顾这段历史时还说：所谓蔬菜农场的成功没有什么可稀罕的，"简单来说，它不过就是小生产农业罢了。全世界都不会为此大惊小怪。"明明是小生产农业的功劳，但是在古巴，却不能用"小生产农业"这个概念，而是必须用另外一个名称（官方正式名称是"有机蔬菜种植园"或者"城市菜园"）。为什么呢？邵黄说："作为整体来说，在农业部和更高的领导那里，他们认为社会主义农业就是要发展大规模的生产，大的企业。小规模的农业生产是个政治禁忌。"

邵黄这番话点到了传统社会主义制度下农业为什么始终不能满足人民生活需要的根子，这就是对"小生产"的否定。对于个体小生产农业的否定和改造是传统社会主义农业集体化的核心，否定了它也就是从根本上否定了过去的农业政策。而在全世界，由建立在小生产和个体基础上的农业向全社会提供农产品不过是常识和常态罢了。

对于经历了中国改革过程的人来说，邵黄的话又何尝不是他们曾经熟悉的那个用"只做不说"来绕过意识形态纷争的模式的古巴翻版？

当我读到邵黄这些言论时，很自然地想到，他这些话中所指的，恐怕还不仅仅是古巴当时的农业政策，而是自苏联集体化以来传统社会主义农业经济的弊端。"小规模的农业生产是个政治禁忌"——凡是对中国改革开放前的农村政策有一定了解的人都会知道当时在农村遍地可见的一条列宁语录——"小生产是经常的、每日每时的、自发的和大量地产生着资本主义和资产阶级的"。

列宁是在 1920 年的战时共产主义政策时期说这个话的。一年后他用允许私有经济和个体农业的新经济政策在实践上否定了这个论断，但几年后斯大林又用集体化把小生产给否定了。

从那以后"小生产"就一直背上了和社会主义格格不入的恶名。在后来的社会主义国家，这句被从历史背景中割裂出来的"列宁语录"一直被用来作为废除或者压制个体农业的"圣旨"。中国当时所有"割资本主义尾巴"的政策，包括对私人饲养家禽家畜和种植自留地的重重严格的限制甚至禁止，其源头就在这里。而邵黄的话表明，他对列宁的这条语录其实完全是心知肚明的。对传统社会主义农业的反思，如果到了这个地步，可以说是非常彻底的了。

邵黄将军对农业有这样的认识又是和他的华裔背景有关的。他的父亲原籍广东增城，1895 年移民去古巴，全家靠开杂货铺谋生。邵黄在上高中时参加了卡斯特罗的革命，但家产在革命后的国有化中和其他华裔的私营店铺一样被没收了。在古巴甚至整个拉美，由于较大的产业都被西方资本控制，华裔移民主要的谋生手段就是从事小规模的私营经济，和东南亚的华裔不一样。东南亚的华裔可以经营大规模贸易、原材料生产甚至金融业，所以过去一直有"南洋巨商"而没有"北美巨商"的说法。

具体来说，古巴华裔的"小生产"之一就是蔬菜生产。由于历史和文化原因，古巴的黑人和欧洲移民以及他们的混合后代没有生产和食用大量蔬菜的习惯。农业方面的主要劳动力都投入到满足国际市场需求的蔗糖生产中，其次就是热带水果，蔬菜品种则很少，最常见的就是番茄和各种卷心菜。从广东和福建两地来的华裔移民利用古巴优良的气候和自然环境，在古巴本土发掘出和从中国移植进了各种蔬菜，尤其是各种中国青菜及白菜、菠菜、黄瓜和一种叫西洋菜（又叫豆瓣菜和水田芹）的短茎速生蔬菜，在古巴大量种植。

对这些菜蔬，古巴人也逐步习惯了并且喜欢食用。邵黄曾经就菠菜举例说，很多古巴人一开始对这种入口有些发涩的菜种很不喜欢，但吃过几次以后就习惯了，菠菜就成为古巴当时常见的菜蔬之一。邵黄后来还对他的古巴同事宣传菠菜富含铁质的营养价值。华裔在古巴的蔬菜种植业不但极大地丰富了古巴民族的餐桌，也使这个旅游天堂的食谱满足了欧美旅游者的需要。

古巴华社的历史材料充分反映了古巴华人这个"小生产"的特性。在 20 世纪 30 年代，古巴华裔人口不到 2 万，但却开设了 1803 家杂货铺，799 家水果和蔬菜店，656 家洗衣店，312 家餐馆，此外还有数目不详的经营肉类、海鲜和茶饮的店铺。当时有一个叫曼努埃尔·张的商人经营西洋菜种植园，每天向哈瓦那市场提供 1600 捆（每捆重 3 磅）西洋菜，俨然成了蔬菜业界的名流。但是，由于总人口才不到 2 万，很明显这些私营店铺很多其实就是夫妻老婆店甚至一个人的摊点罢了，但它们的存在是哈瓦那经济生活不可缺少的部分，离开它们，哈瓦那这个"加勒比的小巴黎"的服务行业就完全瘫痪了。

古巴革命以后，华裔由于历史背景而形成的这个"小生产"的社会经济特征成了新政权下被改造的对象。继 20 世纪 60 年代初华裔较大的资本和商业被没收后，1968 年，当古巴发起向共产主义过渡的"革命攻势"运动时，剩余的小商小贩也被一网打尽，全部国有化。自那以后，对于经历过旧时代的古巴人来说，那个曾经能够在任何时候任何地方都能享用到由勤勤恳恳的华裔提供的各种各样时鲜菜蔬和各种便利服务的生活就完全成为了历史。

不要说是在 20 世纪 90 年代，就在 2010 年我去古巴调查华社历史时，专门去看了靠旅馆比较近的几家菜市场，里面供应的蔬菜不仅品种稀少，而且多数看上去又黄又萎，番茄和土豆长得都是歪瓜裂枣的。不但如此，每种蔬菜瓜果还有两种价格，一种是根据家庭人口配给的，另一种是配给以外的，二者相差很大。一般来说，配给的商品每个月能满足一两周就差不多了，剩下的就看你有多少闲钱去买配给以外的国家议价商品，说得直白一点也就是国家黑市商品。古巴 90 年代初开始的经济改革始终受到"姓资姓社"争论的束缚，邵黄承包制的改革可以说是单兵突进，一直没有大队人马跟上，直到劳尔 2011 年全面接管党政大权后才有了改观。

回过头来看，25 年前，劳尔之所以找邵黄而不是其他人去抓蔬菜生产，并不是没有缘由的。卡斯特罗兄弟和格瓦拉都非常喜欢中餐。20 世纪 60 年代上半期和中国关系密切时他们常去中国大使馆"蹭饭"。当时哈瓦那的中餐馆在革命后多半已经关门，或是因为被国有化或是因为缺乏供应，所以中国使馆成了他们唯一能吃到中餐的地方，中国外交部甚至为此专门从国内派了两个厨师来满足他们的要求。

卡斯特罗兄弟对革命前华裔欣欣向荣的蔬菜种植业一定记忆深刻。劳尔知道华裔有办法，也知道邵黄一直对中国的经济改革状况了解得比一般古巴干部要多。邵黄受命解决蔬菜问题前以古巴高级官员的身份在 1989 年和 1990 年访问过父亲的故国，对中国的经济改革有第一手观察。自 1992 年开始他又担任古巴—中国友好协会主席，竭力推动在古巴革命后急剧衰落的哈瓦那中国城的复兴，包括恢复华裔的私营餐馆，这又是一个很大胆的改革举措。

邵黄多次对和他有交往的中国驻古巴外交官交流对中国经济改革的观感，表示非常钦佩。他 1995 年提出用承包制提高菜农的生产积极性，很可能和他对中国经济改革的了解有一定关系，而在他身后又是整个古巴华社革命前和蔬菜生产难以割舍的历史联系。

在劳尔的支持下，一个华裔将军用蔬菜生产参与了开启古巴经济改革之门，在社会主义历史上写下了奇特的一笔。

（本文原载澎湃新闻网 2015 年 12 月 10 日）

"古巴民族的血脉中奔流着中国人的血液"

——中古友谊历久弥新

宋晓平①

古巴和古巴革命在中国的影响，我们并不陌生。在 20 世纪 60 年代初，中国的大街小巷四处响彻着古巴音乐和支持古巴革命的歌曲，至今"美丽的哈瓦那"和"要古巴不要美国佬"的歌声仍然萦绕在那个年代青年人的耳边。

提起古巴和古巴革命在中国的影响，不能不提及中国的拉丁美洲研究所。它的创立与古巴革命有很大关系。1959 年古巴革命胜利引起毛泽东主席极大的关注，他对以古巴革命为高潮象征的拉美民族解放运动寄予极大的希望，决定建立中国的拉丁美洲研究所，加强相关研究。

另外，古巴曾是中国西班牙语重要的教学基地，很多中国西班牙语留学生在这里成才。20 世纪 60 年代，约 150 名中国留学生在古巴学习西班牙语，他们不仅学到了语言，而且学到了古巴文化，成为在中国传播古巴文化的骨干力量。古巴与中国西班牙语教学的关系并不仅仅局限于此。大批有志于从事国际事务的青年受古巴革命影响，选择了西班牙语专业。古巴革命的影响之大，在这些憧憬未来的青年和少年的眼中，古巴和古巴革命与西班牙语密不可分。

为了促进中国文化在古巴的传播，中国经常在古巴举行各种文化活

---

① 作者为中国社会科学院拉丁美洲研究所前副所长、研究员。

动。截至 2004 年，中国已经在古巴举行了四届中国文化节。2002 年，哈瓦那大学成立汉语教学中心，第一个汉语班开课。

目前，中国文化在古巴传播的规模更大。在古巴首都哈瓦那每年一度的狂欢节上，中国各种各样的装饰品，花色繁多的灯笼、五彩缤纷的服饰、舞龙表演……处处洋溢着中华文化的韵味。

中古文化交互影响

到哈瓦那市访问的中国人大多都会到古老的中国街区——桑哈去走走看看。这里是中国人聚居的地方，在那里你可以感受到中国文化的影响。由华裔古巴人传播的中国文化已成为古巴文化的重要组成部分。广大在古巴的契约华工在获得自由后，大多留在了古巴，他们与后来赴古巴的华侨一道，与古巴人民和睦相处，融为一体，书写着中国文化与古巴文化的交融史。

19 世纪 70 年代初，获得人身自由的契约华工进入古巴城镇，用自己多年的积蓄开办小商店。这种华人经营的商店遍布古巴西部省区的城镇。他们很多人经营自产自销的蔬菜，还有很多人成为走街串巷的货郎。一些史料生动地描述了中国货郎做生意的场景："他们身着蓝色粗布的上衣和肥大的裤子，脚上穿着一双没有后跟的拖鞋，头上戴着宽大的草帽，肩上横着一根扁担，挑着两个圆筐，内中零星杂货一应俱全。他们走街串巷，试图打动那些善于盘算的家庭主妇的心，劝说她们从他那儿买点儿什么东西。他们不是靠甜美的叫卖声来吸引顾客，而是手中拿着五六个小瓷碟，悠然自得地让这些小瓷碟依次从这只手落到另一手里，发出不断的清脆的响声，把那些心不在焉的主妇很快吸引到窗口来。"[1]

对中古文化交融史颇有研究的梅塞德斯·克雷斯波女士，她是古巴前驻华大使何塞·阿·格拉的夫人，在其专著《华人在蔗糖之国古巴》中是这样描述中古文化交融的："远涉重洋的华工开始成为古巴民族的一部分。他们将古老悠久的文明和丰富多彩的异国文化融进了古巴民族的怀抱。""他们带来的中国乐器——喇叭和黑人的鼓结合起来奏出的音乐使当地的孔加舞跳起来更具强烈的节奏感，更加震撼人心。"

---

① 董丛林：《华工史话》，中国社会科学出版社 2000 年版，第 167 页。

还有，梅塞德斯·克雷斯波对广东人的描述也十分形象，她说："'作家和画家'佩德罗·德奥兰在他写的《关于哈瓦那城的神话集》中生动地向我们描述了广东人的特征：说话又快又含糊，常把字母'L'轻轻带过，不断吆喝着那从遥远的中国广东带来的八宝箱中普通货物的名称。"

留在古巴定居的华工大多数是文盲，但是也不乏特殊技能的人，为当地人民作出了很大的贡献。据资料记载，在华工中，有位姓钱的华医，医术高明，又乐善好施，经常义务给当地穷人看病，自己终身则一贫如洗。他病危时许多满怀感激之情的古巴人守护在他身旁，含泪为他送终。在当时的古巴，华医的医术高超是出了名的，甚至留传下"连中国医生都治不好"（意思是说，根本没有希望了）的谚语。

今天，在古巴社会各界，活跃着很多华裔社会活动家和艺术家。如著名画家维夫尔多·林和弗洛拉·冯，还有为我们中国人所熟悉的莫伊塞斯·西奥·王准将，后者为古中友协主席，为中古两国人民的友好交往作出了令人难忘的贡献。

在时过40多年后的今天，古巴革命的影响仍然存在，中国的艺术界创造了话剧《格瓦拉》。格瓦拉的英雄形象在当今中国的传播并不是偶然的，它是中国青年执着追求理想和献身精神的象征，具有十分典型的社会意义。

谈到古巴文化在中国的传播，不能不提及何塞·马蒂。何塞·马蒂是世人皆知的古巴民族英雄、杰出的诗人和文学家、卓越的政治家和思想家。他的政治思想和革命精神极大地丰富了古巴和拉美人民的思想宝库，同时造就了一代代的革命者。马蒂为古巴和拉美人民的解放事业作出了不朽的贡献。中国人民十分熟悉马蒂的名字，十分敬仰这位伟大的战士。早在20世纪中期，马蒂的一些作品便为中国青年所熟读。在1953年马蒂诞辰100周年之际，世界保卫和平大会曾把他列为这一年纪念的世界四大文化名人之一，中国曾举行隆重的纪念大会，还出版过纪念何塞·马蒂的文集。这是马蒂思想在中国首次系统传播。20世纪90年代，中国社会科学院拉丁美洲研究所的学者还以《长笛与利剑》为名，翻译出版了何塞·马蒂诗文选集。大批中国青年被马蒂的激扬文采所折服，被其革命献身精神所鼓舞。为了加强中古人民的友谊，在中国传播马蒂思想，古巴何塞·

马蒂协会在中国成立了何塞·马蒂协会海外分会,中国社会科学院拉丁美洲研究所的一批多年从事古巴研究的资深研究员成为该会荣誉会员。为了促进古巴文化在中国的传播,2004 年 10 月,古巴在中国举办了首届古巴文化节,受到中国大众的热烈欢迎。

契约华工:连接中国与古巴的纽带

19 世纪中叶,大量契约华工远渡重洋,开拓了中古关系,把中国与古巴联系在一起。当时,古巴尚处于西班牙的殖民统治之下。1845 年 1 月,西班牙殖民政府禁止向古巴输入黑人奴隶后,当地经济受到很大影响。殖民者将目光投向中国。当时中国人口增加,耕地不足,天灾频起,战乱频仍,很多百姓怀着海外发财的美梦,不顾清廷的禁令,出洋谋生。1846 年,英国投机商受西班牙之托为古巴招募华工,与中国清朝政府进行谈判。1847 年西班牙殖民当局允许输入华工。当年,第一艘运送华工的"奥肯号"船运载 206 名华工从厦门出发,经过 131 天航行,抵达哈瓦那港口。古巴成为当时世界上契约华工最集中的地方。其实,在此之前就有一些华侨从菲律宾、美国的加利福尼亚和其他地区去古巴谋生。华工主要在甘蔗种植园从事劳动。他们被迫与种植园主签订卖身契约,受到百般歧视和残酷虐待,被称为"苦力"。

为了保证劳动力的需求,建立长远规模的招募华工的制度,1864 年 4 月,西班牙派官员来华,谋求与中国订立通商条约。经过谈判,双方签署了中西《和好贸易条约》,允许华人自愿前往西班牙各所属殖民地谋生。该条约的签订使古巴在华招工合法化,大大促进了古巴引进华工的规模。自 19 世纪 40 年代至 70 年代的 30 年间,有 30 多万中国苦力被贩运到拉美地区,其中 12.6 万人被贩运到古巴。

苦力贸易主要集中在中国南部地区,尤其是澳门、香港和厦门等地。到 19 世纪中期,澳门发展成为在华苦力贸易的中心。大批专门在贩卖苦力生意中投机获利的各国商人涌至澳门,公开设立"招工机构"。据统计,1865 年,澳门有近 10 家"招工机构",仅在一年后就增至近 40 家,1873 年发展到 300 家。1871 年,古巴以及南美洲一些国家相继在澳门设立了 5 个代理机构,分别代表这些国家内各商业团体负责从澳门装运出洋的苦力。当时古巴有一家专门贩运中国苦力的"伊瓦涅斯公司",在澳门派有代理人，7 年当中就贩运十几万中国苦力到古巴、秘鲁、澳大利亚等地。①

契约华工事务客观上促进了中国与当时西班牙殖民地古巴当局的关系。华工在岛屿受虐待的消息不断传回国内，引起很大的社会反响，震动了清廷。1873 年 10 月 22 日，中国与西班牙在北京订立了旨在认可中国派员赴古巴查明华工状况的《古巴华工条约》。1874 年，清政府派员赴古巴进行调查，历时 3 个月，获取了当地种植园主虐待华工的大量证据。中国与西班牙于 1877 年签署了《中西古巴华工条款》，对华工的生活和劳动作出相应规定，但是这还是难以改变他们受剥削和压迫的命运。

广大在古华工为古巴的经济发展作出了重大贡献。当时正是古巴糖业迅速扩张时期，蔗糖出口是其财政收入的主项，华工以自己辛勤的劳动支撑了糖业生产。曾主持调查古巴华工状况的清廷官员指出："该国入款以糖税为大宗，而糖出息又以华佣多寡为盈绌关键。"②

1902 年，古巴独立以后，中古两国基于以往的交往，很快建立了外交关系。深重的剥削与压迫把华工的命运与古巴劳苦大众联系在一起。在古巴 1868 年和 1895 年的两次独立战争中，他们积极参加起义军，为古巴的独立作出了不朽的贡献。他们之中的很多人因军功卓著而获得晋升，甚至有人荣获将军军衔。独立战争中的领袖冈萨洛·德克萨达将军专门著书《中国人民和古巴独立》，书中是这样描述华人起义战士的：在古巴的中国人没有一个不曾投身自由的事业。在古巴争取民族独立的悲壮的战斗中，中国人像猛虎一样在战场上厮杀。他们曾在战斗中忍受了一切牺牲和困苦。他们一旦被俘又视死如归，壮烈牺牲。他们为古巴独立慷慨无畏地流尽最后一滴无名英雄的鲜血。他们不抱任何追求个人名利的欲望，也从不企求得到感谢的花束。

冈萨洛·德克萨达将军对中国起义军战士给予极高的评价："没有一个古巴华人是逃兵，没有一个古巴华人是叛徒。"此后广大华侨与古巴民族融为一体，为古巴的经济建设和社会发展作出了重大的贡献。时至今日，每当古巴人谈起旅古华人时无不充满敬佩之情。不少古巴朋友经常深

---

① 杨仁飞、陆晓敏、邓开颂：《澳门史话》，社会科学文献出版社 2000 年版，第 71 页。
② 董丛林：《华工史话》，中国社会科学出版社 2000 年版，第 166 页。

情地说，"古巴民族的血脉中奔流着中国人的血液。"

中古关系稳步发展

1959 年菲德尔·卡斯特罗领导的古巴革命把中古两国人民更紧密地联系在一起。古巴革命胜利的消息传来，中国人民欢欣鼓舞。1959 年 1 月，首都北京各界人民举行盛大的群众集会，声援古巴革命。古巴也十分重视并采取主动措施发展同中国的关系。1959 年革命胜利后古巴很快派出党政领导人访华。1960 年 9 月 2 日，古巴发表第一个《哈瓦那宣言》，卡斯特罗总理宣布古巴同台湾当局断交，同中华人民共和国建立外交关系。同年 9 月 28 日，两国发表建交联合公报。建交后，双边关系进入蓬勃发展的新阶段。60 年代中期到 80 年代初的冷战时期，中古实质交往不多。自 1983 年起，中古在各领域的交往陆续恢复。1989 年，中国外长钱其琛和古巴外长马尔米耶卡实现互访，两国关系全面恢复。进入 90 年代后，双方高层互访频繁，在各个领域的合作与交流不断扩大。1993 年和 2001 年江泽民主席两次访古，1995 年和 2003 年卡斯特罗主席两度访华。中古外交部之间建立了政治磋商机制，就国际问题和双边事务及时进行沟通。

中古经贸关系得到显著发展。中国主要从古巴进口原糖、镍等，出口技术产品、彩电、医药、轻工和服装等。2003 年双边贸易额为 3.6 亿美元，其中中国出口 2.4 亿美元，进口 1.2 亿美元。两国间建立了部长级经济贸易混合委员会，定期举行会议。2003 年 10 月，中古双边企业家理事会成立大会暨首次会议在哈瓦那举行。2004 年 9 月，中古双边企业家理事会第二次会议在中国厦门举行。

截至 2004 年，中国在古投资项目共 10 个，涉及农业、旅游、电信、轻工等。此外，中国先后承担了电风扇厂、自行车厂、养羊、沼气等成套项目以及水库养鱼等技术合作项目，提供了医疗器械、文教用品等一般援助物资。中国向古提供各类商业贷款，如机电产品、糖工业、粮食、电视机、电信项目等。

两国的文化交流也获得了长足的发展。2003 年 9 月，两国签订 2003—2006 年度文化交流计划。目前，双方在艺术团访演、展览、新闻出版和广播电视等领域的交流日益频繁。古巴国家芭蕾舞团曾四次访华演出。2001 年，两国签订 2001—2004 年度教育交流协定，每年互相提供奖学金名额增至 30 个。自 1984 年两国恢复互派留学生至 2003 年，中国共接受 127 名古巴留学生，向古派遣 45 名留学生。

精心培育的中古关系

中古关系得到稳固的发展，与两国领导人和人民的精心呵护和培育分不开。菲德尔·卡斯特罗主席在 2003 年第二次访华时指出："在古巴极度困难的特殊时期，在几乎没有人相信古巴革命可以继续的时候，中国和越南始终是古巴最好的朋友。而今天，他们的政府和人民尊敬并敬佩我们，一个小小的国家顽强抵抗着她的近邻——那个用霸权垄断过世界的超级大国。"古巴"非常钦佩传奇和革命的中国，一个独一无二的中国，一个精神的中国，一个永存的中国"。

2004 年 11 月，胡锦涛主席在访古会见卡斯特罗主席时指出，中国和古巴始终相互帮助、坦诚相待，我们两国是朋友，是兄弟！

中国—古巴，古巴—中国，先人用鲜血凝成的友谊把这两个伟大的名字连在一起，后人将在此基础上书写更加辉煌的篇章。

（本文原载《对外传播》2006 年第 5 期）

19 世纪古巴华侨苦力与反抗
殖民主义的斗争

韩振华①

自从 16 世纪以来，西班牙殖民主义者就从非洲掠劫黑人，运至古巴，从事艰辛的种植园劳动。到了 18 世纪以后，古巴的甘蔗种植已成为主要的农作物，因而对苦力的需求也就更加迫切起来。

从 19 世纪开始，西印度群岛一带，包括古巴在内，已经有一些殖民者注意到从中国拐骗苦力，来供给当地的种植园主奴役。② 但在 1840 年鸦片战争以前，殖民主义者尚未能打开中国大门；同时，中国的满清政府也不允许公开地把大批中国苦力贩运到海外。③

鸦片战争后，中国的大门被强行打开。在战后短短的四五年之间，殖民主义者即从中国东南的海港——厦门，运走一批苦力，前往海外。其中古巴垦植业主们，"把中国看作是为发展他们的大地产而招募劳工的一个场所。第一次有记载的关于'包揽劳工'的载运，是在 1847 年由厦门前往美洲，在那一年中大约有 800 个名义上的'自由劳工'被送到古巴"。④

---

① 作者为厦门大学教授，南洋研究所研究员（已故）。

② 1811 年 6 月 12 日英国下议院某一特别委员会报告说："虽然中国的法律不允许中国人移民到海外去，然而却有许多中国人（他们都是守法的，并且还是有手艺的）移居海外。我们没有理由可以说中国人是不能移民到西印度群岛的。"（见《国会报告书》第 2 卷（1810—1811 年），第 1—2 页，转引自维·哈尔与夫·马丹合辑《英国殖民发展文选（1774—1834 年）》，牛津出版社 1953 年版，第 548 页。

③ 参见《大清律例全纂》卷 20《兵津·关津·私出外境及违禁下海》。

④ 马士：《中华帝国对外关系史》第 2 卷，生活·读书·新知三联书店 1918 年版，第 179 页。

这些被拐骗去的华侨苦力在酷热的蔗园和糖寮里劳动，① 连最起码的生活条件都得不到保障，全部葬身于异域，连一个后裔也没有留下。② 然而当时英国驻广州领事巴夏礼却说他们"都有发了财，并且达到了他们的劳动希望"，③ 真是弥天大谎。

参与拐骗、抢掠中国苦力前往古巴的殖民者，除了西班牙之外，还有英国、美国、法国和葡萄牙等国。他们从事的"苦力贸易"，亦即"猪仔贸易"，其行径简直如同海盗。殖民主义者的这种掠卖中国苦力的罪行，正如恩格斯所指出：这是"英美两国祖先所特有的那种海盗的掠夺精神"。④ 无数的中国苦力是受到"欺骗而应募到古巴去"，然而在殖民主义者的花言巧语中，"古巴的各种情形，可以把那些阴气沉沉的情景描写成一种金色辉煌的景象"。受骗的苦力虽然"可以受到他从前一向没有见过那样多的洋钱所诱惑，但是这些洋钱最后还是脱离了他，他可能变成对骗子负债，被逼立契用自身偿债；一个接近的亲属如被引到灾祸的边缘，这个移民就要被强迫前来解救，妓馆和赌场的引诱经常使他们陷入牢笼，他被饮以药酒，当昏沉初醒的时候，却发觉到他已在奴隶收容所的大门之内了；并且，假如其余一切手段都失败了，那就用强力把他绑架而去了"。⑤ 这就是 19 世纪 40 年代殖民主义者在中国进行"苦力贸易"的一幅素描。

19 世纪 50 年代以来，受拐骗的中国苦力，坐上了"海上地狱"的移民船前往古巴者，人数一天天增加。在船上，他们处在紧窄的，仅八平方英尺的舱位里，经历了"168 天的航程中，两次横渡宽广的热带地方才到达古巴"，途中的死亡率达到最可怕的地步。例如，"1853 年，在前往古巴的两艘船上的 700 名移民中，有 104 人在航程中死亡，占全数 15%"。⑥

---

① 古巴华侨通常把制糖厂称为糖寮。

② 20 世纪古巴华侨全是广东籍，没有一个是福建籍的华侨苦力的后裔。参见陈匡民《美洲华侨通鉴》，纽约：美洲华侨文化社 1950 年版，第 630 页。

③ 1852 年 9 月巴夏礼在广州的"备忘录"，转引自马士《中华帝国对外关系史》第 2 卷，第 179 页。

④ 恩格斯：《英人对华的新侵略》，载《马克思恩格斯论中国》，解放出版社 1938 年版，第 73 页。

⑤ 马士：《中华帝国对外关系史》，第 181—182 页。

⑥ 1853 年 12 月 26 日《怀特于香港致移民委员们函》，转引自马士《中华帝国对外关系史》，第 185 页。

又如，1856 年，"波特兰公爵号载运 332 名中国移民离开香港前往古巴，其中有 128 人在航程中由于疾病和'自杀'而死亡，占全数 39%"。① 同年，"约翰·喀尔文"号船也载运 298 名中国移民前往古巴，在航程中有 135 人丧命，占全数的 45%。② 另据最低的估计，自 1848 年至 1857 年的十年中，从香港到古巴的 23 928 名中国移民中，有 3342 人在航程中死亡。③ 中国苦力前往古巴，仅仅在航程中就受到这么可怕的遭遇，然而更悲惨的命运还在后头。

　　当中国苦力来到古巴之后，他们就被当作奴隶一样拍卖出去。在古巴的首都哈瓦那，每一名苦力的包身契都被公开拍卖，平均每名的售价约达 350 元。④ 然而"猪仔贩"所贩卖的苦力，每名在中国不过 7 元至 10 元。⑤ 其中的暴利于兹可见。殖民主义者对于居留在古巴的华侨苦力的悲惨命运当然是矢口不谈的，尽管他们不敢记载古巴华侨苦力的状况，但在当时的一些记载上，有时候也不得不承认在古巴的"中国苦力的地位与奴隶很少有差别"。⑥ 1857 年，马克思指出："许多人受人欺骗而跑到外国去工作的华侨，在秘鲁沿岸和古巴被卖去充当奴隶，过着最苦的生活，备受凌虐，'直到残杀'——关于这一点我们也听不到讲什么"。⑦ 这是马克思对殖民主义者在古巴残杀、凌虐华侨苦力的有力谴责。虽然在名义上，在古巴的华侨苦力"如遭虐待时，照理可向西班牙法庭控诉，但从无一事见诸记载。中国政府虽有管理此项人口买卖之可能，而决不肯从事干预者，以一经干预，即无异于承认人民有出洋之权也"。⑧ 这种不经中

---

① 1857 年 1 月 8 日《波特兰公爵号案件调查记录》，转引自马士《中华帝国对外关系史》，第 186 页。

② 1857 年 6 月 27 日《殖民部致巴顿爵士函》，转引自马士《中华帝国对外关系史》，第 186 页。

③ 1857 年 12 月 31 日《克劳福总领事于哈瓦那致克勒拉得恩勋爵函》，转引自马士《中华帝国对外关系史》，第 186 页。

④ 梅辉立、德呢克和金氏：《中国和日本的条约口岸》，转引自马士《中华帝国对外关系史》，第 192 页。

⑤ 宓亨利：《华侨志》，商务印书馆 1928 年版，第 104 页。

⑥ 1859 年 12 月 5 日《鲁斯致鲁塞尔勋爵函》，转引自马士《中华帝国对外关系史》，第 192 页。

⑦ 1857 年 4 月 10 日《纽约每日论坛》报社论《英人在华的残暴行动》，载《马克思恩格斯论中国》，第 71 页。

⑧ 宓亨利：《华侨志)，第 104 页。

国政府同意，偷运苦力出国，多少还带有偷偷摸摸的性质，显然是不能满足殖民者需要大量中国苦力的要求。为着满足这种要求，清朝曾经屡次受到压力，强迫它允许中国苦力出国，并使之合法。

1860 年，英法联军破天津，入北京。于是在西方列强的压力下，清政府被迫承认和允许中国移民到海外。[①] 其后，西班牙也与清朝于 1864 年订约，允许中国人前往西班牙各属地去工作。[②] 从此以后，各个殖民主义国家在中国的"猪仔贩"们更加肆无忌惮地公然拐掠大批中国苦力前往古巴拍卖。当时的清朝政府经常被迫为古巴招工，贴出告示，以便利于"猪仔贩"们的拐掠，从而满足殖民者对苦力的需求。下面这一张告示，是同治七年（1868 年 12 月 28 日），福建南部的兴化、泉州、永春兵备道为了古巴招工而张贴的。

兴泉永兵备道曾告示

钦命按察使司衔福建兴、泉、永海防兵备道曾，为示谕事：案准日斯巴尼亚（即西班牙——引者）巴领事照会内开："所属之哑湾拿（即哈瓦那）古巴埠地方辽阔，乏人作工，饬令商人啤喇哦管驾船只，来厦招雇华民，前往承工，照议定合同条约，请即出示晓谕，俾得择日开局招雇"等由。查各洋商欲在通商各口招雇华民出洋工作，业奉总理衙门奏定章程二十二条，转行华洋官员，一体遵办。旋与日国（即西班牙国）在天津换约时，亦于第十款载明招工出洋字样，颁发中外，各在案。此次巴领事所请设局招工出洋，系与原约相符；其送合同条款，亦经本道核案照驳，已准更正照送，均属妥协，应准照办。兹准前因，除照复巴领事，在厦设局招雇，并将合同刊刷遍帖外，合行示谕，为此示布，合属军民人等知悉，尔等如果贫无生计，自应出洋工作谋生者，务须亲到厦门日国招工公所报名，听候本道委员会同日国领事官逐细查问，果系本人情甘愿往，并

---

①　李长傅：《中国殖民史》，商务印书馆 1937 年版，第 258 页。

②　《中英天津条约续约》第五款规定："大清大皇帝允许于即日降谕各省督抚大吏，以凡有华民情甘出口，或在英国所属各处，或在外洋别地承工，俱准与英民立约为凭，无论单身或愿携带家属，一并赴通商各口，下英国船只，毫无禁阻。该省大吏，亦宜时与大英钦差大臣查照各口地方情形，会定章程，为保全前项华工之意"。参见《中外条约汇编》，商务印书馆 1935 年版，第 12 页。

非奸徒拐骗，许即面立合同字据，照验出洋，毋得遽听奸徒哄诱，不赴公所报名，私行立约出洋，致被骗卖为奴，后悔莫及。倘有不法棍菲，私借招工名目，逼胁良民，出洋承工，一经访闻，定即严拿，讯明正法，不稍宽贷，各宜凛遵毋违，特示"。①

虽然，在 19 世纪 60 年代运往古巴的华侨苦力，其总数究竟达多少人，未能获得其详，但是在 60 年代之中的个别年份，从某些港口运往古巴的华侨苦力人数还能知其一二。如：1864 年，自澳门运往古巴的中国苦力有 4479 人；② 1865 年，从澳门运往古巴者有 5207 名，从广州运往者有 2716 名。③ 则每年运往古巴者，大约总在万名以上。

随着前往古巴的华侨苦力人数的增长，古巴的种植园企业，尤其是蔗糖业更是得到相当的发展。自 1850 年至 1868 年，古巴蔗糖年产量由223 145 吨增至 749 000 吨，平均每年的产量达到 469 934 吨。④ 华侨苦力对古巴蔗糖业的发展作出了重要贡献。然而，他们却受尽惨无人道的虐待，甚至招致残杀。1852 年，一只美国船由香港运载中国苦力前往古巴，在航途中，苦力们难以忍受船主的虐待，于是杀了船主而把船驶往中国海岸，登陆而去。1857 年，一只英国船由汕头运载苦力前往古巴，途中苦力受尽船主虐待，欲杀船主，其谋未成。因此，当船抵香港，其中一名苦力被判死刑，另有三人遣戍海岛。⑤ 诸如此类，在记载中并不少见。苦力的反抗一直延续到 19 世纪 70 年代，如"1872 年，西班牙轮船'费特乔夷'号从澳门载运 1005 名苦力前往哈瓦那，在途中曾三次发生暴动的企图，和一次纵火烧船的企图。在到达时，它的乘客被'即时地立契或售卖给种植地主，并且像全古巴的黑奴所受的奴役一样"。⑥

由于在古巴的华侨苦力经常受到惨无人道的虐待，因此在舆论的压力

---

① 1869 年《美国驻厦门领事馆报告》附件之三，转引自朱士嘉编《美国迫害华工史料》，中华书局 1958 年版，第 39—40 页。

② 李长傅：《中国殖民史》，商务印书馆 1937 年版，第 258 页。

③ 梅辉立、德呢克和金氏：《中国和日本的条约口岸》，转引自马士《中华帝国对外关系史》，第 194 页。

④ 《大英百科全书》第 6 卷，1929 年版，第 836 页。

⑤ 李长傅：《中国殖民史》，第 265 页。

⑥ 1872 年 12 月 24 日《顿洛甫领事于哈瓦那致格兰威尔勋爵》，转引自马士《中华帝国对外关系史》，第 195 页。

下，清朝政府被迫"于1874年派遣一个正式的调查团前往古巴，调查团包括陈兰彬同海关税务司麦克菲逊和胡伯两人。他们在哈瓦那的收容站、奴隶发卖所和监狱中心，以及在乡村的几个种植园中做了实地调查，除了收到由1665人签名的85份控诉状之外，并且得到总共有1726人的亲口供述。其要点如下：

"这些控诉状和供述表明了全数的十分之八都说他们是被绑架或拐骗来的。在航程中，由于殴打受伤、自杀和疾病而死亡的超过了百分之十。到达哈瓦那以后，他们被出卖为奴隶，一小部分被分发到家庭或铺店中。可是其中大多数则成为糖料种植者的财产；对待他们的残酷，即使表现在对于前一类的，已经是非常严重了，而对待他们的后一类的情形，在程度上更是无法忍受的。在耕种方面的劳动也表现着过度的苛重，而食物的供给却是不够的；劳动的时间是太长了，并且由于用棍子、鞭子、锁链、枷架等所施的惩罚，而遭受着痛苦和伤害。在过去的数年当中，已经有大量人被打死，由于受伤的结果而死去，以及由于自缢、吞服鸦片，或投井、投糖釜而死去了。经过亲身的考察，也能证实对另外的一些人所施的伤害，折断的和残废的肢体、瞎眼、满头疮伤、齿牙打落、耳朵割掉，以及皮肉破裂，都在众目睽睽之下证明受了毒害的暴行。当契约终止的时候，佣主们在绝大部分的情况下都坚持继续役使，甚至可以延期到十年以上，并且在延期役使期间，同样的残暴制度是照旧不变的……此外，自从1861年以来，已经停止发给证书，这就使得可以随处受到拘捕……并且可以把他们带走到一个祸患无穷的收容所……几乎我们所见到的每个华人都在遭受着痛苦或曾经遭受过痛苦，痛苦几乎是我们所听到的每句话中的要旨；并且，我们全都看到了这些痛苦的人，也全都听到了这些痛苦的话。"①

在古巴的西班牙殖民主义者由于1868年至1878年发生了十年战争，即古巴人民反对西班牙统治，反对奴隶制度的一次战争，迫使殖民主义者不得不采取一些表面上看起来似乎是对中国苦力有所改善的措施。于是在1877年，中西签订新约。"新约中取消了包用工人的办法，禁止强迫工人出洋，古巴华工应享最惠国条款待遇；中国允华工自由前往古巴，惟须向

---

① 1874年10月20日《中国派遣调查古巴华工情况委员会对总理衙门所呈的报告》，转引自马士《中华帝国对外关系史》，第195—196页。

海关道领取护照，经西班牙领事签订签字后，送达古巴中国新领事；古巴
华人，皆须在领事馆登记；西班牙政府为表示（所谓）对华友谊起见，
允资遣下列华人回国：（一）曾就学者；（二）曾入仕者（及其家属）；
（三）年老不能做工者；（四）孤女意欲返国者。"① 上述的新约，除了那
些空谈保护之言不说，光是从那些能够自古巴和还以归国者来说，其中没
有一个人是可以做工的苦力，只有那些在当时能够读书识字，做过官吏的
人才被允许返国，否则就是那些年纪大，失去劳动力的老人，抑或没有劳
动可能的孤女（还不是孤儿），才被允许归国。所以说，新约的签订，对
于古巴的华侨苦力处境并没有真正得到改善。到了 1880 年至 1886 年，古
巴虽然正式废止奴隶制度，② 但黑人和华侨苦力仍然过着奴隶一样的生
活，受着极其残酷的剥削。根据不完全统计，在古巴最后宣布废止奴隶制
度以后的第一年，即 1887 年，仍过着奴隶一样生活的古巴华侨苦力，据
说有 4.5 万人，③ 其中有一大部分是从事古巴蔗园、糖寮的繁重的劳动。
他们的痛苦是和广大古巴人民的命运紧密相连的。因此，华侨苦力，尤其
是蔗园、糖寮的苦力，从此成为古巴人民革命斗争中的一支有力支柱。为
了古巴人民革命事业和反殖民主义斗争的胜利，华侨苦力始终和古巴人民
站在一起。

1892 年，古巴革命党成立。它是由古巴诗人、作家和演说家约瑟·
马尔蒂等组织的。古巴革命党积极进行推翻殖民统治的斗争，而古巴华侨
苦力有相当多的人参加了这一次斗争。1895 年，由古巴革命党领导的全
民大起义爆发，许多华侨苦力立刻投身到斗争最尖锐的战场，成为保卫古
巴独立战争一支坚强有力的队伍。根据参加过独立战争的芬南第上尉说，
在当时古巴人民起义军里，"有华侨共约五百人，在米士将军指挥下，参
加瓜斯马等处战役，其中有一位华侨因战功而升至上尉，此人精明善战，
曾在中国洪秀全的军队里服过兵役"；又有一位"马叙伦上尉，在梅亚吐
姑罇作过战，从前曾在中国参加反抗清朝的革命，他于年少之时来至古

_____

① 宓亨利：《华侨志》，第 106 页。
② 南开大学历史系世界史教研组编：《拉丁美洲民族解放斗争简史》，天津人民出版社
1958 年版，第 126 页。
③ 宓亨利：《华侨志》，第 48 页。

巴，投身糖寮。(在全民大起义之时)引导其同胞加入古巴革命。其上级军官为中国人马少校，已战死于沙场"。① 从上引芬南第上尉之言，可以看到古巴华侨苦力，尤其是那些被当作牛马、奴隶的糖寮苦力，是英勇地站起来，与殖民统治作斗争；同时，古巴糖寮的华侨苦力也把中国太平天国的革命精神带到古巴的革命战争中去。华侨苦力是肩并肩地与古巴人民站在一起，参加古巴独立战争。

据不完全估计，参加这次全民大起义的古巴华侨人数在千人，除了上述在米士将军领导下的 500 名华侨军队之外，在阿兰高将军的率领下，也有 400 名华侨参加古巴起义军。在林摩士将军的率领下，也有 170 名的华侨义勇队；在格拉士亚将军的率领下，还有 200 名华侨战士经常参加战斗。②

在这次古巴全民大起义战争中，华侨苦力所参加的历次战役都表现出中国劳动人民的英勇、豪迈的本色。他们在殖民主义者面前，从不畏惧，从不退却。当时革命军的司令官克礼波士对于华侨苦力在革命战争中所表现的英勇卓绝的坚忍斗志，称赞备至。他说："予所指挥的士兵，从未有如中国战士之能忍痛受苦者；彼等勇于作战，往往置身于前沿火线之中，而永不倒戈或投降，忠勇愉快，服从军纪，视死如归。"③

后来为了纪念 19 世纪末古巴全民大起义中华侨苦力的功绩，在古巴首都哈瓦那市区的威尔逊大街上，树立了一块"旅古(巴)华侨协助古巴独立纪功碑"，碑上镌刻着《华人和古巴的独立》一书的作者康札特地·克沙达的赞词：

在古巴的中国人，无有倒戈者，
在古巴的中国人，无有逃亡者。④

(本文原载《南洋问题研究》1999 年第 3 期)

---

① 陈匡民编：《美洲华侨通鉴》，纽约：美洲华侨文化社 1950 年版，第 636 页。
② 陈匡民编：《美洲华侨通鉴》，第 636 页。
③ 同上。
④ 同上书，第 635 页。

雷格拉小镇与古巴华工的命运

索　飒①

古巴哈瓦那湾东岸，有个叫雷格拉（La Regla）的小镇，这里早先是印第安人的小村，殖民地早期，成了西岸的后备仓库。

离镇上"黑圣母"教堂不远的街面上，有一座普通的旧房子，白色的墙，蓝色的百叶窗紧闭，一样的红瓦斜屋顶。只有那个过大的门洞还能让人想起过去这里是关押黑人奴隶的大棚屋。门口挂着一个不显眼的铜牌："纪念第一批华人到达古巴 150 周年，雷格拉。"最上面有一排日期：1847 年 6 月 3 日，最下面也有一排日期：1997 年 6 月 3 日。

一块小小的铜牌怎能够容纳一个苦难的历史时代！

19 世纪上半叶，机器工业发展迅速，资本主义经济体系已经在奴隶的血汗喂养下基本建成。英国根据自己的利益——并不是因为仁慈和良心发现——提出废奴，1817 年与西班牙达成协议，后者 1820 年签署废奴协议，虽然迟迟未能实施。

由于黑奴的减少，也由于 1791 年的海地革命在古巴岛引起的巨大恐慌，西班牙殖民当局决定引进替代性劳力（甘蔗园、榨糖厂离了大量的劳力是无法运转的，更别说还有矿井、家务等等）。引进白人（主要是法国人、西班牙加利西亚人）的举措失败了，引进墨西哥尤卡坦人的过程持续了 12 年。

这时，从东方传来了消息。

---

① 作者为中国社会科学院拉丁美洲研究所研究员。

在遥远的中国，鸦片战争刚刚结束，太平天国运动正在兴起，中国民不聊生。西班牙当局听说英国资本家已经开始运送大量华工到英属牙买加、巴巴多斯和特立尼达做苦力。古巴奴隶主也上报请求引进"来自用棍棒管理之国的子孙"。①

"哈瓦那促进经济和殖民皇家委员会"在当局的支持下，1844年派人到中国东南沿海考察，随后委托"苏卢埃塔大人公司"和"英国伦敦公司"在厦门招募华工。1846年，英国人已在厦门修建了大量板房做准备。雇用苦力的办事处设在葡属澳门和英属香港等地。猎头者人称"猪仔头"，他们谎称"大吕宋"（菲律宾）招工，利用诱惑、威逼、绑架的手段把一批批华工装船运走。贩卖之野蛮引起了厦门等地民众暴动，致使驻厦门的西班牙领事向国王报告了"诱拐"的情景。

那是一场国际联手的大贩卖，被买卖的是"签合同"的奴隶。

在古巴的日子里，我从朋友送的一本《古巴历史上的中国人》里看到了一份这样的合同。合同由广东籍同胞吴生1866年（同治五年）签立于澳门。合同中规定立约人在自到岸无疾病上工之日或疾病治愈八天之后开始的八年内，必须为持有此合同的任何主人做一切指定的劳动，每天12小时，周日休息，但做家务的可以超过此时间限制。主人每天须给劳作者八盎司腌肉和两磅半白薯作为口粮（约合半斤腌肉、二斤半白薯）。预支给劳工的轮船舱位等费用将从前期工资中扣除。与此对应的还有一份由雇主代理人签立的西班牙文版合同。西班牙文版本中的 pesetas españolas 到了中文版里变成了"吕宋银"。

像西班牙王室冠冕堂皇的"西印度法"一样，即使是如此苛刻的华工合同也没有能得到执行。

1847年年初，悬挂西班牙国旗的双桅帆船"奥坎多"号运载206名华工从厦门出发，于131天后到达哈瓦那。九天之后，英国三桅船"阿吉尔"号又以123天的航程运来了365个华工。他们都被关进雷格拉关押黑奴的大棚屋。

虽然西班牙是雇主，但主要操作和得利的是英国——这个利用鸦片把

---

① Juan Jiménez Pastrana: los chinos en la historia de Cuba, 1847－1930, La Habana: Editorial de Ciencias Sociales, 1983, p. 43.

中国逼上半殖民地道路的老牌资本主义国家,从 1847 年到 1853 年,15
艘贩运"劳力"的船只中,四艘为西班牙船,11 艘为英国船。为了使变
相的人口贩卖合法化,英国利用第二次鸦片战争,强迫在《北京条约》
续约第五款中写上:

> 订约互换以后,大清皇帝允于即日降谕各省督抚大吏,以后凡有
> 华民情甘出口,或在英国所属各处,或在外洋别地承工,具准予英民
> 立约为凭,无论单身或愿携家一并赴通商各口下英国船只,毫无
> 禁阻。①

据统计,从 1853 年到 1873 年,有 13 万中国苦力被贩运到古巴,超
过当时古巴人口十分之一,其中有 13% 的人死于途中。这只是古巴一国,
南北美洲其他地点未统计在内。

美国"伟大的废奴主义者"亚布拉罕·林肯总统,1862 年批准修建
联络美国本土东西、横穿落基山脉和戈壁黄沙的太平洋铁路。在"废奴
战争"(美国南北战争)结束的那一年——1865 年,林肯批准开始雇用华
工来修建这条铁路。为了使华人劳工合法化,1868 年中美签订了《蒲安
臣条约》。从 1865 年到 1869 年的四年间,有 16000 多名华工参加了筑路
工程,占工人总数的 90%,他们大多来自广东和福建两省。华工从香港
出发需要 75—100 天才能到达加州。根据一份完整记录的资料,当年运载
华工去美国的船只,曾有四船共载 2523 人、途中死亡 1620 人的记录,死
亡率高达 64.21%,因此运载华工出国的轮船被称为"浮动地狱"。

修筑铁路时,华工待遇堪比黑奴,加上自然条件恶劣,华工死伤无
数,才有了后来的一句话"每根枕木下面都有一具华工的尸骨"。《美洲
华侨史话》记:"在修筑 100 英里的塞拉山脉地段的铁路时,华工的死亡
率高达 10% 以上。"1970 年从美国内华达山的沙漠中就挖出 2000 磅的华
工尸骨。写过《南京大屠杀:被遗忘的二战浩劫》(1997)和《中国导弹
之父——钱学森之谜》(1996)的著名美籍华人作家张纯如,在 2003 年
出版的《在美国的华人:一部叙述史》讲述了美国华人 150 年的移民史,

---

① 张铠:《中国与西班牙关系史》,大象出版社 2003 年版,第 270 页。

作者一年后自杀身亡。——转录者注)

最近，古巴建筑家和泥瓦匠在西恩富戈斯市（Cienfuegos）修复主教堂时，惊异地在一面墙上发现一些中文字迹："保持清洁"、"结实的柱子"，还有一首关于太子和公主的汉诗。（这里的引述不是中文原文，而是笔者根据西班牙文消息的转译）根据当地历史学家分析：1869 年，即第一批中国苦力抵达古巴的 20 多年之后，西恩富戈斯大教堂开始修复工程，很可能有华人苦力被征用，到修复工地的厨房干活。据当地历史学家称，清政府特使陈兰彬曾于 1875 年 4 月 24 日查访过西恩富戈斯的华工状况。

华工实为奴隶。每个华工被卖给糖厂主人的价格为 170 比索，人贩子所花费的成本为 50 比索，每个华工每个月的"工资"为四比索！而这些签约"华奴未干满（八年）合约前丧生者居 70%"。

直至古巴契约华工的悲惨遭遇引起世界舆论的强烈反响，清政府才于 1874 年委派特使陈兰彬前往古巴调查华工待遇。陈兰彬在古巴各地共录得口供 1176 纸，又收得 1665 名华工单独或联名禀帖 85 张，并据此向总理衙门提供了华工在古巴遭受各种非人待遇、被迫害致死的调查报告，清政府对西班牙提出抗议，并将报告分送各国驻京使馆。

在 1859 年下令终止向古巴引进华工、1861 年不准华人进入古巴后，1875 年才正式停止华工贩卖。按照西班牙官员的语言，此举的原因是"为了避免引起国籍争端"，实质是殖民主义的利益争夺所致。

华工从一开始就参与了逃亡——与残存的印第安人一起，与潜藏的摩里斯科人一起，与非洲的黑奴一起。在古巴 1868 年开始的第一次独立战争中，已经出现由华人组成的团、营。华人"芒比"（Mambí，古巴历史上对独立战争中起义者的专称）个个骁勇出众，坚贞不屈，其中有前太平军的战士，英勇事迹被何塞·马蒂的战友贡萨洛·德格萨达记录在《中国人与古巴的独立》一书中，但他们都没有准确的中国名字，只有甘蔗园主强加的西班牙名字，或者含混的西班牙语注音姓名。（作者在书中写道："他们为古巴独立，慷慨地流尽了自己最后一滴不留名的鲜血。他们不抱任何追求个人名利的欲望，也不企求得到感谢的花束。"）

早在妥协的 1878 年《桑洪协议》中，就有了"给黑奴及华工自由"的条款。这样的特殊地位是华人战士用鲜血和生命换得的，这样的付出生命是由惨无人道的压迫造成的。古巴与中国这两个相距遥远的国度，由被压迫者的国际主义缔造了最初的友谊。

如今，华人已经成了古巴人口的三大来源之一。华工不仅留下了饮食文化、民间习俗，还留下了宗教文化，如我们不知如何还原汉语的 San Fan Gong 崇拜。华人的存在甚至进入了古巴口语，比如用"这是中国人干的活"（Es un trabajo de los chinos）来比喻一项工作所需要的非凡细致和耐心。

在哈瓦那的桑哈斯，有一个华人街区，居民的远祖是乘哪条船到来，又被卖到了哪个甘蔗园的呢？在哈瓦那著名大街利内亚（Linea）道边，有一座高耸的圆柱形黑色花岗岩纪念碑（古巴独立战争华人战士纪念碑），上面铭刻着一句话：

> 在古巴，没有一个中国人当过逃兵；在古巴，没有一个中国人当过叛徒。

这句话引自马蒂战友的那本书。这不是一座普通的纪念碑，这不是一句惯常的赞辞。这是许多无名中国人为中国赢来的尊严和骄傲。

（节选自索飒《把我的心染棕——潜入美洲》，青海人民出版社 2009 年版）

古巴西恩富戈斯地区中国商人社会研究

[古巴] 吕美枝 （Mitzi Espinosa Luis）[①] 著　小乐译

1847 年 6 月 3 日，古巴的哈瓦那港迎来了首批中国人，他们是古巴一些蔗糖庄园主招来的从厦门乘船出发的劳工。这些劳工作为廉价劳动力，在古巴忍受着近乎奴隶的工作和生活境遇。正因如此，在 1868 年爆发的反对西班牙殖民统治的十年战争中，古巴的中国人大部分都积极投身于战争，这对他们逐渐本土化产生了很大影响。

西恩富戈斯 （Cienfuegos） 是西恩富戈斯省的省会城市，位于古巴核心地区南部海岸。该省在历史上是古巴的农业大省，在社会主义革命后，它经历了大规模发展，如今已成为古巴所有省份中工业化最发达的地区。西恩富戈斯距哈瓦那约 250 公里，被誉为 "南部明珠"。从历史上来看，该城市也是古巴最古老的城市之一，中国的第一批商人就居住在这里。到目前为止，学者对西恩富戈斯城市的中国商人的研究不是很多，其中一个原因是这方面的资料不是很丰富，另外一个原因是这方面的研究经费不是很充足。

西恩富戈斯省历史档案馆的档案表明，这里最早的中国商人被称为 "商户"，这些商户最初经营的商业活动包括：两个剧院、一个诊所、一个华人协会、一个银行办事处以及一些杂货店和小商铺。一些学者就这方面做过一些研究，主要有：Pabol Rousseau （Memoria histórica, descriptiva y biográfica de Cienfuegos，1920）、Enrique Edo （Memoria histórica de Cien-

---

① 本文作者为古巴华裔，档案研究专家，现任职于古巴洪门民治党总部。

fuegos y su jurisdicción，1943）、Antonio Chuffat Latour（Apunte histórico de los chinos en cuba，1927）等。例如，Rousseau 对 1858 年开张营业的一家名为 "San Isidro" 的诊所进行了案例研究；Edo 对 1883 年创立的 "大中华"（La Gran China）进行了案例研究。大中华是一个亚洲人聚集的中心，其成员超过 500 人，首任主席是 Cristóbal López。

哈瓦那的中国城是拉美地区最大的中国人聚居地，相比之下，西恩富戈斯称不上是一个中国城。然而，据学者研究，这里是首先出现中国人注册商业的地区，雇主与雇员不仅按部就班地经营着各自的商业活动，还能较好地协调相互间的私人与社会生活。他们的商业活动范围和生活空间延伸到了 25 个区。当时这里早已展现出新古典风格的生活面貌，因此，中国商人及其雇员活动范围如此广，足以说明他们的生活方式已较好地融入了当地人的生活。

现有的研究成果表明，一些特征对首批中国商人的定居起决定性作用。Lilia Martín 指出："直到 1884 年，人们称 San Fernando 和 Castillo 为商业街，此后才发现，该城市主要的商业起源于 Santa Isabel 到 Cristina 以及 Santa Elena 到 Dorticós。" 一些根据商户登记的相关资料进行的研究表明，最早的中国商人集中在这一地区，特别是靠近 de Armas 广场（即现在的 Parque Martí）的街道，这里在当时也是重要的工商业活跃地带。

有关西恩富戈斯地区中国商业这个话题的研究不多。Chuffat 在 1927 年出版了一部专著（Apunte histórico de los chinos en Cuba），其中一部分内容对此有所涉及。由于商人的传记资料缺乏，很多研究工作很难展开。主要材料是来自西恩富戈斯省历史档案馆，具体包括：商业登录局人记录（Book of Merchants of the Mercantile Register），一些备忘录（Town Council Minutes）和议定书（Notarial Protocols）。此外，圣母无原罪（The Immaculate Conception）档案和雷伊纳公墓墓葬记录（Books on Burials of the Cemetery of Reina）也是重要研究资料。

在 1888—1909 年这一阶段，研究者从 41 份官方注册的信息中找到了 39 位中国商人。这对其他研究者也很有帮助。这里我们可以看到详细的信息：商人的姓名、地址、年龄、公民身份、从事商业的类型，包括什么时候开始从事的、名称是什么、注册地址在哪里以及公证人的相关信息。此外我们还可以找到一些业主、地址和名称变更的信息。这里的中国商人大部分是广东人。一些人从事亚洲小商品的买卖，如丝绸、珠宝、扇子、檀香制品等。其他人还有从事食品、饮料和办公用品等的买卖。

　　总体而言，相关研究材料仍存在很大不足，而且现有的材料也存在一些问题，比如，雷伊纳公墓墓葬记录（Books of Burials of the Cemetery of Reina）的第 24 卷至第 114 卷索引的遗失，这对我们的研究工作造成了很大的困难，研究者不得不挨个查看每个商人的注册资料，以期找到其研究的商人。我以西恩富戈斯历史档案馆的一些档案文件为基础，对 1888—1909 年该地区的中国商业做了初步研究，并创建了一个索引，弥补了现有的不足，希望这对学者开展相关研究有所帮助，能推动当前古巴的中国移民问题研究。

　　　　　　　　　　　　（本文原载《中国社会科学报》2009 年 9 月 3 日）

古巴华侨银信之国际邮路考

李柏达①

从 1847 年开始，大批华人来到了古巴谋生。古巴华侨人数虽然不少，但古巴华侨银信存世量却不多，早期银信更是难得一见。古巴华侨银信成为集藏界一种稀缺的素材。探索古巴华侨银信之邮路，对于我们研究古巴华侨历史具有重要的意义。

一 清代古巴华侨银信的邮路

1. 澳门中转邮路

清代古巴华侨书信极其罕见。本人收藏银信数十年，虽然很努力地寻找早期的古巴书信，却难觅芳容。究其原因，大概是早期出国的契约华工，抵达哈瓦那后，一般被卖到种植园，从事甘蔗生产。在西班牙殖民统治者和古巴种植园主的监督下，华工掉进了痛苦的深渊。能生存下来已是不幸之中的万幸了，哪里还有银信寄回家乡呢！自 1877 年签署《会订古巴华工条约》以后，古巴华工成了自由劳动者，古巴华侨有可能寄银信回家乡了。在 2012 年澳门举行的"第二届东亚集邮展览"上，我惊喜地发现一枚清代古巴银信（图 1），随即把它记录下来：

---

① 作者为古巴侨属，青年集邮家。

图 1

　　这是 1896 年澳门寄古巴的回批信，由澳门刘切国委托"澳门恒泰号"金山庄代办，贴澳门"路易一世"100 Resi（利斯）邮票一枚，销澳门邮政 1896 年 1 月 21 日邮戳寄往古巴，由"哑湾拿（哈瓦那）番人银铺收入转刘近学先生收启"。

　　从 1855 年开始，西方殖民者将他们贩卖华工的业务转移到澳门，并从中获取暴利①。澳门的劳工代理商会通常利用一些人贩子，深入广东和福建的村庄去诱骗年轻壮丁来到澳门，贩卖去古巴。清朝咸丰六年（1856）至同治六年（1867），新宁县爆发土客械斗，在残酷的长期土客械斗中，除了大量逃亡香港、澳门的人被人贩子诱骗出洋外，土客双方还把俘虏当作"猪仔"运出澳门出卖，多数人被卖出洋。久而久之，澳门的劳工代理商会成立金山庄，与古巴劳工代理商进行贩卖劳工以及相关的贸易往来。这封银信中的"澳门恒泰号"金山庄就是在这样的背景下形成的，而古巴（亚湾）的"番人银铺"正是古巴劳工代理商开办的银号。在废除"契约劳工"以后，华侨有了自由，他们急于找机构将自己积攒下来的血汗钱寄回家乡，而这些早期与华人建立了贸易往来的西人银号抢占先机，开始了接驳银信业务。因此，清末及民国早期的古巴华侨银信，一般经澳门、香港中转，然后由水客送到广东五邑各地。

---

　　①　Evelyn Hu Dehart：《1847—1888 年贩卖华人苦力的中间通道》，载《"世界海外华人研究学会地区性非洲国际学术会议"论文摘译》，香港：香港社会科学出版社有限公司 2008 年版，第 39 页。

早期"契约华工"前往古巴的航程耗时约 85 天①。他们从澳门出发，穿过爪哇和苏门答腊岛之间的 Sonda 海峡，横越赤道下面的印度洋，绕过好望角，在 St. Helena 补充淡水；从圭亚那进入加勒比海，经过特立尼达岛和巴巴多斯岛，从后下方抵达哈瓦那②。这也是早期水客所走的传统水路。

1884 年 3 月 1 日，葡萄牙人苏沙领导三名邮差成立了澳门邮政局，并加入国际邮联。早期经澳门邮政寄古巴的华侨书信，从澳门水路出发，跨越太平洋后送到古巴哈瓦那，然后转送古巴各埠。

2. 香港中转邮路

清朝末年，香港是英国的殖民地。1841 年，香港邮政署成立，通称香港邮政。香港邮政事业迅猛发展，为华侨寄递银信提供了方便。许多五邑华侨在香港开办金山庄，专门接驳外洋书信银两。清末民初，古巴华侨寄递银信，先由古巴寄到香港的金山庄，再由金山庄交巡城马带回国内。

图 2

图 3

图 2 和图 3③，是开平赤坎经香港寄古巴回批信，由"香港永乐街昌盛金铺"代办，贴香港 10 仙邮票，销 1915 年 1 月 22 日香港西区邮局日戳寄出。1 月 23 日经香港邮政总局，转水路出海，3 月 2 日抵达哈瓦那（亚湾），由"广源大宝号"交余懋中收。香港至古巴邮路全程 40 天。该封背面盖有"赤坎东埠悦祥号书柬"红色侨批章，说明该封先从开平赤坎"悦祥号"交水客带到香港"昌盛金铺"后，再经邮政寄到古巴。香港昌

---

① Evelyn Hu Dehart：《1847—1888 年贩卖华人苦力的中间通道》，第 41 页。

② 同上。

③ 张永浩：《中国邮史趣谈》，香港：中国邮史出版社 2005 年版，第 131 页。

盛金铺是台山余和芳、余道生等余氏族人创办的股份制企业，开办于清朝末年，是一间侨汇公司，紧密联系美洲华侨，在香港、台山、开平等地设点接驳侨汇，信誉卓著。余和芳是首任昌盛金铺主席。①

图4　　　　　　　　　　　　　　　　图5

图4—图5，是香港寄古巴回批封，销"香港均裕源金山庄"章。1927年1月6日贴香港10仙邮票寄出，2月2日到达古巴哈瓦那。邮路全程27天。均裕源金山庄原址位于香港德辅道283号，司理人李亨云是台山水步横塘人。书信部分内容如下：

"心初侄台如晤：启者，现接来信并戾艮（银）叁拾元，已照交洪活收入，祈勿多念……丙（寅）十二月初三日"。（本信由笔者收藏）

从银信内容可知，这封信寄银戾30元，由香港均裕源金山庄交巡城马带到台山横塘交给收银人李洪活，然后由该金山庄寄回批信到古巴，告知该银信已经收妥，完成银信寄递全过程。因此，香港成为古巴华侨银信的中转枢纽。

二　民国初期古巴华侨银信邮路

1. 水陆路银信邮路

1901年12月15日，江门海关北街邮局成立。1902年2月8日，江门埠邮政局成立。1902年4月25日，新宁大清邮政局成立，② 此后五邑各县相继成立大清邮政局。邮政的开办大大提高了银信传递的速度，于

---

① 余杰锋：《香港和芳家族后人到荻海风采堂参观》，"名贤余忠襄公祠——荻海风采堂"网。
② 江门集邮协会编：《江门五邑集邮史》，广东教育出版社2012年版，第13页。

是，海外华侨开始通过侨居国邮局直接将银信寄回祖国。从目前发现的古巴银信来看，民国时期从古巴邮政局直寄回中国的银信居多，未发现清代从古巴邮局直接寄到中国的银信。

图 6　　　　　　　　　　　　　图 7

图 6—图 7[①]，是第一次世界大战期间广西怀集寄古巴回批信。贴帆船 2 分邮票 5 枚，合计 1 角，是国际平信邮资，1918 年 6 月 29 日销广西怀集日戳，由陆路寄出——→6 月 30 日广东广宁县——→7 月 1 日四会县——→7 月 2 日广州，转水路出海——→美军 2209 号检查员检查，贴美国检查封条——→古巴哈瓦那上岸，转陆路——→生于个罅埠（San Nicolas，圣斯皮里图斯）邮局——→8 月 21 日交 "广发昌宝号" 转李坤显、李超蕃收，邮路全程 54 天。

图 8　　　　　　　　图 9

图 8—图 9（本银信由笔者收藏），是古巴寄台山朱洞长兴村红条封，

① "华宇拍卖" 网。

1931 年 1 月 30 日由哈瓦那"亚湾怡益隆"号代理寄出，经美国转驳，封背盖美国 ROXBURY MASS 朱砂侨批章，到台山后由"金源"号送至收银人，信银美金贰百元。

图 10　　　　　　　　　图 11　　　　　　　　　图 12

图 10—图 12（本银信由笔者收藏），是一封完整的三合一五邑银信，由外封（邮政挂号封）、内封（红条封）和家书组成。贴古巴 13 分邮票 1 枚，1934 年 8 月 14 日销古巴舍咕埠（CIEGO）日戳，挂号陆路寄出——8 月 18 日哈瓦那，转水路出海——9 月 22 日广州，转陆路——9 月 30 日台山——西宁市"源益大宝号"转交李礽润收，信银港晃 50 元。该邮路全程 47 天。

图 13　　　　　　　　　　　　　图 14

图 13—图 14（本银信由笔者收藏），是古巴哈瓦那寄台山银信，贴古巴 13 分邮票一枚，销哈瓦那 1935 年 4 月 22 日戳，挂号水路寄出——广州，转陆路——5 月 24 日斗山——5 月 25 日牛山——"春生堂"转交有庆村李世能收，邮路全程 34 天。

图 15   图 16   图 17

图 15—图 17（本银信由笔者收藏），是古巴"李陇西"李氏公所寄台山银信，贴古巴 13 分邮票，1937 年 2 月 20 日销古巴哈瓦那邮戳，挂号水路寄出──3 月 20 日广州──3 月 21 日大江邮局──3 月 24 日横塘"均和号"送到脑头村李优贵收，信银 50 大元，邮路全程 32 天。

以上 5 封是 1918—1937 年间古巴华侨银信。民国时期，广东沿海轮船邮路以广州、汕头、海口、香港、北海为基点连接全国东部、北部及南部沿海城市，开通了上海—香港—广东沿线邮路。[1] 抗战爆发前，广州是华南地区国际邮件交换中心，来自世界各地的邮件经此中转。广东五邑银信在古巴境内和中国国内所走的邮路均为陆路，而广州与哈瓦那之间的邮路为水路。中—古之间的邮路从广州出海至香港，向北航向上海，东渡太平洋至日本横滨，再横渡太平洋，绕过美国后进入加勒比海，到达古巴哈瓦那港上岸，完成远洋邮运航程，该段航程耗时为 1 个月左右。

三 抗战时期古巴银信邮路

抗日战争爆发后，日寇大举入侵广东，1938 年 10 月 21 日，广州沦

---

[1] 广州市邮政局编：《广州邮政志》，广东人民出版社 1994 年版，第 96 页。

陷，广东邮务陷入空前的浩劫。但是，广东邮政员工艰苦支撑，不断开辟新邮路，努力维持广东邮务。

1. 滇缅公路邮路

自"七七"卢沟桥事变以后，日军迅速占领了中国北方的京津地区、南方的广东、汉口、上海、南京等华中、华东和华南地区，中国沿海几乎所有的港口都落入了日本人的手中。武汉会战以后，中日双方进入战争的相持阶段。战争变成了消耗战。对于中国来说，物资供应问题此时显得异常严峻起来。旅居海外的华侨得知祖国遭遇日本侵略后，纷纷捐款捐物，筹集了大批国内急需的药品、棉纱、汽车等物资。迫于抗日救亡的严峻形势，政府还拿出极为珍贵的外汇从西方购买了大量的汽车、石油、军火等，此外还有海外华侨寄回家乡赈灾的银信，这些物资需要紧急运回国内。中国急需一条安全的国际运输通道。1938 年，中国政府开始修建滇缅公路。滇缅公路从昆明经下关、保山、龙陵、芒市、畹町出国，至缅甸的腊戍，全长 1153 公里。其中从下关到畹町这一段全长 548 公里的路程全为抗战时新建。从 1937年年底开工到 1938 年 8 月初步通车，当时动员了 20 万人，在崇山峻岭中主要依靠人挑肩扛，在 9 个月内建成，可以说是一个奇迹。滇缅公路的建成，对于维系我国与外界的联系，输送美英援助的军需物资起到有力的保障作用，其重要意义，在滇越铁路于 1940 年 7 月中断以后，显得更为突出。它一时也成为国际邮件出境的重要通道。虽然滇缅公路早在 1938 年即已建成，但当时国际邮件经此路者很少，这主要是由于当时还有滇越铁路等出境通道可供利用①。据《抗战军邮史》记载，1940 年 6 月，滇越铁路阻梗后，正在进行之际而七月至十月间滇缅路又遭封锁，邮政总局乃派机务人员前往缅甸腊戍视察沿途情形筹备设站，嗣并呈准交通部特派李齐顾问及邮政总局霍副处长锡祥前往仰光，与缅甸邮政总局接洽转运邮件及公物等事宜，结果甚为圆满。故此路一经开放，立即于昆明腊戍间拨派邮车运邮，先为五日班，继改间日班，最后改为逐日班。大批邮用公物如汽车、汽车零

_____

① 李柏达：《滇缅公路邮路与"当代花木兰"》，《侨批故事》，广东人民出版社 2014 年 11月第一版，第 101—102 页。

件、邮票等均由此路入口，其余如后方与联邮各国及川黔滇与沿海往
来之轻班邮件亦均由此路经转①。可见，1940 年年底至 1942 年年初
是滇缅邮路的黄金时期，尤其进入 1941 年以后，除少数邮件还经广
州出海外，非沦陷区的大多数国际水陆路邮件经此邮路出境，滇缅公
路成为五邑银信进出境的咽喉。1942 年 3 月，日军侵占缅甸，英军撤
退，仰光沦陷，滇缅邮路从此中断。

图 18   图 19

图 20   仰光第 57 号检查戳

图 18—图 20（本银信由笔者收藏），是古巴寄台山银信。贴古巴
邮票 3 枚，销 1941 年 9 月 1 日舍咕埠戳寄——哈瓦那，转水路出
海——缅甸仰光，第 57 号检查员检查，转铁路——腊戌，转公路——
缅滇公路——昆明——重庆——10 月 19 日台山——西宁市"源益大宝
号"转交温边村李礽润收，邮路全程 49 天。信封正面加注"注意不
经沦陷区"。

这封银信在太平洋战争爆发前顺利通过太平洋的水路，又在滇缅公路
避过了日军的围追堵截，来到广东韶关，刚好遇上台山"九·廿"沦陷，

---

① 安国基：《抗战军邮史》下册，台湾："交通部"邮政总局编印，1976 年，第 160 页。

待至 9 月 29 日，日寇撤退，此后台山及五邑各地等地相继光复，10 月初邮路恢复正常，经过邮政步差的长途跋涉，于 10 月 19 日将该银信送到台山，历尽艰难险阻，最后幸运地送到李祯润的手上。它是一条成功穿越天罗地网的漏网之鱼，极其难得。

2. 驼峰航线邮路

从 1940 年年末起，国家间的陆上运输除中苏公路外，均被封锁，中国出口邮件的递送大受影响。1942 年 3 月，日军侵占缅甸以后，海上通道全被封锁。当时的形势十分严峻，不仅对中国抗日战争及太平洋战争产生影响，对世界反法西斯统一战线和美国的利益也产生影响。开辟通往中国的新渠道，运输急需的作战物资，这是当时中美两国首脑优先要解决的问题。国民政府外交部部长宋子文给美国总统罗斯福的信中建议开辟一条从印度到中国的空中航线，经过中国政府的紧急要求，1942 年 5 月，美国总统罗斯福宣布"不计任何困难，必须开通到中国的路线"。从而中美两国开辟了从印度汀江到中国昆明的航线。这是中国抗日战争时期最重要的后勤补给通道。这条航线西起印度阿萨姆邦，向东横跨喜马拉雅山脉、高黎贡山、横断山、萨尔温江、怒江、澜沧江、金沙江，进入中国的云南高原和群山环绕的四川，航线全长 500 英里，地势海拔均在 4500—5500 米上下，最高海拔达 7000 米，山峰起伏连绵，犹如骆驼的峰背，故称为"驼峰航线"。

驼峰航线分直线和南线。直线为汀江—葡萄—云龙—云南驿—昆明，航线距离 820 公里，最低安全高度 4572 米，有时因天气原因，从汀江经葡萄、丽江到昆明，航线最低安全高度 6096 米。南线为汀江—新背洋—密支那—保山—楚雄—昆明，航线距离 885 公里，最低安全高度 4267 米。按当时条件，这条航线地区缺乏基本的航线保障，但这是战争的要求，是唯一的对外通道。所以美国空运指挥官汤姆斯·哈丁上任后的第一道立即执行的命令就是"飞越驼峰，没有天气限制"。整个空运期间，不管结冰还是雷雨，也不顾从缅甸起飞日机的拦截，真正做到全天候飞行，中国进出口邮件则利用往返飞机分批运递[1]。"驼峰航线"自 1942 年 5 月至 1945 年 9 月历时 3 年零 5 个月

---

① 杨浩：《驼峰航线邮史》，台湾：集邮界杂志社 2010 年版，第 3 页。

时间，共坠毁飞机 609 架，平均每月 15 架，牺牲和失踪的飞行员 1579 人①，成为世界战争空运史上持续时间最长、条件最艰苦、付出代价最大的最悲壮的空运航线，人们把它称为"死亡航线"。

以下两封古巴华侨银信，刚好记录了这一航线。

图 21　　　　　　　　　　　　　　　　　图 22

　　图 21—图 22（本银信由笔者收藏），是抗战期间古巴寄台山银信。由"古巴湾城均安祥办庄"代办，销 1944 年 2 月 6—7 日哈瓦那挂号戳，2 月 7 日哈瓦那航空寄出——→2 月 10 日美国——→2 月 14 日迈阿密——→迈阿密美军基地开封检查，加 30743 号检查封条——→委内瑞拉，加盖圆形检查戳——→印度加尔各答，4748 号检查员检查——→驼峰航线——→昆明——→重庆——→台山——→4 月 28 日三合——→三合墟"新亚商店"转交官步村朱锦栖收，邮路全程 82 天。

图 23　　　　　　　　　　　　　　　　　图 24

---

① 杨浩：《驼峰航线邮史》，第 1 页。

图 25

　　图 23—图 25（本银信由笔者收藏），是古巴寄台山银信，1944 年 4 月 20 日已经写好，由于战时邮路时断时续，此信直到 5 月 23 日才由舍咕埠邮局寄出（挂号戳日期字钉错植为 5 月 25 日）——→5 月 24 日哈瓦那——→5 月 29 日美国迈阿密——美军开封检查——→6 月 1 日迈阿密——→委内瑞拉，加盖圆形检查戳——→印度加尔各答——→驼峰航线——→昆明——→重庆——→10 月 9 日台山大亨市——→交温边村李礽润收，邮路全程历时近半年。

　　以上两封银信都是从古巴哈瓦那出发，空运到美国迈阿密美军基地，接受美军检查员开封检查后，搭上美国航空公司飞机，先抵委内瑞拉，加盖圆形小树图检查戳后，绕道南美洲巴西贝伦及纳塔尔、非洲尼日利亚拉哥斯，转英国航空飞机到印度加尔各答，转中华航空飞机飞越驼峰航线至昆明，再送重庆，转广东送达台山。这条邮路需绕过四大洲（北美洲、南美洲、非洲、亚洲）和两大洋（大西洋、印度洋）①，航线史称"中—印—尼—美航线"，是世界历史上最漫长的航空邮路。上面（图 23—图 25）银信邮路期间更是经历台山第三次、第四次沦陷，邮路历时近半年，银信最终还能送到目的地，实在难得，它是一只成功飞越枪林弹雨的鸿雁。

---

　　①　杨浩：《驼峰航线邮史》，第 222—230 页。

四 抗战胜利后古巴银信邮路

中一美一古航空邮路

自 1902 年古巴独立后，古巴政府在美国的扶持下迅速发展，古巴邮政也借美国邮政之便大力发展。抗战胜利后，国际邮路恢复正常运转，开通古巴—美国—中国之间的航空邮路。古巴华侨银信寄递邮程不断加快，成就了中国—美国—古巴邮路的黄金时期。

图 26   图 27

图 26—图 27（本银信由笔者收藏），是古巴舍咕埠寄台山航空挂号信，贴古巴 5 分和 1 比索邮票各 1 枚（部分邮票脱落），1946 年 3 月 20 日寄出——→3 月 21 日哈瓦那——→3 月 22 日迈阿密——→三藩市——→4 月 29 日广州——→5 月 8 日台山大亨市——→5 月 10 日温边村李礽润收，邮路全程 51 天。

图 28   图 29

图 28—图 29（本银信由笔者收藏），是 1946 年航空担保银信，贴古巴航空邮票 2 枚，邮资合计 1.15 比索，8 月 5 日古巴舍咕挂号寄——→哈瓦

那——8 月 7 日迈阿密——8 月 8 日三藩市——8 月 26 日广州——8 月 29 日台山——革新路"启华行金铺"——9 月 2 日交温边村李维浓收。邮路全程 28 天。

以上两封信背面都印有英文："This envelope approved by the U. S. Post Office Dept. for Air Mail Only. Use for other purposes not permitted."意为"这信封是经美国邮政部门核准使用的专用航空信封"。在古巴寄航空信要使用美国核准的专用信封，可见古巴邮政是在美国的控制下运作的。

图 30　　　　　　　　　　图 31

图 30—图 31（本银信由笔者收藏），是古巴寄台山都斛银信封，贴古巴 5 分、8 分、40 分邮票各 1 枚，邮资为 53 分。销 1949 年 4 月 12 日哈瓦那戳，挂号航空寄——4 月 22 日广州——台山——4 月 25 日都斛——4 月 26 日牛山——牛山墟"春生堂"转交有庆村李群波收。邮路全程 15 天。

这封银信与上两封不同之处是信封上少了美国迈阿密、三藩市两个过境邮戳，虽然航线还是按照原来的路径走，但不需经过美国邮局进行邮件交换，邮件的传递速度比原来明显加快，这种变化出现在 1948 年以后的银信封上，此后几年古巴银信邮递效率大大地提高了。

五　新中国成立初期古巴银信邮路

新中国成立初期，以美国为首的帝国主义对中国实行了严酷的经济封锁。美洲地区不准华侨寄挂号银信回国。美国还专门制定了条例，凡是华侨寄钱回国便以违犯法规处置，要判刑入狱。古巴政府历来亲美，也跟随

美国禁止华侨汇款回中国内地。为打破困局,中国人民政府用尽种种方法,冲破重重困难,接通海外侨汇:

一是中国银行加强与国外及港澳地区联行的联系,分别在香港南洋银行和澳门南通银行设立转汇点,专门接驳海外华侨银信,大大便利了华侨和港澳同胞的汇款。二是利用原有的私营侨批局,与国外和港澳地区接上关系,接驳侨汇。三是利用"水客"经常往来于国内和港澳地区,到一些偏僻地方向华侨收揽汇款,带回国内通过银行结汇交给侨眷。四是有的华侨在国外向外国银行购买汇票,直接寄回或经香港转寄国内亲属,向银行领款或办理托收。新中国成立初期,古巴寄台山的华侨银信,绝大多数是经香港转入邑内。①

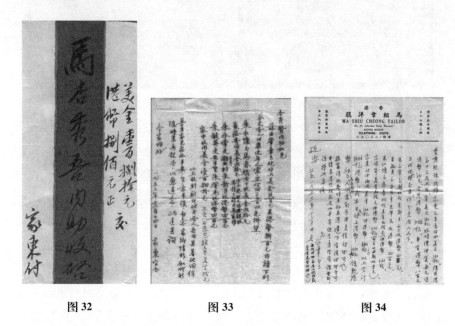

图32   图33   图34

_____

① 李柏达:《古巴华侨银信——李云宏宗族家书》,暨南大学出版社 2015 年版,第 164—165 页。

 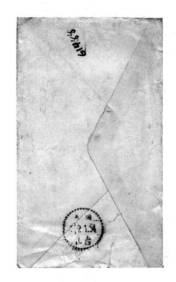

图 35   图 36

图 32—图 36（本银信由笔者收藏），是 1953 年古巴寄台山银信。1953 年 12 月 14 日，古巴华侨朱家东在古巴银行买美金员 180 元、港员 800 元，到哈瓦那邮局通过挂号信寄到"香港马绍章洋服"金山庄。12 月 30 日，金山庄司理人马绍章将此笔侨汇通过香港南洋商业银行汇到台山中国银行，书信和汇款通知书（封背写有编号：61455）则通过香港邮政寄到台山泡步官步村，1954 年 1 月 2 日，马杏修收到银信后，凭信到银行领取侨汇，完成该银信的传递，邮路全程为 19 天。邮路前半程为：古巴哈瓦那——美国——香港，邮路后半程是：香港——广州——台山——南昌市——官步村马杏秀收。

新中国成立后至古巴革命前，古巴华侨银信几乎全部经香港中转，因此，香港成为五邑华侨银信的中转枢纽。

六 禁汇时期古巴银信邮路

1959 年 1 月 1 日，古巴卡斯特罗领导的革命党推翻了巴蒂斯塔亲美独裁统治。1960 年 7 月，古巴同中国签订贸易协定，同时颁布征用美国人在古巴财产的法律，将价值约 15 亿美元的 400 多家美资企业全部收归国有。① 美国 1961 与古巴断交，并对其实行经济、贸易和金融封锁；
1962 年开始实施全面禁运，两国直接邮路次年中断，邮件需通过第三国
传递，包括加拿大、墨西哥和巴拿马等国。

1. 禁汇初期黑市汇款银信邮路

卡斯特罗上台后，古巴政府随即宣布禁绝侨汇。禁汇初期，许多华侨
想尽一切办法，通过地下钱庄，将银钱先汇到香港的金山庄，然后通过香
港南洋商业银行、香港中国银行或私营侨批局转汇到国内。

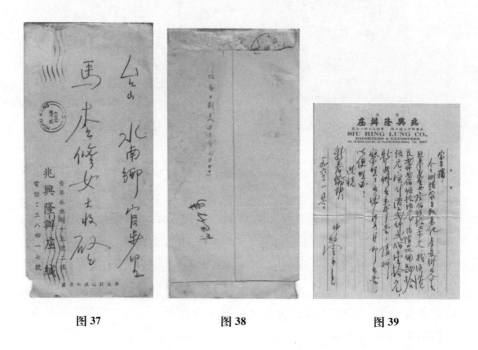

图 37　　　　　　　　　图 38　　　　　　　　　图 39

图 37—图 39（本银信由笔者收藏），是古巴汇香港转寄台山银信，
1960 年 1 月 26 日，香港"兆兴隆办庄"司理人朱灼云接到古巴哈瓦那
朱家昌委托地下钱庄李长衍汇来信银 397 美元（折港币 2255 元），先储
存在该金山庄，即寄信告知收银人，然后根据收银人的需要汇往国内。
古巴至香港的汇路不得而知，香港至国内的邮路与建国初期的邮路
相同。

---

① 黄卓才：《鸿雁飞越加勒比——古巴华侨家书纪事》，暨南大学出版社 2011 年版，第
47 页。

通过地下钱庄汇款往往数额相当大，有孤注一掷的感觉。如香港雷竞璇教授的父亲雷炳勋，1959 年 7 月底从古巴同发号关洸元处驳回来港银 2 万元，由香港德辅道中 118 号植生行转交。① 这笔巨款见证了雷炳勋过人的胆识和战略性眼光。大多数古巴华侨却在彷徨、犹豫中错失时机，以致他们一生的积蓄付之东流。

2. 古中信汇邮路

1961 年 9 月，中古建交，11 月中古签订经济技术合作协定。古巴政府通告，"旅居古巴外侨不准汇款出国，独念中华人民共和国援助浩大，乃许可每个华侨每年准汇一次。"② 随着禁汇政策的逐步推进，古巴各种地下汇款渠道越来越少，到 1964 年以后，黑市汇路禁绝。这个时期，古巴银信邮路如下：

图 40

图 41

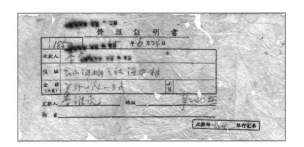

图 42

---

① 雷竞璇：《远在古巴》，中信出版社 2016 年版，第 18 页。

② 李柏达：《古巴华侨银信——李云宏宗族家书》，第 177 页。

图 40—图 42（本银信由笔者收藏），是李维亮从古巴寄台山的银信，书信于 1965 年 4 月 15 日在甘玛伟埠（卡马圭）寄出——→广州——→4 月 27 日台山——→交温边村李焕麟收，邮路全程 13 天。此时，美国古巴之间邮路中断，古巴航空邮件绕道墨西哥或苏联中转。而这笔汇款要李维亮亲自到哈瓦那中华总会馆汇出。因中国与古巴之间侨汇是两国货物互换汇兑侨汇，中古贸易货物又以水路船运为主，轮船由古巴哈瓦那港出海，经拉斯维亚斯，横渡大西洋，绕道好望角或苏伊士运河驶入印度洋，穿越马六甲海峡后进入太平洋的南海，到达中国的各大口岸[①]。水路航程遥远，速度较慢，故费时较多。此笔侨汇直到 6 月 24 日才收到，耗时 70 天。书信与汇款不同步。

1972 年，台山私营侨汇业全部撤销，五邑各地也相继撤销私营侨批业，侨汇解送业务由国家银行负责。

随着社会的变化发展，不同时期古巴政府推行不同的对华政策，导致古巴华侨银信邮路不断变化，从 19 世纪末到 20 世纪 70 年代，邮政在古巴华侨书信上留下一个个珍贵的足迹，组成了一部古巴华侨银信邮政史。

---

① 李柏达：《古巴华侨银信——李云宏宗族家书》，第 173 页。

第 二 辑

学术论文

第二章

文献综

身份认同与文化对话：
华裔古巴人与古巴华人

[古巴] Yrmina Gloria Eng Menéndez① 著　吴茜译

2006 年 5 月，在智利圣地亚哥举办的中国和平统一促进会上，来自拉美和加勒比地区的华人代表齐聚一堂，我作为华人深受感染，胡安·吴（Juan Eng）却说，"我已经不是中国人，我不再像所有这些中国人。"显然，胡安在个人身份上有着强烈的隔阂感。

胡安的困惑反映了一个半世纪以来古巴华人面临的复杂的身份变化历程。在今天的古巴华人社会，100 余位古巴华侨华人平均年龄为 80 岁，在古巴定居长约 60 年，与此相伴的是华人社会的起伏兴衰。

胡安告诉我，他出生在广东台山，那时候所有的中国农村都很穷，"那场战争始于 1938 年，我出生在 1940 年，上了四年学，就开始工作了。13 岁到古巴，1953 年 10 月 23 日到达古巴，开始像其他中国人一样在商店工作，在哈瓦那周边多个城市辗转后，于 20 世纪 70 年代来到首都哈瓦那。"

胡安于 2014 年在哈瓦那去世，享年 74 岁，他在古巴生活了 60 年，1966 年与一位华裔结婚（母亲为中国混血，父亲为中国移民）。其妻在两个女儿 11 岁和 12 岁时去世。9 年后的 1992 年，他与一位古巴白人妇女再婚。他的西班牙语发音很好，尤其是发 r 音不存在问题，他的许多表达、

---

① 本文作者为 Yrmina Gloria Eng Menéndez，中文名为伍月梅，系古巴哈瓦那大学人类学教授。译者吴茜系湘潭大学西语系教师。

表情与手势，他的许多谈话要点，他首选的娱乐方式，都不是中国式的。看他的样子，你会怀疑他的出身和他的身份。

另一位华裔卡洛斯（Carlos Alay Jo）在古巴出生并接受教育，但一直居住在哈瓦那唐人街中心。我同样是在智利结识了卡洛斯。从外表来看，他走路的姿势，他的表情，他谈话的音调，不像古巴人，卡洛斯是百分之百的华裔，像那些出生在古巴的没有混血的在哈瓦那唐人街的华裔一样，因为他们的父母是没有混血的纯血统中国人，他的父亲也是百分之百的中国子孙。

卡洛斯出生于1958年，在童年时期周围都是华人家庭和朋友，他的母亲总是跟他说广东话，但他们入读的学校是西语学校，读大学时学习的是化学专业，毕业后在食品和旅游行业工作。他学习了英语和汉话，像其他古巴人一样跳 Baila casino，他的绝大部分爱好是古巴式的。卡洛斯及其兄弟在家里过的是中国式生活，但在学校和工作中是古巴式的生活。两种身份似乎很和谐地融为一体。因中国人与没有中国血统的古巴人结婚而造成的像在其他中古通婚家庭中的冲突并不如此。一般来说，中国父亲的形象对于其子女的成长并不形成主要的影响，就以我为例，我的爸爸是来自中国的移民，妈妈是混血人，在家里的日常生活中常有中国的印记，主要表现在饮食上。在通婚家庭中，汤、牛肉蔬菜、炒饭、酱油鸡肉这些中国饭菜在餐桌上是很常见的。另外比较常见的是，通婚家庭中的中国父亲会单独为自己做饭，会喝茶、喝热水、泡药酒等。在节日里，孩子会陪着中国父亲去华人社团，很多时候其古巴妻子也去。但是他们的混血子女很少像卡洛斯那样说中国话，学习中国厨艺。绝大部分我们称之为华人的家庭已经经过几代人的中古通婚，他们构成了古巴华人社会的绝大部分。因此，在有中国血统的那些人中自我认同为华人的程度差异非常大，绝大部分并没有集体的成员意识。

这似乎有些复杂但却是大量存在，华人社区中的成员总处于流散文化身份不断与居住地社会网络的谈判中，由于其不可避免的侵入，"……是基于与接收国社会所产生的差异性建构的互动"（Córdova，2016：195），以及另一方面，其流散属性（Siu，2005），与他们自己共同生活的华人社会，他们的原出生国与定居国的三边联系（Siu，2001），决定了他们的个人和集体归属感。

"中国城是由华人社区及其所嵌入的西方社会各自的政治经济代表共同构筑起的一个神话，是面对接收社会的边缘化，基于族群的幸存和延续而做出的文化回应。"（Eng，2016：142）因此当谈论中古文化对话时，哈瓦那的中国城应该被纳入。哈瓦那中国城的演进——在20世纪末消亡以及21世纪的转变是中古文化混合身份的一种反映，也是古巴华人的一种现实存在，尽管它表现出争议。这是民族—文化社会组织通过谈判对峙直到获得合法性并幸存的一种证据。在那些时刻，作为少数保守的来自中国的核心成员必须向更加混血的更加古巴化的子孙后代开放，为了保证华人社区的幸存，必须在身份上进行妥协，在这一过程中，中国性减弱。胡安·吴的生活就是这些身份抗争的表现。

有中国血统的人口在族群社会的存在已经成为在跨文化关系中中国移民扮演角色的另一方代表——代表在接收国社会中的"他者"。在接收国，在古巴的案例中，古巴人都是混血的。1847年当第一批苦力抵达哈瓦那，哈瓦那以及古巴社会总体上是这种从殖民初期就开始的混合的结果。最早的一批克里奥尔人是古巴本土印第安人和西班牙人的结合而产生的。古巴饮食中最为流行的一道菜反映了古巴一直以来的混合性：morosy cristianos，由大米和黑豆组成，反映了白人和黑人的联合，congris是大米和各种彩色豆子煮在一起，反映的是白人和混血人的组合。这种混合性不只是生物学上的，也是社会和文化的。Fernando Ortiz曾描述了在古巴各种族群、社会和民族的互相影响的复杂过程。

古巴案例的另一个特点是1959年以来的激进变革。1959年以来，伴随古巴社会经济基础和上层建筑的变化，华人社会及其中国城也发生巨变，但是完全可以理解。由于其存在的先决条件的消失——种族歧视和经济剥削的基础——摧毁了其产生的社会和经济基础，大量中国人及其家庭被整合进革命进程中，更进一步说，裹挟所有的垂直的古巴社会生活迈向新社会的建立。一小部分人继续保持着传统的生活空间日趋保守，但不是被这个国家的转变过程所孤立。在同样的中国城也包括新的转变进程。不提华人社会的从属性，一直以来它被视为是偏见的和边缘化的。从这个意义上说，在向革命整合和进程的转变中，中国人这一社会族群跟古巴社会的其他族群并无二致，但也不是完全一致的。

古巴革命标志着华人社会被排斥和边缘化时代的反转。由于摧毁了华人社会的经济基础与上层建筑，它存在的基础也随之消失。需要特别指出的是，在 20 世纪 60 年代末中苏关系恶化这些政治问题也影响到中古关系，加剧了华人社会的紧张。到 20 世纪 80 年代末，情况可以总结如下：

• 由于迁居、缺乏新移民、死亡以及自然衰老，华人社会成员呈现急剧弱化和衰老的过程。老华侨的平均年龄达 70 岁。

• 随着经济基础以及社区权力的彻底变化，财产以及主要从事小商业的活动形式消失，所有各式各样的传统活动随之消失。

• 华人社区的社会活动的大幅减少伴随着成员的减少以及各个阶层的华人组织和实体活动的逐渐关门：商业上（商店以及各种售卖与服务活动），教育和文化上（华文学校、艺术机构、剧院、报社），以及社会特征（各种社团）。

• 与其他国家的华人社区和古巴的社会生活相比较而言，所有的华人组织和机构陷入停滞状态，包括习俗、传统、思考与行为方式。

• 古巴哈瓦那中国城很少有中国面孔，所举办的社会经济活动并不与此前占主导的社会文化价值和传统相关。

• 这里的形象随着时光推移不断改变，近百年来使其与众不同的元素正式微消减。

• 中国移民及其后裔的比例失衡：后者人数较多。他们普遍较为年轻、受教育程度较高、也更深地融入了古巴的社会及政治生活。

• 华人社会的内部关系也发生了剧烈的变化。这方面尤其体现在史无前例的大规模血统融合。这些后裔不了解自己的传统与习俗，与自己的文化根源产生了严重断裂。

在这一融合的过程中，中国文化元素经历了古巴式的文化内化。与此同时，华人社会也受到了古巴的影响。正是由于这种相互的影响，在社会文化方面华人社会更加靠近接收国的文化。与母国有关的各方面匮乏导致了移民群体与来源国文化上的疏远。比如说，由中国商人在华人社会中销售的中国商品。维持中国货品的这些商人大多都是在 20 世纪 60—70 年代由于国内化浪潮高涨而远赴他乡的。他们的到来改变了旧有华人社会结构，在为旧有华人圈注入新鲜血液的同时也积极融入古巴当地社会。

虽然对于华人抵达拉美及加勒比的各地的详细历史这里不再冗叙，但必须指出这一史实始于马尼拉大帆船时期。那时随着亚洲货物来到西班牙殖民地的亚洲人以自己特有的习俗，给当时的西班牙殖民地带来了不小的影响。直至 19 世纪，中国苦力才开始到达这一区域。据资料记载，1806 年第一批苦力到达英属西印度群岛。1847 年古巴成为拉美地区第一个接收劳工移民的国家，1849 年秘鲁紧随其后。在苦力移民的这一时期，这两个国家也是接收中国移民数量最多的地区。这些被迫成为苦力的劳工移民数量有一百万以上，这一时期的移民是中西相遇最为重要的篇章之一。

中国苦力移民不仅对亚洲人在世界诸多区域的人口构成产生影响，同时他们的形象也构成了传统亚洲人的标识。直至今日，虽然中国人的形象随着移民群体在经济、社会、事业、移民方式、移民地域上的巨大改变而发生转换，但这种初始的苦力形象作为一种标识依然伴随着我们这些中国移民。在古巴，其重要性不仅限于此，这批苦力也是新国家的重要组成部分。在他们到来之前，岛上也有中国人居住，然而在古巴如此大规模的人口、经济、社会、文化的亚洲影响是由这些劳工移民带来的。对于这种移民的条件、特点、目的、缘由以及当时的国际环境的描写有很多作品。在这一移民潮后不久，由于美国的仇华浪潮高涨，不少加利福尼亚华人也出逃至此。中国苦力和出逃的加利福尼亚华人构成了 19 世纪中叶古巴诸多城市里华人社区的根基。这些摆脱了奴隶制的移民成为古巴公民社会里新的成员。他们作为工人、商人等身份加入了古巴的社会经济建设中。自此，他们开始了独立自主的发展，不再逆来顺受地受他人摆布了。虽然中国移民比西班牙人和非洲人晚到了几个世纪，数量也不及后者；但是，引用切（che）的话来说，他们在一个恰当的时期融入了这里，构成了古巴民族、社会、文化的一部分。

中国人口加入到古巴的经济生产系统，在"古巴身份"的形成中将"中国身份"融入其中。在 19 世纪末，古巴华人参与了该国的独立战争。他们与其他社会群体一起参与了经济、社会、文化、政治、军事进程，将自己融入了"古巴身份"中。古巴华人这方面的贡献被美国、法国、英国、墨西哥、加拿大、拉美、加勒比地区等地的诸多学者多次研究。古巴当地学者在其研究及出版作品中也多次提及古巴华裔。古巴人口中华裔是古巴人的第三个组成部分，所以应该以全面的角度去关注"中国身份"对古巴人这一构成的影响。一些当时的权威数据可以帮助我们理解古巴华裔的人口比重、对古巴经济建设的劳动力贡献以及华人移民所引起的社会及文化影响。从 1865 年至 1870 年年末，中国苦力构成了古巴劳力的 15%。从此不难看出，中国苦力在古巴经济建设和加速废除奴隶制度中的角色不可忽略。

古巴华裔与岛上其他社会群体不可避免的交流互动使得中国个体作为经济、劳动力、社会、文化多方互动的结果融入并改造古巴社会。

那时古巴民族正在形成，它将"中国身份"纳入其中并成为爱国标志的重要组成部分。他们的英勇被独立战争时期的古巴游击队员所称颂，其中最典型的代表就是贡萨洛—德克萨达在其 1892 年的散文中结尾所写下的这句话："没有一个古巴华人是逃兵，没有一个古巴华人是叛徒。"这句话作为华人在"古巴民族"这个概念的构成中的实证延续至今。作为西属美洲最后的殖民地，古巴的独立战争也是"古巴民族"形成的关键时期。此时，诸多因素将白人、混血人、穷人、富人、黑奴、半奴隶状态下的华裔等多样人口聚集在一起共同为独立而战。正是这种并肩作战，形成了一个新生民族的文化与社会精华，而这个新的民族至今仍在形成。

这个新的民族文化因素被认作第三重要的部分。说它重要不是因为它相对于西班牙人和非洲人的数量，而是因为它在文化发展中的传承作用、在殖民地经济生产角色、在社会历史转型时期它的融入。华人这一新族群的母国的社会文化对古巴当地人来说，是未知的、被神话的、被排斥的；与此同时华人又是一个文化的传承者。他们所带来的东方文明对于古巴最大的两个族群——西班牙人和非洲人来说是难以理解的。这些古巴华裔以自己的价值观衡量社会，他们无法接受与自己传统不同的价值、习惯及风俗。对于他们来说他们到达了一个"他者"的社会。这些从"世界中心"抵岛的中国人对自己的信仰、生活方式、思维方式及自身文明的优越性深信不疑。

作为人类种族，中国人融入古巴的方式也很重要：在性别比例上，女性的比例一直非常低，从未超过 4%，这就使混血家庭应运而生。这种生理、社会、文化上的混血使得中国人加入了古巴社会，参与到一个国家身份的形成中。

一些作者关注古巴人口与文化融合的特殊方式。通过融合新的种族产生了，这个种族内包含着华裔及其他的多种民族。一些作者，如 Baltar，从古巴文化方面进行分析；另一些，如 Kathleen López，深入华人社区及分散在移居国其他区域内的华人中去了解他们有关地域和身份认可的抗争；还有一些，如 López-Calvo，从对比华裔融合与非裔古巴移民的区别中入手进行研究。不同族群有着不同的民族来源，如非洲人、西班牙人、中国人、尤卡坦人、牙买加人、海地人等等。在古巴，他们从生理、文化上进行融合从而形成了新的古巴民族。这种民族有着自己独特的社会文化属性，因其包含众多民族并丰富多样。它的与众不同之处在于其融合过程——在融合中诞生的新民族。

虽然在几十年前，在古巴各地也可以觅得数量可观的中国人踪迹——这些人不仅仅有一定数量，他们在移居国对其文化的冲击非常值得研究，他们创造了一个幻想的中国形象，这种形象直至今日依然有着令人震惊的力量。他们在古巴人中不起眼的存在，仍然被记录、被重现。许多上了年纪的古巴人总能讲出一些中国邻居、同学、同事、厨师、杂货铺老板、冰激凌小贩、菜贩、首饰店小贩、华人开的洗衣店。这种在不同环境的交谈中提到中国人的情形经常出现，他们体现了文化上、美学上、文化上的融合。

华裔及其后代在各个领域工作着，他们参与了多种社会、政治甚至军事上的活动。华裔参与古巴独立革命就是后者极好的例证。但是，关于人们对于古巴华人形象的理解总局限于保留自身传统文化和努力进入社会主流两个方面。

虽然关于华裔参与生产活动的规模并没有翔实记载，但任何一份分析华人对新社会贡献的报告都不可能忽略这最根本的一点。从这点来说，搜集华裔作为工人在各个劳动部门和经济参与的证据是非常必要的。就像我们之前提到的，华人在甘蔗种植、制糖业的参与是不可忽视的。他们在文化的物质和非物质遗产方面都留下了不可忽略的印记。劳动是日常生活的一部分，是文化的来源。由于主流文化并不推行这些华裔的文化元素，所以后者并不广为人知。然而这样的文化是抗争的文化，它一直保持沉默，唯有在商榷谈判、日常生活、宣传身份需要它时才显现出来。观察华裔工作，可以重新评定那些被误认为唯唯诺诺的缄默勤劳与顺从。观察华裔做生意，可以重新评定那些被误解为小气保守的高效与节约。观察他们的家庭生活与教育方式，可以了解他们守纪、尊老、爱家的价值观。

一些元素表现出“中国身份”在“古巴身份”的融入，他们是新民族的一部分。这种融合是经济、社会、文化、物质、非物质、做事方式、思维方式等全方位的，他们体现在全国各地生活的方方面面。因此，除了在艺术活动中的"古巴身份"里寻找"中国身份"，也应该在古巴的传统文化、价值观、标志和日常表达中寻找中国元素的输入。

古巴华裔与留在国内的中国人以及移民去世界其他地区的中国人不同，他们亲朋邻里之间代代传承的习俗是中国传统与古巴当地传统融合的结果。这种文化的融合内化还在以无法破译的方式传承创新，最终形成的文化早已没有本体和他者之分。古巴华裔与西班牙人、非洲人、尤卡坦人、海地人、牙买加人、黎巴嫩人、叙利亚人等后裔对古巴的影响多有不同。华裔古巴人与古巴的混血人也有所不同。这些一般的混血人种没有一个统一的民族文化的主根，在面貌和文化上面也没有。这些华裔古巴人除了拥有亚洲人的面容，他们还保留了祖辈传下来的习俗。他们平日的习惯行为与口味喜好都多少保留了中国人的特质。这些日常文化体现在很多简单的方面，例如进餐的顺序：在主菜后才喝汤；煮无盐无油的白米饭；在他们的餐桌上更常见的是亚洲菜；调料用的更多的是中国调味料。不仅仅是饮食习惯，在他们的家中也总能看见一些中国人所崇拜的关公、佛龛中祭拜的观音、其他一些中国人所崇拜的祖先或者一些中国的景色。根据他们的信仰，这些向已故之人或者祖先献上祭品会使他们再次显现。

这些中古混血不仅给古巴人带来了与原来克里奥尔人不同的肤色、突出的颧骨、偏平的面颊、黑色直发、丹凤眼这些与原来不同的样貌，而且也给古巴的日常生活带来了不同的生活方式与风俗：他们的菜肴里添加了蔬菜、肉泥、酱油、生姜、香料、调料；在生活习俗上带来了长幼有序尊老爱幼的中国传统观念；给古巴当地带来了充满中国特色的节日。所有这些提及之处，当地古巴居民与来古华裔多有不同，这样的例子随处可见。举例来说，在古巴人家中和餐馆里的古巴炒饭与广式炒饭与三藩炒饭均有所不同。这种炒饭衍生出的煸炒饭已成为古巴餐桌的常见菜品。如今，随着音乐节奏舞狮的青少年也都是和中国人长相并不相似的古巴人。以舞狮为主的中国表演团节目从 1937 年至 1961 年间一直参与了哈瓦那狂欢节的演出。直至 1983 年，他们的表演又再次出现在了狂欢节中。有着伊比利亚文化传统的狂欢节作为当地最受欢迎的节日将中国元素融入其中。这就是移居国对外来文化接受程度的最好证明。无论是出于文化同化还是对异域风情的好奇，古巴居民乐于展现和接纳中国元素的事实不可否认。

唢呐的音色是圣地亚哥康加音乐（一种古巴黑人音乐）中独特的声音。这种乐器的融入延续至今。目前，因为当地已有其维修和生产的专门机构所以不再靠从中国进口。中国人带来的焰火在各地节日中的角色不可忽略，在 Sagua La Grande，Remedios，Caibarién，Camajuaní，Chambas 等地的焰火表演令人记忆犹新。至今中国元素或多或少的影响在许多地方出现，比如龙、灯笼、东方服饰等。那些有着西班牙传统的节日随着华裔的参与悄然变化。若重新统计古巴华裔在各方面的文化影响将会得到非常丰富多样的结果。举例来说，由中国人引入的风筝在 19 世纪中叶成为大众娱乐的宠儿：龙、蛇、蝴蝶、鱼、太阳、鸽子，还有很多其他丰富的想象力创造出来的样式在当时的天空中成为亮丽的风景。在游行彩车上最常见的中国化主题是龙、宝塔、阳伞、灯笼、江山风景以及庙宇等。

华裔数量达到顶峰时，也并未大幅超出古巴人口的 1%。说到古巴当地使用的语言，除去人口因素的影响，我们还应该考虑在华人到达之时，古巴已有三个半世纪的居民史，这些早期的移民已形成了自己完善的表达体系。这样的时代背景使那些至今保留在当地语言中的中文习语、谚语、词汇数量有限。华裔比其他移民更好地保留了他们的语言本源和文化本根，这是因为他们有着一个更为统一的语言、民族、文化核心。相较其他移民族群，他们拥有较高的文化水平、社会经济地位，再加上他们以自己的方式对文化进行保卫，在古巴社会中他们比来自撒哈拉以南非洲的黑人更具代表性。但也正因如此，华裔对古巴当地使用语言的影响远小于黑人对其的影响。在今日的口语中仍能分辨一些由中国人带来的语言成分。同时也可以看到一些来源于和亚洲人共同生活的日常用语，其中一些与拉美其他地区的一些用语有共通之处，以下习语都是中国文化嵌入古巴文化的证明：

Búscate un chino que te ponga un cuarto；No creo ni en velorio chino；Tengo/Tiene un chino detrás（mala suerte）；No lo salva ni el médico chino；Me quede/Se quedó en China；Ponerla en China；Lo engañaron como a un chino.

这里"中国人"指那些头发和眼睛有亚洲特点的人，同时也用"中国人"的指小词表示亲昵。

中国元素还渗透在古巴人生活的其他方面。例如在信仰上，华人所崇拜的祖先"关公"已被古巴化为一个叫作 Sanfancón 的圣者。如今，他们依然使用一些中国的装饰品在一些迷信仪式中。说起哈瓦那的中国城，古巴人总把它当作自己文化和城市的一部分，在华人文化融入方面古巴在拉美地区处于先驱的地位。

19 世纪古巴华人所崇拜的关公在一个世纪后变为古巴的神化人物 San-Fan-Con。这个人物融合了古巴的 Santa Bárbara y Changó。它与另一个重要的古巴传说联系在一起："中国人的法力被认为是最狠毒也是最强的，按照黑人的说法只有另一个中国人才能消除这样的魔力。"这样的一种民间传说风靡了 20 世纪的古巴：中国巫术所向披靡，这样的想法使从奴隶时期以来全社会都对与中国沾边的东西充满敬畏之心。

古巴艺术中的中国元素时常被评价，这些评价大多研究了中古文化间的互通与冲突。研究者通过这些解读，将非洲黑人和美洲土著人等族群区分开来。华裔与非裔也经常成为比对研究的焦点，毕竟他们在美洲都是缺少历史记录的人群。

华裔及其后代在各个领域工作着，他们参与了多种社会、政治甚至军事上的活动。华裔参与古巴独立革命就是后者极好的例证。但是，关于人们对于古巴华人形象的理解总局限于保留自身传统文化和努力进入社会主流两个方面。

在两国近 20 年的外交僵局后，中古关系的再次回暖，双方政界的高度关注促成了全面交流合作的重启，随之而来的就是经贸和科、教、文等领域的密切合作。其中 1990 年的哈瓦那中国城重建项目是这一时期合作中最重要的一笔。共有 4000 名中国青年获得古巴培养项目奖学金赴古高校进修。同时在 21 世纪初期后半段也有约 300 名古巴学生来中国学习。

应该注意以下几点：

● 少数族裔将自身文化作为自我保护的源泉，从中他们汲取养分为个人、家人、社会创造出独有的身份。

● 与美洲其他地方一样，在古巴民族的构成呈现出两极化：白人和黑人，同时白人这个概念除了西班牙人还包含了阿拉伯人、犹太人、北美人和法国人等等；黑人除了非洲人还包含了牙买加人和海地人等等。这些离散的人群共同组成古巴人的一部分。除了白人和黑人，古巴身份的形成不应忽视来自本国第三大民族文化群——中国人的影响。他们的形象几乎构筑了亚洲身份在古巴的形象。在此多边的跨文化交融中，我们提取出中国元素作为我们相对抽象的分析对象。

• 离散群体的自身文化作为抗争文化和基本的文化自御，通过华裔的国际关系网和各地不同华人社会在几个世纪的交流中建立起来，这个过程首先在亚洲后来又在美洲展开。而这个文化的建立都有一个共同的民族根源——中国——这种文化的最终成型还要根据移居国的具体情况而变化。

• 虽然在与殖民者抗争的独立战争时期，广大社会底层的参与是由自由平等所激发的，但是在共和国成立后社会阶层的差异并没有发生改变，在古巴的新社会中这种差异在新的阶级结构中得到了巩固。

• 通过长时间的深入互动，外来者的文化元素为当地所接受、引用。如此，移民者和古巴当地人的民族与文化差距不断缩小。这样的进程呈现在一些饮食习惯中，在缓解不适的日常窍门中，在当地文化节日的准备中，也在日常的生意、生产和劳动的往来中，在一些古巴大众所信仰的圣者形象上，在文学和戏剧作品中。

• 多边的跨文化交流中，华裔文化民族群体以固有的中国身份示人。其实这种身份内部也是充满多样性的。从这方面来说，其文化内部关联也是既有双边也有多边形式，这种联系以网状传播，其过程并无高低贵贱之分。其中一个例子就是将有亚洲面孔的东方人都叫中国人，无论是日本人、朝鲜人、越南人、菲律宾人。甚至，他们将那些有着细长眼睛、突出颧骨、直头发等外形特点的人也都称为中国人。

• 华裔与古巴社会的其他团体有自己保留自身社会文化、政治、经济观念的办法，这些策略在古巴后革命时代发挥了自身的作用。

• 虽然他们对中国人有偏见，但大融合是不可避免的。这种融合最终会催生一个完全混血的民族。1959 年社会种族、阶级的消失加速了这一趋势。

• 中国在国际舞台的复兴使其整体声誉又发生了变化。

• 中国城作为古巴第三离散族群的终极表现，它对其族裔内部的影响是有实践意义的。古巴中国城的例子体现出了为了生存，离散群体究竟对自身文化可以作出多大让步以求得自保。

• 古巴种族的构筑建立在一个有包容性的身份定义上，这种态度在1959 年后得到了更大的发扬。这主要是因为 1959 年的古巴革命粉碎了阶级壁垒、种族和其他方面的差异。

• 种群内部文化关联及其特殊性具体体现在华裔古巴人身上。这些华裔古巴人与故乡没有直接联系，所以他们的身份构筑受古巴当地影响要多于遥远故土的影响。

• 在我们拉美国家各种身份的博弈情况大致相似。西班牙也有相似的经历，毕竟 30 年前也有中国人抵达该国。我们对中国的理解继承了大西洋彼岸的欧洲式东方幻想。拉美地区深受伊比利亚的影响，这里是多样文化对话博弈之地。在这里，多样的差异身份都在抗争中做出了不同程度的妥协。古巴的文化影响力虽算不上主流，但其民族的形成也经历着相似的身份转变过程。

参考文献

［1］ Alay Jo，Carlos Antonio y Julio G. Hun. 2015. *La Danza del León chino en Cuba*. Ediciones Extramuros. La Habana.

［2］ Baltar Rodríguez，José. 1997. *Los chinos de Cuba：apuntes etnográficos*. Colección Fuente Viva，Fundación Fernando Ortiz，La Habana.

［3］ Beltrán Antolín，Joaquín. 2016. *China en España：un tropo polivalente*. en Beltrán et al. *Representaciones de China en las Américas y la Península Ibérica*. Edicions Bellaterra，Barcelona，pp. 101 – 124.

［4］ Beltrán Antolín，Joaquín et al. 2016. *Introducción*，en *Representaciones de China en las Américas y la Península Ibérica*. Edicions Bellaterra，Barcelona，pp. 9 – 35.

［5］ Cairo，Ana. 2000. *Apuntes sobre los chinos en la literatura cubana*. En Catauro，Año 2 No. 2，Fundación Fernando Ortiz. La Habana，pp. 167 – 174.

［6］ Carpentier，Alejo. 1988. *La música en Cuba*. Letras Cubanas. La Habana.

［7］ Corbitt，Duvon C. 1942. *Inmigration in Cuba*. En *American Historical Review*，mayo.

［8］ Córdova Quero, Hugo. 2016. *Son todos ＜ chinos ＞. Etnicidad y formación de identidad entre inmigrantes chinos en Córdoba, Argentina*. En Beltrán, Joaquín et al. *Representaciones de China en las Américas y la Península Ibérica*. Ediciones Bellaterra, S. L. , Barcelona, pp. 175 – 203.

［9］ Chuffat, A. 1927. *Apuntes Históricos sobre los chinos en Cuba*. La Habana： Molina y Cía.

［10］ Eng Menéndez, Yrmina Gloria. 2007. *Revitalización de las tradiciones chinas en Cuba*： el Proyecto Integral de Reanimacion del Barrio Chino de La Habana. En Hearn, Adrian et al. *Cultura, tradicion y comunidad. Perspectivas sobre la participación y el desarrollo en Cuba*. Imagen Contemporánea. La Habana, pp. 200 – 243.

［11］ Eng Menéndez, Yrmina Gloria. 2011. *Asiáticos en el Caribe*： encuentros y desencuentros. Introducción a un estudio comparativo. En Martínez, M. y Laguardia, J. (Compiladoras) *El Caribe en el siglo XXI*. Editorial Ciencias Sociales. La Habana, pp. 205 – 232.

［12］ Eng Menéndez, Yrmina Gloria. 2015. *Barrios chinos de América Latina y El Caribe*. En Liljana Arsovska (coord.) . *América Latina y El Caribe y China. Historia, cultura y aprendizaje del chino* 2015. UDUAL/UNAM, Cechimex, México D. F. , pp. 63 – 78.

［13］ Eng Menéndez, Yrmina Gloria. 2016. *De China y los chinos en el imaginario cubano. Apuntes sobre las percepciones de antes, ahora y de siempre*. En Beltrán, Joaquín et al, *Representaciones de China en las Américas y la PenínsulaIbérica*. Edicions Bellaterra, Barcelona, pp. 127 – 148.

［14］ Fraginals Moreno, Manuel. 1978. *El Ingenio (tres Tomos)*. Editorial Ciencias Sociales, La Habana.

［15］ García Triana, Mauro G. 2003. *Los chinos de Cuba y los nexos entre las dos naciones*, Tomos I y II. Sociedad Cubana de Investigaciones Filosóficas, Julio, La Habana.

［16］ Guanche Pérez, Jesús. 1996. *Componentes étnicos de la nación cubana*. Colección Fuente Viva, Fundación Fernando Ortiz y Ediciones Unión, Ciudad de La Habana.

〔17〕 Hernández, América. 2001. *Presencia de la cultura china en las tres regiones históricas de la antigua provincia de Las Villas*. Ponencia en la Conferencia Teórica Internacional del VI Festival de Chinos de Ultramar. La Habana.

〔18〕 Herrera, Miriam y Castillo, Mario. 2003. *De la memoria a la vida pública. Identidades, espacios y jerarquías de los chinos en La Habana republicana* (1902 – 1968). Centro de Investigaciones y Desarrollo de la Cultura Cubana Juan Marinello, La Habana.

〔19〕 Jiménez Pastrana, Juan. 1983. *Los chinos en la historia de Cuba* (1847 – 1930). Editorial Ciencias Sociales, La Habana.

〔20〕 Le Riverand Brusone, Julio. 1952. *Historia de la nación cubana*. La Habana.

〔21〕 Linares Savio, María Teresa. 2000. *Expresiones de la cultura china en Cuba: EL TEATRO, LA MÙSICA*. En Catauro, Año 2 No. 2, Fundación Fernando Ortiz, La Habana, pp. 41 – 49.

〔22〕 Liu Yang. 2013. *Mitos y leyendas sobre la comunidad china en España*. En Zhou Minkang (edit.). *El impacto de China en el mundo iberoamericano*. Centre dÉstudis i Recerca sobre Asia Oriental, UAB, Barcelona, pp. 167 – 170.

〔23〕 Look Lai, Walton. 1998. *The Chinese in the West Indies*, 1806 – 1995: *A Documentary History*. University of The West Indies Press. Trinidad y Tobago.

〔24〕 López, Kathleen, 2004, *"One Brings Another": The Formation of Early-Twentieth-Century Chinese Migrant Communities in Cuba*. En Andrew R. Wilson (ed.). *The Chinese in the Caribbean*. Markus Weiner Publishers, Princeton, USA, pp. 93 – 128.

〔25〕 Lopez, Kathleen. 2013. *Chinese Cubans. A transnational History*. The University of North Carolina Press, USA.

〔26〕 López-Calvo, Ignacio. 2007. *Chinesism and the commodification of Chinese Cuban culture*. En López Calvo (ed.). *Alternative Orientalism in Latin America and Beyond*. Cambridge Scholars Publishing, UK, pp. 95 – 112.

〔27〕 Ortiz, Fernando. 1983. *El contrapunteo cubano del tabaco y el* azúcar. Editorial Ciencias Sociales, La Habana.

[28] Padura Fuentes, Leonardo. 2002. *El viaje más largo*. Editorial Plaza Mayor, San Juan, Puerto Rico.

[29] Pereira Hernández, Omar. 2013. *Cuba-China: una relación política estratégica en ascenso*. En José Ignacio Martínez Cortés (coord.), *América Latina y El Caribe-China. Relaciones Políticas e Internacionales*. UDUAL, México DF., pp. 387 – 409.

[30] Pérez de la Riva, Juan y Deschamps Chapeaux, Pedro. 1974. *Contribución a la historia de la gente sin historia*. Editorial Ciencias Sociales, La Habana.

[31] Pérez de la Riva, Juan, 1975. *El barracón y otros ensayos*. Editorial Ciencias Sociales, La Habana.

[32] Pérez de la Riva, Juan. 2000. *LOS CULÍES CHINOS EN CUBA* (1847 – 1880). *Contribución al estudio de la inmigración contratada en el Caribe*. Editorial Ciencias Sociales, La Habana.

[33] (de) Quesada y Arostegui, Gonzalo. 2000. *Los Chinos y la Revolución Cubana*. En

[34] Simanca Boulanger, Raúl. 2000. *La Danza del León*. En *Catauro*, Año 2 No. 2, Fundación Fernando Ortiz, La Habana, pp. 163 – 166.

[35] Siu, Lok. 2001. *Diasporic Cultural CitizenshipCHINESENESS AND BELONGING INCENTRAL AMERICA AND PANAMA*. Social Text 69, Vol. 19, No. 4, Winter 2001. Copyright © 2001 by Duke University Press.

[36] Siu, Lok. 2005. *Queen of the Chinese Colony: Gender, Nation, and Belonging in Diaspora*. Anthropological Quarterly, Vol. 78, No. 3 (Summer), pp. 511 – 542. Published by: The George Washington University Institute for Ethnographic Research Stable URL: http://www.jstor.org/stable/4150980 Accessed: 04/12/2009 19: 47.

[37] Valdés Bernal, Sergio. 1994. *Inmigración y lengua nacional*. Editorial Academia, La Habana.

中华文化对古巴社会的影响

雷春仪①

摘要： 19世纪中叶成千上万的契约华工被贩卖到古巴开发当地经济，并与后来赴古巴的华侨一道，在这块土地上扎根，为古巴社会做出了贡献。他们把自身的文化、传统习惯以及精神逐步融入到古巴，并且使之发扬和传播。文章从文化历史角度分析古巴华人对古巴的饮食习惯、宗教崇拜、艺术文化、生活习俗、医学技术、革命斗争等方面的影响，以期探索中华文化在古巴的传承和演变，增强对中古两国历史文化交流的了解。

关键词： 中华文化；古巴；影响

从19世纪中叶第一批契约华工远涉重洋到达古巴以来，他们就把自身的精华、文化、传统习俗以及精神融进了古巴民族，并与后赴古巴的华侨一道，与古巴人民融为一体，书写着中华文化与古巴文化的交融史。他们在古巴扎根、安家落户、繁衍子孙，并且把中华文化在这块土地上发扬和传播。随着时间的推移，中华文化已经对古巴的方方面面形成深远的影响，可以说，古巴民族的血脉中奔流着中国人的血液。如今，华人已经成为古巴人口的三大来源之一。有8%到9%的古巴人都有中国的姓（古巴人的姓是由父母双方的姓氏组成），可见中国侨民在古巴的历史之长，影响之大。中国文化与西班牙文化和非洲文化共同构成了古巴文化的支柱。

---

① 作者为桂林电子科技大学外国语学院讲师，现在西班牙攻读博士学位。

内涵丰富的中华文化已经深入到古巴各个领域，在饮食习惯、宗教崇仰、民间习俗、艺术文化、医学技术、革命斗争等都产生深刻的影响。

一　对古巴饮食习惯的影响

华工成为自由劳动者后，同后来移入古巴的其他华侨一起，凭借自己的双手和互助，在当地辛勤劳动，自力更生。华人最初大多是经营一些小酒馆和商店等。古巴华人经营的饭店由于厨艺精湛而久负盛名，许多当地古巴人都喜欢吃中国饭菜（2006，王珊珊：81）。华工的饮食习惯被古巴民众逐渐熟悉并采纳，从而改变古巴饮食习惯。据历史记载，华人曾在哈瓦那开辟水渠，引水灌溉蔬菜。水渠所在位置后来发展成为街道，被命名为"水渠大街"。由于华人的到来，古巴人开始形成食用蔬菜的习惯，据说生菜、白菜、柿子椒、韭菜、生姜等多种蔬菜都是由中国人引进古巴的。许多在古华人长期以来从事农业生产，种水稻，种蔬菜，开餐馆。久而久之，大米渐渐地成了古巴人的主食，这在拉美其他国家是不多见的。古巴人原先以玉米和小麦为主食，不习惯吃蔬菜，但因华人在古巴种植白菜、芥菜等各种蔬菜，于是蔬菜越来越受古巴人的青睐。

古巴政府没有忘记华人所做出的巨大的历史贡献。1989 年，古巴政府拨专项资金以及"总司令"卡斯特罗亲自过问下，开始修复扩建"华人街"。现在的"华人街"主要有桑哈街等四条街道，里面还有个"中国城"（Barrio Chino）。20 世纪高峰时期，这里聚居着上万华人，中国的文化和饮食也潜移默化地影响了古巴人（2011，黄卓才：57）。城里各类店面一应俱全，有餐馆、武馆、博物馆、孔子书店、百货店、糖果店、电影院等，随处可见红灯笼、佛龛、中国字匾以及戏院招牌，人来人往，熙熙攘攘，与周围的楼宇街道形成了鲜明的对比。其中，"中国城"最出名的是中餐馆和杂货店。中餐文化绚丽多彩的文化内涵和雄厚坚实的技术基础在古巴饮食习惯留下了烙印。受华人饮食习惯的影响，古巴的饮食总体上接近我国广东人的习惯，离不开米饭，最名贵的菜肴是烤乳猪，外加上一些薯类。据说，喜欢吃米饭和烤乳猪的习惯确实是源自我国广东后到达古巴的中国人，但烹调的方式已经地方化。在古巴有一种最受欢迎的"炒饭"（Arroz Frito），源自中国炒饭，里面夹着蔬菜和炒蛋，在哈瓦那大街小巷都能买到。具有传统特色的中国小吃在"中国城"的店铺和餐馆能买到,如"春卷"(Rollito de Primavera),"蝴蝶酥"(Las Maripositas Chinas),"中国灌肠"(Butifarra China),享誉全球的"炒杂碎"(Chop Suey),还有"饺子"(Ravioles)以及其他驰名海外的中餐烹调菜式。特别要提到"中国酱油"(Salsa China)甚受古巴人的欢迎,在古巴一些超市能买到。多少年来,中国酱油、中国菜豆(Frijolito Chino)已经成为古巴本土饮食必不可少的美味配料。另外,中国的茶在古巴也逐渐普遍,除了咖啡,许多古巴人还喜欢喝茶,尤其爱喝中国茶。

二 对古巴宗教崇拜的影响

古巴华人还把中国民间的宗教信仰和崇拜移植到古巴,并让中国的神灵成为自己的保护神和精神支柱。有关关公的忠义美德随着华人的移居而传到了古巴的一些地方。这些中国宗教成分在古巴社会仍有一定的感染力和号召力。

很多信教的古巴人家里摆放一个关公像(San Fan Kon),此西语名来自"关公"粤语发音"Sheng Fan Kong"(三番公)。特别是在中国城的餐馆,不少华裔喜爱供奉关公。目前在古巴的华人联合会还存放着20世纪初从广东带来的一尊关公神像。遥想当年,热血华人怀揣关帝圣像漂洋过海,寄身异国勤奋劳作,生时追随关公忠义互助精神,死后依傍关帝慈善威严神灵,如回归故土一般宁静安详。《古巴华人历史略记》一书记载了华人新居落成典礼和祭祀"战神"关公的仪式。夏季的几个月是古巴各个城市的华人祭祀关公最频繁的时期。关公是古巴华人最崇敬的神灵之一,每一个华人同乡会的会馆里都供奉有关公的牌位,并且每当华商之间发生冲突时,就要请出关公牌位。

在华人对关公的崇拜影响下,久而久之,古巴人也接受了关公作为他们其中一个神灵,在古巴人心中,只知道关公是中国历史上三国时期的一位将军,生活在公元220年至280年间,深受中国人推崇。他的名字在古巴流传至今,大家只知道他叫"三番公"了。古巴好些地方都建有关帝庙。不过,关公在古巴被赋予其民族特色,因为受古巴黑人信仰的非洲土产宗教(Yoruba宗教中的圣·巴尔巴拉之神)的影响,关公的脸被涂上红色。非洲黑奴信天主教，供奉"圣·巴尔巴拉之神"（Santa. Búrbara）。据说，她是因为坚信自己的信仰而遭斩首的，人们把她画成身穿红衣，佩带神剑的形象。把她当作庇护神，保护人们不受暴风骤雨，电闪雷鸣，甚至大炮和炸弹的伤害，在黑人的宗教信仰中，被称为"恰恩科"（Changó），也即是雷公神。受古巴圣·巴尔巴拉之神影响，三番公在古巴的形象也是一身红色戎装打扮。这座神像大概只有在古巴为人知晓（1997，德格拉：34）。所有的宗教信仰都有各自神圣的具有象征意义的仪式，而中国的宗教仪式中烧香点蜡烛，燃檀香木，用瓷盘装供品等形式，很快就掺和到古巴的宗教仪式中去了。商人利用人们对三番公的信奉，吹捧他是"中国最神通广大的圣人"，并把他的神像供在中间，让他的三个兄弟：刘备、张飞和赵子龙，左右陪伴。人们也相互推荐烧香点蜡烛求神许愿。信奉三番公的宗教仪式终于渗入了古巴的各种宗教信仰中。

三　对古巴艺术文化的影响

远涉重洋的华工成为古巴民族的一部分，他们将古老悠久的民族文化和丰富多彩的异国文化融进了古巴民族的怀抱。内涵丰富的中华文化已经深入到古巴艺术界的各个领域，比如，在古巴滑稽剧院，华人以他们特有的艺术方式，用笑话和幽默来批评社会政治生活中的问题。早在 19 世纪 70 年代，自由华人就向古巴人展示了独特的中国传统文化：表演戏剧、舞龙灯、崇拜关公和观音，等等。除此之外，中国民族音乐对古巴有很大影响，梆子、唢呐、鼓等乐器被融入当地音乐，许多古巴作曲家都在自己的作品中使用了这些中国元素。

古巴有一种非常流行的打击乐器被称为"Cajita China"（中国盒子），从中国乐器——"鼓"演变而成，呈长方形，外带有两根细长的锤子。目前还一直沿用，一般在古巴"丹松"（Danzon）舞会以及其他舞会、宴会，甚至在爵士乐音乐会上演奏，奏出美妙的音乐。特别值得一提的是，闻名于全古巴的"唢呐"（Corneta China）。在 19 世纪后期，唢呐音乐随着华人移民传播到古巴，进而成为古巴的国家音乐传统与文化的一部分，经久不衰。在岛国的东部奥尔金（Holgín），曾有很多华工被贩卖到那里的铜矿上干活，他们带来的中国乐器唢呐和黑人的鼓结合起来，奏出的音乐使当地的孔加舞跳起来更具强烈的节奏感，更加震撼人心。"孔加舞"（Conga）于1915年起源于古巴的"圣地亚哥"（Santiago），而具有强烈感染力的中国唢呐的声音第一次在那里亮相后，不仅在古巴生根发芽，而且取代了用传统乐器伴奏孔加舞的传统，今天在圣地亚哥已经不跳没有中国唢呐伴奏的孔加舞了（1998，比利亚特：78）。

四　对古巴生活习俗的影响

随着历史洪流，华工与中华文化也融入了古巴社会。当年来到古巴的中国苦力绝大多数是单身男子，因此许多华工与当地古巴人通婚，繁衍后代。华人虽然入籍古巴，但仍然保留其语言、风俗、习惯。借由接触互动，中华文化渐渐融入古巴文化，并得以传承。古巴华人聚居区所保持的许多中国民间传统习俗，长期以来对华人后裔产生了潜移默化的影响，一直流传下来。如，一些华人青年举行婚礼时，也遵循中国的传统礼仪。此外，华人将节庆时燃放烟花爆竹的习俗带到了古巴，并得到当局的破格允许。古巴华人一直保持着自己故乡的某些习俗习惯，如欢度春节，节日中相互拜年、燃放爆竹、穿新衣、舞龙灯等等，再现了"中华风气"。

在服饰方面，我们可以发现，古巴的民族服装"瓜亚贝拉"（Guayabera），一种短上衣，就深受当年从菲律宾马尼拉来的中国人的影响。在服饰上我们可以发现，古巴的民族服装"瓜亚贝拉"，短上衣，小翻领，四个贴兜，胸前衣襟上绣有花纹，长袖多为浅色。瓜亚贝拉在古巴很盛行，被称为古巴的"官服"或者"国服"。然而，瓜亚贝拉就是当初深受从马尼拉来的中国人的影响，从而逐步演变成这种经典款式的。

由于受淘金热的影响，很多华人到美国西海岸的加利福尼亚，后来有一部分移民到古巴来。这些新来的华人，有的已经习惯通过不正当的手段谋生，他们采用摸彩票，掷骰子或转盘赌，或使用被古巴人称作"猜字谜"的方法来谋取不义之财。这种猜字谜的赌博方式目前在古巴非常流行，其名字叫"古巴齐发"（Chiffá a Cuba），实际上，它们是由中国明朝的36种符号组成，后来古巴人把这些图形改为动物等符号，继续沿用。中华文化除了代表神秘以外，也是诡异、难以捉摸之象征。因此，由华人所引进的中国猜谜游戏，在古巴不仅是流行娱乐，而且逐渐发展成臆测未来、洞悉未来的玄学（2006，陈小雀：65）。

五　对古巴医学技术的影响

中医药在古巴的影响是非常大的。据有关文献记载，19 世纪早期中医药就传入古巴，至今已有 50 年的历史。在古巴，许多关于华人医学的美好传说都有着真实的背景。其中，关于中医医生传奇医术的说法尤为动人。在古巴，当人们谈及某人身患绝症或病入膏肓时，经常讲这样一句话："连中国医生都治不好了！"（¡A ese no lo salva ni el médico chino!）据称，这句话流传已久，早已成为古巴民间无人不知的名言了。据考证，这位在民间流传了 100 多年的神奇的"中国医生"，中文名叫常邦品，西班牙文名胡安·常伯卞（Chen Bom Biam）。这位医生就是 19 世纪中叶来古巴从事苦力劳动的华工之一，他医术非常高明，治好许多人的疑难病症，受到古巴人民的欢迎和爱戴（2002，陈长久：264）。除此，他还把针灸法引进古巴。此后，还有另外两位古巴籍的中国医生 Chi 和 Li 在古巴应用针灸和中草药为患者进行治疗。中国医术与古巴有一段历史渊源，在炮制草药、按摩治病等方面很受中国人的影响。华侨中医大夫发扬祖国医学治病救人的精神，在当地救死扶伤，并将我国千年的医药学传入古巴。1910 年，在哈瓦那开设了当地第一家中医点，为中医治病提供了方便。近年中国医术在古巴再度复兴，中医药是他们的研究之一。

六　对古巴革命的影响

从中国人踏上古巴这块土地开始，他们就把自身的精华、文化、传统习俗，反对奴隶制、反对殖民主义和反对独裁统治的斗争精神融入了古巴民族。中国人在古巴扎根、安居落户、繁衍子孙，并一代代地把中华民族精神文化发扬光大。

在西班牙殖民统治时期，华侨绝大部分在甘蔗园中当雇工，受着大庄园主的压迫和剥削。1868 年，古巴第一次十年独立战争爆发后，不少华侨参加了古巴的革命队伍，和古巴人民并肩作战，抗击殖民政府的镇压。

当时有数支部队全由华人组成。他们充分发挥了中国人不屈不挠的"硬颈"本色，把鲜血洒在加勒比海岛上。这批由广东人、客家人组成的古巴华人军，骁勇善战，不怕难、不畏死，英名远扬古巴全岛。十年如一日，立下不少战功。古巴各界为了悼念在反抗西班牙殖民统治的独立战争中英勇牺牲的华工，特在哈瓦那最繁华的地带"中心广场"上建立了一座两丈多高的圆形纪念碑，称为"华侨参战纪功碑"。碑文采用古巴独立战争英雄甘札洛·狄格沙达（Gonzalo de Quesada）将军对参战华侨的两句赞语："在古巴独立战争中，没有一个中国人是逃兵，没有一个中国人是叛徒。"（No hubo ningun chino desertor; no hubo ningun chino traidor.）此纪功碑永远纪念着我国华侨在古巴独立战争中所表现的那种顽强作战、宁死不屈的大无畏精神。华人在古巴的独立斗争中以自己的鲜血融进了古巴民族。至今，古巴民众还流传着不少关于中国人参加 1868 年和 1895 年革命的故事（2006，王珊珊：79）。

七　结语

古巴华人是华夏文化的载体。借此，中国的语言文字、饮食文化、宗教崇拜、民间习俗、艺术表演以及各种精神文化成分，在古巴充分展示出来。同时，这些中华文化成分在不同程度上又抹上了异质文化色彩，因此古巴的华人文化呈现出自己的独特性。中华文化可以在古巴社会中找到其烙印。探索华工华侨对古巴社会的影响，有助于了解中华文化在古巴的传承以及对古巴的影响，同时，有助于了解中古文化历史的交融与发展。

参考文献

[1]　[古巴]比利亚特·梅塞德斯·克雷斯波：《华人在蔗糖之国——古巴》，刘真理译，复旦大学出版社 1998 年版。

[2]　[古巴]德格拉·梅塞德斯·克雷斯波：《从苦力到主人翁：〈纪念华人到古巴 150 周年〉》，刘真理、王树雄译，世界知识出版社 1997 年版。

[3]　陈长久：《卡斯特罗与古巴：出使岛国见闻》，湖南出版社 2002

年版。

[4] 陈小雀：《加勒比海的古巴——雪茄与蔗糖的革命之歌》，岳麓书社 2006 年版。

[5] 黄卓才：《鸿雁飞越加勒比——古巴华侨家书纪事》，暨南大学出版社 2011 年版。

[6] 王珊珊：《论 19 世纪中期拉丁美洲的契约华工——以古巴为例》，《安徽师范学院学报》2006 年第 1 期，第 79—81 页。

（本文原载《郑州航空工业管理学院学报》（社会科学版）

2012 年第 4 期）

华人以及中华文化在古巴俗语中的映射研究

雷春仪①

摘要： 华人以及中华文化在古巴有着深远的影响，并反映在古巴西班牙语的俗语中。这些意味深长的俗语真实地反映了古巴人民对中国人和中国文化的一种观念。本文将分析古巴西班牙语中一些关于华人以及中华文化的典型俗语，以期探索华人以及中华文化对古巴西班牙语的影响。

关键词： 古巴；西班牙语；华人；中华文化俗语

一　引言

古巴西班牙语，属于拉美西班牙语的一种。而拉美西班牙语是西班牙语中的一朵奇葩。1492 年哥伦布发现新大陆之后，西班牙移民潮给拉美带去了他们的语言——前古典西班牙语。在随后几个世纪的殖民化过程中，前古典西班牙语不断地增添来自西班牙及欧洲日益丰富的词汇、语汇和不断演变的词法、句法，加上丰富多彩的土著语言文化的影响，逐渐形成了一种精练的、以西班牙本土模式为蓝本，又带有丰富地方色彩的拉美西班牙语。这种既统一又多样的拉美西班牙语，反过来又给西班牙本土的

---

① 作者为桂林电子科技大学外国语学院老师，现在西班牙攻读博士学位。

语言以强烈的影响，使西班牙语这一语言日益丰富、生动（陈泉，1994：60）。而带有古巴特色的西班牙语更是拉美西班牙语的经典。它不仅保存了西班牙语的语言风貌，还加入了非洲土著语，更奇特的是，还带有浓厚的中国语言文化特色，这种传承深刻地反映在古巴的语言中，趣味横生，耐人寻味，同时也真实地反映了古巴人民对中国人和中国文化的一种态度和观念。

二　理论依据

英国语言学家菲斯认为，人与文化价值是不能分离的，语言是文化价值非常重要的一部分，所以研究语言可以帮助人们揭示社会本质（胡壮麟，2002：317）。无独有偶，语言学家伯恩斯坦认为，在社会发展过程中语言是深入影响文化传播和社会变化并且是不可缺少的要素（胡壮麟，2002：330）。研究语言，只有与研究其文化同步进行，才能看到其真面目和深层含义。语言反映一个民族的特征，它不仅包含着该民族的历史和文化背景，而且蕴藏着该民族的生活方式和思维方式及其对人生的看法。交际的过程就是人们运用语言知识和社会文化知识传递信息的过程，学习语言就要了解语言所反映的文化背景知识，尤其是当地的一些约定俗成的俗语，作为文化的载体之一，包含了大量的文化知识。本文将分析古巴西班牙语中一些关于中国人以及中国文化的典型俗语，以期探索中国文化对古巴西班牙语的影响。

三　历史由来

1847 年 6 月 3 日，自中国厦门起航的西班牙"奥肯德"号货船载满货物和中国的苦力，抵达古巴哈瓦那港。据记载，从 1847 年到 1873 年，有 13 万契约华工被西方殖民者贩运到古巴，开发当地经济。华人虽入籍古巴，但仍然保留中国的语言、风俗和习惯。借由接触互动，中华文化渐渐融入古巴文化，使古巴西班牙文衍生出许多与中国有关的辞藻（陈小雀，2006：65）。譬如，由于华工都是给庄园主卖苦力的，因此，后来在古巴西班牙语中有了"kuli"（苦力）这个词，指代中国移民（马晨，

2005：58）。远涉重洋的华工成为古巴民族的一部分，他们将古巴悠久的民族文化和丰富多彩的异国文化融进了古巴民族的怀抱。华人对古巴社会影响是多方面的，他们带来的丰富多彩的本土文化也深入到古巴各个领域。中国文化在古巴留下的遗产，必然可以从其语言中反映出来。而俗语具有民族文化性，包含了大量的文化知识，最能展示语言的演变和内涵。

四　与华人有关的古巴俗语

早在 19 世纪末，便有中国移民被西方国家运送到古巴充当劳工。100多年来，华裔已经完全融入到古巴社会。现在，很多古巴人都无不自豪地说自己是中国人的后代。由于许多华人与当地人通婚，古巴有不少中古混血儿。不过，他们外表上早已没有"龙的传人"的模样。但是他们还是以作为中国人的后代为荣。在历史上，古巴人一直都认为中国人是为人老实憨厚、思想单纯，"傻"得有点可爱的一群人（刘润生，2011：66）。如今在古巴，"chino"（中国人）已成为一个无伤大雅的绰号，用来称呼那些肤色近似茶青色，特别是头发和眼睛长得像亚洲人的古巴人，即使不是华裔，也被称为 chino（中国人）。这个绰号不但不含歧视意义，反而是一种亲切的昵称，而被呼为"chino"（中国人）的人，也非常乐于接受。过去，人们称那些黑人或者混血人的孩子为"chino"（中国人，男性）或"china"（中国人，女性）。这样一来，"chino"和"china"被广泛应用在称呼上，成为一种昵称，意为"亲爱的"。于是，在日常生活中，经常会听到人们以"chino, china"互相称呼，如"Mi china, venacá（亲爱的，过来）""china"（中国女孩）在古巴也是"美丽"的代名词。人们习惯用"Oye, socio,¡Qué clase de china está puesta para mi!"（看，老兄，这姑娘多美啊！）来赞美女性的花容月貌。另外，古巴人用"tirar chinitas"（抛爱）来表示向意中人求爱示爱，在这里，"china"也是借喻为"亲爱，爱情"的意思。从以上称呼和惯用语可以看出古巴普通民众对中国民众的看法和印象。

华人移民在与古巴人民的劳动生活过程中，产生了许多与"chino"（中国人）有关的谚语和俗语，丰富了古巴的语言，而且家喻户晓，在生活中人们常常信手拈来，灵活使用。在当时的古巴，华医的医术高超是出了名的，炮制草药、按摩治病，在古巴都享有盛名，甚至当一个病人无法挽救时，人们就会说："A ese no lo salva ni el médico chino"（连中国医生都无法救治了）。据说在 19 世纪 80 年代，古巴来了一位中国名医，是客家人，名叫 "ChamBom Biam"，其医术非常高明，擅长治疗各种疑难杂症，药到病除，不仅在古巴享有盛名，而且闻名于整个美洲，是当之无愧的神奇人物。正因为如此，人们认为，如果连这位名中医都无法医治的病，那就是无药可救了。又如 "Lo enganaron como a un chino"（把某人当中国人一样欺骗），此俗语正如中文的"挂羊头卖狗肉"，这要追溯以下历史事实：19 世纪中叶，大量的华人被西班牙殖民者以"契约华工"的形式拐骗贩卖到古巴等拉丁美洲殖民地，沦为苦力劳工和奴隶，受到非人的虐待，过着牛马不如的生活，这些契约华工就是被骗受害者。显然，在西班牙殖民者心目中，中国人老实巴交，很容易受骗。此俗语用来比喻欺骗他人（Bernal，2006：120）。又如，"Eso es un trabajo de chinos"（这是中国人干的活），用来比喻一项工作艰难，需要非凡的细致和耐心。由于当时契约华工主要在甘蔗种植园从事艰苦劳动，华人给人的印象是忍辱负重，吃苦耐劳，由此引申出以上俗语。

五　关于中国文化的古巴俗语

古巴人民对"中国"这个遥远而神秘的东方国度、对其复杂难懂的语言"中文"以及对华人的印象等也鲜明地反映在其谚语与俗语中，也进入了古巴人的口语，生动而有趣。随着中国苦力移居古巴，中国人物的轮廓在古巴人的脑海中渐渐清晰。来到古巴的中国苦力大多数是单身男子，因此许多华工与当地古巴人通婚，繁衍后代。华人努力创业，勤劳致富（陈小雀，2006：65）。华人是"勤劳顾家"的代名词，因此有这样的熟语，"Buscarse un chino que te ponga un cuarto"（找一个为你安家的中国人），此俗语是用来劝女方与男方分手，应另寻新欢了。也用于比喻找一个能顾家养妻的好男人。此俗语反映一种婚姻观念，一般来说，如果一个男人有较强的经济基础置房养家就可以与之结婚。另外一个俗语，"No creer ni en velorio chino"（连中国人的守灵也不要信任）。比喻不信任，也用来提醒某人应慎重考虑其决定，不要轻易相信某人或某事。在人们心目中，中国人对祖宗是非常尊敬和孝顺的，对守灵更是虔诚。这里用中国人的守灵来做对比，强调不要轻信。José Baltar Rodriguez（1997）在《中国人在古巴》一书中提到："如果是一个中国的巫师诅咒了别人，人们会认为这个妖术是最恶毒、最厉害的。"而黑人说，"Solo otro chino puede quitar este sortilegio"（只有另一个中国人才能破解这个妖术）有的甚至认为，"没有一个中国人能破除另外一个同胞所施的妖术"（Ningún chino puede quitar el sortilegio de su compatriota）。这句话着实让人感到恐怖。从这个迷信思想出发，当有人遇到倒霉的事的时候，人们就会说"Tener un chino detras/Tener un chino pegado"（中国人盯上你了）。无独有偶，"Llegarle a uno la china"（厄运降临某人身上）意指某人突然遭遇厄运，显然，词语"la china"（中国人）被看成是厄运（Bernal，2006：120）。

历史悠久的中国，对于古巴而言，一直是"遥远"与"神秘"的代名词。"Ponersela a alguien en China"（把某人置于中国），表示置人于尴尬之地或困难处境。由此可见，"中国"是"遥远"的同义词。譬如当被问到一个很难的问题，不知如何应答，感觉答案遥不可及时，便可用此习语表示。又如，"Quedarse en la China"（置身于中国），表示不知道，不明白对方在说什么。"Me suena chino"（就像听中文一样），表示一点都不明白，或很奇怪。对古巴人而言，中文很特别，而且很奇怪，所以，当事情听起来很奇怪，人们就用"像听中文一样"来比喻无法理解。同样，"Escribe en chino"（用中文写的），表示看不懂，无法辨别。对古巴人来说，中文汉字很复杂，无法看懂。由此引申出的"No me cuente cuentos chinos"（您不要给我讲中国故事）指的是对方所说的话在听者看来太离谱了，实在是天方夜谭，无法相信。

六　结语

综上所述，古巴俗语中映射出华人及中国语言文化对古巴民族的影响以及古巴人民对华人和中华文化的一种观念和态度。本文只是一项初步的探索性研究，中国语言文化对古巴西班牙语的深刻影响还有待进一步研究调查。探索古巴西班牙语中的俗语以及惯用语表达，有助于了解中国文化在古巴的传承以及对古巴文化的影响，同时有助于了解古巴的历史文化。语言理解与文化理解是不可分离的，对于语言学习者而言，在某种情况下，要想更好地理解语言结构必须有意识地去理解目的语言的文化背景。

参考文献

［1］Bernal Sergio Valdés，Lengua nacional e identidad cultural del cubano. Ed. Editorial Félix varela. La Habana，2006.

［2］Rodríguez José Baltar. Los chinos de Cuba. Centro de Información Científica y Técnica，Universidad de La Habana，1997.

［3］陈泉：《拉美西班牙语的形成与特点》，《外国语》（上海外国语学院学报）1994 年第 1 期。

［4］陈小雀：《加勒比海的古巴——雪茄与蔗糖的革命之歌》，岳麓书社 2006 年版。

［5］胡壮麟：《语言学教程》，北京大学出版社 2002 年版。

［6］刘润生：《关于中国人的那些古巴笑话》，《看世界》2011 年第 11 期。

［7］马晨：《饱经沧桑的古巴华人》，《海内与海外》2005 年第 2 期。

（本文原载《现代语文（语言研究版)》2012 年第 5 期）

从表演木偶戏、粤剧到放映电影

——古巴中国戏院的历史变迁

袁　艳①

摘要：1873 年，哈瓦那唐人街出现第一家中国戏院。此后，中国戏院作为古巴华侨华人的一项经营，长期存在于古巴华侨华人社会。木偶戏、粤剧、电影先后占据古巴中国戏院的主要舞台。古巴中国戏院对古巴华侨华人社会以及古巴文化发展产生了重要影响。其在古巴能够长期存在，也有深刻的原因。

关键词：古巴；中国戏院；木偶戏；粤剧；电影

自 1847 年首批契约华工到达古巴，中华文化的一些因素就陆续传入古巴。中国音乐、舞蹈、戏剧、武术等中华传统文化，伴随持续一个多世纪的源源不断的中国移民，传到遥远的加勒比岛国古巴。中华文化对古巴的影响极为重大。古巴学者胡安·佩雷斯·德拉里瓦认为，西班牙移民、非洲移民、中国移民不可分割地融合在一起，共同形成了古巴人民。② 西班牙文化、非洲文化、中华文化是古巴的三种基本文化成分。③ 中国移民

---

① 作者为南开大学历史学博士，现为西南科技大学拉美研究中心讲师。

② Juan Pérez de la Riva, *Los culíes chinos en Cuba*, 1847 – 1880: *contribución al estudio de la inmigración contratada en el Caribe*, La Habana: Editorial de Ciencias Sociales, 2000, p. 9.

③ Mauro García Triana and Pedro Eng Herrera, Edited and translated by Gregor Benton, *The Chinese in Cuba*, 1847 – *now*, Lanham: Lexington Books, 2009, p. ix.

带入的文化有助于古巴的文化发展与古巴民族特性的形成。① 在众多传入古巴的中华文化因素中，"中国戏院扮演的角色，可以看作是古巴中国移民文化最重要的艺术表现"。②

关于古巴的中国戏院，古巴华裔安东尼奥·恰法特·拉图尔（Antonio Chuffat Latour）在所著《古巴华人史略》（Apuntes históricos de los chinos en Cuba）③ 一书中有所记述。古巴学者何塞·巴尔塔·罗德里格斯（José Baltar Rodriguez）结合恰法特的记述，在访谈古巴华人老粤剧演员的基础上，深化了对古巴中国戏院历史的研究。他认为，中国戏院是传承和发扬中华传统的工具，使得古巴土生华人也受到中国传统文化的重要影响。毛罗·加西亚·特里纳（Mauro García Triana）和吴帝胄（Pedro Eng Herrera）在《华人在古巴，1847 年至今》一书中对中国戏院予以了关注，分析了中国戏院在 20 世纪中期以后衰落的原因。近年来，随着古巴学者加强对古巴华人的研究，出现了一些论述中国戏院的论文。④ 总体来看，古巴学者对中国戏院研究的资料来源，主要依赖于恰法特的记述和对华人老粤剧演员的访谈。笔者在国家图书馆翻阅古巴华文报纸时，发现 20 世纪 30 年代末期至 60 年代的《华文商报》《开明公报》《民声日报》⑤ 登载了许多中国戏院的报道及戏院的广告等。本文将利用这些新史料，结合

---

① Francisco D. Valdés y Marlene Marjorie Del Valle Torres, "El teatro chino en la Cuba colonial Siglo XIX", http：//www. lajiribilla. cu/2005/n229_ 09/fuenteviva. html, 2011 年 6 月 10 日。

② José Baltar Rodriguez, *Los chinos de Cuba*：*Apuntes etnográficos*, Ciudad de La Habana：Fundación Fernando Ortiz, 1997, p. 165.

③ 安东尼奥·恰法特·拉图尔的父亲是一名中国人，母亲为黑人。其所著《古巴华人史略》（Apuntes históricos de los chinos en Cuba）出版于 1927 年，是研究古巴华人历史的重要参考书。

④ Francisco D. Valdés y Marlene Marjorie Del Valle Torres, "El teatro chino en la Cuba colonial Siglo XIX", http：//www. lajiribilla. cu/2005/n229_ 09/fuenteviva. html, 2011 年 6 月 10 日。Raúl Martell, " El teatro chino en Cuba", http：//www. conexioncubana. net/index. php? st = content&sk = view&id = 6436&sitd = 298, 2011 年 6 月 10 日。María Teresa Linares Savio, "Expresiones de la cultura china en Cuba：El teatro y la música", http：//embacuba. cubaminrex. cu/Default. aspx? tabid = 5600, 2011 年 6 月 10 日。Julio Gerardo Hun Calzadilla, "El teatro chino de Cuba. Un destino diferente ", http：//www. monografias. com/trabajos81/teatro-chino-cuba/teatro-chino-cuba. shtml, 2011 年 6 月 10 日。

⑤ 《华文商报》《开明公报》《民声日报》皆为古巴华文报纸。其中，《开明公报》是古巴洪门民治党（曾称致公党）机关报；《民声日报》为中国国民党古巴总支部机关报。

古巴华侨华人社会的变迁，对中国戏院在古巴的历史变迁进行梳理，总结中国戏院的历史影响，并分析中国戏院得以长期存在于古巴华人社会的原因。

一 哈瓦那唐人街的第一家中国戏院与木偶戏

中华传统文化传入古巴，与古巴的华侨华人密不可分。从 19 世纪中期起，中国人开始大规模进入古巴。1847 年 6 月 3 日，西班牙快速帆船"奥克多"号载着 206 名中国苦力驶入哈瓦那港，拉开了契约华工源源不断运入古巴的序幕。到 1874 年苦力贸易结束，共有 143 000 多名中国人登上开往古巴的苦力船，途中死亡约 17 000 人，实际到达古巴约 126 000 多人。[①] 这些契约劳工主要来自广东、福建等地，主要是男性。他们中约 90% 的人被卖到甘蔗种植园，其余的有的被卖到咖啡种植园、雪茄制造厂等，有的做家庭仆役，有的建造铁路。原则上，他们需要完成八年的契约劳动，才能获得自由。古巴契约华工的命运十分悲惨，有学者认为他们与奴隶并无二致。[②] 除极少数返回中国外，很大一部分华工由于繁重的劳动早早过世。另一些则在契约期满后获得自由，逐渐从农村进入城市，或从事小买卖，或充当佣工等。

1860 年前后，一些原来在美国加利福尼亚淘金的自由华人，因美国日益排华，开始向古巴转移。另有一些自由华人从墨西哥和中国到达古巴。这些被统称为"加利福尼亚人"（Californians）的自由华人大都携有一定资本，到古巴后主要从事小工商业。1860—1875 年间，约 5000 名"加利福尼亚人"进入古巴。[③]

随着契约华工逐渐获得自由以及自由华人进入古巴，哈瓦那唐人街逐

---

① 谭乾初：《古巴杂记》，转引自陈翰笙主编《华工出国史料汇编》第 6 辑，第 105—106 页。

② 关于古巴契约华工是否为另一种形式的奴隶，学者们有不同的看法。Juan Pérez de la Riva 认为契约华工与奴隶极为类似。See Evelyn Hu-Dehart，" Chinese Coolie Labor in Cuba in the Nineteenth Century: Free Labor or Neoslavery？" *Contributions in Black Studies*，Vol. 12（1994）．

③ Juan Pérez de la Riva，*Los culíes chinos en Cuba*，1847－1880：*contribución al estudio de la inmigración contratada en el Caribe*，p. 178.

渐兴起。早在 1858 年，华人路易斯·佩雷斯（Luis Pérez，中文名 Chung Leng）在桑哈（Zanja）和拉亚（Rayo）大街交口开设了一家咖啡馆，亚伯拉罕·斯古尔（Abraham Scull，中文名 Lan Si Ye）在桑哈大街开了一家小吃摊，佩德罗·布拉·谭（Pedro Pla Tan，中文名 Chi Pan）在蒙特路（Calzada del Monte）开了一家食品店，奠定了哈瓦那唐人街的雏形。"加利福尼亚人"到来后，也聚居在唐人街。他们开设各种店铺，并雇用获得自由的契约华工，使唐人街日益繁荣。1867 年，哈瓦那华侨华人成立结义堂，此后各类华人社团陆续成立。各种中国文化活动也相继开展。这一切标志着哈瓦那华侨华人社会逐步形成。第一家中国戏院也随之出现。

根据恰法特的记述，1873 年 3 月，哈瓦那唐人街的第一家中国戏院建成。戏院位于桑哈和圣尼古拉斯（San nicolás）大街。由四名从美国旧金山来到古巴的华人（Carlos Chang，Li Weng，Wong Yat Sen 和 Lay Fu）出资 15 000 比索修建而成。戏院演出木偶戏。"演员们所使用的木偶由中国雕刻家周明（Choy Men）制作，掌控木偶的演员需要有唱戏的好嗓音。舞台独特而罕见，看不见唱戏的人。舞台是八边形的、全封闭的，从那里演示的木偶代表的是中国古老传说中的大人物。"[1] 戏院的门票需要 2 个银比索（dos reals fuertes）。

创办中国戏院的加利福尼亚华人是商人还是木偶戏艺人不得而知。但无疑，创办者将中国戏院引入到古巴，是将其作为生意在经营，受到了在美国的中国戏院的启发。1868 年 1 月，美国旧金山第一所由华人集资兴建的专供中国戏班演出的永久性戏院兴成源（Hing Chuen Yuen）建成，兴建费用达 40 000 美元之巨。[2] 而在此之前，早在 19 世纪 50 年代，就有中国戏班到美国华人聚居地演出木偶戏、粤剧。

何塞·巴尔塔·罗德里格斯注意到，古巴的中国戏院最先演出木偶戏，而非粤剧或其他中国地方剧。据他分析，其原因首先是木偶戏表演所需的空间比其他地方剧小，其他地方剧演出需要更大的地方和更好的照

---

① Antonio Chuffat Latour，*Apuntes historicos de los chinos en Cuba*，Havana：Molina y Cia.，1927，p. 49. 转引自 José Baltar Rodriguez，*Los chinos de Cuba：Apuntes etnográficos*，p. 145.

② 程美宝：《清末粤商所建戏园与戏院管窥》，《史学月刊》2008 年第 6 期，第 105 页。

明，演员服装、化妆所需费用也比木偶戏高。其次，地方剧的演员必须多才多艺，需要长期的积累训练，短时间内难以实现。而木偶戏演员不需要那么复杂的训练。此外，一个熟练的操控木偶的演员能够操控不止一只木偶，还可以根据木偶戏的类型雇用演员，在减少演员人数的情况下也能表演。因此，木偶戏的表演比其他地方剧的成本要小，进行尝试也不需要大量资金。这些经济和技术的因素，再加上缺乏地方传统戏剧表演的演员及其他专业人员，使木偶戏成为最先引入到古巴的中国表演形式。①

二 中国戏院与粤剧在古巴的发展

1875 年 1 月，第一批中国粤剧演员从美国旧金山来到哈瓦那，将粤剧表演带到了古巴。哈瓦那第二家中国戏院笋音（Sun Yen）戏院在利尔达（Lealtad）大街也建立起来。这家戏院由华人莫开是（Mo Ga Si）和潘主是（Pan Chu Si）出资兴建，表演粤剧。演出时间是周一至周六晚上六点至十点，周日下午一点至四点半。首场粤剧演出的第一个剧本是 Chik Yan Kuei，第二个是 Shi Kong②。

因为古巴华人绝大多数来自广东，粤剧表演在古巴大获成功并广受欢迎。中国戏院的开设也走出哈瓦那唐人街，扩展到古巴各地的华人聚居地。1875 年 4 月，西恩富戈斯（Cienfuegos）建起了第一家广东风格的中国戏院。同年，笋音戏院的演员到此表演了粤剧 Chik Yan Kuei 和 Shi Kong。据称，Chik Yan Kuei 的表演持续了 15 天，Shi Kong 表演了 12 天。临近地区的华人也赶来观看。家住西恩富戈斯的恰法特写道，"中国戏院是一件大事，不仅对华人而言，对古巴人亦是如此。他们被这种奇怪的音乐所吸引。小孩们在大街上'用中文'唱歌，在家里制造各种嘈杂的声音。"③ 1876 年，大沙华（Sagua La Grand）第一家中国戏院出现在一座三

---

① José Baltar Rodriguez, *Los chinos de Cuba*: *Apuntes etnográficos*, pp. 148 – 149.

② Chik Yan Kuei 和 Shi Kong 是粤剧剧目中文名称的音译，因此类中文专有名词无法还原，故本文不加翻译。

③ Antonio Chuffat Latour, *Apuntes historicos de los chinos en Cuba*, Havana: Molina y Cia., 1927, p. 57. 转引自 Mauro García Triana and Pedro Eng Herrera, *The Chinese in Cuba*, 1847 – *now*, p. 115.

层高的木制建筑里。这是为一家由 94 人组成的中国艺术演出公司在古巴的首次演出而建立的。演出极为成功，很多华人放弃在田间的工作或是生意赶到戏院观看，以致"种植园主抱怨，当地政府命令戏院只能在节假日开放"。①

19 世纪古巴中国戏院的情形，当时清廷一些外交官员也有所记述。张荫桓在《三洲日记》中记述到，"……东莞、新安、增城三县，就西人市集之上，联一公所，旁为剧场，局面不宏而甚整洁，晚徇乡人之约，一往观故乡声乐，聊抒旅怀。"② 由此可见，当时古巴华人就把去中国戏院观赏家乡戏剧作为联络同胞感情并一解乡愁的休闲方式。1889—1893 年间任古巴总领事的谭乾初在《古巴杂记》中提到，"夏湾拿有华剧二班，虽不甚可观（优伶多由本处学艺），然忠孝廉节，喜怒哀乐，亦足激发天良，各华人仍不忘中国面目也。"③ 到余思诒在 1893—1896 年 12 月任古巴总领事期间，他观察到中国戏院出现衰落的趋势。他提到，哈瓦那"原有戏馆两处，今已一处，亦将闭歇。"④

19 世纪末中国戏院的衰落，与当时华人人口的减少有一定关系。据古巴 1899 年人口统计，当年古巴境内的华人只剩下 15 000 人。在当年对华人职业的统计中，有演员 26 名，艺术家 4 名，音乐家 1 名，⑤ 这些人可能与古巴的中国戏班有关。

余思诒曾担心"今新来华人既不肯留，积年老客触目衰病，十年后不堪设想！"但随着古巴独立战争结束以及古巴共和国成立，在美国资本的刺激下，古巴迎来了一个经济大发展的时期。从 20 世纪初起，掀起了华人到古巴的另一个高潮。根据哈瓦那领事馆的统计，1903—1916 年间，共有 6258 名中国人入境⑥，1917—1924 年短短 7 年间，有 17 473 名中国

① Mauro García Triana and Pedro Eng Herrera, *The Chinese in Cuba*, 1847 – now, p. 115.

② 张荫桓：《三洲日记》，《晚清海外笔记选》，海洋出版社 1983 年版，第 242 页。

③ 谭乾初：《古巴杂记》，《小方壶斋舆地丛钞》第十二帙一，转引自刘文龙《华夏文化在近代拉丁美洲》，《拉丁美洲研究》1998 年第 4 期，第 50 页。

④ 余思诒：《古巴节略》，《晚清海外笔记选》，海洋出版社 1983 年版，第 257 页。

⑤ Duvon Clough Corbitt, *A study of Chinese in Cuba*：1847 – 1947, Wilmore：Asbury College, 1971, pp. 92 – 93.

⑥ Duvon Clough Corbitt, *A study of Chinese in Cuba*：1847 – 1947, p. 95.

人进入古巴。① 中国人到古巴的移民高潮，使粤剧艺术在古巴得到快速
发展。

如前所述，谭乾初曾提到"夏湾拿有华剧二班，虽不甚可观（优伶
多由本处学艺）"，古巴的人口统计也显示有一些以演员为职业的华人。
可见，古巴在 19 世纪末已有本土的戏班，但估计规模较小。在 20 世纪
40 年代前，除本土的戏班表演外，古巴的中国戏院主要与香港、广东等
地的剧团、戏班签订合约，邀请他们到古巴表演。通常，这些剧团或戏班
先到美国、加拿大的华人聚居地表演结束后，再来到哈瓦那。另有一些在
香港、广东、美国剧团、戏班的名伶等，与古巴的中国戏院签约到古巴作
短期表演。如著名粤剧演员、广东粤剧全女班"金钗铎"的花旦黄小凤
就曾到过哈瓦那演出。

第二次世界大战爆发前后，古巴粤剧表演一度受挫。出于对战争的各
种担忧，签约到古巴演出的剧团、戏班和演员回到中国或美国等地，并带
走了一些古巴本土演员。繁荣的粤剧表演因演员的流失突遇危机。但在中
华音乐研究社②粤剧师傅的努力下，古巴的粤剧艺术再度兴起，并培养出
一批土生华裔粤剧演员。据何塞·巴尔塔·罗德里格斯的研究，中华音乐
研究社的师傅们创办了一家新粤剧表演公司，名为中华剧团（Opera
Chung Wah）。因内部分歧，一些师傅自立门户，另成立了钧天乐剧团、
国声歌剧团、国光剧团。这样，古巴一时拥有四家粤剧剧团。

由于缺乏来自中国的演员，这些剧团开始招收 8—20 岁的古巴土生华
人（极少数是没有中国血统的古巴人）学习粤剧。粤剧集唱做念打于一
体，需要演员具备一定的声音和身体条件，故剧团所招学员一般是受过一
定训练的华人体育社团或武术社团的成员。根据学员各自的声音特点，剧
团安排他们分饰男角或女角。有的学员不会说广东话，需要反复记忆唱
词，有的甚至用西班牙文来标注粤语的发音。据一位曾在钧天乐剧团和国
声歌剧团表演的老粤剧演员约兰达·吴（Yolanda Eng）回忆："剧本很

---

① Miriam Herrera Jerez y Mario Castillo Santana, *Identidades, espacios y jerarquias de los Chinos en la Habana Republicana* (1902 – 1968), La Habana: Centro de Investigación y Desarrollo de la Cultura Cubana Juan Marinello, 2003, p. 28.

② 古巴的华人社团之一，成立于 1936 年。

多。剧本的唱词很长，我们需要记住发音。我们不会说中文，就教我们发音。给我们的唱词是汉字写的，一旁注上音，我们需要练习很久。中国师傅叫马里奥·尼普（Mario Nip），他反复教我们唱词的发音，直到我们记住。"①

新的粤剧剧团的成立与后继人才的培养，使得粤剧在 20 世纪 40 年代的古巴十分兴盛。1942 年 6 月 6 日《华文商报》的一版广告反映了当时的盛况。当日，在同一版面的广告位置有钧天乐剧团、国声剧团、国光歌剧团表演粤剧的广告。其中：

"钧天乐男女班　定期六月八号即星期一晚八时在金鹰戏院开演【历史】【香艳】【名剧】（貂蝉拜月　吕布窥妆）林彩霞　聂生生主演全班落力排演　编导聂生生　撰曲梁小俊　音乐领导陈大　精彩剧情　祷天神：貂蝉拜夜月　欢国事：王允働愁怀　王司徒：设计美人局　董太师：眷恋歌舞女　勇奉先：贪色杀义父　美貂蝉：诉苦凤仪亭　（注意）本班售票处暂在省下街一百零九号二楼（即周良君寓所）　特等　超等　均编制号数　【（入场券）】特等六毫　超等四毫　普通二毫　六月二日　古巴湾城钧天乐男女班启"。

"国声剧团　本团定期六月七号（星期日）下午二时至六时止在上海戏院开演　（香艳佳剧）【藕断丝连】　萧金凤主演　全体男女艺员落力排演　【日戏券价】　特等四毫　超等三毫　普通一毫半　是月十一日（星期四）八时开演　（新编节孝佳剧）【佛祖寻母】　萧金凤、萧玉凤、陈桂香主演　国声剧团男女艺员落力排演　（编剧）　谢华　李炯生　吴非伶　（导演）　陈忠　（音乐）伍龙　剧中特色　李炯生饰陈光裔　携眷赴任　江中遇劫遭殃　萧玉凤饰金鱼精　感恩报德　水晶宫里成亲　萧金凤饰光裔妻　含辛茹苦　蒙羞忍辱存孤　陈桂香饰江流僧　历尽折磨　诛奸复仇结局　（注意）　特等　超等　编列号数　【（入场券）】特等六毫　超等四毫　普通二毫　六月三日　古巴湾城国声剧团启"。

"国光歌剧团　本团定期六月十一号（星期四）晚八时在金鹰戏院开演　（威勇名剧）【西河会妻】国光歌剧团男女艺员　（落力排演）

---

① José Baltar Rodriguez, *Los chinos de Cuba*：*Apuntes etnográficos*, p. 160.

编导谢文利　撰曲董祥　音乐指挥屈炳　演剧精华　毒计抢美　知府访案　西河脱险　拦途告状　大乱帅府　比武诛奸　演员阵容：雷宝琴：慷慨英雄诛奸贼！林坤仪：穷途适遇未婚妻！雷宝珍：遇难西河会夫婿！谢宝珠：承恩爱宠封西宫！李瑛珍：抱侄奔波寻活路！何秋兰：庙祝慈心济人急！　（注意）雷宝琴耍双刀　手段灵敏　英气夺人　非常悦目　请侨胞注意星期三本告白位　是次特别隆重优待侨胞观剧　注意　预早购券　座位号数　编定不乱　（票价）　特等六毫　超等四毫　普通二毫　六月五日　国光歌剧团启"。

　　另外，除粤剧表演外，同一版面还有新民公司乐观戏院、金鹰戏院的广告。其中，新民公司乐观戏院放映"红拂女私奔"等电影。金鹰戏院则先放映电影，"再聘华侨土生技术大家　陈兄弟男女班　表演'惊人技术'"。

　　从该日的这版广告，可以窥见当时古巴华侨社会文娱生活的丰富，与粤剧在古巴发展的一时繁荣。哈瓦那同时有四家本土的粤剧剧团，几乎每天都有粤剧表演。剧团还到古巴各地的华人聚居地巡回演出，通常一个地方演三至四天。主要的演出地点有马坦萨斯、圣克拉拉、圣地亚哥等地。

　　在20世纪30—60年代这一时期，笔者见到的华文报纸提及的哈瓦那中国戏院有上海戏院、爱群影业公司国家戏院、新民公司乐观戏院、金鹰戏院、新大陆戏院、新民戏院。其中，上海戏院的起源不详，但被记述1923年因经济原因转手给了古巴人。其虽位于哈瓦那唐人街，但主要并不供中国戏剧演出。爱群影业公司国家戏院成立时间不详，笔者在1939年的报纸看到该戏院的广告，在20世纪四五十年代的报纸上未曾见到，可能更名亦可能倒闭。新民公司乐观戏院何时建立也不详，后来是否更名为新民戏院不能肯定。在20世纪50年代，主要有金鹰戏院、新大陆戏院、新民戏院三家。金鹰戏院成立于1937年，于1941年11月重新装修开张。新大陆戏院成立于1948年，在20世纪60年代仍然存在。

三　粤剧的相对衰落与电影的逐渐兴起

　　20世纪40年代末，中华剧团和钧天乐剧团解散。国声剧团于1951年前后解散。只有国光歌剧团维持至20世纪50年代后期。古巴本土粤剧剧团的相继解散，表明粤剧在古巴相对衰落。

本土粤剧剧团难以为继，与粤剧固有的一些特点有一定关系。粤剧剧本排演耗时长、耗费大，剧团往往反复演出几个剧目，且粤剧表演节奏极慢，这与第二次世界大战后人们求新求异求快的生活方式相悖。在有新的选择的情况下，人们将对粤剧的关注分散至其他方面，如电影、电视等。从 20 世纪中期起，电视在古巴迅速兴起。1950 年古巴成为拉丁美洲第一个播放电视节目的国家。1952 年，据官方统计古巴有 40 万台电视机，人均拥有电视机数量仅次于美国，位居世界第二。

粤剧的相对衰落，与电影的兴起也不无关系。1939 年 7 月 22 日《民声日报》刊载了爱群影业公司国家戏院的一则广告。"今天与明天在国家戏院放影一条为中国爱国女明星黄柳霜女士主演之'华埠之王'的侦探影片，以纽约华埠为背景，其中剧情曲折，事实离奇，技艺超群，得未曾有，在美国此片深得华侨欢迎，料本湾之华友，幸勿交臂失之。"同一天的报纸还刊登了金鹰戏院、新民公司乐观戏院的广告。可见，1939 年时，看电影在古巴华人当中已经兴起。但这一时期，粤剧同样受欢迎。

随着电影业的发展，古巴的中国戏院逐渐加大引进电影的力度，对粤剧造成不小冲击。以新大陆影院为例，蒋伟生任总经理时，"本其灵敏手腕，由美国三凡市纽约加拿大香港聘来男女名伶表演粤剧，一新侨界眼帘，颇得侨胞同情，经过一个时期，收相当之成绩。旋因由香港及美洲办来影片，不下数十部，是以将粤剧暂停，专影新片，更换观众视线……"①

同时，古巴中国戏院还专门派人常驻香港，挑选影片。新大陆戏院总经理蒋伟生，"一方面在港设立伟生影业公司，特派专员驻港，再接再厉，选购适合美洲侨胞胃口之佳片。在于某种环境需要，聘请华南红伶红星自资摄制新片，作长久之供给，港方公司多年苦干规模具备，基础巩固，更与三藩市大观戏院主持人有姻娅之谊，互相维系，将港地买得之新片，先寄三藩市大观戏院作处女公影，然后分发美国加拿大檀香山各地华侨戏院放映，在上述地区放映完之后，而来古巴。以目前时价而计，每部新片，非港纸五六千元不能买入。由一九五五年以迄于今，购有新片百余

---

① 《新大陆八周年纪念》，《华文商报》1956 年 11 月 8 日。

部之多。"① 由此可见古巴中国戏院电影的来源及运作，以及与香港电影业、美国华人影戏院的紧密关系。

虽然本土粤剧剧团遭遇危机，但20世纪50年代，古巴仍不时有粤剧表演，只是演出频率降低。1956年11月9日，为庆祝新大陆戏院成立八周年，国光剧团全体男女艺员表演了粤剧"樊梨花罪子"。同时，美国的粤剧名角也常到古巴表演。1956年1月13日《开明公报》载，"新大陆舞台昨由美新到文武生伍元熹，首次登台献艺……"同年的《开明公报》还刊登了罗兰芳、牡丹苏在哈瓦那的演出。"新大陆舞台定于十五（星期日）牡丹苏女士表演金生挑盒新韵头，旧戏本，为著名小生白驹荣首本，牡丹苏得其真传，有青出于蓝之本色，久已驰名海内外，加以罗兰芳新到合演，格外落力，牡丹苏饰金英才，文雅风流，词曲香艳，做手神传，惟妙惟肖云。"② 适逢古巴中华总会馆召开第二届全侨代表大会，牡丹苏与罗兰芳还邀请参会代表观看了其表演的"情僧偷到潇湘馆"。1957年2月22日《华文商报》所登娱乐消息中，新大陆戏院先演国片，再演粤剧《平贵别窑》，再放映影片，再演《平贵回窑》，文中称此为"双料娱乐"。

1957年后，古巴的粤剧演出日益稀少。《华文商报》"娱乐消息"栏目专门预报中国戏院放映内容。1958年后，"娱乐消息"所登内容几乎全与电影有关。可见，电影放映逐渐兴起并独占鳌头，成为古巴中国戏院的主业。

四　古巴中国戏院的影响

19世纪70年代，随着古巴华侨华人社会的逐渐形成，古巴中国戏院在哈瓦那唐人街诞生，此后便成为古巴华侨华人社会文化社交生活的一部分。古巴中国戏院是古巴华侨华人闲暇时间娱乐休闲以及进行社交活动的重要场所。在中国戏院观看木偶戏、粤剧、粤语电影等，成为古巴华人缓解思乡之愁、思亲之心的方式之一。同时通过看戏，既能联络同胞感情，

---

① 《新大陆业务前途似锦》，《华文商报》1956年11月9日。
② 《牡丹苏演金生挑盒》，《开明公报》1956年4月14日。

亦可缓解平日辛苦劳作的疲劳，享受片刻的轻松愉悦时光，借此暂时摆脱
单调枯燥的移民生活。中国戏院提供了来自家乡的文化产品，满足了古巴
华侨华人的精神需求，是华侨华人内部沟通联络的重要渠道。

尽管古巴中国戏院是被当作一项生意在经营，但它不自觉地充当了
中华文化海外传播的载体，为中国传统文化在古巴的传承和发展提供了
舞台。木偶戏、粤剧、电影先后登上古巴中国戏院的舞台，它客观上使
得古巴土生华人也受到中国传统文化的深深影响。不论是恰法特还是那
些学习粤剧表演的土生华裔，都通过中国戏院接受中华传统文化的
熏陶。

中国戏院还充当了古巴华侨华人社会公益事业筹款活动的主体。无论
是重修颐侨院，还是华侨学校的维持，都时常通过演戏来筹款。1942 年，
旅古华侨公立中华学校为解决经费问题，就通过请国光歌剧团在金鹰戏院
演戏的方式筹款。抗日战争时期，中国航空建设协会直属古巴支会通过在
金鹰戏院放映影片，筹得款项支持国内空军建设。

古巴中国戏院的影响不仅局限在古巴华人社会，对古巴文化也产生了
重要影响。粤剧在古巴兴盛时期，引起了古巴知识界和艺术界的注意。
1944 年，哈瓦那日报《消息》（Información）登载了记者阿列霍·卡彭
（Alejo Carpentier）去中国戏院观赏粤剧后的观感文章。他引用何塞·马
蒂对美国的中国戏剧的评论，"西方艺术家都应该到中国戏院，学习两样
重要的品质：对风格的尊重和对纪律的遵守"（respect for style and a sense
of discipline）。中国戏院将完全不同于西方的音乐、舞蹈、表演形式等传
入古巴，对古巴音乐产生了一定影响。"中国戏院影响了米格尔·菲尔德
（Miguel Failde），雷蒙·巴伦苏埃拉（Raimundo Valenzuela），何塞·乌尔
菲（José Urfé），艾利斯奥·格雷尼特（Eliseo Grenet），埃内斯托·莱库
奥纳（Ernesto Lecuona），安东尼奥·玛丽亚·罗密欧（Antonio María Ro-
meo），路易斯·卡里略（Luis Carillo），奥斯瓦尔多·法勒（Osvaldo
Farré）等一批 20 世纪前半期的作曲家。"① 指挥家恩里克·科勒贝尔
（Erich Kleiber）在哈瓦那中国戏院观看粤剧后，也予以高度评价："我们
从未观看过这样传奇的戏剧——粤剧经典表演，其情节可以与我们最著名

---

① Mauro García Triana and Pedro Eng Herrera, *The Chinese in Cuba*, 1847 – *now*, p. 115.

的悲剧剧目相比拟。"①

此外，通过中国戏院的舞台，木偶戏、粤剧等中华传统文化因素渐渐为古巴人民所熟知，是中古之间文化交流的重要体现。

五 结语

由于中西戏剧表演形式的不同，中国戏院和西方戏院的内部构造各异，尤其是舞台设施部分与西方戏院差别极大。这也是早期赴海外演出的中国戏班或剧团往往自搭剧场的原因，同时也是海外华商筹资自建专供中国戏剧演出的剧院的原因。19 世纪 70 年代，中国戏院被加利福尼亚来的华人作为一项生意引入古巴，并一直作为古巴华人的经营事业而存在，直到 1959 年古巴革命后全面实施国有化政策。尽管中国戏院在近百年的历史中几经更迭、或易主、或易名，但一直长期存在于古巴华人社会。

古巴中国戏院何以能够长期存在？最重要的原因是古巴华人对祖国家乡文化的巨大需求。这与古巴华人社会的特点有关。古巴华人社会主要是由单个的男性移民构成②，而非主要基于家庭，故个人对于闲暇时间的打发，主要依靠各种文娱活动。同时，古巴华人以第一代移民居多，他们在中国家乡生活期间，接受的是中国传统文化的熏陶和影响，并将对中华文化的喜好带到古巴，故而对祖国家乡文化的消费需求强烈。20 世纪前半期从中国到达古巴的大规模自由移民，成为中华文化在古巴的重要传承者以及中国戏院的最大消费群体。其次，中国戏院作为一项生意经营的特点，也使它能穿越历史风云，长期存在。尽管经营者不同，戏院名称变化，但戏院的经营者为盈利，会采取各种迎合华人消费者的灵活措施以适应需求，并求得生存。这也是中国戏院最先表演木偶戏，粤剧继而取代木

---

① José Baltar Rodríguez, *Los chinos de Cuba：Apuntes etnográficos*, p. 163.

② 根据有关古巴华人人口的统计数据，古巴华人女性占全部华人人口的比重从未超过 5%。统计数据显示，1861 年，古巴有华人女性 57 人，占华人总数的 0.17%。1877 年有 66 名女性，占 0.16%。1887 年有 58 名，占 0.20%。1899 年有 49 名，占 0.33%。1907 年有 51 名，占 0.45%。1919 年有 284 名，占 2.76%。1931 年有 202 名，占 0.82%。1943 年有 165 名，占 1.04%。1953 年有 484 名，占 4.09%。1970 年有 182 人，占 3.09%。See José Baltar Rodríguez, *Los chinos de Cuba：Apuntes etnográficos*, p. 90.

偶戏，后来粤剧与电影共同发展的原因。再次，古巴华人社会与美国华人社会以及香港、广东等地的紧密联系，使中国戏院能够请来戏班、演员，并获得影片资源等。尤其是美国加利福尼亚华人社会扮演了中国戏院获得资源的重要来源地和主要中转地的角色。另外，古巴本土剧团和戏班的活跃，也对中国戏院的存续和发展有反作用，尽管两者之间是相互依存关系。

参考文献

［1］ Juan Pérez de la Riva, *Los culíes chinos en Cuba*, 1847 – 1880: *contribución al estudio de la inmigración contratada en el Caribe*, La Habana: Editorial de Ciencias Sociales, 2000.

［2］ Mauro García Triana and Pedro Eng Herrera, Edited and translated by Gregor Benton, *The Chinese in Cuba*, 1847 – *now*, Lanham: Lexington Books, 2009.

［3］ José Baltar Rodriguez, *Los chinos de Cuba*: *Apuntes etnográficos*, Ciudad de La Habana: Fundación Fernando Ortiz, 1997.

［4］ Duvon Clough Corbitt, *A study of Chinese in Cuba*: 1847 – 1947, Wilmore: Asbury College, 1971.

［5］ Miriam Herrera Jerez y Mario Castillo Santana, *Identidades*, *espacios y jerarquias de los Chinos en la Habana Republicana* (1902 – 1968), La Habana: Centro de Investigación y Desarrollo de la Cultura Cubana Juan Marinello, 2003.

（本文原载《拉丁美洲研究》2011 年第 6 期）

20 世纪上半期古巴华侨华人经济的
演变与特征

袁　艳①

摘要：20 世纪上半期，数万中国自由移民陆续进入古巴。受华侨华人人数变化、世界经济危机爆发、古巴政治经济形势变化等影响，古巴华侨华人经济经历了起伏兴衰。古巴华侨华人经济体现出鲜明特征：一、华侨华人商业高度集中在"衣食"领域；二、华侨华人商业地理分布范围极广；三、华侨华人多从事小商业，资本额不大；四、华侨华人经商者不断增多，但仍以做工为主。

关键词：古巴；华侨华人；历史研究；移民研究

华侨华人移居海外后，出于谋生和在当地立足的需要，必须参与到居住国的经济活动中。作为移民群体，其经济活动因受到移民身份限制、当地政治经济形势等多种因素影响，往往呈现出鲜明的族裔经济特征。经济活动是华侨华人赖以生存和发展的物质基础。考察华侨华人经济活动，有助于深化对当地华侨华人社会的认识。目前，国内学术界尚未对古巴华侨华人经济进行系统深入研究，本文拟填补这一空白。

---

① 作者为南开大学历史学博士，现为西南科技大学拉美研究中心讲师。

一 20 世纪上半期到达古巴的中国移民

19 世纪中期，中国人开始大规模到达古巴。为发展蔗糖经济，古巴于1847—1874 年间在中国招募十多万契约华工。1860—1875 年间，约 5000 名加利福尼亚（华）人从美国转移到古巴。[①] 进入 20 世纪，陆续有中国自由移民进入古巴。中国人移民古巴的浪潮一直持续到 1959 年古巴革命。

据中国驻哈瓦那领事馆记录，1903—1916 年间，共 6258 名中国人入境古巴。1917 年，古巴放开移民限制。随后，古巴迎来一波中国移民浪潮。中国驻哈瓦那领事馆的记录显示，1917—1924 年间共有 17 473 名中国人入境古巴。[②]

据 1942 年中国驻哈瓦那总领事馆数据，当年有 18 484 名古巴华侨华人参加领事馆登记，其中 11 529 人已婚，6955 人未婚。记载显示，古巴华侨华人绝大多数来自广东，主要包括台山、新会、开平、恩平、南海、番禹、顺德、中山等地。仅 43 人来自广东以外的地区。其中，台山人最多，占总数的 40.77%。古巴华侨华人绝大多数聚居在哈瓦那省（10 121），其余分布在奥连特（2881）、卡马圭省（2215）、拉斯比亚斯省（1966）、马坦萨斯省（984）、比那尔德里奥省（317）。参加登记的中国移民共有 153 个中国姓氏，其中黄姓第一，有 1706 人；李姓第二，有 1704 人；陈姓第三，有 1644 人。[③]

第二次世界大战期间，面向古巴的中国移民潮几乎中断；抗战胜利后，到古巴的中国新移民渐增。1947 年，中国驻哈瓦那总领事馆公布的旅古华侨达到 28 829 人，其中男性 28 748 人，女性 81 人。华侨华人在古巴的分布仍以哈瓦那省为最多，有 14 296 人。[④]

---

① Juan Perez de la Riva, Los culies chinos en Cuba, 1847 – 1880: contrihucion al estudio de la inmigracion contratadaen el Caribe, La Habana: Editorial de Ciencias Sociales, 2000, p.178.

② Miriam Herrera Jerez y Mario Castillo Santana, De la me moria a la vida Pública: Identidades, espacios y jerarquías de los Chinos en la Habana Republicana (1902 – 1968), La Habana: Centro de Investigacion y Desarrollo de la Cultura Cubana Juan Marinello, 2003, p.23, p.28.

③ Duvon Clough Corbitt, A study of the Chinese in Cuba: 1847 – 1947, Wilmore: Asbury College, 1971, pp.106 – 107.

④ 《华文商报》1947 年 12 月 17 日。

1949 年前后，数千中国新移民进入古巴。据毛罗·加西亚·特里亚纳（Mauro Garcia Triana）估计，1950—1959 年间，约 3000 名中国人移民古巴，包括天主教徒和国民党官员。[①]

1957 年，古巴中华总会馆举行全侨总登记，全侨统计人数为 15 500 余人，其中妇女 250 人，其余皆为男性。其中，哈瓦那省参加登记者 6000 余人，未登记者 3300 余人；奥连特省登记者 1870 余人，未登记者 450 余人；卡马圭省登记者 1160 余人，未登记者 300 人；拉斯比亚斯省登记者 1170 余人，未登记者 300 人；马坦萨斯省登记者 580 余人，未登记者 80 人；比那尔德里奥省登记者 140 人，未登记者 50 人。[②]

二　20 世纪上半期古巴华侨华人产业与就业结构演变

20 世纪上半期，受华侨华人人数变化、世界经济危机爆发、古巴国内政治经济形势变化等因素影响，古巴华侨华人经济经历了发展壮大与起伏的兴衰过程。

20 世纪初，随着契约华工获得解放以及新的自由移民的到来，古巴华侨华人逐渐从农村向城市转移，从工人向商人转化。1907 年古巴人口统计显示，当年在古巴的 11217 名华侨华人中，有日工 4729 人，商人 2059 人，佣人 1644 人。商人人数居第二位。此外，还有小商贩 987 人，小货摊主 232 人，饭店主 19 人，这些也属广义的商业范畴。

表 1　　　　　　1907 年古巴人口有关华侨华人职业统计　　　　　　单位：人

职业	1907（1899）
日工（Jornaleros）	4729（8033）
煤炭工人（Carboneros）	287（99）
仆人（Criados）	1644（2154）
理发师（Barberos）	45（61）

---

① Kathleen Lopez, "The Revitalization of Havana's Chinatown: Invoking Chinese Cuban History", Journal of Chinese Overseas 5（2009）, p. 181.

② 《旅古全侨人数统计》，《华文商报》1958 年 12 月 31 日。

续表

职业	1907 (1899)
卷烟工人 (Tabaqueros)	87 (361)
园丁 (Jardineros)	120 (71)
商人 (Comerciantes)	2059 (1973)
面包师 (Panaderos)	15 (48)
小商贩 (Vendedores)	987 (471)
鞋匠 (Zapateros)	18 (29)
小货摊主 (Baratilleros)	232 (290)
裁缝 (Sastres)	16 (27)
洗衣工 (Lavanderos)	282 (196)
粉刷工 (Pintores)	18 (23)
泥瓦工 (Albañiles)	78 (121)
铁匠 (Hojalateros)	11 (23)
木匠 (Carpinteros)	84 (104)
饭店主 (Dueños de hotels y fondas)	19 (17)

资料来源：Miriam Herrera Jerez y Mario Castillo Santana, De la memoria a la vida Pública: lden-tidades, espacios y jerarquías de los Chinos en la Habana Republicana (1902 – 1968), p. 38.

1913 年，古巴华侨华人商务进一步拓展。据当年中国驻古巴总领事林相宾发回的商务报告，当时古巴华侨华人商务主要涉足六大行业：杂（洋）货店、生果店、西饭店、菜市、洗衣店和茶楼。其中，杂货行主营食品，除经营进口中国食品外还兼营西式食品杂货。洋货店以日用百货为主，主要经营进口自法国、日本、德国等国货物，也出售中国丝绸布料等物。当时，华侨华人在哈瓦那开设的资本在万元以上的洋货店共 14 家，分别是万宝华、友彰、广日、均和隆、广经纶、万宝荣、宝纶、溢利隆、新同荣、广生利、巨安、广公楼、丽华隆、荣安号。哈瓦那还有 15 家资本额在万元以上的杂货店，包括广有恒、新隆、广荣安、仁生昌、锦芳、生发祥、广兴昌、广友信、五行公司、逢同德、生发祥栈、新广东、永利源、广昌隆、永生隆。此外，华侨华人在哈瓦那开办有二百多家生果店、西饭店、菜市、洗衣店和茶楼等，但资本额都不大。在古巴各地分布着七八百家华侨华人开办的各种商店。主要仍以杂货店为主，或杂货兼洋货店。但资本额都比在哈瓦那的低，应在万元以下、千元以上。古巴华侨华人中还有不少沿街叫卖的小商贩，主要贩卖洋货及零星的日用百货，也有售卖食物的。此类小商贩在哈瓦那有三百多人，分布在古巴各地的有数百人。

20 世纪初的古巴华工，包括幸存的契约华工和新到的自由华工。"……旧华工皆从前鬻身而来。尽操工作于糖厂。或刈蔗。或制糖。工价极微。视等牛马。统计共五六万人。迨订华工条约以后。此等华工始得自由。厥后稍有储蓄者。或转营商业。或就近成家。而回国者则甚少。盖此辈多在幼年拐骗而来。类皆不知家属何在。且未受教育。即有亲属。亦音问罕通。近则老死过半。其生存者不及千人。均属贫老无依。间有尚称富足。或家业小康。堪自赡养者。亦不过三五十人耳。"[①] 1913 年，契约华工已不到千人，很多贫老无依。极少数富足者能够自行赡养，但人数不过三五十人。"至新华工。则自前清光绪初年。陆续自来觅工。然皆与在古华人工商略有关系。此辈当未来之先。必与此间华人接洽。既到古后。即有所识华人照料一切。以寻相当之工作。隙在各埠华人各行店铺执役者外。或入糖厂。或入煤厂。皆有华人管工。头人为之安置。其工资则自十余元至二十余元不等。在华人店铺佣工者。其工资以在哈维拉两行及五行中之西饭店者为优。至少自二十元以上至三四十元。在各埠及他行者。工资则略与糖煤厂等。但在华人店铺佣工则常年如一。且过四年以上。如回国则由该店给发川资。至在糖厂佣工。则夏秋两季。多半赋闲。此外尚有自行赁地。种植中国菜蔬者。有三四百人。每日挑出市场发售。年中获利。且属不赀。有至千元者。至少亦可得三五百元。此辈皆自食其力。勤苦积资。"[②] 相比契约华工，新到的自由华工情形较好。

随着古巴华侨华人增多，到 1927 年，华侨华人商务在杂（洋）货

---

① 《驻古巴总领事林相宾商务报告》，《中华全国商会联合会会报》1914 年第 1 卷第 10 期。

② 同上。

店、生果店、西饭店、菜市、洗衣店等行业的比重逐渐增加，在生果店和洗衣店两行尤其明显。根据古巴工商行名录统计，1910 年共 326 家饭店统计在册，其中华侨华人开办的 40 家，占总数的 12.27%。1918 年，在册的 347 家饭店中，华侨华人开办的为 51 家，占总数的 14.70%。到 1927 年，400 家统计在册的饭店中，华侨华人所属的上升至 118 家，占总数的 29.50%。杂货店是华侨华人涉足的一个重要领域。1918 年，统计在册的杂货店总数为 1535 家，华侨华人所有的 17 家，占总数的 1.10%。由于该领域长期为西班牙人控制，华侨华人所占份额极小。到 1927 年，在册的 1949 家杂货店中，华侨华人所属的增加至 63 家，所占份额上升至 3.23%。相比投资额巨大的杂货店，华侨华人主要集中在投资额较小、工商兼半的生果店和洗衣店。1910 年统计在册的 275 家生果店中，64 家为华侨华人经营，占总数的 23%。1918 年，108 家生果店统计在册，其中华侨华人经营的 33 家，占总数的 31%。1927 年，共 975 家统计在册的生果店中，华侨华人经营的为 535 家，占总数的 55%。洗衣业是华侨华人涉足的又一主要行业。1927 年古巴工商行名录显示，华侨华人在该行业的占比为 57%。[①]

1929—1933 年间，受世界经济危机影响，古巴经济衰退，政治动荡，华侨华人的经营和生活也受到波及。1931 年，哈瓦那总领事馆总领事于吉等走访马坦萨斯、科隆等十余个城市，调查华侨状况。在马坦萨斯，"……现有侨民约在 280 人。至商店铺号等有洋货铺四所，餐馆六所，衣馆 27 所，生果铺七所，菜园八所，修理汽车兼售汽油之铺一所，小贩 100 名，糖寮工人七八名，麻寮工人三四名，失业工人在百名以上，大概因古巴工商萧条所致。"[②] 在古巴圣地亚哥，"查我国旅古侨胞人数，除湾城外当以汕爹古巴埠首屈一指。……现有人数 2000 人，以恩平开平二县为多，次之则为九江及台山。2000 人中工人居十之六七，商人居十之三四。沿街小贩凡五六十人，工人失业者约 700 人，生活颇为困苦。各

---

① Directorios de Cuba, 1910, 1918, 1927. 转引自 Miriam Herrera Jerez y Mario Castillo Santana, De la memoria a la vida Pública: Identidades, espacios y jerarquías de los Chinos en la Habana Republicana (1902 – 1968), pp. 41 – 42.

② 《驻夏湾拿总领事馆人员调查全古侨务之经过》，《南京国民政府外交部公报》第 11 辑，1931 年第 3 卷第 II 期。

项商业亦仅能维持现状。……侨工每月可得工资二十五元至三十元，每日工作 14 小时，尚无工会之组织。现因古巴工商冷淡，失业者有七百人。"① 1931 年，驻哈瓦那总领事馆发起救济失业华侨，收到各地失业华侨调查表 500 余份。调查显示：失业一年以下者 166 人，一年以上者 136 人，二年以下者 93 人，三年以上者 74 人。每月最低限度生活费 10 元以上者 130 人，5 元以上者 200 人，2 元至 5 元者 42 人。支出不等及无从调查者 102 人。②

随着世界经济危机结束，古巴华侨华人经济状况好转。1936 年 2 月，古巴中华总商会对全古华侨商业的调查显示：古巴共有华侨商业 3889 家，资本总额 390 余万美元。其中：1808 家为粮食杂货店，占总数的 46%；其次为生果店，共 799 家，占 20%；洗衣馆 656 家，占 17%；西餐馆 312 家，占 8%。③ 此四行商家总数为 3575 家，约占华侨商业总数的 92%，反映出华侨华人经营领域的高度集中。

表 2　　　　　　　　　　1936 年古巴华侨商业概况　　　　　　　　单位：家

类别	数量
粮食杂货店	1808
生果店	799
西餐馆	312
洗衣馆	656
洋货店	17
生肉店	29
大烟厂	5
中西什货店	44

① 《驻夏湾拿总领事馆人员调查全古侨务之经过》，《南京国民政府外交部公报》第 11 辑，1931 年第 3 卷第 Ⅱ 期。

② 《古巴湾京领事馆调查失业侨胞》，《广州民国日报》1931 年 7 月 31 日，收录于广东省档案馆等合编《华侨与侨务史料选编》(1)，广东人民出版社 1991 年版，第 881 页。

③ 凌空：《总商会谋大群之利益——为中华总商会扩大征召会员而作 (二)》，《华文商报》1957 年 4 月 9 日。

续表

类别	数量
糖果店	23
理发所	21
咖啡馆	23
熟烟厂	5
报馆	3
中国药材店	3
丐包厂	4
鹅蛋店	5
纸料店	2
瓜菜店	13
卖鱼店	49
酱园	3
戏院	3
皮鞋店	16
影相馆	3
卖花店	1
制木厂	3
炒咖啡厂	2
白铁店	1
鸡鸭店	17
洋货车衣店	8
钟表首饰店	7
烧腊店	2
制扫厂	2
总计	3889

资料来源:《古巴华侨商务经济概况》,《华侨先锋》1945 年第 7 卷, 第 4—6 期。

20 世纪 50 年代，华侨华人商店数略有减少。据统计，当时在古巴经营杂货零售、蔬果、餐馆、洗衣馆、农庄的华侨商店总 3259 家。其中，杂货零售店最多，为 1667 家；蔬果店 720 家，洗衣馆 591 家，餐馆 281 家，农庄 20 家。此外，还有其他店铺 241 家，包括医生、律师、汽车司机、糖厂工人、木匠、水泥匠、理发师、电影院业、莳花、成衣匠、皮鞋匠等 27 种职业。[1] 华侨经营农商的总财富约合美金1000 万元。

三 20 世纪上半期古巴华侨华人经济的特征

20 世纪上半期，古巴华侨华人商务尽管经历起伏，但总体上呈壮大态势。1913 年商务报告显示，当时古巴华侨华人店铺共约一千家。到 1936 年，古巴华侨华人大小店铺已近四千家。二十多年里增加三千家左右。华侨华人商务的扩大，一是因为华侨华人人数增多，尤其在一战爆发后，古巴一度放开对移民入境的限制，使古巴华侨华人人数激增。二是由于古巴在 1933 年颁布百分之五十法，即古巴华侨华人所称的"五十工例"，要求古巴所有企业至少雇用 50% 本土工人。这使很多华侨工人失业，有的转为经商。三是在古巴经商开店，程序比较简单。"我侨在古的商务，大部分系小商业。开始时的手续是很简单。我侨开始的工作，不外在一条适中街道，寻求一个铺位，适合其意想中的商业，进一步与屋主订立屋批。如系合股，则往公证律师楼订立一个股东合同，再进一步将铺面修饰，安置铺内的货架，及购置家私或工具。各事弄妥后，除往市厅讨取生意照及卫生局的卫生照外，即可准备营业。换言之，我侨将上述各事弄妥后，即可购办货物，雇佣店员以招待顾客，将所购的货物零沽或发行，可知买、卖及招待，系我侨日以继月、月以继年而又不变的日常工作。"[2]

古巴华侨华人商务一大显著特点是经营领域高度集中。1913 年商务报告、1931 年领事馆调查和 1936 年总商会调查都显示，华侨华人的

---

① 宋锡人：《古巴华侨史话》，台湾：海外文库出版社 1957 年版，第 18 页。

② 赵锦鎏：《求科学以解决工例（二）》，《华文商报》1948 年 2 月 25 日。

商业活动主要集中在"衣食"领域，即主要开粮食杂货店、生果店、洗衣店、餐馆、菜园等。华侨华人难以跻身其他领域，是因为古巴经济多受英美、西班牙人控制，华侨华人难于与其竞争。"古巴之经济事业，在生产方面，例如绞糖制酒以及公用交通事业等，大都在英美人之手。故英美人在古巴经济组织中，实居最上层之地位。其次为西班牙人，握批发及零售业之牛耳。再次则为华侨。华侨之人数虽远不及西班牙之众多，西班牙人达40万左右，而华侨不过3万左右。资本亦远不及西班牙人之雄厚，然在日用必需品零售商业中，其势力却远在古巴土人以上，在若干地方，甚且有与西班牙人互争雄长之势。"① 华侨华人能在日用必需品零售业立足，是"因为我们能刻苦耐劳，节衣缩食，工作的时间又比外人长久，所以我们能据了古巴'中间商'一个重要的地位。"② 华侨华人经营领域的集中，也是20世纪华侨新移民特点决定的。古巴华侨属于连锁移民，即"一个带一个"，这种移民方式也决定了其职业的相对集中性。

古巴华侨华人商业活动地理分布范围极广。古巴华侨华人多聚居在哈瓦那，故在哈瓦那的华侨华人商店最为集中。1949年前后，"旅古华侨商业状况在湾城方面可分为办庄、杂货批发行，零沽商店，餐馆，衣馆，生果店，以及小贩等数种。办庄是指专办中国杂货西人杂货及苏杭洋货有十余家。杂货批发有十余家。零沽商店有300家之多。西餐馆有300家。生果店有300家以上，洗衣馆有400家以上。中国菜馆有三家。耕园（即种瓜菜）有八九十家。"③ 同时，华侨华人店铺遍布古巴全境，"根据总领事馆之统计，全古巴314个大小城市中莫不有华侨之踪迹。"④ 华侨踪迹广泛，一方面因古巴国土面积不大，自契约华工时代起，华侨华人就分布古巴全境的城乡；另一方面则是古巴糖厂密布乡镇，华侨华人往往在糖厂附近开店。

古巴华侨华人多从事小商业，资本额多不大。从1913年商务报告看，

① 《古巴华侨商务经济概况》，《华侨先锋》1945年第7卷（第4—6期合刊），第67页。
② 《如何在国际市场上作商业竞争——致旅古侨胞的第五封公开信》，《民声日报》1941年11月20日。
③ 刘委员志轩：《古巴侨情报告（二）》，《华文商报》1949年1月6日。
④ 《巴华侨商务经济概况》，《华侨先锋》1945年第7卷（第4—6期合刊）。

除在哈瓦那从事杂货批发的店铺资本在万元以上，其他各地的商店资本均在万元以下。1936 年总商会调查显示，古巴共有华侨华人商店 3889 家，资本总额在 390 多万美元，平均每家商店资本不到一万元。1931 年哈瓦那领事馆对古巴圣地亚哥华侨商店投资和营业状况调查显示，杂货店资本在千元至万元之间，洋货店资本在 3000 元至 5000 元，生果店资本为 100 元至 300 元，洗衣店资本为 100 元至 300 元，西式餐馆资本为 1000 元至 2000 元，中式餐馆资本为 500 元至 1000 元，理发店资本在千元以上，面包店资本在 4000 元以上，木器家具店资本在 3000 元至 7000 元之间。除杂货店和洋货店日营业额在百元以上外，其余均在几十元，多数不到 50 元，生果店才十余元。①

古巴华侨华人除经商外，大部分仍为工人。"查旅古华侨向古巴政府注册经营商业者，约 35%。"② 与经商的华侨华人相比，做工的华侨华人更易受经济动荡影响，常处于季节性失业当中。在 1931 年领事馆调查中，领事所到各地都有不少华工失业。古巴颁布百分之五十法后，更多华侨华人工人失业。"1926 年起，蔗糖斩蔗，糖寮打糖，均不准我侨做工。凡餐馆、杂货店、每用工人五名，限用土人三名，名为五十工例。因此，华侨失业者日多。"③

四 结语

20 世纪上半期，伴随华侨华人增多，古巴华侨华人社会不断壮大，古巴华侨华人经济也经历了一时繁荣。但是，受古巴政治经济大环境影响，古巴华侨华人经济的脆弱性也展露无遗。尤其在世界经济危机中体现最为明显。古巴华侨华人经济主要集中在衣食等有关民生的行业。1959 年古巴革命胜利后，随着古巴各项改革推进，华侨华人经济首当其冲受到冲击。随着古巴政府逐步对外国企业、小商业实行国有化，古巴华侨华人

---

① 《驻夏湾拿总领事馆人员调查全古侨务之经过》，《南京国民政府外交部公报》第 11 辑，1931 年第 3 卷第 11 期。

② 《第二届国民大会古巴华侨代表许荣暖报告书（三）》，《华文商报》1948 年 2 月 25 日。

③ 《第二届国民大会古巴华侨代表许荣暖报告书（四）》，《华文商报》1948 年 2 月 27 日。

经营的工厂、杂货店等也被收归国有。1968 年，古巴实行"革命攻势"，进一步将小商业收归国有，使华侨华人经济受到重创，古巴华侨华人社会因而逐渐萎缩。

目前古巴华侨华人数量不多。据中华总会馆书记周卓明介绍，出生在中国的古巴华侨华人只有 200 人左右且平均年龄在 70 岁以上；第二代古巴土生华裔有 4000 人左右，平均年龄在 40 岁以上；第三和第四代华裔估计有一至两万人。近年来，随着古巴对外开放程度扩大，一些中国新移民开始到古巴寻找商机。中国新移民主要开设中餐馆。天坛饭店、双龙饭店是古巴比较知名的中餐馆，其服务人员为华裔。有的新移民从事贸易，如鞋业。还有新华侨华人在哈瓦那经营旅游公司。2011 年 4 月，古巴共产党召开第六次全国代表大会，开始进行谨慎而缓慢的政治经济改革。目前，古巴已经允许房屋、汽车买卖，允许承包田地种植作物，允许经营餐馆、商店等行业，农贸市场也更加活跃。随着古巴经济转型，古巴华侨华人及其后裔或将在古巴未来的改革中迎来转机，扭转古巴华侨华人社会的颓势。

（本文原载《西南科技大学学报（哲学社会科学版）》
2014 年第 2 期）

20 世纪上半期古巴华侨华人社团述略

袁　艳　张芯瑜①

摘要：本文利用民国时期刊物和古巴华文报纸等资料，梳理了 20 世纪上半期古巴侨团概况。20 世纪上半期古巴侨团林立的深层次原因是因应和便利华侨在古巴的生存和发展。古巴华侨华人社会基本是一个独立小社会，自行负责侨社内部事务，各类侨团承担着各自的功能。古巴华侨华人主要系单个的男性移民，大多数在古巴没有家庭，其空闲时间往往花费在社团，故社团参加者众。

关键词：古巴；华侨华人；侨团

1847 年，第一批契约华工到达古巴。20 年后，即 1867 年，古巴华侨在哈瓦那建立了第一个华侨社团结义堂（Kit Yi Tong）。次年，恒义堂（Hen Yi Tong）成立。不久，在古巴的客家人也建立了自己的组织义胜堂（Yi Seng Tong）。据清政府驻哈瓦那领事余思诒记载，到 1893 年，华侨社团遍布古巴各地，"大小埠共计四十余处。而夏湾拿一埠，共十处，马丹萨省之过郎埠，计七处。光绪十九年（1893 年），又增建总会馆于夏湾拿。"② 进入 20 世纪后，随着到古巴的自由中国移民增多，更多的姓氏和地域性侨团形成。本文将考察 20 世纪上半期古巴侨团概况，对古巴重要侨团作一简介，并尝试分析古巴侨团众多的原因。

---

① 作者袁艳为西南科技大学拉美研究中心讲师；张芯瑜为中国社会科学院博士生。
② 余思诒：《古巴节略》，福建师范大学历史系华侨史资料选辑组编《晚清海外笔记选》，海洋出版社 1983 年版，第 257 页。

一　20世纪上半期古巴侨团概况

关于"华侨社团"，《华侨华人侨务大辞典》解释为："早期移居国外的华侨，为了团结互助以联络感情，以血缘、地缘和业缘等为纽带，自发建立起来的一种互助、联谊、自治的社会组织形式。"① 国内外学者在研究各地华侨社团时，往往采取不同的分类及表达方式。本文结合古巴侨社实际，将古巴华侨社团分为六类：公共团体、同乡团体、姓氏团体、职业团体、会党团体及业余爱好团体。

公共团体，包括中华总会馆及地方的中华会馆或华侨团体会。古巴华侨社会的最高机关为中华总会馆。古巴华侨华人聚居的部分地市设有中华会馆或华侨团体会，为地方最高公共团体。

同乡团体，由来自同一区域的华侨组织成立。古巴的华侨华人主要来自广东，其中"台山县人占百分之四十五，新会、开平、中山次之"。② 古巴的华侨同乡团体有的以县为单位，如中山总公所。有的细分到某一县的某一区域，如海晏总公所。还有联合各县客家人组织形成的社团，如人和总会所。

古巴侨团一览

夏湾拿埠 （Havana）	夏湾拿埠 Havana	中华总会馆　中华总商会　华侨杂货行工商联合会　生果行公会　华侨衣馆总公会　致公党总部　致公党分部　中华民族救国联合会　华侨救国大同盟　九江侨商公会　广海同乡会　中山总公所　中山自治所　樵西六乡公所　要明总会所　要明会所　海晏总公所　沙堆公安支会　人和会馆　中华音乐研究社　国光歌剧团　精武体育会　龙冈公所　伍联安堂　黄江夏堂　黄云山公所　李陇西公所　李凤仪自治所　蒋乐安堂　陈颖川总堂　朱沛国堂　至德堂　梁忠孝堂　三益堂　杨清白堂　谭氏自治所　钟颖川堂　溯源总堂　昭伦公所　雷冯翙堂　林西河堂　余风采堂　余武溪俱乐部

① 庄炎林、武杰：《华侨华人侨务大辞典》，山东友谊出版社1997年版，第716页。

② 《第二届国民大会古巴华侨代表许荣暖报告书（二）》，《华文商报》1948年2月21日。

夏湾拿埠 Havana	亚华吉地埠 Aguaca	华侨团体会
	抱打华那埠 Batahano	华侨工商团体会
	委拉美连拿埠 Yuira de milena	华侨团体会
	汕爹咕拉委架埠 Santiago de las Zagas	华侨团体会
	松树埠 Isla de pinos	华侨团体会
边拿厘佑埠 Pinar del Rio	边拿厘佑埠 Pinar del Rio	华商会馆
	巴拉兆埠 Las Palacios	华侨工商会馆
马丹沙省 Matanzas	马丹沙埠 Matanzas	致公党分部　陈氏旅所
	亚拉加冷埠 Alacianes	华侨团体会
	加达拿埠 Cardenas	致公党分部
	大霞长埠 Juguay Grande	华侨团体会
	阴结度埠 Manguito	华侨团体会
	役登拱埠 Pidro Betancomt	集成工商会馆
	卑厘咕埠 PeriCo	华侨团体会
	劳良埠 Union de Reyes	中华会馆
山打加拉省 Santa Clara	山打加拉埠 Santa Clara	致公党分部　华侨工商团体会　少年中国会 李陇西通信处
	介华连埠 Caiharien	华侨团体会
	甘马华呢埠 Camejuani	赤溪侨商公会
	善灰咕埠 Cienfuegos	致公党分部　中华会馆　衣馆工人联合会 崇正会　城北同乡会　鹤侨同乡会　陈颖川 分堂
	善宽地埠 Cifuentes	华侨团体会
	古习士埠 CuCes	华侨团体会
	固马拿也话埠 Cumanayegua	华侨团体会
	科缅度埠 Fomento	华侨团体会
	巴拉雪打埠 PlaCetas	华侨团体会
	巴委拉埠 Palmira	华侨团体会
	厘尾料埠 Rimedios	华侨工商团体会
	大沙华埠 Sagua lagrande	中华会馆　华商联合会
	山爹庇列度埠 Saneti Apiritus	华侨团体会

续表

山打加拉省 Santa Clara	拉夏埠 Santa Isahel（ie las Lajas	华侨团体会
	進你拉埠 Trinad	中华会馆　华侨团体会
	素律打埠 Zulueta	华侨团体会
甘马威省 Camaguey	甘马威埠 Camaguey	致公党分部　陈颖川分堂　叶南阳自治所 龙冈公所　海晏通讯处　李家房
	湿庇厘埠 Cespedes	华侨团体会
	舍咕埠 Ciego de Avias	致公党分部　溯源分堂　陈颖川分堂　衣馆 公会　联义堂
	嘻眉拉拿埠 smaralda	华侨团体会
	科罗李拉埠 Florida	华侨团体会
	磨梗埠 Morgon	华侨公会　致公党分部
	本打亚李忌利埠 Funta Alegre	华侨团体会
	南山打咕噜埠 Santa rruz del sur	华侨团体会
东省 Oriente	山姐咕古巴埠 Santiago de Cuba	致公党分部　中华商会　莫瑞麟堂　梁忠 孝分堂　三益分堂　至德分堂　岑南洋堂 　陈颖川分堂　郑荣阳堂　冯始平堂　冯 族青年会　龙冈通讯处　华侨救国大同盟
	押度舍路埠 Alto Leclro	华侨团体会
	湾你埠 Panes	华侨团体会
	槐音务埠 BaVamo	华侨团体会
	葛度埠 Lueto	致公党分部
	柯景埠 Holguin	华侨团体会
	把蔗蔬靓埠 Palma Soriano	华侨工商团体会
	万山厘佑埠 Manzanillo	南平公所　华侨团体会　台山自治所　海晏 别墅　华侨救国大同盟
	云丹拿务埠 Y uantanamo	致公党分部　华侨工商联合会　广海旅所 海晏公所　华侨救国大同盟

资料来源:《古巴华侨之团体组织》,《华侨先锋》1945 年第 4—6 期, 第 64—66 页。

　　姓氏团体, 1942 年在中华民国驻哈瓦那领事馆登记的 18 484 名华侨华人中, 包括 143 个姓氏, 其中黄 (1706)、李 (1704)、陈

（1644）人数居首序。林、刘、蒋、伍等次之。^①因此古巴的姓氏团体尤为众多。有的由多个固定姓氏组成，如龙冈总公所、昭伦公所、安定堂。有的只包括一个姓氏，如蒋乐安堂、陈颖川堂、黄江夏堂、李陇西公所、伍联安堂等。有的在一姓氏总团体之下，又组成规模较小的姓氏旅所，如伍联安堂之下又有伍胥山房、伍安良房、伍叙安房、伍中安房。还有的由多个杂姓组成，如怡怡堂、民安房等。

职业团体，包括中华总商会、华侨衣馆总公会、华侨生果行公会、华侨杂货行公会、华侨餐馆业公会、华侨农业公会等。

会党团体，主要是致公党。古巴致公党源于旨在"反清复明"的洪门，成立于 1902 年。历史上曾几易其名，现名为洪门民治党。到 20 世纪 40 年代，致公党古巴支部之下，设有分部及通信处 15 处，党员人数据称有 2000 人。

业余爱好团体，有精武体育会、中华音乐研究社、国光歌剧团等。

20 世纪上半期，古巴侨团最多时达 80 多个，遍布古巴六省。古巴主要侨团的总部均聚集在古巴首都哈瓦那市。哈瓦那同时另有姓氏旅所 89 个、地方旅所 59 个、杂姓旅所 52 个^②，主要供接待本团体的成员赴哈瓦那办事或中转之用。

古巴各地分布的众多侨团，反映出古巴华侨社会的组织程度极高。古巴华侨对此也引以为豪。古巴中华总商会主席李崑玉曾写道，"余记得外埠来古游历之人称说，各国侨团未有如古巴华侨社会之完备。有中华总会馆以提其纲，而起领导之作用；政治方面，又有两党作深入的推动；职业方面，有中华总商会、什货行公会、生果、衣馆、餐馆及农业公会；在慈善方面，有中华义山及中华颐侨院；保障健康的，有九江公医院；文化界则有三间华字日报，一杂志，又有中华学校（近因建筑中华大厦，暂行停办）；关于义学，先后有国民党所办侨民夜校、基督教办义学、天主教办义学、青年互助社办义学；余如宗姓团体，地方性团体，应有尽有，俨

---

① 《第二届国民大会古巴华侨代表许荣暖报告书（二）》，《华文商报》1948 年 2 月 21 日。

② 《古巴华侨之团体组织》，《华侨先锋》1945 年第 7 期，第 64 页。

若一个小国家……"①

中国国民党在古巴的分布

省	市/埠	党部
夏湾拿省 Havana	夏湾拿市 Havana	国民党驻古巴总支部 国民党驻古巴第一支部 国民党驻夏湾拿分部
边拿厘佑省 Pinar del Rio	边拿厘佑省 Pinar del Rio	国民党分部
	亚尖美砂埠 Artemisa	国民党分部
马丹沙省 Matanzas	马丹沙埠 Matanzas	国民党驻古巴第二支部国民党分部
	加达拿埠 Cardenas	国民党分部
	个窿埠 Colon	国民党分部
山打加拉省 Santa Clara	山打加拉埠 Santa Clara	国民党分部
	介华连埠 Caiharien	国民党分部
	善灰咕埠 Cienfuegos	国民党分部
	古习士埠 Guces	国民党分部
	固马拿也话埠 Cumanayegua	国民党分部
	大沙华埠 Sagua la grancle	国民党分部
	山爹庇列度埠 Saneti Apiritus	国民党分部
	進你拉埠 Trinad	国民党分部
	游华体埠 Yaguajay	国民党分部
甘马威省 Camaguey	甘马威埠 Camaguey	国民党分部
	舍咕埠 Ciego de Avias	国民党分部
东省 Oriente	山姐咕古巴埠 Santiago de Cuba	国民党驻古巴第三支部 国民党分部
	槐音务埠 Bayamo	国民党分部
	荷花芊埠 Jobabo	国民党分部
	万山厘佑埠 Manzanillo	国民党分部
	云丹拿务埠 Yuantanamo	国民党分部

资料来源:《古巴华侨之团体组织》,《华侨先锋》1945 年第 7 卷第 4—6 期, 第 64—66 页。

除社团众多外, 20 世纪上半期, 中国国民党在古巴也发展了不少党员。中国国民党在古巴的最早雏形为古巴华侨黄鼎之创办的三民阅报社。随后, 古巴华侨成立三民团体会。1921 年, 国民党古巴支部成立。国民

---

① 李崑玉:《何以我们设立海滨俱乐部》,《开明公报》1954 年 7 月 29 日。

党第一次全国代表大会发表宣言政纲政策之后，古巴侨胞加入国民党者日多，国民党党务在古巴扩张迅猛。1928 年，驻古巴总支部将全古巴党部划分为三个支部，并下设二十余个分部。《民声日报》为其机关报。

二 主要侨团概况

在古巴，最为重要的侨团包括中华总会馆、中华总商会、九江侨商公医院、致公党（致公堂、洪门民治党）等。

（一）中华总会馆

中华总会馆为古巴华侨华人社会的最高公共机关，于 1893 年在哈瓦那成立。1902 年，清政府驻古巴总领事谭乾初组织华侨筹款四万余美金，为会馆建造楼宇、购买地段等。1903 年 3 月 10 日，总会馆举行开幕典礼。1954 年，古巴华侨集资新建会馆大厦。

中华总会馆附设有中华义山及颐侨院。其中，中华义山由谭乾初经手创建，主要安葬先侨遗骨。"中华义山专为华侨百年后安葬之所，有义地有租地。义地每三年起掘，租地八年或十五年为期，期满可续，租每穴收租金十五至廿元。"[1] 古巴华侨承袭中华传统丧葬习俗，信奉入土为安。由于义山有限，故免费埋葬期为三年，到期未缴租金，往往会起掘遗骨，并登报公布先友姓名与家庭住址。义山按照姓氏划分区域，分黄字段、李字段等。起掘的遗骨也往往由各姓氏团体领走。为安顿在古巴的年老华侨，1915 年在哈瓦那郊外的雷格拉（Regla）创办中华颐侨院，收容 60 岁以上贫苦无依的老侨。20 世纪 50 年代后，由于年老华侨越来越多，颐侨院多次扩建宿舍，仍不敷使用。颐侨院老人的生活费主要靠侨胞捐款。每年清明节祭祀时，举行老人节捐款。古巴侨胞极富爱心，常到颐侨院看望老人，捐款捐物等。

中华总会馆的职能包括对外和对内两项，"对外则外交上之斡旋，对内则侨局与侨务之设施及筹措，善善从长，尽其范围内之权责以行之耳。"[2] 对外方面，中华总会馆代表整个华侨华人社会的利益，施行"国

---

[1] 刘委员诜轩：《古巴侨情报告（二）》，《华文商报》1949 年 1 月 6 日。

[2] 朱澄川：《中华总会馆与院山》，《民声日报》1942 年 3 月 17 日。

民外交"，负责对外交涉等。对内则负责华侨华人的慈善、福利、文化和教育等公共事务。

为解决侨界面临的共同问题，古巴中华总会馆曾组织召开三次全侨代表大会。第一届全侨代表大会于 1924 年召开，主要为解决古巴兴起的排华浪潮。1956 年，中华总会馆组织召开第二届全侨代表大会，事因会馆经费见绌，颐侨院房舍不够以及中华总会馆建楼捐款资金二万余元下落不明的问题。1958 年，召开了第三届全侨代表大会。

（二）中华总商会

古巴中华总商会成立于 1897 年 12 月，发起人为清朝驻古巴总领事黎荣耀，最早领导人为易绮茜、李迈亿等。1911 年，一些热心侨务的古巴华侨倡议重组中华商会（后改为中华总商会）。改组后的中华商会最初对会员资格的要求是：1. 凡华人创设之洋货杂货办庄；2. 凡华人创设之大小杂货店。由于只有从事上述生意的华商能够入会，故最初会员极少，仅四十余名。1933 年，李崑玉妾任会长之后，修改商会章程，放宽会员入会资格。规定：凡属中华人民旅古经营正项业商，品行端正，得由会员或职员之介绍，经董事会核准，即得为中华总商会会员。"如此即各业之侨商有志入会者无不欢迎，又礼聘名律师竭力维护会员权益，联络西人商业机关以争取我侨有利地位。同时向企公牛奶公司、仙赏生油办庄、大来轮船公司等交涉取回扣佣（按此项扣佣，每周结算将所得交总商会与经手销货之会员均分）该会公积固然逐日加高，凡属会员也得回额外收入，而权益更得实力的保障。"[1] 此后，古巴各行业侨商纷纷加入。到 20 世纪四五十年代，会员达 2000 名，占全古巴华商 90%[2]。1957 年古巴中华总商会会员的会费标准为：本湾月费一元五毫，山埠甲等全年 12 元，乙等全年 6 元[3]。

中华总商会，是"旅古华侨商务总汇，为中西商业交通的大桥梁，

---

[1]　凌空：《总商会谋大群之利益——为中华总商会扩大征召会员而作（一）》，《华文商报》1957 年 4 月 8 日。

[2]　凌空：《总商会谋大群之利益——为中华总商会扩大征召会员而作（三）》，《华文商报》1957 年 4 月 10 日。

[3]　同上。

也是发动国民外交的坚强堡垒"。① 其主要职能是维护侨商利益大局，负责对外交涉、对内协调。从1933年至1936年其主要办理的事务看，中华总商会涉及的事务非常广泛。

1934 年

1月向古政府要求修改移民律案。

2月3日向外侨登记局交涉有关我侨登记费，并呈文使领两馆请求协助进行案。

4月交涉牛奶公司销货扣佣案。

5月交涉大来公司华货减收运费案。

6月交涉减收码头税案。

7月交涉锁视公司及米公用案。

8月交涉五十工例及八小时工例案。交涉花生油扣佣案。

9月交涉排华案。要求甘马限酒枧公司优待华商案；向移民局请求对我侨商抵湾迅即放行案；向邮船公司交涉客位由各商庄代理案；交涉劳工保险法例案。

1935 年

1月在会内附设顾问部以便利会员抄数及纳税案。

2月组织庆会筹款购楼委员会。筹备于5月19晚在波罅酒厂花园举行，东方庆会案。

8月交涉劳工保险、五十工例、八小时工例案。

9月组织购楼委员会负责进行案。

11月呈文财政部请求缓执行修正之厘半税厘案。关于劳工部来函邀请派代表参加东西两方选举事宜案。

1936 年

2月派陈家标、赵剑琴两专员入埠调查全古华侨商业，以备政府订立中古商约案。②

---

① 凌空：《总商会谋大群之利益——为中华总商会扩大征召会员而作（一）》，《华文商报》1957年4月8日。

② 凌空：《总商会谋大群之利益——为中华总商会扩大征召会员而作（二）》，《华文商报》1957年4月9日。

上述工作反映出中华总商会切实代表并维护了侨商的利益，起着沟通联络、对外交涉等重要作用。总商会也为此赢得了很高地位，"西人任何商业团体或政府有关商业之会议，均被请派代表出席"①。中华总商会于1936年加入古巴全国经济联合会及全国零沽商人联合会，由于有效地与西班牙商人沟通，此后西班牙商人排华事件减少。

（三）九江侨商公医院

九江侨商公医院。成立于1924年，由旅古南海县九江人所组织。医院名义上归属于九江侨商公会，实际上是全侨公共慈善机关。20世纪中期，医院设有总务科、牙科、肺痨科、驳骨科、解剖科、内外科、检验科、儿童科、妇女科等，同时有医师16人、护士12人、病床140张。②医院的运转经费每年约需八万元，主要由会员会费、慈善捐款、贺金和影戏筹款构成。

1948年时，侨胞每月缴纳二元五毫③，即可成为医院会员，享有免费诊治留医的权利。1947年，"医院共有会员2449名，占全数8.16%"。会员权利主要包括以下几项：1. 会员有病时，得在院留医。院内随时有各种专科医生。以备验症施药。药科、伙食及其他一切病人的需要，都由医院供给。不费分文，直至医愈出院为止。2. 康健有不舒畅时，即可到院验屎验尿或验血。院内备有各种化验仪器，以察病症的来源，从速施治。3. 无病的会员，随时有权到院照X光镜，以察验内部是否有无隐藏及不易觉的病症④。同时确属贫苦的非会员侨胞，经中华总会馆证明，也可免费诊治。

（四）致公党（致公堂、洪门民治党）

古巴致公党成立于1902年，前身为哈瓦那三合会。又曾为响应北美致公堂的号召，将洪门三合会改为洪门致公堂。1925年改名为洪门致公党。1946年改为洪门民治党，一直延续至今。《开明公报》是其宣

① 凌空：《总商会谋大群之利益——为中华总商会扩大征召会员而作（一）》，《华文商报》1957年4月8日。

② 陈匡民：《美洲华侨通鉴》，美洲华侨文化社1950年版，第645页。

③ 赵锦鎏：《幸福与康健（一）为鼓励侨胞加入九江侨商公医院而作》，《华文商报》1948年6月3日。

④ 同上。

传的喉舌，创办于 1922 年。后因经费困难，于 1975 年与古巴华侨社会主义同盟创办的《光华报》合并，改名《开明光华联合报》，最终因经济困难于 1985 年停刊。20 世纪上半期，致公党在古巴下设 15 个分部，有党员数千名。古巴各地致公党均自置楼宇。1947 年时，古巴洪门楼业共计 15 座，舍咕四座，云丹三座，夏湾拿一座，葛度一座，加连一座，善灰咕一座，磨梗一座，那役打一座，最近购成者又有甘马限一座，汕爹古巴一座，另磨梗分部尚有一地产数大段，产业总值美金数十万元①。

三　古巴侨团林立的原因

一般来说，由于侨团的维持需费不少，若不能获得成员支持，将难以为继。20 世纪上半期，古巴的侨团不仅数目众多，类型不一，而且成员不少。20 世纪 50 年代，在中华总会馆建筑新厦的同时，很多侨团也集资建起大楼，成为侨团的驻地，如溯源总堂、安定堂等。

古巴华侨为何如此依赖并支持侨团？"远涉重洋，居留异域，莫如我国之多，亦莫如吾国人之冒险及清苦，每每只身上岸，及囊空如洗，初到异地，言语固然不通，住宿亦成问题，假如无社团之设立，从何作招待之所，假如工作有栖，或经营生意有术，可谓乐矣，但我们毕竟是一外国之人，外人常存蔑视之心，如无社团维护，任你个人口若悬河，本事如天，亦无如之何，况人有旦夕之祸福，未必营商一气顺利，假如一时潦倒，其时常倚朋友处乎，抑兄弟处乎，但长此以往，他人亦必生厌，自己亦觉难过，如无社团又何能方便呢，故社团不可不设立矣……"② 1954 年，一位署名"东青年"的古巴华侨专门给《开明公报》去信，阐述对古巴华侨与社团之间关系的看法，指出侨团的几大作用：提供招待之所、介绍工作、维护侨群权益、落难时接济等。

这位古巴华侨对侨团的认识，可能来自自己的切身感受和亲身经历。但笔者认为，古巴侨团林立还有更深层次的原因，那就是因应和便利华侨

---

①　《洪恩大会代表昨开第十一二次会议纪闻》，《华文商报》1947 年 9 月 13 日。
②　东青年：《我侨与社团的关系》，《开明公报》1954 年 3 月 3 日。

在古巴的生存和发展。首先，华侨华人在古巴基本处于边缘地位，古巴政府极少过问侨社内部事务。因此，古巴华侨华人社会基本是个独立的小社会，自行负责社会内部事务，各类侨团都承担着自己的功能。中华总会馆作为最高公共侨团，主理全侨事务。就其内部功能而言，其主要承担了福利慈善类公共事务。颐侨院担负起养老责任，中华义山则为仙逝华侨提供安葬善后之所。而中华总商会和各职业团体主要是服务于华侨商务和经济。20 世纪 30 年代，受古巴经济萧条和排外影响，侨商受到打压和排挤，各职业团体相继成立。1933 年，华侨衣馆公会、华侨杂货行公会成立；1935 年，生果行公会成立。中华总商会锐意改革和发生重大作用也在 1933 年以后。华侨行业性组织的成立，是受到外部压力而抱团以求生存的自然反映。同时，各职业团体内部竞争及纠纷可以内部协调解决，进而使与西商的矛盾及早化解。地方和姓氏团体，则主要是介绍职业，提供临时住处，落难时救济等。

其次，更为重要的是，古巴华侨华人主要系单个的男性移民，由于在古巴没有家庭，他们的空闲时间往往花费在社团，因此社团的参加者众，所办活动也能得到热烈支持和响应。同时，社团就像一个大家庭，在华侨的危难时刻更起着重要作用。尤其是孤身一人在古巴的华侨在生病和去世之后的料理，几乎全靠社团及亲友帮助。在古巴的华文报纸上，经常见到谢启、致谢等启事。如：

伍时绥谢启[1]

弟年老气衰，频年多病，经济窘迫，近更病势堪虞，幸得安定堂理事长胡有添与伍家光两君及时援助，将弟送入国家医院救治，复蒙各界亲友兄弟捐助药费，始得挽回贱命，现已平安出院，回寓休养。又在医院时幸得伍时新君代为奔走，向各亲友兄弟捐助药费，此恩此德，愧无以报，谨登数言以鸣大德，藉表谢忱并祝群祺八月三日弟伍时绥敬谢

兹将此次捐款芳名列下

李稹源十元 伍松猷八元 伍尚耀 伍跃坤 伍尚珍 伍润时

---

① 《伍时绥谢启》，《华文商报》1953 年 8 月 3 日。

伍时来　伍时瑶　梁才润　伍德旺　伍百将　每五元　胡有添　梁随福　伍于祯　伍□　瓒　每三元　伍时礼　伍于宗　无名氏　伍士寅　伍士民　伍铁锋　伍权宪　伍瑞时　伍修时　每二元　伍尚林　伍尚尧　伍于硕　伍耀炯　每一元

这则谢启是感谢侨团领袖及亲朋好友在生病时赞助药费并派人看望。在古巴华侨社会，此类互助情形十分普遍。以下一则谢启则反映出，孤苦无依的老侨去世后得到所在侨团及朋友赞助丧葬费用。

谢启①

启者先堂叔曾占燥台山上阁大叁村人旅古三十余年向安无异不幸于五月十一日因病逝世身后萧条葬费无着幸得民治党总支部与各亲友慈善为怀慷慨捐助始得成殓出殡之日又荷鞠赠花圈鲜花素车执绋高谊云情存殁均感爱缀数言藉表谢意并颂群祺五月廿五日曾广德代谢

　　兹将各界亲友鞠赠花圈奠仪芳名列下
　　民治党送慈善金十五元
　　曾纪胖送奠仪二十元曾暖传五元
　　厚昌　传缢　纪贺　楹传　文传　士裔　锦传　毛来　毛猷　裘慰　熊才就　李惠南　吴龙　家熠　陈旺　每二元　荣达　麦汝铃　谢圣聪　黄壮　纪钧　传享　□永　纪泽　家濂　纪旺　泽常　经纪　纪□　仲元　沾燦　薛森　传华　胡炳润　雷宜宗　胡帝顺　胡有添　每一元　甄嘉彬四毫　传惠五毫　西女姊拉　光传每四毫半（以上未冠姓氏者皆曾姓昆仲）
　　曾月明旅所送花球一个
　　曾武城房　其林　广铿　其坚　其悦　潮享　纪兴　仝送花圈一个
　　曾宗圣旅所一个　锦传　楹传　毓泮　文传　纪贺　士裔　仝一

_____
① 《谢启》，《华文商报》1955年5月27日。

个　　纪胖　荣达　传振　才就　仝一个

　　民治党总支部　家溢　西栅旅所　薛森　西女姊拉　每送生花一扎　民治党　武城房　月明房　曾宗圣房　治丧处　每送殡车一辆

　　进支数如下

　　进奠仪九十五元六毫　死者存款一元一毫半　沽旧衣服二元　共进银九十八元七毫五仙

　　支棺木一具四十八元　宝烛五副一元□毫　支烟仔四包三毫六仙　火柴一盒四仙　车费□毫四仙　冰糖四毫　行三朝山二元　开明华文两间报馆告白费共十元

　　共支六十二元七毫四仙

　　进支比对存三十六元〇一仙（存款将汇归死者在籍家属收）

从这则谢启可见，贫苦老侨曾占燥逝世后，仅有存款一元一毫半，全赖民治党总支部和亲友襄助，才得以下葬。在将老侨妥善安葬后，还将亲友襄助的剩余款项寄归家属。

四　结语

综上，20 世纪上半期古巴侨团林立，华侨华人社会组织程度极高。由于古巴华侨华人主要是单个的男性移民，其家属主要在中国家乡，所以侨团发挥着家庭的某些功能，尤其是在侨胞危难时刻起着非常重要的作用。同时，20 世纪上半期古巴曾发生几次排华事件，令华侨华人时刻保持团结和警惕，抱团以求生存和发展。

1959 年古巴革命后实行的国有化改革，使华侨华人经济遭受重创，华侨华人社会也随之衰落，再没复兴。同时，古巴官方强调族群融合与平等，加之随后中古关系恶化，使得华侨华人避免在公共场合公开表达族裔特征，古巴华侨华人的族群意识逐渐淡化乃至消亡。20 世纪 90 年代，随着中古关系回暖，古巴官方开始允许甚至鼓励华裔历史的叙述和研究。1993 年，古巴华裔向中古友好协会发起复兴哈瓦那唐人街的请愿。1995 年，哈瓦那华区促进会（EI Groupo Promotor del Barrio Chino de la Havana）成立，旨在复兴哈瓦那唐人街的经济和文化。2002 年在古巴中华总会馆登记的 2866 名会员中，314 人出生在中国①。由于人数规模小，如今古巴的侨团所剩无几。重要的侨团包括中华总会馆、洪门民治党、古巴华侨社会主义同盟。其余还包括一些姓氏和地方社团，如黄江夏堂、李陇西公所、九江公会、龙冈公所、余风采堂、安定堂、朔源堂、至德堂、陈颖川堂和中山自治所。

---

① Yanet Jimenez Rojas. Casino Chung Wah. In Lassociedades Chinas: Pasado y presente, Catedra de Estudios sobre la Inmigracion China en Cuha, Casa de Altos Estudios DonFernando Ortiz (CD). 转引自 Kathleen Lopez. The Revitalization of Havana's Chinatown: Invoking Chinese Cuban History. Journal of Chinese Overseas 5 (2009), p. 189。

当代古巴华侨的家国观与文化观

——基于黄宝世书信的解读

陈 华 潘 浪①

摘要： 一批从 1952—1975 年古巴华侨寄给家中的书信得以保存下来，书信的执笔者是广东台山人黄宝世。这些书信反映了以黄宝世为代表的当代古巴华侨的家庭观、国家观与文化观。通过对该文献的梳理与研究，有利于加深对当代古巴华侨的现实生活与思想状态的认识。

关键词： 古巴华侨；家庭观；国家观；文化观

古巴，既不是传统的大量华侨华人的侨居地，也不是新移民所青睐的地方。古巴华侨历来是国内华侨研究的薄弱环节，其中一个重要的原因是研究材料的缺失。因此，我们看到的 1952—1975 年间，当代古巴华侨黄宝世不间断地寄给家中的书信，有助于我们进一步了解当代古巴华侨的生活与思想状态。

这些书信的作者名叫黄宝世，是一位古巴华侨。1898 年在广东省台山县出生，1925 年即旅居古巴比亚克拉拉省的大萨瓜市，1975 年终老于侨居地。他刚开始在古巴打工，然后经营小店铺成为小商人。同时，在当地华侨社会中，担任大萨瓜市中华会馆的终身主席。黄宝世寄给家中的书

---

① 作者为暨南大学国际关系学院、华侨华人研究院硕士生。

信完整保存下来的共有四十多封，时间跨度有二十几个年头，从未间断。里面有他的生活、工作与感情等内容，同时还有大到对时局，小到对家庭的看法，完整地反映了他的家庭观、国家观与文化观。当代古巴华侨的思想观念所涉及的许多问题，目前学术界探讨的较少。鉴此，本文尝试以这些书信作为研究对象，以家庭观、国家观与文化观等议题为切入点，对当代古巴华侨的生活与思想状态进行简要的分析。

一 家庭观

这四十多封书信，每一封所讲述的内容不尽相同；但书信中最多的是反映了古巴华侨黄宝世的家庭观。他的家庭观大体上可以分为三大类，分别是对家庭成员的关爱、对家庭的责任与对家乡的关心。要分析古巴华侨黄宝世以上三个方面的家庭观，必须要以黄宝世早年生活的背景为基础。黄宝世出生于五邑侨乡之一的广东台山县，台山地区因为自然地理环境与文化等原因，历史上多海外移民活动。近代以来，由于列强入侵，中国劳工自愿与非自愿不断地输往海外各地。1904 年，爱国华侨陈宜禧怀抱着爱国热忱，回到阔别多年的家乡，筹建了新宁铁路（又称宁阳铁路），[①]并于 1920 年正式通车。黄宝世正是在新宁铁路建成五年后，通过新宁铁路出洋，来到了古巴，这时黄宝世在台山老家已生活了 20 多年，家庭观念深受成长经历与周围环境、文化的影响。

家是指同居营共生活的亲属团体而言，范围较小，通常只包括两个或三个世代的人口。[②] 而家庭观是指人们对家庭的期望以及家庭在他们心目中的位置。中国传统社会一切是以家庭为本位，无论是伦理纲常或是风俗习惯等都是如此。古巴华侨黄宝世的书信中许多文字都体现了他的家庭观。

（一）对家庭成员的关爱

黄宝世的家庭成员主要有他的妻子，以及他的儿子黄卓才。子女不仅

---

① 梅伟强、张国雄：《五邑华侨华人史》，广东高等教育出版社 2001 年版，第 379—380 页。

② 瞿同祖：《中国法律与中国社会》，中华书局 2008 年版，第 3 页。

是父母的生育成果，而且也扮演着维系父母家庭关系的角色。① 在信中黄宝世充分表达了他对子女教育的重视。

　　1952 年 4 月的银信，寄广东台山县五十区永隆村。

　　接来手札，妥收一切，勿念。藉悉汝春季投考中学，名列廿六，经已入学读书，闻讯之余，无限快慰。我前信已经详细讲过，如进入每一间学校读书，是必知道读书人的立场，求深造求上进，是为读书人的本色。对于金钱的用途，还须时时谨慎。况汝母亲在家身体多病，倘得时间许可，不时回家照顾为要。

　　……

　　我目前身体安好，请勿在念。

　　小儿卓才收读

　　　　　　　　　　　　　　　　　　　父　宝世　上言

　　　　　　　　　　　　　　　　　　一九五二　四月廿八

　　这里信的内容主要体现在两个方面，一是成才，二是成人。对于其子黄卓才在学业上取得好成绩，作为父亲的他在信中表达了自己的喜悦之情。比成才更为关切的是成人，信中教导其子深明读书人的立场，要不断地求上进，正确地对待金钱，这已不仅仅是成才的问题，而升华为如何为人的道理。同时，嘱咐黄卓才常回家照顾身体多病的母亲，一方面体现了作为父亲教育子女应尽孝心，另一方面也可以看出他对妻子的关爱。在 1965 年信中得知其结发妻子逝世时信中写道，"精神上受到刺激，回想做了几十年的妻子，一旦永别，似觉伤心。"可见妻子在他心目中占据着重要的地位，同时内心也流露出了多年未尽做丈夫义务的愧疚之情。此外，黄宝世也非常体贴和关怀其他家庭成员，如在其 1965 年的信中写道，"若收此款请交祖婆及平姨每（人）五十元为费用"。在黄宝世为代表的古巴华侨心中，只有大洋彼岸的家才是他们唯一心灵

———————

　　① 王铭铭：《走在乡土上——历史人类学札记》，中国人民大学出版社 2009 年版，第 36 页。

的归宿。他们把自己的情感都投送到家庭的怀抱里。① 他们的家人寄托着他们的情感。

（二）对家庭的责任

作为父亲与丈夫，对家庭肩负着重要的责任。海外华侨，他们最大一个特点就是给予侨汇。侨汇是国内侨眷的主要生活来源，是国外华侨和祖国家乡密切联系的纽带。② 经济对于一个家庭来说，是维持生存基本的元素。早年黄宝世为代表的古巴华侨出洋多半是因为经济原因，而黄宝世在古巴所挣的钱，又通过银信等渠道补贴家用。在华侨的家庭观中，这是他们的责任。黄宝世在古巴先是从打工开始，而后再成为小商；可后来，在古巴社会主义国有化改革当中，其仅有的财产又成为被没收的对象，故而晚年生活较为困难。当时已经没有工作，唯一的收入来源便是四十元（后为六十元）的退休金。然而不论何时，或是处于何种经济状况下，他都一如既往地通过各种渠道寄回侨汇，书信从头至尾没有离开侨汇的影子。据统计，在四十多封书信中，涉及侨汇的已达到一半以上，侨汇的金额达数千元之多。对于海外的华侨来说，这是唯一可以为家里所做的事情。他们正是以侨汇为桥梁，默默地承担着家庭经济的重任。

（三）对家乡的关心

家乡是家庭的外延，海外华侨长期在外，缺乏归宿感。时间越长，越是备感思念家人、家乡。书信是联系侨乡与海外华侨信息的重要渠道，海外华侨远离家乡，只能通过书信的零散信息构筑对家乡变化的认知。在黄宝世的书信里，可以看到他对家乡变化的关心。

1973 年 9 月，"你（按：指其子黄卓才）前信说及或回故乡一行，所见过本乡情况以及其他地方，姨母生活健康，来信略为报告。"

这时，黄宝世已经是七十多岁的高龄了，其实家乡早已发生了巨大变化。同时，其子已离开家乡多年，并在广州定居。但信中只言片语体现了黄宝世老人对家乡的关心，家乡是他内心中永远的牵挂。

---

① ［法］莫里斯·哈布瓦赫：《论集体记忆》，毕然、郭金华译，上海人民出版社 2002 年版，第 99 页。

② 林金枝：《侨汇对中国经济发展与侨乡建设的作用》，《南洋问题研究》1992 年第 2 期。

二　国家观

家庭与国家是中国传统社会的两极，由家而国。中国的伦理道德中，家与国是相辅相成的，儒家的家国理论以"三纲五常"为核心而建构，修身，治国，齐家，平天下等相通。因此，与家庭观相对是国家观，国家观与家庭观既有内在的联系性，也有差异性。海外华侨不仅对家庭与家乡有着寄托，同时对祖籍国也有着深厚的感情，黄宝世的书信反映了他的国家观。他的国家观不仅代表了一般古巴华侨的国家观；同时也具有它自己的特点。这是由黄宝世自身的情况而决定的。黄宝世是晚清时出生，历经民国到新中国成立这段历史时期，从传统到现代，成长的文化背景较为复杂。作为华侨，他在古巴生活、工作几十年，可以说生命的大半时间是在古巴度过的。并且经过自己的努力，先打工后小商，并出任古巴华侨社会的侨领，这种经历有异于普通华侨。无论是从思维方式，还是视野开阔程度等各方面，都与一般的古巴华侨不同。书信反映了黄宝世的国家观有以下两方面。

对祖籍国的认同

以黄宝世为代表的古巴华侨，他们都曾在祖籍国出生成长，生长在中华传统文化的环境下，对祖籍国有着较高的认同感。首先，这种认同感主要表现在他迫切的归国心。这四十多封书信中有两条主线，一是侨汇，二是归国。黄宝世在古巴生活了多年；但他仍有一个愿望，希望在晚年回到祖籍国与家人团聚，这件事在信中多次提到，其中有关政策、手续等细节都反映详尽。

1963 年 4 月，"我年老了，又遇到不良环境当中，我不知点（怎）样打算，在我唯一理想，就是有机会返回祖国，去与我家人团聚，是我的愿望。"

黄宝世寻求各种回国的办法，例如以游客省亲回国、以老侨资格回国；却都以失败告终。由于时局政策的变化及黄宝世年事已高，最后归国愿望没能实现。虽然时隔多年，祖国也发生了巨大的变化；但他对祖籍国的一致认同的感情从未改变，直至终老。

其次，如其他国家、地区的华侨一样，古巴华侨社会也建立自己的社团组织，古巴的中华会馆即是如此。通过华人社团组织，加强了与祖籍国的联系。黄宝世出任了古巴比亚克拉拉省的大萨瓜市中华会馆的终身主席，维护当地华侨的利益。再次，漂泊在古巴的华侨黄宝世，内心里由衷地希望看到祖国的强大。只有这样，古巴华侨才有坚强的后盾，才会让他们感到骄傲与自豪。这不仅是作为一个古巴华侨社会侨领愿望看到的，同时更是作为一个普通的古巴华侨所想看到的。黄宝世来到古巴谋生时还是清政府时期，随后，中国又经历了辛亥革命与新中国的成立。书信中，黄宝世对每一次祖籍国发生的变化与进步都十分的关切。

1968 年 1 月，"听闻中国文化革命有些阻碍，我更加不安，见字千祈详细报告为要。"

1969 年 12 月，"须知在社会（主义）国家里头，一切有政府栽培，任何事业比较容易。"

对时局的关切

黄宝世对当时的国家间关系及时局有着独到的见解，黄宝世是一个习惯看报纸，非常关心时事政治的人。不仅关注古巴，而且关注祖籍国中国的情况。对古巴国内政局、苏美两极格局关系、中古关系与相关的政策在信中都有提及，也表达了他的看法。1959 年，古巴新政府成立，施行国家主义，它对于古巴华侨有诸多不利，同时新政府竟向工商业加重税捐，连实业暂时冻结，未许出卖。古巴新政府从 1962 年起将所有私营工商业收归国有，华侨职业予安排，大部分留在原部门内工作，领取工资，维持生活。[①] 国家经济状况不好，物资缺乏，而且古巴经济命脉的制糖业也陷入了困境，这给黄宝世的经济生活造成了很大的困难，他在书信里对这些古巴新政府的经济政策表达了自己的忧虑与不满。

1965 年 9 月，"目前古巴局势仍未转好，物质粮食依仍缺乏。今年古巴糖产最高，但世界市场糖价惨跌，销流迟滞。国内人民购糖不比去年限制，可能自由购买。今年七月份本埠什货行没收了十八间，华侨占三间，但我未被其没收，想不久亦同一命运。"

---

① 方雄普、谢成佳：《华侨华人概况》，中国华侨出版社 1993 年版，第 227 页。

尔后，1974 年，当古巴国家经济转好，对华侨实施的政策也有利时，书信就表示了对这种状况较为认同。同时，他也向家人介绍了古巴的医疗、教育、技术等发展速度，对穷人与病人有种种的便利。这说明了黄宝世对古巴，在政治认同这个层面上，没有太多的情感因素。他所注重的是古巴政府的行为，是否利于他自身及古巴华侨社会。他在谈及古巴情形之外，也表达了对祖国国内情况的关注，如下面两封信。

1962 年 5 月，"关于祖国的情形，我略明白。昨适有侨胞从广州市复回古巴，顺便问及祖（国）的情形。据他称说，政治非常安静，建设方面已有所进展；但谓粮食方面，因物质缺乏，虽有钱未易买得到粮食。难解共产政府经十余年的奋斗，及尽量促进生产，仍未达到人民丰衣足食，感觉奇怪。"

1968 年 1 月，"听闻中国文化革命有些阻碍，我更加不安，见字千祈详细报告为要。"

黄宝世经常看古巴报纸关注中国的情况，这不仅由于中国情况变动对于家人的影响，而且如许多海外华侨一样，他们都心系祖国，希望社会主义祖国能够繁荣起来。因此，他们对国内的重大事情都十分关心。

其次，黄宝世对国际局势亦非常关注。在信中对古美关系、苏美两极格局、中古关系与相关政策都有所提及，也有自己独到的见解。1966 年 1 月，"对于古巴政府与美国的协议，每月可放出 3000 人过美，此协议是长期性的，他日如何，再行报告。""中古关系有所缓和"，"中国驻古巴领事馆与古巴政府签订协议"。此外，黄宝世对国际局势的走势，观察得较为到位。这不是一个普通华侨所能做到的，主要是出于黄宝世敏锐的眼光与古巴华侨社会侨领的身份。

1969 年 12 月，"关于世界战云密布，我以为是一种宣传性质的，目前原子发达时代，任何列强国家未敢轻易发动战争。有消减人类的危险。对于祖国鼓吹民众备战备荒储粮促生产，这样措施无非针对苏联威胁。我每听到美国电台广播，时刻寻求和平，退兵越南，俾得西贡成为一个选举自由的政府，其他没有任何迹象。"

1971 年 10 月，"我从收音机听到美国派一高级官员去人民共和国商定不日美总统前往中国访问的程序，世界和平可能一大变化。"

据上信可得知，黄宝世在 1969 年就认为，世界大战必然不可发生，两极格局有缓和的趋势，同时美国陷入了对越战争不能自拔，在积极寻求和平，越南战争估计会结束。事实证明，这些判断都是正确的。以上所提到对古巴新政府、中国及国际时局等方面，古巴华侨黄宝世对这些问题态度与看法，总体上是极为的理性、客观与真实，这些看法是他国家观的重要组成部分。

三 文化观

深层次来看，古巴华侨黄宝世的家庭观与国家观，其实是源于他的文化观；而文化观又是在特定华侨文化作用下而形成的。华侨在海外生活，在从事经济、政治、教育等方面的同时，也创造了属于他们的文化。华侨社会所形成的华侨文化，实际上就是中华文化在海外的传承与发扬，华侨文化直接脱胎于中华文化之母体，是中华文化在海外的一个分支。[①] 黄宝世正是在这样文化环境中形成了自己的文化观。

（一）"落叶归根"的心理

早期华侨的文化观与中华文化的联系较为密切，取决于老一辈华侨在海外各个方面并未完全融入当地社会，特别是文化上的融入。随着时间的推移，他们的后裔日益参与到当地经济社会等各方面的生活中，甚至加入了当地的国籍，从语言、习俗、观念、思想等方面都不断地当地化，这样导致了他们越来越认同当地的文化。这是一个必然的历史过程，从"落叶归根"到"落叶生根"慢慢地调适与转变。黄宝世虽然在古巴生活、工作了几十年；但晚年依然是想回到祖国，回到亲人的身边，这一想法取决于他的文化观。移民古巴的老一辈华侨，前半生成长在中国，其生长的文化背景，具有深厚的中华文化特色。中华文化对华侨凝聚力主要表现为华侨那种"树高千丈，落叶归根"的心态行为。[②] 黄宝世是在中华文化的熏陶下而形成他的文化观，是典型的早期华侨的传统思想观念。这些早期华侨都是离开亲人，只身前往海外从事繁重的体力劳动，然后把辛苦赚来

---

① 陈乔之：《略论华侨文化与华人文化》，《东南亚研究》1997 年第 6 期。
② 侯霭云：《中华文化与华侨凝聚力》，《中央社会主义学院学报》1993 年第 1 期。

的钱作为侨汇寄回家中，补贴家用。许多华侨由于各种原因就再也没有回到亲人的身边，离别亲人的苦楚他们内心时有感触。在黄宝世的这几十封书信中，表达了一个强烈的愿望，就是要回到祖国，与家人团聚。到了其晚年的时候，归国、归乡之情更加明显。他所盼望的是"落叶归根"而非"落叶生根"。

（二）尊重家庭价值

尊重家庭价值，倡导和谐宽容等①方面在书信中多处体现。家庭价值是个人对家庭事务所持有的一种看法、态度；同时也是评价家庭意义的标准，这种价值影响着家庭生活的各方面。黄宝世在信中反映的家庭价值观主要有坚持孝道和爱护亲人。让其子黄卓才尽力照顾好病重的母亲，及岳母妻妹等人。家庭生活应该坚持勤俭节约的原则，甚至是其子黄卓才结婚，都要求要以节俭为重。同时非常重视后辈的培养与教育。

1959 年 4 月，"您（按：指黄宝世的妻子）说将来结婚要需用许多钱，我极不表同情。因为在文明的时代，新式婚姻须要简单，况您又住在城市，不是在乡间，凡事更容易办理。"

1971 年 5 月写给贤媳的信，"尤其是细心培养儿女，成为一个有技术才能的孩子，自然得到家庭快乐。"

其次，中华民族的无私、朴实、奋斗不息的良好品质在黄宝世身上得到了较多的体现。黄宝世早年来到古巴，即在糖厂里工作，每天工作的时间特别长，生活条件较差，而工资又极少。即使在这种情况下，他还是省吃俭用，把积攒下来的钱作为侨汇。随后经营生意，由于古巴政府于1962 年开始工商业国家化，导致了黄宝世的生意无以为继，加上年事已高，经济来源十分困难；但他仍然坚持劳动，目的是希望多寄一些侨汇回家。同时也不忘嘱咐其子分一些钱予亲戚。此外，其担任中华会馆的主席也是义务的，"我在会馆当主席是迫不得已，因无法得到相当人才，而且是义务的。"体现了他大公无私的精神。这些文化观都是传统优秀中华文化的组成部分，黄宝世一生都在尊重传统的家庭价值，并影响了他的后人。

---

① 韩震：《全球化时代的华侨华人文化认同的特点》，《学术界》2009 年第 2 期。

以黄宝世为代表的当代古巴华侨的文化观，是在受到中华传统文化的影响下而形成的，有它的历史性，也是当时古巴华侨思想状态的一种真实的写照。在文化观的作用下，他们仍然是坚持"落叶归根"的传统；同时，尊重传统家庭价值，重视孝道，关爱他人，重视子女的培养与教育，以及倡导勤俭节约的生活习惯。作为古巴比亚克拉拉省的中华会馆的终身主席，黄宝世为当地华侨社会付出了诸多努力，对于维护古巴华侨社会的利益，促进华侨社会与古巴之间的良性互动，起了重要的作用。即使在后来，当地中华会馆完全变成一种义务式的服务，也没有抱怨。黄宝世为代表古巴华侨的其思其行，为古巴社会政治、经济与文化做了极大贡献。他们勤劳克俭、奋斗不止的品质促进了古巴经济社会全面发展。古巴独立战争时期，华侨以流血甚至牺牲的代价为古巴政府提供无私的援助。在古巴各个历史时期都有华人的贡献。① 他们有力地促进了中古两国间的政治、经济与文化交流，搭建沟通桥梁，这些功绩必然永远为中古两国人民所铭记。

这些生活在特定且多重历史背景下的古巴华侨，从时间上看，区别于新生代的华侨；从地区来看，不同于东南亚等地的华侨。他们生活的古巴在文化传统、经济状况、政府对华人政策等方面都有它的独特性。以黄宝世为代表的古巴华侨留给后人的精神遗产主要体现在他们的家庭观、国家观与文化观上。这些思想观念会不断地激励新一代的古巴华侨华人。

（本文原载《八桂侨刊》2011 年第 3 期）

---

① 孙光英：《华人在古巴》，《炎黄春秋》2004 年第 10 期。

关公与观音：
两个中国民间神在古巴的变形

[英] 班国瑞①著　杨艳兰②译　黎相宜③校

摘要： 华工作为第一代中国移民，于 19 世纪中期来到加勒比海的古巴，在鼎盛时期达到 12.5 万人，曾是亚洲之外的在规模和影响力上仅次于美国的华人移民。上百年来，华人在古巴的社会生活中发挥着重要的作用。在古巴的天主教及非洲传统宗教文化的影响下，古巴华人所崇拜的关公和观音信仰发生了变化，即赋予或融入了某些西方和非洲传统宗教文化的元素。古巴的华人和其他种族的移民一样，共同参与和谱写了文化转移和宗教混合的历史进程。

关键词： 关公；观音；中国民间神；古巴

　　本文考察了古巴华侨华人宗教信仰融合的两个个案：关公、观音信仰与天主教及非洲宗教传统的互动情况。这些年来学者们对中国大陆和台湾的民间宗教研究达成了一个基本共识，即它具有可变性和流动性④。就连

　　① ［英］班国瑞（Gregor Benton），博士，英国卡迪夫（Cardiff University）大学教授，主要研究方向：宗教和华侨华人、族群关系。
　　② 杨艳兰（1982—），女，五邑大学外国语学院讲师，硕士，研究方向：英美文学。
　　③ 黎相宜（1985—），女，博士，中山大学亚太研究院讲师，研究方向：国际移民研究、侨乡研究。
　　④ This essay uses Hanyu Pinyin to transcribe Chinese names and words in Mandarin. In the old Wade-Giles transcription, Guan Gong is Kuan Kung and Guan Yin is Kuan Yin.

中国的三大制度化宗教（道教、佛教、儒教）也是多元并存的，尽管它们的神职人员和教规是截然不同的，但在仪式、崇拜、教义上却存在一定联系，彼此相互交流而非故步自封①。但迄今为止对海外华人社会的中国神明的研究尚不全面，即使在华人最集中的东南亚地区亦是如此，因此，这一研究领域尚待开拓。

古巴在 1847 年开始输入华工，这些华工与黑奴（古巴的黑奴直到 1886 年才被解放，比加勒比海的其他地方晚了几十年）及西班牙和尤卡坦半岛的移民在甘蔗种植园中一起劳作。当时古巴尚处于西班牙殖民统治下。古巴的华人移民在鼎盛时期达到 12.5 万人，曾是亚洲之外的在规模和影响力上仅次于美国的华人移民。上百年来，华人在古巴的社会生活中发挥着重要的作用。他们促进了古巴经济重要部门的发展，活跃于古巴的政治舞台，积极参政议政。在 19 世纪古巴反抗西班牙殖民统治的三次独立战争中，在卡斯特罗领导的反抗巴蒂斯塔独裁政权的游击战争中，广大华侨华人踊跃参战，由此做出了卓越贡献而受到了古巴人民的高度赞扬。但是关于华侨华人在古巴的政治、经济、社会领域活动方面的研究却很少，而其给古巴的文化带来的变革方面的研究更是寥寥无几，直到 20 世纪末 21 世纪初才引起了学者们的关注②。

早期的古巴人类学家以其在种族混合（hybridism）和文化混合（creolisation）方面的研究而享有盛名。古巴杰出的知识分子费尔南多·奥尔蒂斯（Fernando Ortiz，1881 - 1969）开创了一种新的研究方法，造出"文化转移"（transculturation）一词描述从属群体在持续不断碰撞和融合过程中对文化体系的塑造所贡献的力量。文化转移与文化涵化、文化萎缩

---

① Steven P. Sangren *History and Magical Power in a Chinese Community* (Stanford, 1987); Vincent Goossaert, "1898: The Beginning of the End for Chinese Religion?" The *Journal of Asian Studies*, 65 (2006), pp. 307 - 335.

② In Chinese, an early brief study is Song Xiren, Guba Huaqiao shihua (A narrative history of the Chinese in Cuha) (Taihei, 1957). An early English-language history is Duvon Clough Corbitt, *Study of the Chinese in Cuba*, 1847 - 1947 (Wilmore, 1971). The latest is Lisa Yun, The Coolie Speaks : Chinese Indentured Laborers and African Slaves in Cuba (Philadelphia, 2008). Our History is Still Being Written : *The Story of Three Chinese-Cuban Generals in the Cuban Revolution* (New York 2005), is a book of interviews with Armando Choy, Gustavo Chui, and Moisés Sío Wong, three Chinese-Cuban generals.

的观点相对立，也与文化等级观、单向的文化变革观相对立①。奥尔蒂斯是一位人类学家、政治家、律师和民族音乐学家，主要的兴趣是研究古巴黑人文化根基和天主教文化根基的相互融合，统一成"古巴性"。但他同时也将黑白混血种人、美洲印第安人、华人、犹太人和其他种族人群作为"古巴性"中的一分子②。通过这一研究途径，奥尔蒂斯重新掀起社会人类学的研究热潮，并首次提出了某些主旨和论题，半世纪以后它们被学者们运用到后殖民学和属民研究中，以及目前有关种族关系和拉美社会的论争中。现今，已很少有人类学家认为族裔性是静态的，大多数认为它是经过持续不断互动后形成的一个复杂而具创造性的产物，这正如奥尔蒂斯在他独到的研究中所提出的一样。根据新的共识，族裔群体会根据外界的变化不断地重新诠释自身的文化和身份并置身于一个持续选择的进程中。

然而世界各地的政府官员和学术界往往把华侨华人看作这样一个特殊群体：好像他们至少在某种程度上对种族融合性具有免疫力。他们认为"土生华人"即出生于当地的华人会同化于当地主流社会，而不是发生奥蒂尔斯式的文化转移。而华人移民则固守着祖先的文化传统，把自己封闭在一个日益萎缩的"中国性"的保护层中不受外界影响。现今在主流人类学中这一潮流已渐式微，取而代之的是颂扬了中国人口国际迁移中体现出的种族形成的辩证法，及华侨华人中一系列奇异的调适、涵化和同化现象③。但在中国，却强调血统的重要性，血统决定了一个人的族裔身份，构成了民族主义和爱国主义的基础。这一论调继续在主导着官方话语甚至某些学术话语，它们关注于根基性和基因传承性。

根基论在某种程度上受到了奥尔蒂斯学派的影响，因此在古巴政治上的影响和学术上的可信度方面要比在中国小，但是融合的研究主要是针对

---

① In Fernando Ortiz, *Contrapunto cubano del tabaco y el azúcar* (Counterpoint of Cuban tobacco and sugar) (Havana, 1940) (*Cuban Counterpoint : Tobacco and Sugar*, translated by Harriet de Onís [Durham, 1995]). For an introduction to Ortiz's life and work, see *Mauricio A . Font and Alfonso W. Quiroz* (eds.), *Cuban Counter-points : The Legacy of Fernando Ortiz* (Lanham, 2005).

② Fernando Ortiz, "The Relations between Blacks and Whites in Cuba", Phylon, 1 (1944), pp. 15 – 29, at p. 27.

③ G. William Skinner, "Creolized Chinese Societies in Southeast Asia," in Anthony Reid (ed.), *Sojourners and Settlers : Histories of Southeast Asia and the Chinese* (Honolulu, 2001), pp. 51 – 93, at p. 51.

黑人传统和天主教传统，而很少涉及古巴的华人。事实上，由于政治和其他方面的原因，华人经常处于边缘化的地位甚或完全被排除在外。

当一介"不分种族的民族"的观念扎根于 1902 年成立的古巴共和国中，我们不禁要问为什么华人会受到如此忽视？由于对古巴的独立做出过不可磨灭的贡献，华人起初被纳入到"古巴性"这一概念中。但是种族民主观却没有将其包括进来[1]。古巴社会各阶层——种植园主、贫穷的白人、黑人都对华人怀有一种恐惧感，这一种族主义偏见是将华人排除在外的一个因素。另一个因素是华人为数不多且正日趋减少。当新来的更富裕的华人移民在古巴建立起唐人街时，华人群体越来越"陌生化"[2]，这为其更广泛地融入当地主流社会设置了障碍[3]。华商比种植园华工更能保持与中国的联系，更关注中国事务。当时中国的爱国主义情绪正在高涨，这种跨国主义促进了"华人"身份意识的认同感。这本身并不阻碍华人在古巴的政治领域发挥自己的作用，因为古巴激进分子密切关注中国发生的大事，支持中国的统一和独立，并在国内为争取种族平等而斗争。但是在马查多的独裁主义统治下，华人激进派在 1929 年和 1930 年遭受了严重的打击，领导人被驱逐出境并遭到暗杀。直到新一代华人激进派于 20 世纪 50 年代加入到菲德尔·卡斯特罗的阵营，华人才重新活跃于古巴激进主

---

① Ada Ferrer, *Insurgent Cuba: Race, Nation, and Revolution*, 1868 – 1898 (Chapel Hill, 1999), p. 3; Alejandro de la Fuente, *A Nation for All: Race, Inequality, and Politics in Twentieth-Century Cuba* (Chapel Hill, 2001), pp. 177 – 178, 182.

② Alejandro de la Fuente, "Race and Inequality in Cuba", *Journal of Contemporary History* 1 (1995), pp. 131 – 168, at p. 135.

③ For this paragraph, see *Antonio Chuffat Latour*, *Apunte histórico de los chinos en Cuba* (Historic note on the Chinese in Cuba) (Havana, 1927), p. 70; Juan Luis Martín, *De dónde vinieron los chinos a Cuba* (Where did the Chinese come from to Cuba) (Havana, 1939), p. 32; José Baltar Rodríguez, *los chinos de Cuba: Apuntes etnográficos* (The Chinese of Cuba: Ethnographic notes) (Havana, 1997), p. 38; Miriam Herrera Jerez and Mario Castillo Santana, *De la memoria a la vida pública: Identidades, espacios y jerarquías de los chinos en La Habana republicana* (1902 – 1968) (From memory to public life: Identities, spaces, and hierarchies of the Chinese in republican Havana [1902 – 1968]) (Havana, 2003), pp. 18 – 19; Federico Chang, "La inmigración china en Cuba: Asociaciones y tradiciones" (Chinese immigration in Cuba: Associationes and traditions), in Graciela Chailloux Laffita (ed.), *De dónde son los cubanos* (Where are the Cubans from) (Havana, 2005), pp. 117 – 164, at p. 124; and Juan Pérez de la Riva, *Los culíes chinos en Cuba* (The Chinese coolies in Cuba) (Havana, 2000), pp. 244 – 252.

义政治中。在菲德尔的领导下，华人势必恢复其在古巴民族中的地位看来是毋庸置疑的。当地的华人支持卡斯特罗政府①发挥着"连接古巴革命和中国革命之间的桥梁作用"，这在共产主义世界是独特的。但是，这一看似好兆头的联盟后来却导致了他们的失败。20 世纪 60 年代中苏关系破裂时，古巴与中国的关系中断。一旦这两个国家关系紧张时，古巴籍华人的族裔性优势就变成了潜在的劣势，因为古巴的国内政策与外交政策是相一致的。直到 20 世纪 90 年代两国关系全面恢复时，华人在古巴民族中的一席之地才得以恢复，但这对于古巴的"纯"华人来讲为之过晚，他们中大多数人已离世。这就是华人遭受冷落的主要原因。他们的作用不仅被淡化，而且受到压制，除了一两个短暂的开放时期，恰逢北京与哈瓦那关系缓和的时候②。

令人遗憾的是，学者们未能将奥尔蒂斯的理论用于研究华人对古巴文化生活所做出的贡献，因为中国宗教信仰本身具有多神性、非排他性和融合性的丰富传统，这些传统在许多地方促进了华人与当地主流社会的文化互动。互动的充分程度有待挖掘和分析，但有关互动在华人适应异域环境中所起的作用的研究在近几年开始出现。这种互动在东南亚陆地国家表现得最充分，这里的大乘和小乘佛教具有包容的传统，就像中华本身的信仰系统一样，允许宗教信仰的并存和混合。在东南亚的海岛国家，华人的宗教融合主要与人口占少数的非穆斯林的土著民族之间发生。但在天主教信徒占绝大多数的菲律宾（与古巴类似），主流的天主教与华人宗教的互动充分程度是它和伊斯兰教、基督新教之间不可能相比拟的③。由于自身的

---

① Herrera Jerez and Castillo Santana, *De la memoria a la vida pública*, pp. 158 – 168.

② Gregor Benton, "Editor's Introduction," in Mauro García Triana and Pedro Eng Herrera, *The Chinese in Cuba*, 1847 – Now, edited and translated by Gregor Benton (Lanham, 2009), pp. xi-xxxii. The most egregious act of censorship of work on the Chinese in Cuba was the suppression of Pérez de la Riva's *los culíes chinos en Cuba*, which was completed in 1967 and lay unpublished for 33 years, a tremendous loss to Cuban and international scholarship (Sarah Fidelzait, "Aventuras y desventuras de un libro" [Adventures and misfortunes of a book], in Pérez de la Riva, Los culíes chinos en Cuba, pp. vii-ix). Officially described (on the cover) as a "monumental compendium that went through a long period of gestation and research, and constitutes a fundamental work for all times and part of the universal literary heritage", it is a work of great brilliance and intense political passion.

③ On religious syncretism among Filipino-Chinese, see José Vidamor B. Yu, *Inculturation of Filipino-Chinese Culture Mentality* (Rome, 2000).

灵活性、多神性和接纳性以及古巴非洲教的融合的传统，古巴华人的文化和宗教习俗是沿着融合的路线发展的。天主教中上帝和世人之间的中介系统（圣女和圣徒）比起基督教其他派别来分支更多，这为适应和同化其他宗教信仰提供了一个更广阔的空间。

　　华人和古巴黑人在几种不同的境合下相遇并建立起联系。华人曾作为契约工在甘蔗园与黑人一起劳作。当其他岛上的黑奴获得自由时，古巴的黑人还继续被奴役了五十年。大多数华人劳作的种植园都有来自不同种族的人群；而在加勒比海的其他地方，华工替代了黑人劳动力而不是弥补黑人劳动力的欠缺①。华工曾加入到逃亡黑奴的队伍中（逃亡的华工曾达到华工总数的20%②）。曾经有成千上万的华人参加了起义军，这支队伍由不同种族的人群组成，在不同种族的指挥官的率领下，为反抗西班牙殖民统治争取独立而战。华人以其作战英勇无畏而赢得了赞誉。他们受到了解放主义者的尊重，在种植园所受的累累伤痕也在他们的关爱下得到一定的治愈③。在城市里，尤其在废除黑奴制度和契约制度之后，一些华人娶黑人女子为妻并信奉来源于非洲的宗教如萨泰里阿教（Santeria）和帕洛教（Regla de Palo）。他们也加入了古巴黑人的阿巴库亚教（abakua）或nani-gos，这是一个半秘密性的男性互济会，对来自各地的男性开放，（用古巴历史学家 Juan Pérez de la Riva 的话来说）它具有"深刻的团结情感"。④华人皈依萨泰里阿教的一个因素是在契约制度废除后，他们转向了码头工作，为了保障工作权益，和新无产阶级的其他非黑人成员一道加入了阿巴库亚教地方分会⑤。哈瓦那海湾对面有个靠近码头的小城镇雷格拉。1875

---

① Centro de Estudios Demográficos, La población de Cuba (The population of Cuba) (Havana, 1976, pp. 13, 66 - 69.

② Juan Pérez de la Riva, El barracón: Esclavitud y capitalismo en Cuba (The barracoon: Slavery and capitalism in Cuba) (Barcelona, 1978), pp. 79 and 83. The word maroon, here used to describe the Chinese, is normally reserved for runaway slaves.

③ Gonzalo de Quesada y Aróstegui, "Los chinos y la Revolución Cubana" (The Chinese and the Cuban Revolution), Catauro: Revista cubana de antropología, 2 (2000 [1892], pp. 179 - 191; Song, Guba Huaqiao shihua, p. 12.

④ Pérez de la Riva, Los Culíes chinos en Cuba, pp. 244 - 252.

⑤ David H. Brown, Santería Enthroned: Art, Ritual, and Innovation in an Afro-Cuban Religion (Chicago, 2003), p. 59.

年一个名为 Quirino Valdés 的菲律宾华人在这里建立一个社团 Abakua-Efo party①，成员包括白人、华人、黑白混血种人和古巴黑人。这是一个宗教互济会组织，起源于尼日利亚十字河流洲盆地区域的"猎豹社团"（leopard societies），仅限男子参加②。中国巫术享有令人敬畏的声誉，据古巴黑人称胜过其他的巫术，包括他们自己的巫术 Regla Palera 和 Reglas de Congoc③。在哈瓦那的华人公墓中可找到华人信仰萨泰里阿教的证明，这里的某些墓碑上刻有宗教融合的信仰④。

一　关公

关公，即关羽，是一个英雄神圈⑤。他是东汉末年三国时期的一名战将，据说死于公元 219 年。从《三国演义》中可以看到关羽一生的传奇故事。这是一部 14 或 15 世纪的小说，被誉为中国文学的经典，几百年来对中国的大众文化产生了深刻的影响。关公在死后几个世纪被封为神，成了民间宗教信仰中的神灵"关帝"或"关帝爷"，一直受人膜拜。起初他只是属于道教范畴的神明，后来被提升为中国佛教的伽蓝菩萨（寺庙的保护神）。

关公信仰在中国南方有着最深的根基，包括广东、福建的一些有着悠久的移民传统的地方。关公被视为忠义、正直、勇武的化身，称为战神，

---

① Pedro Cosme Banos, *los chinos en Regla*（The Chinese in Regla）（Santiago de Cuha, 1998），pp. 26, 51.

② Ivor Miller, "A Seceret Society Goes Public: The Relationship between Abakuá and Cuban Popular Culture", *African Studies Review* 1 （2000），pp. 161 – 188, at pp. 164 and 171.

③ Lydia Cabrera, *El monte: Igbo finda, ewe orisha, vititirzfinda*（*Notas sobre las religiones, la magia, las supersticiones y el folklore de los negros criollos y del pueblo de Cuba*）（Scrubland: Igbo finda, ewe orisha, vititinfinda [Notes on the religions, magic, superstitions and folklore of the creole negros and the people of Cuba]）（Havana, 1954），cited in Baltar Rodriguez, *los chinos de Cuba*, p. 175.

④ Rogelio Rodríguez Coronel, El rastro chino en la cultura cubana（The Chinese trace in Cuban culture），http: //hispanidadymestizaje. es/elrastro. htm, accessed 1 March 2010.

⑤ Kuan Yü in Wade-Giles. On Guan Gong, see Gunter Diesinger, *Vom General zum Gott: Kuan Yü*（gest. 220 n. Chr.）*und seine "posthume Karriere"*（From general to god: Kuan Yü [died 220 AD] and his "posthumous career"）（Frankfurt-am-Main, 1984）; and Prasenjit Duara, "Superscribing Symbols: The Myth of Guandi, Chinese God of War", *The Journal of Asian Studies*, 4 （1988），pp. 778 – 795.

画像中的他经常出现在电闪雷鸣之中。他是结义情谊、患难相助、义薄云天的楷模，深受海外华人的欢迎。同时，他也与商业活动联系在一起。长期以来他是古巴华人的保护神。华人先是祈求关公保护他们不受欺凌，后来随着华人商业的繁荣发展，他们开始祈求关公保护他们的财产安全，保佑他们财源广进。

在古巴，人们称关公为"San Fancón"，这个名字的形成颇具启发性。可以推断出"公"的西班牙语读音是 CON，而标准粤语"关"的发音与普通话大体一致，因此第一眼没那么容易推断出"关"对应的是 Fan。但早期来古巴的广东移民大多数是台山人，台山话中"关"发成"fan"的音①，这一拼写形式在 19 世纪被确立并保留下来（尽管台山话作为海外华人社会通用语言的地位已在大幅下降，包括在古巴），以唤起人们对昔日的移民先驱的回忆。在古巴的天主教环境下，关公的华人信徒曾一度给关公加上"神"这个衔号。粤语中"神"的读音类似于西班牙语中的"san"，把"santo"（圣徒的尾音去掉就成了"san"。这就产生了西班牙化了的粤语名字"San Fancón"。这个词与西班牙语音系是相容的，其中 con 是个常见的后缀。San Fancón 是古巴独有的一个神明②。

关公崇拜混合着中华宗教信仰和基督教信仰的成分，孰多孰少依语境

---

① See Matthew Y. Chen and John Newman, "From Middle Chinese to Modern Cantonese", *Journal of Chinese Linguistics*, 1 (1984), pp. 148 – 187, and 2 (1984), pp. 334 – 388, for a discussion.

② According to Baldomero álvarez Ríos (*La inmigración china en la Cuba colonial*: *El Barrio Chino en la Habana* [Chinese immigration in colonial Cuba: Chinatown in Havanal [Havana, 1995], p. 66), the name "San Fang Kong" (sic) is used in non-Chinese languages other than Spanish, but this seems unlikely. Baltar Rodríguez (*Los chinos de Cuba*, pp. 180 – 184) who does not believe the name (which he gives as "San-Fan-Con") exists outside Cuba, proposes an alternative etymology: sheng "Living" rather than shen "god" as the source of san "saint" also unlikely. Frank F. Scherer ("Sanfancón: Orientalism, Self-Orientalization, and 'Chinese Religion' in Cuba", in Patrick Taylor (ed.), *Nation Dance*: *Identity*, *Religion*, *and Cultural Difference in the Caribbean* [Bloomington, 2001], pp. 153 – 170, at p. 168, argues that san means "three or three people" in Mandarin and its use as a prefix to Fancón illustrates the "linguistic: Christianization of 'Chinese religion'", presumably a reference to the trinity, but this argument does not apply to the Cantonese word for "three" or to the character shen.

而定。Antonio Chuffat Latour 是一名古巴华人，在他 1927 年①发表的一项研究中记录了一则关公的传说。关公附身于一个逃亡的华工身上，发表了一番讲说，包括以下内容：

> 我是穿越时空的王子，将幸福带给那些背井离乡但心系家乡的好儿女们。上帝会赐福于那些善良、诚实、勤奋、待人公平的人。幸福和好运会降临于那些积德行善之人。把你的食物分给穷人。行为不要过于冲动，以免遭遇厄运。远离恶行。华人有他的上帝，白人、黑人、印第安人、马来人都有他们的上帝。真正的上帝不是白人的、华人的、黑人的、印第安人的或马来人的，真正的上帝是万能的上帝。你这一生只是个过客，什么都不带来，什么都不带走。唯一的真实就是你的堕落。万能的上帝既不需要黄金珠宝，也不需要礼物。他是全能的、伟大的、公正的、仁慈的。要对他有信心，他会把你从邪恶中拯救出来。

这番言辞融合了儒家的孝道和基督教泛种族的一神论思想。关公信仰还包含了非基督教的神秘的习俗。民族音乐学家 Lydia Cabrera 曾引述她的资料提供人 Jose Calázan Herrera 的说法②，华人在点灯祭拜关公时施加了巫术，灯没在燃烧却在发光③。

在古巴人类学家 José Baltar Rodríguez 再现的一则祈祷文中，关公与他在《三国演义》中桃园结义的兄弟张飞、刘备出现在一起。他们三个成了古巴人熟知的中国的"三位一体"，在某种程度上他们被融进了基督教传统。祷文如下：

> 噢，全中国的强大的圣人，至高无上的天帝，请驱除我身上的邪恶。我在呼唤您的名字 San Fancón，请保佑我这一路的身心安康，这样我才可能和您一样慷慨。赶走那些企图伤害我的敌人和那

---

① Chuffat Latour, *Apunte histórico de los chinos en Cuba*.

② In Cabrera, *El monte*.

③ Carcía Triana and Eng Herrera, The Chinese in Cuba, p. 125.

些诅咒我的恶人。您是战无不胜的，请保佑我能获胜。保佑我免遭牢狱之苦，免受毒舌、巫术、咒语的攻击，为此我把自己交付于您和您的两个兄弟。这样我将不会负伤，不会被践踏，我的血不会溅出。神勇的 SAN FAN CON，请助我推翻阻挡我前进的高墙，让那些咒我的人得到报应。让我的敌人没有眼睛看到我，没有舌头诅咒我，没有双手伤害我。（这一说明是附加的）用三支檀香蜡烛，每点燃一支就开始祈祷，然后再举起三支蜡烛①。

这一祷告看不太出是基督教式的，尽管某些部分与基督教方式相符。对天帝的指称明显是中国式的。祈求关公以免遭巫术，同时反映了中华宗教和非洲宗教的习俗。

在哈瓦那，以及在世界上许多其他地方的华人聚集区，关公受到刘、关、张、赵氏族联盟的膜拜。他们据称是刘备、关公、张飞、赵云的后裔，这四人在《三国演义》小说中成为名垂千古的历史人物②。在哈瓦那、科隆和其他古巴城市，关公也受到商人组织的顶礼膜拜③。在中国众多宗教信仰的神祇中，关公和观音、妈祖（见下文）④ 一起，是屈指可数的几个最受欢迎、最受崇拜的神祇。关公信仰已传到了东南亚、美洲、澳洲等地⑤。

古巴黑人将关公纳入萨泰里阿教（亦称为奥查孝妙，这是一个融合非洲教信仰和天主教信仰的万神殿）。他们把关公看成是约鲁巴（Yoruba）宗教系统的神祇香郭（Changó），用古巴人类学家 Juan Mesa Díaz 的

① A facsimile of the prayer, in the form of a poster or handbill, is reproduced in Baltar Rodríguez, *Los chinos de Cuba*, p. 231.

② álvarez Ríos, *La inmigración china*, pp. 67 – 68. For overseas examples: Yong Chen, Chinese San Francisco: 1850 – 1943: *A Trans-Pacific Community* (Stanford, 2000), p. 129; and C. F. Yong, *The New Gold Mountain: The Chinese in Australia*, 1901 – 1921 (Richmond, 1977), pp. 196 – 199.

③ García Triana and Eng Herrera, *The Chinese in Cuba*, p. 124.

④ Ma-tsu in Wade-Giles.

⑤ Tan Chee Beng, "The Study of Chinese Religions in Southeast Asia: Some Views", in Leo Suryadinata (ed.), *Southeast Asian Chinese: The Socio-Cultural Dimension* (Singapore, 1995), pp. 139 – 165, at p. 146; Tan Chee-Beng, "The Religions of the Chinese in Malaysia", in Lee Kam Hing and Tan Chee-Beng (eds) *The Chinese in Malaysia* (Selnagor, 2000, pp. 282 – 315, at p. 284.)

话来说，关公是香郭"在遥远的中国的化身"①。古巴人类学家 Israel Mo-liner 认为 San Fancón 是由 Marcos Portillo Domínguez 创造出来的，他是萨泰里阿教的一名祭司，有着广东人和黑人血统。Israel Moliner 补充道帕塔基神 pataкí 未能认出香郭来是因为他的中国面孔②。香郭是最受大家爱戴的神祇。他与雷电联系在一起，是一个身着红袍挥舞着双刃剑的战士——这些特征与关公是一样的。过去，许多古巴的华人在自家的神龛里供奉着关公和其他中华神祇的神像，旁边还摆上萨泰里阿教神明的神像③。

关公还与圣芭芭拉（Santa Barbara）联系在一起，她相当于天主教的香郭，香郭和圣芭芭拉的联系不仅在古巴，在整个的加勒比海和巴西地区都很普遍④。圣芭芭拉在古巴尤其受到尊崇（尽管她在 1969 年就从天主教的礼拜仪式日程中被除名，原因在于她的历史真实性受到了质疑）。她与关公和香郭一样，也是和闪电联系在一起，挥舞着一把双刃剑⑤。（据说她的父亲是被闪电击死的，她后来被封圣，庇佑人们免受闪电、大火和其他自然界力量的袭击，同时也成为那些从事炸药工作的人们的守护神。）关公与天主教圣徒的联系并不局限于古巴。在菲律宾，他被等同于圣詹姆斯（西班牙语 Santiago），与约翰（John）一起被视为雷神的两个儿子⑥。类似的等同，不胜枚举。

古巴的华人也把关公与圣母玛利亚联系起来。在古巴维拉克拉拉省（Villa Clara）的凯巴里恩市（Caibarién），当地唐人街的商会把古巴的混血守护神慈悲圣母（the Virgen de la Caridad del Cobre），与关公并排放在

---

① Jan Mesa Díaz, "Sanfancon: Un chino en la corte del rey Olofi" (Sanfancon: A Chinese in the court of King Olofi), *Estudios Afroamericanos: Afrocuban Anthology Journal*, 2000, http://www.ub.es/afroamerica/, accessed 14 January 2010. On Changó, see Joel E. Tishken, Toyin Falola and Akintunde Akinyemi (eds), *Sàngó in Africa and the African Diaspora* (Urbana, 2009).

② Cited in Christine Ayorinde, "Regla de Ocha-Ifá and the Construction of Cuban Identity", in Paul E. Lovejoy (ed), *Idientity in the Shadow of Slavery* (London, 2000), pp. 72 – 85, at pp. 72 – 73.

③ Baltar Rodríguez, *Los chinos de Cuba*, pp. 183.

④ Rohert Lima, "The Orisha Changó and Other African Deities in Cuban Drama", *Latin American Theatre Review* (spring 1990), pp. 33 – 41, at p. 35.

⑤ álvarez Ríos, *La inmigración china*, pp. 65 – 68; Mesa Díaz, "Sanfancon".

⑥ Edgar Wickberg,' The Philippines, in Lynn Pan (ed), *The Encyclopedia of the Chinese Overseas* (Singapore, 1998), pp. 187 – 199, at p. 197.

各自的神龛中供奉①。Baltar Rodríguez 没找到任何证据表明关公在萨泰里阿教中受到专门的膜拜，但他确实提到有着很多关公显灵的故事。其中有一则传说讲的是一个贫穷的华侨向关公祷告说想要归国终老，几天之后这个人买彩票中了奖，得以买票回国②。

在一项关于古巴的东方主义的研究中，Frank Scherer 认为，古巴政府出于其自身政治、经济和其他的目的，目前正推动古典东方主义的复兴，包括重新挖掘关公的价值。他运用后殖民主义理论家爱德华·萨义德对东方主义的论述③，揭示了古巴的"东方化的"和"自我东方化的"的华侨华人利用古巴政府纪念中国人在古巴历史中所做出的贡献这一契机，想要重申族裔差异性：

最近针对古巴华人族裔性的复兴运动，一方面是基于欧美东方主义学者的设想，他们认为存在一个独特的本质的"中国性"；另一方面是基于对东方主义话语的"东方式"运用，将我称之为"战略的"的东方主义的本土化运用演绎得淋漓尽致。前者正受到古巴政府及其知识分子的推进，其意义有些含混不清，后者却被第一代和第二代的古巴籍华裔所表达出来。这样的话，这个重新整合、重新创造和重新族裔化华人"社区"的过程却具有自我东方化这一奇怪的特征……这一复杂的不着边际的做法，包含着儒家思想理念和某种资本主义抱负，促进了第一代和第二代古巴籍华裔表达出他们的族裔差异和文化差异，同时允许——至少在古巴——开拓出另一空间，建立起不同于古巴政府规定的身份认同感④。

Scherer 关于东方主义在古巴的运用与滥用的观点颇具启发性，但这一观点未必适用于关公现象。他认为把关公塑造成一个融合了古巴文化和中华文化的"圣徒"，与把华人宗教纳入到井然有序的西班牙式的万神殿有着密不可分的关系，或至少是让"华人宗教"进入到被"基督教"众

---

① Olga Portuondo Zúniga, *La virgen de la Caridad del Cobre*：Símbolo de cubanía（The Virgin of Caridad del Cobre：Symhol of Cubanness）（Santiago de Cuba, 2001），p. 260.

② Baltar Rodríguez, *Los chinos de Cuba*, pp. 183 – 184.

③ Edward Said, *Orientalism*（New York, 1979）.

④ Scherer, "Sanfancón", pp. 153 – 154. Kathleen López makes similar arguments but evaluates the revival more positively（Migrants Between Empires and Nations：The Chinese in Cuba, 1874 – 1959, PhD thesis, University of Michigan, 2005）.

神所占据的人们的思想意识中去，这样的话就连非华人也感到易于理解和接受①。他从 Chuffat Latour 记录的那则传说（翻译如上）分析关公所代表的价值，得出这样一个结论：关公代表的是基督教的关注，"西方式的"解读和"古巴化了"的关公。他同时认为关公的复兴是华人旨在推动"新"儒家思想运动的一部分。

Scherer 的目的是揭露"一个独特的本质的中国性"的观念是东方主义的本质主义，这一观念在某种程度上被古巴政府及其知识分子所推进。但是关公现象并不能因为删除其中的儒家思想的部分就认为是单向的涵化于基督教。它保持着自身的颠覆性和异质性，就连在 Chuffat Latour 的版本中也或多或少存在这种特征。（在翻译 Chuffat Latour 再现的神谕中，Scherer 漏去了首句，而首句正表达了中国的孝道观念。）关公作为萨泰里阿教的一个组成部分，是反抗话语的一部分。最近关于古巴民间文化的一项研究认为它"旨在对抗西方系统宗教信仰的统治地位"②。近来古巴研究关公的学者们特别强调这一点，在 2000 年 Mesa Díaz 称其为"中华文化与非洲文化的一个非凡的成果"，几乎忽略掉其中所包含的基督教和儒家思想成分③。无论如何，关公在古巴华人社会和文化中所起的作用不能简单归结为 Scherer 分析的文本，而应把它置于一个更广阔的背景中去看待④。

二　观　音

在海外华人社会中另一个受到普遍祭祀的神祇是观音，"她观察世间民众的声音"⑤。观音是中国佛教中的菩萨，梵语为"阿缚卢枳帝湿伐逻"

---

① Scherer, "Sanfancon", p. 164.

② Rafael Ocasio, "Santería and Cuhan Popular Culture", in Patrick Bellegarde-Smith (ed), *Fragments of Bone: Neo-African Religions in a New World* (Urbana, 2005), pp. 90 – 107, at p. 104.

③ Mesa Díaz, "San Fancón".

④ Scherer dates the "appearance" of San Fancón to 1900, when the Sociedad Lung Con Cun Sol (i. e. the Cuban federation of the. Liu, Guan, Zhang and Zhao clans) formed (Scherer, "San-fancón", p. 165), but Mesa Díaz ("San Fancón") dates it to the last third of the nineteenth century and says the legend of the Cimarrones speech preceded the amalgamation of the clans.

⑤ On Guan Yin, see Chün-fang Yü, *Kuan-yin: The Chinese Transformtion of Avalokitesvara* (New York, 2001).

（Avalokitesvara），据说有着男身相，是佛教中唯一的女性神，经常是身着一袭白袍。有时据传她开始是属于道教的一尊神祇，但佛教徒认为她起源于佛教而后加入到道教诸神中。不管是何种情况，如今观音是中国传统宗教信仰中拥有广泛信众的一尊神祇，人们在家里或是到寺庙供奉她。她被称为大慈大悲的观音，拥有悲天悯人的慈悲情怀，与关公的阳刚气质形成互补。

相传她的父亲企图淹死她，但她坐在一片莲花上被漂到了普陀岛。她在岛上治病救人，平息海浪，救助遇难的船员和渔民①。由于她与海的联系，人们也把她奉为航海守护神加以膜拜。她经常被描绘成一船之长——一艘将众生的灵魂从生死轮回的大海载到净土的拯救之船。

在古巴，人们将观音与慈悲圣母结合起来，慈悲圣母又等同于萨泰里阿教的女神欧淳（Ochún）。欧淳生活在河流中，代表着河水的宇宙力量②。慈悲圣母首次出现在 1606 年的尼佩湾（Bahía de Nipe）。两个土著印第安人和一个黑人小孩发现了她的神像，当时他们正遇上一场暴风雨。慈悲圣母一手抱着黑白混血种婴儿耶稣，一手举着十字架，身着金光闪闪的长袍。从种族上看，她是黑人、白人和印第安人的混血体。Olga Portuondo Zúniga 是古巴的一名研究圣母的专家，认为最初的神像是一个萨泰里阿教的木雕像，可能是欧淳，因为它被人发现时是漂浮在水面上。由于她们与海洋和水的联系，同时也由于她们都是慈爱和母性的化身，欧淳、观音和慈悲圣母三者就被联系在一起。观音与圣母玛利亚的联系并不仅限于古巴。对圣母的膜拜过去就与中国大陆的观音信仰联系在一起，而在菲律宾华人宗教信仰中她们也是融合在一起③。

1949 年后，中国的传教士从本国带来了一幅观音像（很可能经过

① Vidamor B. Yu, *Inculturation*, pp. 92 – 93, fn. 126.

② On the Virgen de la Caridad and her religious associations, see Portuondo Zúniga, *La virgen de la Caridad del Cobre*. On Ochún, see Christine Ayorinde, "*Regla de Ocha-lfá and the Construction of Cub an Identity*", p. 72.

③ Richard P. Madsen, China's Catholics: *Tragedy and Hope in an Emerging Civil Society* (Berkeley, 1998) and "Beyond Orthodoxy: Catholicism as Chinese Folk Religion", in Stephen Uhalley, Jr. and Xiaoxin Wu (eds.), *China and Christianity: Bur-dened Past, Hopeful Future* (Armonk, NY, 2001), pp. 233 – 249; Vidamor B. Yu, Inculturation, pp. 92 – 93.

香港或台湾），并把它嵌入在哈瓦那唐人街边上的卡里达教堂的墙壁里，后来又移置到教堂正厅里，放在围栏后的保留区内。这座教堂已有的一座慈悲圣母的雕像，可追溯到 1831 年，是古巴尼佩湾的原雕像的仿制品。这是哈瓦那最古老的一座雕像，因此卡里达敦堂被认为是圣母的第二所圣殿。自从在教堂安放起观音像后，许多具有华人血统的古巴人纷纷去教堂膜拜观音。在信奉天主教的古巴华人家里，可以发现木制的或瓷制的观音像。最近几年来，一些古巴的艺术家，深受启发，纷纷画她的画像，尤其是 Pedro J. Eng Herrera（具有华人和西班牙人血统）①。

　　1945 年后，信仰关公和萨泰里阿教其他神明的华人信徒们将大量的观音像带到古巴。虔诚的华人把观音看作是"我们的慈悲圣母"②。据古巴人种志研究者和专家 Juan Luis Martín 所述，华人向观音祈祷如下（但祈祷词语言文雅，这证实了 Martín 自己将祷文润色了一番）：

　　　　充满爱心的、端庄的、慈悲的观世音，圣洁的莲花：请将您那纯洁的饱含怜悯的目光投向那些珍视您的人。给予我们慰藉吧，金色的莲花。把我们带到那柔软的田野中，那里有着无尽的慈悲。在我们痛苦的时刻，来到我们身边吧，花蕾和花朵。在甜蜜和安宁的时刻，来到我们身边吧，柔和的花瓣。您洁白无瑕，您的瞳孔里，闪耀着爱的光芒，智慧的阳光将阴影驱除。智慧的星光，茫茫宇宙的光辉，将一切隐藏的苦痛抚平。芬芳的金合欢树，香脂的露珠，将灵魂启蒙。安静的黎明，温和的小雨湿润了耳朵，溶化人心的怨恨，止息世间的纷争。和蔼可亲的劝告者，争端的调停者，把我们带到您的身边吧，慈悲之母，爱心之母，慰藉和安宁之母。引领我们走向好运和恩惠之路。噢，观世音，您把关怀和笑容带入世人的争斗之中，请赐我一席之地，让我坐在您的莲花上，坐进您的船里，驶过痛苦和死亡。观世

---

① *Almannque de la Caridad*（Almanace of charity），edited by the Iglesia de la Caridad，Havana，1933；García Triana and Eng Herrera，*The Chinese in Cuba*，p. 128.

② Juan Luis Martín，*De dónde vinieron los chinos a Cuba*；García Triana and Eng Herrera，*The Chinese in Cuba*，p. 127.

音，慈航真人，您聆听着世间的诉求和天国的喃喃细语，我在向您传达我的祈祷！引领我到充满芳香和爱的海洋吧！让这永无止境的死亡之旅结束吧！在海洋深处，在您玫瑰般的波浪中，让我们伏在您的膝下！噢，充满爱心的、端庄的、慈悲的观世音，圣洁的百合，灵魂的方向盘，在我的这些奇思遐想中，我的心奔向于您①。

三　妈　祖

不管在中国国内还是在海外华人社区，广大的信徒们都把妈祖与观音联系在一起。妈祖又称天妃或天后，是渔民、海员和海商的守护神②。像观音一样，妈祖也经常被描绘成一船之长。同样，她也被信奉天主教的华人（如在菲律宾的八打雁市）视为圣母玛利亚的化身③。妈祖信仰起源于10 世纪的沿海省份福建，在海外移民和他们的后裔中影响尤其深远。而他们大多数来自中国南部的福建和其他沿海省份，在这些地方妈祖受到顶礼膜拜。他们的先辈早已乘槎浮海，跨越大洋。妈祖信仰据说从 17 世纪早期就开始流传到海外④。

现今，妈祖的信徒据称有 1 亿，尤其在东南亚分布最集中。在欧洲、

---

① Juan Luis Martín, "Altagracia o las Mercedes de los chinos" (High Grace or the Mercies of the Chinese), *Fraternidad*, 67 (1957), pp. 7 – 8; García Triana and Eng Herrera, *The Chinese in Cuba*, pp. 127 – 128. Mauro García Triana confirmed in a personal communication to me (28 February 2010) that "the fine literary style of the oration to Guanyin" is Juan Luis Martín's own, quite unlike that of similar prayers written in Cuba for "mercantilist purposes".

② On Mazu, see James Watson, "Standardizing the Gods : The Promotion of T'ien Hou ("Empress of Heaven") Along the South China Coast, 960 – 1960", *in Popular Culture in Late Imperial China*, edited by David Johnson, Andrew J. Nathan, and Evelyn S. Rawski (Berkeley, 1985), pp. 292 – 324 ; Klaas Ruitenbeek, "*Mazu, the Patroness of Sailors, in Chinese Pictorial Art*", *Artibus Asiae*, 3 – 4 (1999), pp. 281 – 329, and Judith Magee Boltz, "In Homage to T'ien-f'ei", Journal of the American Oriental Society, I (1986) pp. 211 – 232. The best and most recent study, in Chinese, is Xu Xiaowang, *Mazu xinyang shi yanjiu* (Studies in the history of the Mazu cult) (Fuzhou, 2007).

③ Tan Chee Beng, "The Study of Chinese Religions in Southeast Asia", p. 156.

④ On the export and transnational functions of the Mazu cult, see Gregor Benton and E. T. Gomez, Chinese in Britain, 1800 – present: *Economy, Transnationalism, Identity* (Basingstoke, 2008), p. 276.

印度洋地区和美洲都设有妈祖庙①。但在古巴，令人困惑的是无任何记载表明妈祖信仰在这里扎下根来。而在西半球的其他地方（夏威夷、旧金山、墨西哥和巴西）妈祖信仰在华人中盛行。那里的华人与古巴的华人都有着相似的来源地。同时古巴的华人对耶玛雅（Yemayá）也不太感兴趣。她是古巴黑人的海神（河神欧淳的姐姐），因此与妈祖是旗鼓相当②。研究人员 Rogelio Martinez Furé 是一名非洲裔古巴人，他认为耶玛雅在古巴华人的众神庙中地位并不突出，可能只受到个别华人的膜拜③。这一现象该作何解释？一种可能的解释就是关公和观音的互补性——男性与女性，战争与和平，愤怒与同情，大地与水——因此其他的神明如妈祖和耶玛雅就很难插足。而且耶玛雅在古巴等同于圣母雷格拉（the Virgen de la Regla），因此也变形为一个黑人圣母④。而观音等同于慈悲圣母，这样的话也等同于欧淳，因为欧淳相当于非洲的慈悲圣母。妈祖和耶玛雅也进入不了与天主教和萨泰里阿教相容的三位一体中，其中关公与香郭、圣芭芭拉构成三位一体，观音与慈悲圣母、欧淳构成三位一体⑤。妈祖未能成为华人

---

① Fang Xiongpu and Xu Zhenli (eds.) *Haiwai qiaotuanxunzong* (In search of overseas Chinese associations) (Beijing, 1995), pp. 221 – 222. Some of these temples date from relatively recent times, but the San Francisco cult was already well established by the mid-nineteenth century (L. Eve Armentrout Ma, "Chinese Traditional Religion in North America and Hawaii", *Chinese America: History and Perspectives*, 1988 [San Francisco, 1988], pp. 131 – 147, at p. 143). Early too was the temple in Mauritius, inaugurated in 1896 by a Chinese Catholic (Huguette Ly-Tio-Fane Pineo, "Mauritius", in Pan [ed.], *The Encyclopedia of the Chinese Overseas*, pp. 351 – 355, at p. 352).

② Miguel Barnet, *Afro-Cuban Religions*, translated by Christine Ayorinde (Princeton, 2001), p. 50.

③ Mauro García Triana, personal communication, 28 February 2010.

④ Christine Ayorinde, "Santería in Cuba: Tradition and Transformation", in Toyin Falola and Matt D. Childs (eds.) *The Yoruba Diaspora in the Atlantic World* (Bloomington, 2004), pp. 209 – 230, at p. 220.

⑤ The Sino-African-Catholic syncretism pioneered in Cuba was taken to new post modern heights in Metro Manila in 2008, when a group of "junior- and senior-level executives" calling themselves the Santeros Filipinos began practising *santería* "as a supplement to Catholicism". The group uses English, Yoruba, Spanish, Portuguese, and Tagalog to express its "multiple syncretisms" and identifies parallels between the "theologies, psychologies, panthea, tenets, and customs" of Cuban and Philippine shamanism. Like the Cuban *santeros*, it matches Ochún with Our Lady of Charity and Guan Yin. It creates further syncretisms between Changó and Saint Michael the Archangel and between Yemayá and Guan Yin. (http://www.santeriafilipina.blogspot.com, accessed 29 January 2010)

社区的共同信仰也可能与移民的来源地有关。妈祖在福建最盛行，但据古巴1880 年的人口普查显示在古巴的广东人超过福建人 10 余倍①。不过中国国内和海外的广东人也崇奉妈祖，但敬奉的程度不及福建人。

虽然没有证据表明耶玛雅在古巴华人的众神庙中有着举足轻重的地位，但绘制圣人画像的华人对她却再熟悉不过了。在 1998 年 Pedro Eng Herrera 凭着想象绘了一幅名为"耶玛雅在雷格拉迎接苦力"的油画来展示她与古巴的华人跨海移民的关系。这幅作品表明当第一艘满载苦力的船于 1847 年抵达耶玛雅分管的雷格拉港口时（作为与圣母雷格拉相融合），苦力们受到了耶玛雅的欢迎。同时也表明他们的跨洋之旅一直得到了耶玛雅的保护，预示着此后他们将与古巴黑人建立起密切的联系②。

四　结束语

本文主要探讨了在学术界中很少被提及的古巴华人与非华人宗教信仰融合的两个个案。尽管古巴的华人社会在规模与影响力上不容忽视，但却一直遭到学术界的冷落，直到最近才开始受到学者们的关注。本文表明海外的华人社会，虽在流行话语甚至某些学术话语中经常被描述成是不可同化的群体（令人遗憾的是这一偏见在目前正流行于中国和其他地方的寻根话语的思潮下得到增强），但其实和其他种族的移民一样，共同参与和谐写了文化转移和宗教混合的历史进程。

全世界只有古巴这样一个国家，大规模的华人移民群体与甚至规模更大的黑人群体建立起紧密的联系③。曾经，古巴华工与黑奴一起在种植园劳作；曾经，成千上万的华人与黑奴起义军并肩战斗于 1868 年至 1898 年

---

① Liu Hanbiao and Zhang Xinghan, *Shijie Huaqiao Huaren gaikuang* (*Ouzhou, Meizhou juan*) (The general situation of overseas Chinese and ethnic Chinese in the world [Europe and America volume]) (Guang-zhou, 1994), p. 293.

② This is Adrian Hearn's interpretation of the painting, in a personal communication dated 27 January 2010.

③ Chinese in the United States had less intimate contact with African Americans than Chinese in Cuba with Afro-Cubans, so a similar syncretism does not seem to have happened. Chinese elsewhere in the Caribbean were proportionately far fewer than in Cuba and also had far less contact with people of African descent.

的古巴反抗西班牙殖民统治的三次独立战争中，后来又与黑人革命分子并肩参加 20 世纪 50 年代菲德尔·卡斯特罗领导的反抗巴蒂斯塔独裁政权的战争中①。

　　中华宗教中的神明往往承担多重神职功能，他们的神性（和性别）可能随着时间的推移发生彻底的改变。Duara 曾描述清政府在关公被奉为"财神"的基础上对其屡加封号，力图将关公塑造成官方认可的忠义良将的关帝形象。但关公起初就是一名被神化了的武将英雄，人们称之为"战神"②。财神这一形象本身就是从战神转化而来。古巴可能是世界上唯一的这样一个国家，在这里，中国神明不仅与天主教圣徒融合在一起（正如在菲律宾一样），而且和来源于非洲的神明融合在一起，因此就有了古巴式的关公——"San Fancón"，这是三种宗教传统融合的产物。观音也和天主教的圣母玛利亚和非洲的欧淳融合在一起。

　　天主教的学者和其他的学者普遍认同一个观点，那就是天主教具有一个融合的能力，它能够吸纳并转化其他宗教传统但同时又能保持自身的特征。然而神学家 Richard Gehman 在他的关于非洲宗教传统的研究中指出，黑奴遍布于古巴和加勒比海其他岛屿，这使得他们能够比在其他地方，比方说，美国，更成功地维护并传播本民族文化元素，从而抵制一个深层次的，单向地向天主教皈依的进程。（而在美国，黑人皈依基督教的程度更彻底，基督教新教徒更具进攻性，对其他的宗教习俗不那么包容。）天主教在仪式、习俗和圣徒制度上有着自己的特性，对古巴的非洲文化传统和独立的非洲族裔组织有着包容精神，这一切导致了一个植根于精神世界的新的宗教的诞生③。它与中国传统宗教相容，正如非洲宗教一样：祭拜祖先，崇拜大地力量，敬畏鬼神，利用神明满足个人或群体目的，信奉神迹和占卜。

---

　　①　Gregor Benton, *Chinese Migrants and Internationalism：Forgotten Histories*, 1917 – 1945 （London, 2007）, ch. 4. See also Juan Jiménez Pastrana, *Los chinos en las luchas por la liberacióde Cuba*, 1847 – 1930 （The Chinese in the struggles for the liberation of Cuba, 1847 – 1930）（Havana, 1963）and Pérez de la Riva, *Los Culíes chinos en Cuba.*

　　②　Duara, "Superscribing Symbols".

　　③　Richard J. Gehman, *African Traditional Religion in Biblical Perspective* （Nairobi, revised edition, 2005）, pp. 251 – 257.

这一文化融合的传统与古巴目前在世界上所处地位不无关系，古巴现正从美国的封锁中开始逐渐崛起。为了配合中国作为它经济和政治上的支持者这一新角色，从 1995 年起古巴政府就精心策划华人社区的复兴，结果导致了一个僵化刻板的"中国性"——筷子、太极、功夫、龙、哈瓦那巨型的水泥制成的中国式拱门——诸如此类，为商家们所推行，在各地的唐人街比比皆是。古巴政府复兴华人社区的运动与世界各地的政府官员和当地的利益集团发起的类似运动没什么区别。为了加强与中国的联系，他们也是通过将人们的注意力吸引到所在国的华人身上。而一个更大胆也更具创意的策略应将是颂扬"古巴性"和"中国性"表现出来的惊人的灵活适应性和长期的相互塑造性。这一策略将突出强调那些丰富多彩的经历和故事，它们是构成古巴文化在这个世界认同的基础，虽然在这个世界里古巴长期被隔离在外，但在这个世界里文化的交流变得愈加必要和习以为常。

一部拉美中国苦力史

——小说《黄色行李》中的历史记忆

张　鹏①

摘要： 19世纪上半叶，工业革命的风潮席卷到包括古巴在内的拉美地区。工业革命带来的规模化生产迫切需要大批量的劳动力。与此同时，欧洲各国及美洲地区纷纷发起了禁止黑人奴隶贸易的运动。废奴运动给美洲地区带来了一个无法协调的矛盾——"废除黑奴"与劳动力缺乏的矛盾。在这样的大背景下，罪恶的贩卖中国苦力的交易出现了。在古巴小说家玛尔塔·罗哈斯的小说《黄色行李》中，艺术地再现了苦力被欺骗、被贩运、被剥削，最后在他乡生存并繁衍下来的整个过程。可以说，这部小说就是一部拉美中国苦力史。

关键词： 劳动力；苦力；贩卖；奴役

　　2008年，继《落入英国人手中的一年》（2006年，曾获"阿莱霍·卡彭铁尔文学奖"）等几部反映历史事实的文学小说之后，古巴社会小说家玛尔塔·罗哈斯（Marta Rojas）又发表了以反映中国苦力命运为主题的中篇小说《黄色行李》（以下未写书名的页码，均节选自《黄色行李》）。从写作手法上看，这是又一部典型的拉美魔幻现实主义小说。围绕两位主人公尼古拉斯和范倪，小说从两条主线上展开故事情节：其一，投机商人

---

①　作者为天津外国语大学拉丁美洲研究中心主任，西语系主任、教授。

尼古拉斯贩卖中国苦力，从而发家致富的一生；其二，为生存逃离中国，追随尼古拉斯来到古巴，成为中国苦力大军中一员的范倪。两位主人公社会身份迥异，成长背景有天壤之别，却在"苦力"这个主题上命运交叉契合。与拉美文学爆炸时期的其他魔幻现实主义小说一样，《黄色行李》通过交错迷离的文学表现手法反映客观现实。拨开小说的其他故事情节以及刻意玩弄文学技法的层层迷雾，读者能够清晰地看到一段历史脉络——美洲中国苦力史。本文试图撇开小说中的其他情节和因素，从中抽丝剥茧，尽量清晰地还原这一历史真实。

一 招募中国苦力的历史大背景

（一）工业化背景下的悖论——废除黑人奴隶贸易与劳动力缺乏的矛盾

19 世纪上半叶，美洲绝大部分地区已经摆脱了欧洲殖民者的枷锁，建立了独立的国家。然而，宗主国的气息仍浓厚地存在于拉美的空气中，包括古巴在内的部分拉美地区仍然处于欧洲的殖民统治之下。此时的欧洲大陆上，以英国为代表的工业革命正如火如荼地进行，新生的大规模工业生产急需大批自由劳动者，还需要无障碍的自由市场，以利大批量商品的倾销。

在这样的大背景下，英国率先开始对"私自贩卖黑奴"开战，以打破美洲地区殖民地封闭式自足经济模式，促进工业品的倾销，推动资本主义的发展。1806 年，英国议会通过一项法令，禁止英国奴隶贩子把奴隶运送到外国殖民地及美洲各国。同年，议会两院又分别通过了一项废除非洲黑人奴隶贸易的法令。这项法令还规定，从 1807 年 5 月 1 日起，绝对禁止非洲奴隶贸易，绝对禁止以任何其他方式买卖、交换和运输奴隶。受此影响，欧洲其他国家、美国及拉美纷纷开始了禁止黑人奴隶贸易的运动。

废除黑人奴隶贸易给美洲地区带来了一个无法协调的悖论——"废除黑奴"与劳动力缺乏的矛盾。在小说中，关于美洲总体劳动力缺乏的段落可以找到好几处。由于小说的主要社会大背景是古巴，因此对古巴当时的社会、经济及外部环境描述最为详尽。古巴当局于 1820 年规定贩卖黑奴为非法。此举导致古巴经济发展遭遇瓶颈：一方面，土生白人中的富裕阶层致力于发展古巴的早期工业，但"禁运黑奴"导致他们缺少劳动力；另一方面，大批以引进新技术、开发国内市场为目标的庄园主也面临同样的尴尬——劳动力缺乏。工业发展和国内市场的开拓都在呼吁一支廉价的劳动力大军。

英国及美洲各国政府虽然禁止贩卖和使用黑奴，却并无明确的法律条文规定限制使用中国苦力。正因为如此，从 1842 年开始，往古巴贩运中国苦力的罪恶交易就开始了。其时的古巴虽仍然处于西班牙的殖民统治之下，但西班牙事实上已经无法强有力地掌控这块殖民地：

> 西班牙昔日的风采不再，政治危机迭起，政府恣肆妄为，阴谋陷阱遍布。西班牙日益衰落，没有工业，也没有商业，实际上已经衰败没落。西班牙帝国实际上已经不复存在……（第 83 页）

与此同时，新兴的美国、老牌列强英国、法国都对古巴岛垂涎欲滴，而美国在这场强者的博弈中显然占据上风：

> ……（西班牙）有一批人主张占有古巴岛……还有一批人主张把古巴岛连同他的居民们一起卖掉，比如说女王就是这么考虑的。……西班牙王室持有这种观点的人不在少数。……英国也非常觊觎古巴岛，实际上也占有了它。法国也曾对古巴有所企图。不过把西班牙王室巴结得最好的还是美国……（第 84 页）

从外部局势看，古巴将要落入谁手尚未明朗；从岛内来看，19 世纪的古巴事实上已经成为大庄园主、大地主、新兴资本家财源滚滚的乐园。"巴纳基色斯平原"地区一个接一个的甘蔗种植园，各个甘蔗种植园里耸立起来的烟囱，都在宣示着这个产业欣欣向荣的发展态势；还有优质的古巴雪茄，也是有钱人趋之若鹜的奢侈品。与此同时，大批量生产蔗糖所需要的机器已经发明并投入使用。古巴"世界糖罐"的地位已经确立，贪婪的市场需求呼唤着一支能日夜劳作的劳动力大军：

> ……阿拉瓦进口的那些现代化机器马上就将推广使用……机器越

多，种植的甘蔗就会越多，因为每台机器每天能加工六英亩的甘蔗。如此一来，需要大量的劳动力来撒播种子和砍割甘蔗。更重要的是，市场对糖的需求在增长。（第 151 页）

不管古巴最终落入谁手，有一个事实无法更改：任何一个列强都不会忽视蔗糖生产能带来的巨大利润，劳动力问题是一个恒命题。

同样的情形也出现在了美国。1848 年年初，加利福尼亚仍属于墨西哥领土，同年 2 月，美墨战争中墨西哥战败后，加州变成了美国领土，并于 1850 年正式成为美国的第 31 个州，旧金山是州内的一个县。1848 年 1 月，在加州东北部的苏特地区发现了金矿，消息很快传播开来。同年 8 月，消息传到纽约，各地怀着一夕致富梦想的人们开始涌入旧金山港口。从 1849 年起，加州淘金潮真正展开，从美国其他各地和其他国家来到加州的人们络绎不绝，除了世界各地前来实现淘金梦的投机者外，许多人在旧金山开店提供淘金者需要的补给品。这一切导致市区人口暴涨，旧金山居民从 1847 年的 500 人增加到 1870 年的 15 万人。旧金山也因为淘金热成为当时美国密西西比河以西最大城市。在谈及加州淘金热过程中缺乏劳动力时，小说借"野蛮人"（淘金者）之口反映了这一史实：

在旧金山及周边地区，一升糖就要一美元；在宾馆租间房，一个月就得两百美元；快活一个晚上，从来不会少于一百美元；至于说鸦片烟，可以说是与黄金等值的……"鸦片"（opio）和"黄金"（oro）的区别，仅在于去掉一个弱元音"i"，更换一个辅音字母"p→r"而已。关键的是，"野蛮人"天生不是来伺候人的，他们越来越需要中国人，因为法律已经禁止贩运和役使黑奴。（第 24 页）

从这段话中，我们可以得到三条信息：一是随着加州淘金热的兴起，各地的淘金者抱着发财致富的梦想纷沓而来，加入淘金者大军的队伍。与此相适应，在旧金山附近出现了大量服务性行业，各种服务都能获得暴利；二是美国人不愿伺候别人，底层劳动力缺乏；三是由于美国禁止贩运和买卖黑奴，美国人把目光投放到了中国人身上。

小说中还详细描述了秘鲁钦查岛上劳工的劳动场景。从小说中的描述来看，总结起来，美洲地区对中国苦力的最大需求主要集中在三个地区：美国加州、古巴岛、秘鲁钦查岛和卡亚俄岛。

（二）中国成为美洲劳动力供给的最优良市场

同一时期的中国正处于清朝统治最黑暗、最腐朽的时期：一方面，从内部环境看，鸦片战争已经爆发，中国大门被列强的炮火打开，各国争相在中国寻求最大利益，闭关锁国的政策已经不可能延续；另一方面，从外部环境来看，西方列强已经陆续开始了工业革命，生产力得到极大发展，贪婪地在全球寻求市场，掠夺财富。在西方经济社会大发展的同时，清朝政府长期坚持锁国政策，缺乏对外部世界的了解和认知，长期积贫积弱，既不能保障民生幸福，亦不能抵抗外辱。在内困外辱的背景下，爆发了"太平天国运动"。运动被镇压后，清政府大肆杀戮太平军将士，国内一片血雨腥风，民不聊生。

作为西方国家人贩子的主要代表，尼古拉斯的想法代表了西方选定中国作为他们劳动力输出市场的根本动机：

> 你曾经的旅行，你将来的旅行，都是以运输黄色行李（中国苦力，因皮肤为黄色，且在海上输送，如同货物一般，故名）为真正的目的。……在这桩买卖中，中国是产品生产市场，古巴岛是最主要的消费市场，苦力就是产品，这就是你学过的市场经济。（第44页）

很多受骗前往美洲的中国苦力正是在无法生存的情况下，听信了人贩子的谎言，从而决定远离故土，希望在遥远的异国他乡聊以生存下来。小说中，初到拉美的中国苦力在经历了非人的海上航程后，终于明白了等待着自己的命运，很多人不甘心从此以后身为囚徒，宁可冲向种植园的火车，自尽身亡。火车离开后，面对满地仍在扭曲跳动的人的筋骨，还有人肉、骨头、鲜血混杂在一起的血腥场面，尼古拉斯的内心也许闪过一丝怜悯和罪恶感。在他身边的中国"同谋"范倪看出了他的内心，为了打消主子的罪恶感，他说：

> 如果他们不乘船来到这里，在中国，他们一样也会死掉，成千上

万人会死于饥荒。在那里，人们要么死于与满族人的王权争夺；要么死于太平军叛乱；要么死于鸦片战争；要么吸食外国人运来的毒膏，变成外国人的奴隶。……（太平天国）这场叛乱一直到洪秀全被处死才平息下去。一起被处死的还有成千上万，十万，甚至是五十万他的追随者。血淋淋的利斧从清晨杀到黄昏。先生，有一些叛乱者被你从人贩子那里买了过来。如果不是您的仁慈，他们早就身首异处了。这场叛乱还没有最终平息，不过他们都还活着，还能吃上饭。您仔细看看他们，都还活着！虽然我们更喜欢自己的生活方式，但您救了我们的命，我们全都得跪在您的面前，感激您的大恩大德。（第38—39页）

一方面是美洲急缺劳动力，另一方面是在中国民不聊生，在人贩子欺骗性的招募中，一批批的中国苦力踏上了前途未卜的异国苦旅。

二 欺骗性的招募过程

小说中虽然没有专门的章节直接谈到苦力的招聘过程，但我们还是能从大段的文字中窥见招聘过程的欺骗性本质。在苦力们对未来不抱任何希望，一心求死，有人在航行尚未到达终点时就选择跳海自尽，有人到达美洲却亡命冲撞火车头，有人捆扎简易木筏试图重返中国，有人上吊身亡，"货物"遭受重大损失的情况下，想要购买劳动力的庄园主们听从了尼古拉斯的劝告，让同是中国人的范倪劝解苦力们，希望他们平静下来，接受已经降临的、无法更改的命运。为了打消苦力们重返中国的希望，范倪在其演讲中谈到了离开中国前，在澳门签署的合同。这份合同的内容，苦力们是不清楚的：

一些至关重要的东西苦力们应该清楚，比如说"合同"的内容。正是由于不清楚合同的内容，苦力们才答应来到古巴岛，听命于这些不懂他们语言的先生们，听命于同意接收他们做劳工的东家。（第64页）

合同中对苦力权利和义务的规定：

> 合同期是八年，……八年里，不管苦力们健康状况好坏，他们都
> 必须终日劳碌。不能庆贺节日，也不能有一块自己的地；不能有一间
> 自己的屋子，也不能有自己的女人。合同上没有规定劳动时间，所以
> 全凭雇主说了算，不受苦力自己意愿的支配……（第 64 页）

尽管合同期规定为八年，可实际上苦力们八年间赚的钱根本不够买一
张返程的船票，而且回国的航程可能历时半年，充满了大洋上的生死考
验，回国已经无望了：

> 这些先生们说，如果合同期满，你们就可以回归故里。但我要告
> 诉你们，根据合同，每个月最多赚八个比索，就算是干两辈子，你们
> 也回不去！况且，合同上说，八年里会免费给你们更换三套衣服，其
> 他衣服的费用都得自己付。……回到中国，我们需要六十天，这话也
> 是假的！花费的时间比这多得多，是六十天的三倍，甚至更多。所有
> 一切都是假话，谎言，欺骗，奴役！……（第 64—65 页）

尼古拉斯在波哥大犯下了罪行，通过社会关系得以逃脱刑罚。当他第
一次来到哈瓦那时，急惶惶如丧家之犬，一只书箱就是他全部的财产。不
过时隔几年，当他再次踏上哈瓦那的土地时，却摇身一变，俨然变成了一
位上等人士。身份变成了尼古拉斯·唐克·阿梅罗先生，职业是伦敦—纽
约—香港贸易办公室进口商人。在这冠冕堂皇的身份之下，尼古拉斯干的
是贩卖人口的罪恶勾当。他在澳门设有办事处，招募苦力的合同就是在这
家办事处签署的。为了让合同看起来正大光明，狡猾的尼古拉斯甚至还找
到了当地知名的律师事务所，用该事务所的宣纸撰写看似无懈可击的
合同：

> 澳门办事处在协议签署问题上无懈可击：书法工整，排版无误，
> 白纸黑字印在澳门知名律师事务所诺奴纳·菲罗斯的宣纸上。合同纸
> 有的是淡蓝色，有的是粉红色（不同颜色是为了区分不同的目的地：

卡亚俄或哈瓦那)。协议郑重其事地装裱在古巴一家蔗糖厂提供的精美木质相框中。你这么重视契约的外观，因为在这帮'可怜鬼'提供劳务的整个过程中（这个过程可能不会太长），契约将一直陪伴着他们。你这么处心积虑地注重到每一个细节，也是要把他们与非洲黑奴区别开来。（第 40 页）

尽管苦力们对合同的内容一无所知，但在合同的最后，却还有模有样地确认合同双方皆知晓合同的全部条款，约定双方均不可违背合同内容，合同书是在公证人在场的情况下签署的：

> 为了保证协议双方都能认真履行协议内容，在最终签名之前，双方确认已经再一次仔细阅读上述全部条款，双方也清楚明了将要承担的责任义务。任何时候都不得以任何理由辩称不清楚协议内容，提出不符合协议的诉求。只有在协议规定的条件不能满足时，才能提出超出协议之外的诉求。协议双方在公证人在场见证的前提下共同签署本协议。（第 64 页）

在苦力登船的时刻，人贩子甚至粉饰前往港口的车队，似乎苦力们要去的不是人间地狱，等待他们的将是美好幸福的明天：

> ……起运那天，拖运苦力的长长车队也装点得非常美观，还挂着丝绸条幅，把苦力们送上将要出发的轮船。每周要招募五百多个苦力，这只有你才做得到，尼古拉斯！（第 40 页）

就这样，苦力们不清楚合同的详细内容，不知晓目的地远在漂洋过海，离家万里的地方，不了解自己的主子会是谁，将会从事什么样的劳动，将会受到什么样的待遇，更不清楚何时才能返回故土，一纸纸貌似正规的合同实则是一张张卖身为奴的契约，苦力们稀里糊涂踏上了完全未知的旅途。

三 大洋上的生死之旅

（一）航行路线

在小说中，中国苦力主要被送往三个地区：一是以古巴为代表的加勒比海国家（哈瓦那港）；二是秘鲁（钦查港和卡亚俄港）；三是美国加州。从中国到达这三个地区，很多人贩子选择了一条最省钱，然而却最危险的道路：从澳门港口出发，途经印度洋，绕过非洲南端的好望角，在好望角上岸加装淡水和粮食储备，之后穿过大西洋，沿美洲南端的合恩角向北航行，一直到达秘鲁、加勒比海或是美国西部。

由于"成千上万人从合恩角来来往往，……这条航道位于两大洋之间，穿越它非常困难"，所以尼古拉斯选择了另一条航道：途经印度洋，绕过好望角，之后穿过大西洋，向北航行，一直到达加勒比海。

其时，通过巴拿马地峡的跨洋铁路线已经开通，广告商们不失时机地向人贩子们宣传这条航线：

> 告示是这么写的：标题是"通过地峡最短最安全的铁路线"。如果您选择乘坐连接太平洋和大西洋的巴拿马地峡铁路，夏季的季风就只能望车兴叹！您只需在哈瓦那的阿斯平瓦尔车站登上列车，交上区区二十五美元，就能享受第一条跨洋铁路线！您可以缩短旅途，免受严寒风暴的侵袭，货物将会毫发无损地到达目的地！（第68页）

不过，由于二十五美元是人贩子招募苦力价钱的三分之一，所以他们宁可选择充满危险的海上航线，把苦力从加勒比海输送到美国西部和拉美西海岸，也不愿破费二十五美元，走一条更为安全的铁路线。海上航线会有海难等可能性因素，但人贩子们认为：

> 如果我们能在船上装更多的苦力，来抵消目前海上航行造成的损失，就没有必要乘坐这个大肆吹捧的地峡火车。这样一比较，海难也就不是什么大事情，而是最稳妥的发财捷径。（第68—69页）

尽管海上航线是一条最为危险的线路，但人贩子为了获取最大化的收益，完全置苦力的生死于不顾，选择了这条最省钱，同时也是最险恶、最可怕、最未知的航线。

（二）险象环生的跨洋航行

在挑选苦力之时，人贩子选择的是身强体壮的青壮年男丁："这些苦力都是澳门商人在临装船前雇用的，上船前都是健康的"，人贩子们"精心挑选了一群体格健壮的苦力，他们看起来能承受各种折磨"。（第105页）

为了在船上装下最多的苦力，以节省航行成本，也为了在船上装入能盈利的商品，比如鸦片、咸鱼等，苦力们被驱逐到舱底，在暗无天日、空气污浊、活动范围只有比棺材大不了一点的地方度过漫漫航程。关于苦力在舱底的生存状况，小说中是这么描述的：

> 那里人满为患，条件极其恶劣可怕。在黑乎乎的舱底，塞满了苦力，食物发出阵阵毒气恶臭。随着航行时间一天天过去，舱底的情况一天比一天糟糕。从卡亚俄港完成部分货物装卸后，船上又装上了一些咸鱼，舱底的毒气更加加重了。在那又黑又臭的舱底，每个苦力的活动范围只有比棺材大不了一点的地方。空气无法流通，这时又混杂了受热腐烂的鱼臭气。如果不是你准备了安第斯地区的土豆，每顿给苦力们吃一点，可能这些可怜虫早就死于坏血病了。（第122页）

在非人的条件下，随着航行时间的推移，苦力们的健康状况迅速恶化。由于长期处于阴暗恶劣的舱底，阳光稀少，苦力们的抑郁状况加重了，差不多所有的苦力都有抑郁的倾向，就算是身体条件好一些的人也不例外。抑郁导致苦力们的免疫机能下降，从而滋生感染。有些人的眼睛开始红肿，严重的开始化脓，脓性分泌物风干之后，遮住了他们的眼睛，"瞎眼瘟疫"使他们变成了"瞎子"。

跨洋航行充满了生死考验的艰险。在人贩子亡命天涯，以命搏财的冒险中，数不清的船只，连同船上的人贩和苦力，一起葬身冰冷的海底。小说第二章《冰冻的木乃伊》中，以惊心动魄的笔调描述了一条大洋上的覆船及冰冻而毙的船员和苦力们：

　　船上甲板倾斜，桅杆已经没有了，整个甲板一片纯白，这是一条抛锚的大型船。甲板上到处都是冰冻的木乃伊，有的躺着，有的直立着，差不多有一百具出头。这些木乃伊喷放着冰冷的白雾，拿小艇上的船桨击打一下，发现都是些大冰块。海浪不紧不慢、不急不缓地拍击着这处"船的墓地"，把它推向一个岬角。……狗伸着长长的鼻子，不停嗅来嗅去，它们伸出尖尖的爪子，在大冰块上不停地刨来刨去，想要掏出里面冰雪冷冻、已经发黑的肉团。冰块里的死人应该是在最近的冬天遭难的。不过，在这个世界的尽头，四季之间却也没有什么分别。（张鹏译：第20页）

　　一时间，死寂的静谧包围了他。……他再次把目光投向那怪石嶙峋的岬角，凶猛的海浪推挤着船只的残骸，浮起的银白碎片不断向岩石上撞击。……范倪听见主子在大声喊叫着，要水手们砸开冰块，打破冰冻的、站着或躺着的木乃伊。……那些冰冻的木乃伊就是死人，是苦力，不止上百人，应该有两百人之多，有的尸体还合抱在一起。可以想象，这些抱着的尸体可能是同乡，是去年从澳门登船远航的。和这些死去的苦力们一起的还有船上的工作人员，因为狗的长鼻子上现在叼的不只是黑色的人肉，还有人头碎片，头发是琥珀或是灰白色，和西方水手的头发颜色一致。（第21页）

长时间的海上航行和遭受的非人折磨，使苦力们从健壮变得羸弱，他们衣不遮体，如抽空了的躯壳，失去了为人的最后一丝尊严：

　　你面前的这一班人羸瘦干瘪，脸色苍黄，衣不遮体，连露在外面的生殖器都衰败无力，阴囊空瘪，皱巴巴的，像沙漠中失去水分的果子！他们的手腕都被捆着，浑身长着脓疮，走起路来摇晃欲坠。（第33页）

灭绝人性的折磨磨灭了苦力们对生命的最后一丝留念，许多人选择投海自尽：

他们惊恐万分、不管不顾地纷纷投入水中。他们冲得那么迅猛，在水面劈起阵阵浪花。（第 33 页）

大海吞没了这些黄种人，冰冷的海水顷刻就把他们埋葬，永远消失在无边的大洋中。（第 34 页）

为了防止苦力逃跑或是暴动，为了防止出现万一，遇上杀人越货的海盗，掳走船上"贵重的货物"（黄种人），输送苦力的船只都打造得极其坚固，整艘船恰似铜墙铁壁。船匠们用厚厚的、能经受猛烈撞击的橡木大板为船只做了"保护层"。"保护层"从甲板向外至少伸展了一米，高出甲板三米。此外，工匠们还建了一座外罩铁皮的塔楼，从塔楼向外望去，可以清楚地看到苦力们哪怕是一丝一毫的暴动苗头。从甲板通往底舱的舱口用粗重的木栅栏封死了，即便是最瘦小的苦力也休想从栅栏中钻出来逃跑。

虽然轮船武装得无可挑剔，但是在大海上，所有这些及其他预防措施都可能形同虚设：冲天巨浪和排山倒海的暴风可以摧毁一切，即便是防弹的橡木船壁也不例外。此外，大海的怒涛还会带来另一个危险：船上的水泵可能失去控制，灼热的蒸汽柱会在一眨眼的工夫把包括苦力在内的所有人的皮肤全部剥光。

四　苦力在拉美的生存和繁衍

（一）没有身份，难以融合的外来者

绝大部分苦力都是愚昧无知的社会底层人，他们没有自我保护能力，也缺乏维护自身权益的意识。他们不仅不清楚与人贩子签署合同的内容，连自身应该留存的那份合同都不知道保存。到达美洲的苦力们失去了身份，失去了在这个世界上作为"人"的痕迹：

这些可怜人在澳门签署的合同都丢了，所以在什么地方都没有记录，这个世界上他们压根儿就不存在。（第 105 页）

即便还有人承认苦力的存在，不过他们却不是以"人"的身份存在。

正如小说中所说："……这些'人'属于另一个社会阶层——他们是商品。"

相比美洲地区已经存在的黑奴，黄种人的地位甚至连黑奴也不如。在大庄园主们看来：

> 那些田野里的可怜虫，他们都是些稀奇古怪的中国人。这些人身材矮小，性格粗野，沉默寡言，不过非常凶猛强悍。他们是一群不同于你我的异类，谁也不知道他们到底在想些什么……谁也听不懂他们到底在说些什么。我还是更喜欢黑奴。（第133页）

当时的美洲社会，教会还有很强的势力，由于中国人拒绝接受洗礼，不愿遵从基督教仪式，也不接受皈依基督教，很难融入当地社会，美洲社会普遍把他们看成"异类"。小说借一位神父之口叙述了这一现象：

> 黄种人就是这样！他们拒绝接受洗礼，而黑人却能接受。黑人们不光遵从基督教仪式，还各自寻找自己的教父教母，希望皈依基督教。黑人们都希望能接受洗礼，他们的这种精神值得我们庆幸。没有一个黑人妇女不希望自己的孩子不接受圣水的洗礼，他们皈依基督教的举动使他们显得更有人情味。（第133—134页）

除了买进苦力，留在自己的庄园里劳动外，许多有钱人还"出租"苦力。为了在租用期间内让苦力们最大化地干活，承租方把他们当"畜生"一样使用：

> （黑奴）和黄种人不一样：除了肤色不一样外，另一个不同就是：如果是自己的马，人们会格外上心关照；如果是租来的马，他们就不会那么悉心照料了。而苦力就是租来的"畜生"。（第37页）

（二）初到时的绝望自杀

经过长达半年之久（一百五十五天）的跨洋航行，苦力们终于抵达了目的地——美洲，这块与故土远隔千里万里的地方。他们的心中已经毫无"生"的信念和意志,只求一死。在从船上走向陆地的时候,他们"一窝蜂似的仓皇逃出船舱,互相践踏,掉入水中,葬身鱼腹……";在看见生平的第一辆火车时,他们"一阵骚动,……有几个苦力像疯了一样,挣断了捆绑手腕的绳索,一路狂奔。钢铁身躯的庞然怪物向前奔驰,任何胆敢阻碍它前行的东西都被碾压得粉身碎骨。至少有四到六个苦力被火车头撞得血肉模糊……";在被暂时安置下来后,还有苦力上吊自尽,"那些吊死的苦力,脖子上套着毛刺的绳子,挂在树枝上,眼睛从眼窝中凸了出来";还有苦力选择投水而死,"那些投水而死的苦力,全身被水泡胀,尸体摆在户外,这是对他们的惩戒。"(第37页)

(三) 被剥夺一切所有物

苦力们到达完全陌生的土地,身上一切有价值的所有物全部被剥夺。范倪本来可以算得上是尼古拉斯的"同谋",因为他充当了尼古拉斯的帮凶,人贩与苦力之间的翻译,还诱导苦力们接受无法更改的命运,本分老实地接受别人的役使。就算是这样一位"同谋",也被剥夺走唯一珍贵的、叔叔遗留给他的随身物——"睡鱼"。"睡鱼"是清朝皇宫的珍宝,由于叔叔在皇宫受到皇太后的赏识,被赐予这条睡鱼。叔叔在临终之际把睡鱼交给了范倪,希望他永远代代传承。但尼古拉斯早就盯上了这件珍宝,他以把黑奴罗莎·拉古娜赏给范倪为妻为条件,剥夺了范倪的唯一一件珍品。

(四) 对苦力的精神麻痹

为了防止苦力们自杀,到手的劳动力打了水漂,尼古拉斯命令范倪安抚焦躁绝望,充满叛逆的苦力们。范倪精心准备了一场演说,达到了庄园主们期待的效果。

小说第七章中,范倪的演讲长篇大论,概括起来,他是希望用两个主题麻痹苦力的精神,消磨他们反叛的意志:

一方面,范倪"拥有一件有力的武器",这件武器就是《大学》一书,书中的清规戒律归结于一点:不管一个人的生命是长是短,他总是应该遵循一些基本法则——在任何环境中,都要有泰然处事的胸怀,清醒理智的头脑,不受一时冲动情绪的驱使;范倪还不厌其烦地提及"鲁先生"(孔子,孔子出生于鲁国,小说作者这样称呼孔子,是对中国文化的误解),希望苦力们顺势而为,遵循"鲁先生"的教导,劳作时守规矩,善于学习新知识,脑子里永远要想着"本本分分"这几个字;范倪大力提倡"忍耐"二字，告诫苦力们"小不忍则乱大谋"，希望他们如蝼蚁一般，辛勤劳作，永不停歇。

另一方面，对于苦力们还幻想着合同期满可以归国的心态，范倪清楚地告诉了他们合同的内容、期限、义务、待遇等等，最后得出结论：苦力们将永远也不可能返回故乡。

通过这一段演讲，范倪既告诫了苦力们归期无望，又从思想上消解了苦力的对抗情绪，庄园主们认为他"创造了奇迹"，"让怒火冲天的苦力们平静了下来"。

（五）苦力在美洲受到的非人奴役

小说中具体描写苦力劳作的两个地点，一个是古巴的甘蔗种植园，另一个是秘鲁的钦查岛。通过这两处描写，我们清楚地看到苦力在美洲受的非人凌辱、折磨和奴役。

为了防止苦力逃跑，种植园主命令给苦力们戴上了锁链，有些苦力反叛精神强烈，甚至还戴着枷锁。在工头的监视下，苦力们没日没夜地干活。此外，在古巴阿拉瓦和其他的甘蔗种植园里都设有监狱，里面关押着至少十几个苦力。只要苦力们胆敢不听从主子的吩咐，或是拒不执行指令，就会受到工头的严厉惩罚。

虽然古巴法律规定，在鞭挞苦力时，最多只能抽打二十下，但在各个种植园里，这项法律只是一纸空文。尼古拉斯的车夫就曾看见"有些苦力眼看就要满了八年的合同期，但遭到两百下，甚至更多的鞭挞，最终无法忍受，为此自杀的人不计其数。"

小说中还举出了两个具体的例子：一个名叫梁武的苦力，因为没有获得主人的许可，擅离庄园，主人把他的耳朵割了下来；还有一个名叫黄超的苦力生病了，遭到一顿暴打。在极度悲愤中，他跳进了一口正煮开的大锅，里面熬着不知道是糖浆，还是甘蔗汁的液体，顷刻间他的身体就融化了。（第159页）

秘鲁的钦查岛上，鸟儿不断拉屎，鸟粪堆积有几十甚至几百米的厚度，形成一座白色的岛屿。"长年累月积累起来的厚厚的鸟粪层散发出令人窒息的腌臜之气"，但鸟粪在欧洲、在世界的其他地方都很有市场，因为这是优质的天然肥料。"全世界都对鸟粪垂涎欲滴"，"欧洲人也对这里天然的鸟粪垂涎三尺"。在这座"白色的地狱"，在这"灼热而恶臭的空

气中"，无数船只排着长队，等着迎接鸟粪装船。苦力们把鸟粪填到漏斗里，鸟粪从漏斗里过滤到等候的船舱中。（第156页）

每次人贩子尼古拉斯来到这里，人们都向他索要更多的"黄色行李"，因为先前过来的苦力大批大批地死亡。剩下的"苦力们全身赤裸，那是因为他们每天都会撕下一块布片，堵住嘴，堵住鼻子，这样才能勉强忍受这股恶臭。天长日久，他们也就一丝不挂了。每当挖开太阳照射下积累多年的粪便层时，恶臭席卷而来，没有亲历的人是根本无法想象的。"

是另一种黄色的物件——金子，才能让人忍受这种恶臭的环境，岛上的官员也正因为金子而留在了这里。这里的鸟粪就是他们发财致富的宝矿。看到新来的刚下船的"黄色行李"，他们两眼放光，发出"金子般的光芒"，仿佛看见了正对他们招手的锭锭黄金。

由于"交货"的码头位于悬崖上方30多米的地方，为了从船上把苦力交给买主，尼古拉斯在高高的悬崖顶上架起了一副三十多米高的木头脚手架，人们称他的这个脚手架叫"垂直码头"，人贩子就在这里交货，把苦力们一个一个吊上30多米高的悬崖。在这个"交货"过程中，"有几个苦力从高处掉进了大海"，可能是脚手架不牢固，"也可能是岛上的苦力，他们再也不能忍受哪怕是一分钟的恶臭，所以投海自尽了吧!"（第159页）

（六）对故土的永恒思念

身在异国，心在故土，这是每个苦力的内心写照。小说中抓住主人公范倪的典型事例，让我们洞悉了苦力这个群体内心中一块柔软的圣地。

作为对"同谋"范倪的奖赏，尼古拉斯在父亲的庄园里辟出了一间角落中的房子，作为范倪的藏身之所。房子深藏在一片日渐茂密的丛林中，周围都是树木，成为一个小小的独立王国，也是范倪怀念故土，寄托思乡之情的隐秘场所。房屋带有一个院子，院子里有一个水池，里面养着鱼儿，水面上长着开花的水草。除了池塘，院子里还有一块菜地。

在这树木绕成的"围城"里，范倪常常会穿戴起故国的服饰：脚蹬丝绸长靴，身着唐装，独自咀嚼思乡的苦涩。

他还喜欢哼唱故土的小曲儿，歌词唱道："饮快乐之杯的美酒/方知世间欢喜忧愁/人生充满悲欢离合/我已亲身深尝浅酌/现如今，暮霭中微风轻吹/拂去蒙月的云层/那一叶最后的孤帆/载我返最后的归程/人生皆有己路/他日定会重逢/在那遥远的银河。"歌词中浓厚的思乡之情，隐隐的哀怨和无奈表露无遗。（第176页）

在遇到人生重大时刻时，范倪还是会遵循传统的中国习俗：

> 三件贡品都摆在那里：一颗水煮带毛的白净净的猪头、一只尾巴和头顶带毛的水煮公鸡、一条包在丝绸兜子中的活鱼。活鱼放在猪头和公鸡中间，……没有找到荷花，你（范倪）只能在水面上放了几朵玫瑰。下一步，你得把鱼捉起来放到水里。如果鱼儿游起来，……你的儿子就会健康茁壮地长大。严格完成了礼数要求的每个步骤后，你跪了下来，你的祈祷词会传到天上，传到神的耳朵里。（第113页）

（七）在当地生存繁衍

尽管大多数苦力难以在当地成家立业，但是范倪却以一件皇家珍宝，换取了黑奴罗莎·拉古娜，组成了自己的小家庭。范倪和罗莎·拉古娜还有了好几个孩子，"孩子们都是麦麸色的皮肤，头发卷曲，眼睛都是琥珀色，和外婆布鲁尼尔达的差不多……""全家人生活得非常和睦。"

尼古拉斯的合伙人阿斯科纳在古巴岛上开了一家工艺品作坊，范倪、另一名手工艺人田墨元都在这里劳作。田墨元灵巧的双手制作出各种图案的灯具。不久，这些款式的灯具就成为古巴的流行时尚，众多豪门旺户争相购买，阿斯科纳也因此大发横财。范倪擅长文字镌刻，尤其擅长模仿著名书法家的笔迹，他不仅负责这些灯具的制作和铭文，还对它们的外表进行加工处理，使每件灯具看起来和真品没什么两样。

古巴的那些大家族都离不开阿斯科纳的工艺作坊了。在这间作坊里，田墨元和范倪还生产中国玩具，尤其是熟陶土制成的有声音的、色彩与众不同的玩具：布老虎、哨子、山东及其他地区的小狮子等等。这些玩具艺术品位高，釉子新颖独特，颜色五彩缤纷，都是同类中的精品。所有人都会被它们吸引，喜爱上它们。

小说中还三言两语描述了中国苦力参加古巴独立战争的史实："日子就这么平平静静地流逝着，直到1870年。那一年范倪跟一个姓李的中国

人走了。他是一个铁匠,是范倪的同乡。这个人要范倪教古巴人怎么使用火药,要在东部战争中派上用场。"(张鹏译:第177页)

小说第二十章一笔带过提及了范倪的继承者——其子卡洛斯·阿斯科纳。父母去世后,卡洛斯继承了父母的衣钵,继续从事有关中国传统的工作。同时,他还负责哈瓦那与圣弗朗西斯科两地中国节目的演出。作为第二代在古巴的中国人,他的身份已经不再是苦力,比自己的父辈更深地扎入到了古巴的土壤中。

五 结语

从《黄色行李》纷繁的故事情节中,我们还原了一段历史真实——拉美中国苦力史。作为一部文学作品,不能排除小说中有文学虚构的成分,但有关这段历史记忆,从人贩子招募中国苦力,到苦力漂洋过海来到异域,到苦力受到非人的奴役和折磨,再到苦力们参与到所到国建设等环节,却是任何人不能否认的史实。从这个意义上来说,这部小说的价值,也就超出了作为纯文学作品应有的分量,具有了可贵的历史价值,为我们考察"拉美苦力"这一主题提供了鲜活的资料。

参考文献

[1] Marta Rojas, *Equipaje Amarillo*, Editorial Letras Cubanas, 2009.

[2] [古巴] 玛尔塔·罗哈斯著:《黄色行李》,张鹏译,五洲传播出版社2012年版。

"契约华工"海外生活之尘封画卷

——兼论古巴著名作家罗哈斯及其经典小说《黄色行李》

丁立福①

摘要： 为加强中、古两国间的文学交流，中国与古巴官方合作出版了首部古巴经典小说《黄色行李》，其作者是历史上首次将"契约华工"纳入创作视野的著名作家玛尔塔·罗哈斯。小说的突出价值在于，通过主人公尼古拉斯·唐克带领仆人范倪远涉重洋贩卖"契约华工"的故事题材，将苦力贸易的历史往事逐个激活，让读者切身感受到中、古两国人民交往之初的被动局面，殖民者自由诚信背后的恶劣行径，"契约华工"遭遇的凄惨生活，以及华工华侨所做出的历史性贡献。

关键词： 玛尔塔·罗哈斯；《黄色行李》；古巴小说；契约华工；苦力贸易

一 引言：搭建中、古两国文学交流的桥梁

2011年7月13日，到访古巴的中国新闻出版总署蒋建国副署长与古

---

① 作者为淮南师范学院英语系主任，教授。

巴图书委员会苏莱卡·罗迈主席正式签订《中国新闻出版总署和古巴图书委员会合作谅解备忘录》，开中国与拉丁美洲国家合作出版之先河。《备忘录》主要涉及中、古两国将在新闻出版领域开展深入交流与合作，其中一项重要内容就是设立"中古经典互译出版项目"。2012 年 8 月，国家新闻出版总署"中古经典互译出版项目"所遴选并资助的首部古巴经典著作《黄色行李》顺利地由天津外国语大学张鹏博士译成中文、并由五洲传播出版社出版。同年 9 月 1 日，五洲传播出版社、中国图书进出口集团总公司和古巴共和国图书委员会，共同在北京国际图书博览会上举行《黄色行李》中文版发布会，作者玛尔塔·罗哈斯现身发表演讲，同期还应邀到中国社会科学院拉美研究所做学术交流。据悉，"在未来两三年内，五洲传播出版社将根据中古双方相关部门的推荐意见，翻译更多的古巴经典图书。同时，古巴图书委员会也将根据中方的推荐意见，从五洲传播出版社已经出版的 80 余种西班牙文图书中，选择出适合古巴读者的文学、历史、文化等各类图书陆续出版"①。

"中古经典互译出版项目"不负众望，继 2012 年于北京成功推出中文版《黄色行李》后，又于 2013 年在哈瓦那成功推出刘震云著《手机》西文版和罗哈斯著《蒙卡达审判》中文版，目前正在筹备资助五洲传播出版社"翻译被誉为'古巴《红楼梦》'的文学巨著《塞西莉亚》和学术著作《古巴人口构成》，预计 2014—2015 年出版"②。可以期盼，中、古两国图书市场上定将定期出现反映古、中两国人民生活的优秀图书，两国读者也将拥有更多机会通过文学作品来了解对方的民族、历史、民俗、风情等——中、古两国文学交流之桥梁正在悄然搭起。令人遗憾的是，国家新闻出版总署"中古经典互译出版项目"之首部小说面世至今仍无人问津；本着学人的责任，拟先行探讨古巴著名作家玛尔塔·罗哈斯及其创作的经典小说《黄色行李》，以期抛砖引玉之效。

---

① 新闻出版总署信息中心：《"中古经典互译出版项目"——〈黄色行李〉中文版首发》，全国新书目 2012 年第 10 期，第 20 页。

② 孙海悦：《中古经典互译出版项目又出新成果》，《中国新闻出版报》2013 年 12 月 18 日。DeCosta-Willis, Miriam. Daughters of the Diaspora: Afra-Hispanic Writers [M]. Ian Randle Publishers Inc., 2003.

二　首次将"契约华工"纳入创作视野的著名作家玛尔塔·罗哈斯

　　玛尔塔·罗哈斯（Marta Rojas），1931 年出生于古巴第二大城市圣地亚哥（Santiago）的一个缝纫手工业者家庭。罗氏的外祖母是古巴港口马坦萨斯（Matanzas）黑奴的女儿，外祖父则是西班牙人，也即罗氏的母亲是黑白混血儿，而且她的父亲也是兼有法国人、西班牙人和非洲人血统的典型白黑混血儿。罗氏的家世、血统似乎从源头上就影响乃至决定了其亲历革命洗礼后的创作征程。罗氏 1953 年毕业于哈瓦那大学新闻系时，有幸见证了菲德尔·卡斯特罗带领革命分子突袭蒙卡达兵营的标志性历史事件，稍后又以《流浪者》周刊的记者身份，列席旁听并连续报道了巴蒂斯塔独裁政权对卡斯特罗的审讯，自此罗氏声名远播。古巴革命胜利后的第二年即 1960 年，罗哈斯将其在报道蒙卡达审讯过程中所搜集、保留、未能公开的第一手资料整理成"蒙卡达丛书"公开发表，可谓影响深远，遂成为拉美各国乃至世界人民了解古巴及其革命的重要读物；而后的三四十年间罗哈斯始终活跃于新闻界，并于 1997 年荣获以古巴独立之父何塞·马蒂（José Julián Martí Pérez）姓名命名的国家最高新闻奖"何塞·马蒂新闻奖"。

　　作为资深记者，罗哈斯曾供职于古巴党报《格拉玛报》，一度游历欧、美的多个国家和地区，还以战地记者的身份到亚洲的柬埔寨和越南做过采访报道。这些独特个人经历积淀成的历史视野和创作境界，使罗哈斯擅长思索殖民时期的社会历史、民族身份、族裔流动以及文化交流等核心问题，并付诸于历史性文学作品的创作。仅就罗哈斯历史性文学作品的创作而言，大致可分为三个阶段。第一阶段是尝试阶段（60—80 年代），罗氏在主要从事新闻报道之余开始尝试性地创作纪录性文学作品，如 1966 年的 El juicio del Moncada（可汉译为《蒙卡达审判》）、1977 年的 Escenas de Viet Nam（可汉译为《越南现场》）、1978 年的 El quedebe vivir（可汉译为《必须生活下去的人》）、1983 年的 La cueva del muerto（可汉译为《死人之穴》），其中 La cueva del muerto 在 1988 年由 Margarita Zimmermann 译介到英语国家，还进一步被摄制成纪录片。第二阶段是转型阶段（90

年代），罗氏成功地创作出两部历史小说，一是 1993 年出版的 El columpio de Rey Spencer（可汉译为《斯宾塞王的摇椅》），再现了殖民时期古巴土著人的生活状况；一是 1998 年出版的 Santa lujuria o papeles de blanco（可汉译为《白皮书》），再现了殖民时期古巴族裔流动和有色人种买卖等实情。第三阶段是高峰阶段（新世纪伊始至今），罗氏继续深入展现殖民时期古巴相关民族及历史等的重大问题，从而陆续推出系列历史小说，主要有 2003 年出版的 El harén de Oviedo（可汉译为《奥维耶多的闺阁》）、2006 年出版的 Inglesa por un año（可汉译为《落入英国人手中的一年》）和 2009 年出版的 El equipaje Amarillo（即是本文重点论述的《黄色行李》，英译则是 The Yellow Luggage 或 The Yellow Suitcase）。其中 Inglesa por un año 出版后引得广泛赞誉，当年即获得以塞万提斯文学奖得主、著名小说家阿莱霍·卡彭铁尔（Alejo Carpentier）姓名命名的古巴最高文学奖"阿莱霍·卡彭铁尔文学奖"；其实，早在上世纪 60 年代卡彭铁尔就曾欣然为罗哈斯的"蒙卡达丛书"作序，对罗氏文学创作才能亦是大加赞赏，称她是"一位富有活力、才华横溢的作家……见解深刻，写作风格直率而精确，具有点点笔墨即可网罗万象的禀赋"①。

综上，玛尔塔·罗哈斯在古巴文坛久负盛名，是由新闻报道成功转向小说创作的著名作家。罗氏独特的个人经历和种族血统在很大程度影响了她的创作倾向，使她不仅对现代古巴社会充满责任感，而且极其"关注殖民时期的古巴社会，对古巴民族的形成过程充满了创作的激情"②。古巴岛地处北美加勒比海北部，1492 年为哥伦布航海发现，1510 年即为西班牙远征军征服从而沦为其殖民地，直至 1898 年被打败西班牙的美国占领。其间，英国于 1762 年占领古巴，时隔一年后西班牙用北美佛罗里达的大部分领土换回对古巴的殖民统治，基于这段历史罗哈斯还创有荣膺古巴最高文学奖的小说《落入英国人手中的一年》。可以说古巴民族的形成史就是欧美列强的殖民史，亦是古巴人的血泪史

---

① 陈翰笙主编：《华工出国史料汇编》第 6 辑，《拉丁美洲华工》，中华书局 1984 年版，第 34 页。

② 新闻出版总署信息中心：《"中古经典互译出版项目"——〈黄色行李〉中文版首发》，全国新书目 2012 年第 10 期，第 20 页。

和奋斗史；殖民统治期间相继前往古巴的黑奴、华工以及土生土长白人均做出了不可磨灭的历史性贡献。仅以华工为例，据史学家们统计1847—1874年总共有143 040名"契约华工"被贩卖到古巴，除去贩运途中各种原因导致的死亡外，实际共有126 008人到达古巴①，却只有1608人由古巴返回中国②——这批廉价的劳动力大军有力地支援了古巴的种植园经济，还积极参与了古巴的独立革命。然而就文学创作而言，"契约华工"在古巴岛上的生活往事既难以进入古巴作家的创作视野，亦难以闯入中国作家的创作视野，更遑论进入"古巴华裔文学"的领域了，几乎成为一个鲜有作家涉足的死角。细究原因，有如下三条：一是"贩卖华工"经时光流逝已逐渐浓缩成一个抽象的事件乃至符号，再也不会重返鲜活的社会舞台。二是殖民列强没有勇气直面当年犯下的滔天罪行，是故对其不是三缄其口就是刻意粉饰。三是居于古巴的华人规模一度锐减，所谓"古巴华裔文学"远未成形。古巴革命胜利后开始严加限制个体经济，甚至逐步国有化大、中型商业，使主要从事个体经济及私营经济为主的华人华侨大批地离开古巴，其后又少有新的华人迁居至此，反而随着时光流逝老华侨逐个离开人世，使古巴华人规模日趋缩小。虽然20世纪90年代初苏联解体后，中、古关系回暖，两国合作与交流的领域开始扩大，古巴开始重现"华人街"和"中国城"，但实际生活在古巴的华人华侨目前仅千余人，可以说居于古巴的华人社会规模尚小，远未形成"古巴华裔文学"诞生的土壤。难怪翻译《黄色行李》的张鹏博士在译完后感叹"从没有黄种人到贩入中国苦力的这一段时期在古巴文学作品中鲜有涉及"③。庆幸的是，具有强烈社会责任感的罗哈斯首次将"契约华工"纳入创作视野，为现代读者奉上经典之作——*El equipaje Amarillo*；接着"中古经典互译出版项目"又精心遴选出来并译成中文《黄色行李》出版发行，我辈学人就更有责任去阅读、宣传和研究了。

---

① 陈翰笙主编：《华工出国史料汇编》第1辑，《中国官文书选辑》第2册，中华书局1984年版，第105—106页。

② ［古巴］玛尔塔·罗哈斯著：《黄色行李》，张鹏译，五洲传播出版社2012年版，第623页。

③ 陈显泗：《关于中国与古巴》，《郑州大学学报》（人文科学）1962年第1期，第193页。

三　展开"契约华工"海外生活画卷的经典
小说《黄色行李》

新航路成功开辟后,西方殖民列强凭借强大的经济和军事力量,先后闯入亚、非及拉美地区的众多主权独立国家,竭力使其变成自己的私人"种植园",而且四处兜售鸦片,甚至把"人"也掳掠为商品到处贩卖。其中买卖黑奴的劣径世人皆知,也逐渐成为表现那个年代的文学作品的重要素材;然而贩卖黄种人的罪行却鲜有记载,似亦销声匿迹于中外文学作品。小说《黄色行李》即以 19 世纪下半叶殖民列强疯狂贩卖华工为宏观背景,主要讲述了主人公尼古拉斯·唐克带领仆人范倪远涉重洋,以外贸为幌子,与殖民当局及古巴岛上的庄园主们既相互勾结以顺利贩卖华工,同时亦尔虞我诈以赚得最大利润。另一方面,利润熏心的尼古拉斯念念不忘范倪挂在脖子上的玉坠"睡鱼"——那可是"清朝倒数第二个皇帝时代的珍宝"[1],是年轻的皇太后赏赐给旗主叔叔而后由叔叔遗传于范倪;在范倪的眼中,"睡鱼"已经超越珍宝而成为叔叔遗留下来的唯一信物,而且叔叔去世时曾遗言要求范倪遗传给范倪自己的长子,最终出离愤怒的仆人加入浩浩荡荡的古巴革命洪流,成为其主子及旧社会的掘墓人。即便尼古拉斯本人,在面对庄园主的残暴和所贩华工的凄苦时亦不得不接受良知的拷问,其内心活动的描述既可信又细腻。于是,苦力贸易的历史往事得以逐个激活,一幅幅尘封已久的相关"契约华工"海外生活之画卷在读者眼前渐次展开。

(一)画卷一:中、古人民交往之初的被动局面

中国和古巴地处东、西两个半球,横跨整个太平洋,真所谓"远隔重洋"。在古代是没有先进航海技术可言的,中、古两国人民纵有交往的良好愿望,也只能"望洋兴叹"。航海技术的突破是近代史上的丰功伟绩,亦是西方殖民扩张的内在需求和必然结果,中、古两国均没有赶上这趟历史班车:1640 年英国爆发资产阶级革命而引领世界进入近代历史时期,此时中国却诞生了最后一个封建王朝,古巴也因当初哥伦布的航海发

---

[1]　陈显泗:《关于中国与古巴》,《郑州大学学报》(人文科学)1962 年第 1 期,第 174 页。

现而迅速沦陷为西班牙的殖民地；此后 200 年间资本主义迅速发展，航海技术和军事力量更是日新月异，以至于向外扩张成为可能和必然，然而在此期间大清王朝却于风雨飘摇中日渐衰落，古巴则因七年战争而落入英国人手中一年（1762—1763），继而复归西班牙殖民统治。1840 年起英国人凭借强大起来的航海技术、军事及经济等，领头掀起殖民侵入中国的浪潮，古巴人亦在为民族独立而奔走疾呼，直至整个世界在俄国十月革命后步入现代。在整个近代史上，中、古两国一直处于弱势，均深受西方殖民帝国的欺凌，可以说两国人民当年根本就没有自主交往的物质基础和外部环境。

小说《黄色行李》第一章，主人公尼古拉斯·唐克首现哈瓦那的时间"正是满洲人统治中国的第二百零九个年头……那一天是 1853 年 1 月 25 日"，只不过当年的身份仅是"来自新格拉纳达的算术老师"[1]，刚在波哥大监狱蹲了三个月；尼古拉斯此行的目的是乞望表哥能够伸手援助，落魄之旅随身携带的行李只有"一个印花皮箱和一个装满书的木箱"[2]，只消一个行李员即可搬走。可是几年后，年轻的尼古拉斯重现哈瓦那时的身份已是"伦敦—纽约—香港贸易办公室，进口商人"[3]，随身携带的箱箱柜柜多达九十件，需要八辆车方可运走，其价和尼氏本人所住"酒店等值，抑或比这酒店更值钱"[4]。这一箱箱黄色行李，或是来自中国的奇珍异宝，或是坑蒙诱骗贩来的中国苦力，中、古之间的最初交往就是发生在这样的背景之下。根据中、古两国的相关史料记载，尤其是清政府外交使臣张荫桓为谭乾初《古巴杂记》所作之叙，似可推断："中国人是在 1847 年开始到古巴的，把这一年作为中古两国人民开始发生交往的时间是可以确信的。"[5] 正是这一年的 6 月，西班牙的双桅帆船"奥坎多"号和英国的三桅帆船"阿吉尔"号先后将 571 名"华工"运往古巴的哈瓦那。显然，交往的船只由西方殖民者提供，交往的最初动机也是由他们直接诱发的；进而言之，名为"华工招

---

① 陈显泗：《关于中国与古巴》，《郑州大学学报》（人文科学）1962 年第 1 期，第 1 页。
② 同上。
③ 同上书，第 4 页。
④ 同上书，第 5 页。
⑤ 《香港船头货价纸第 206 号》，1859 年 2 月 24 日（己未年正月廿二日），第 63 页。

聘"，实为"人口贩卖"，所谓"华工"只是他们交换的"商品"罢了——交往主体实是西方殖民者。可以说中、古间最初的民间交往一开始就受到西方殖民势力的挟制和欺诈，被动之极显而易见。1879 年中国首次向古巴派驻领事即是为了维护这些"契约华工"的切身利益；在此基础之上，晚清政府于 1902 年 9 月与刚从美国军事占领下独立出来的古巴共和国才正式建交。

（二）画卷二：自由诚信背后的恶劣行径

1492 年意大利人克里斯托弗·哥伦布在西班牙国王资助下第一次航行至美洲时发现了古巴岛，稍后连同古巴在内的大部分美洲地区便先后沦为欧洲殖民列强的"种植园"，而种植园的经营又促发了黑奴贸易。自 18 世纪中叶，各殖民强国先后由工场手工业时期进入自由资本主义阶段，黑奴贸易日益失去存在的价值，再加上黑人的反抗斗争以及资产阶级启蒙思想家的无情抨击，使以英国为代表的各殖民强国于 19 世纪初先后颁布了禁止黑人奴隶贸易的一系列法案。1845 年西班牙殖民政府迫于国际时局等方面的压力开始禁止黑人奴隶贸易，使处于其殖民统治之下的古巴种植园经济一落千丈；于是各种植园主与殖民当局相互勾结，纷纷把目光投向了时为列强瓜分的中国。他们唆使其代理人精心策划在中国的东南沿海登陆，花言巧语地四处游说招聘，说什么愿者方可自由签订契约，是为"契约华工"，约满即可自主选定去留，满嘴的自由和诚信。实际上，他们所为即是坑蒙拐骗的人口买卖，就连同属殖民者行列的英国商人孖剌所办的《孖剌西报》也看不过去，于是在自己的附属报纸《香港船头货价报》报道："兹接到汕头信云……故现在澳门每得猪仔一名，番人肯出银三十大元，赏与引带之人。有此重赏，即有一等无赖之徒，往各处拐骗无知无识之人矣。"① 他们暗地称呼"猪仔"，暴露出其表面一套背后一套的险恶嘴脸，其自由诚信背后的恶劣行径可谓臭名昭著、罄竹难书；另一方面，"猪仔"的称呼似乎还预示着华工大多有去无回的噩运；事实上，他们"历年招去多人，百无一返中国，亦无音信归家。或有一二返回原籍者，言唐人在古巴岛地方为奴，受主人约束极严，受尽多少恶言、臭语、

---

① 陈晓燕、杨艳琼：《古巴华工案与晚清外交近代化》，《浙江社会科学》2005 年第 3 期，第 159—165 页。

打骂，做猪仔者十死一生"①。

小说中尼古拉斯打着"伦敦—纽约—香港贸易办公室"进口商人的旗号在国际劳务市场上左右逢源，干的实是贩卖华工的罪恶勾当，一方面为自己赚得超额利润，另一方面为大资本家、种植园主们提供榨取剩余价值的前提。具体来说，他们"通过欺骗的手段招募移民，不跟雇工讲清楚合约的内容，也不征求他们的意见；航海途中对他们横加虐待；船上条件极度恶劣。到达目的地后，人们还是虐待他们"②；无法忍受折磨的苦力们也就"胆敢"头撞火车头寻死了，时有人肉、骨头、鲜血连同仍在扭曲跳动的筋骨混杂在一起的场面，甚是惨不忍睹。资本主义所标榜的"自由、诚信"，对"契约华工"而言就是被欺骗、被压迫。作为一名基督徒，尼古拉斯内心有时也因此而显得"焦虑不安"，为此他本人特别喜爱沐浴，以期洗去身上的罪恶；同时计划在自己终生想写的《旅行回忆》中回避贩卖人口的交易以及与黄色行李相关的一切事物，回避自己在比维亚尼街的风流以及与伯爵夫人的艳遇，以期漂洗乃至美化其种种恶劣行径。然而，正如其仆人范倪所说"实践是检验真理的唯一标准"③，尼古拉斯的商船上"除了'受雇'到新世界的'殖民者'，还有能带来巨大收益的鸦片烟"④，这才是当今发展中国家乃至南半球贫穷落后的罪魁祸首。

（三）画卷三："契约华工"遭遇的凄惨生活

资本主义经原始积累率先完成工业革命，继而凭借占据工业文明的历史先机成功地阻断了他国开展工业革命的常规历史进程，先后将他国沦为殖民地和半殖民地以便强征掠夺；在将殖民地和半殖民地洗劫一空之后，出于甩包袱计而让他国人民"独立自主"地去发展本国经济文化。但是在资本原始积累阶段，从榨取国内工人的剩余价值到攫取他国人民的财富和资源，西方列强所践行的远非自我标榜的民主自由精神，而是巧取豪夺到令人发指的海盗精神，其所犯下的滔天罪行可谓罄竹难书，古巴岛上"契约华工"数量之多、所受灾难之重即是明证。自 1847 年"奥坎多"

---

① 陈晓燕、杨艳琼：《古巴华工案与晚清外交近代化》，《浙江社会科学》2005 年第 3 期，第 159—165 页。

② 陈显泗：《关于中国与古巴》，《郑州大学学报》（人文科学）1962 年第 1 期，第 155 页。

③ 同上。

④ 同上书，第 40 页。

号西班牙双桅帆船首次运载 206 名"契约华工"抵达哈瓦那港，至 1874 年晚清政府遣派陈兰彬前往古巴调查"契约华工"生存状况并着手禁止坑蒙拐骗的苦力贸易时，约有 143 040 名"契约华工"被贩至古巴，其中除去途中死亡华工外实际到达古巴的有 126 008 人①。《黄色行李》对此的描述与史实大致相符，但要形象生动许多，如小说中表哥菲利克斯曾一再提醒尼古拉斯："……这项买卖有利可图，而且正处于鼎盛阶段，古巴岛就快变成一个'微型中国'了……苦力们都是些年轻的小伙子，你一趟一趟把他们运过来，人数已经达到十多万了。"②

确切地说，这些"契约华工"实是买卖黑奴的历史延续，其在古巴的实际生活凄惨不堪。据陈兰彬所率调查团在古巴收集到的 85 份诉状、1176 份诉词及大量文字材料，足可证明"80% 的华工是被绑拐或诱骗来的；在航行期间华工的死亡率超过 10%；在哈瓦那华工被贩卖为奴，被施以各种酷刑，以致有严重伤亡"③。然而时过境迁，当年用心血搜集的这些数据和史实已被西方殖民者和时间机器漂白得毫无表现力可言。相较而言还是小说的语言具有感染力，能够逼真地重现苦力们当年生活的凄惨处境，让读者开卷心惊肉跳，掩卷心有余悸。主人公尼古拉斯在航海贩运途中，面对的苦力们"羸瘦干瘪，脸色苍黄，衣不遮体，连露在外面生殖器都衰败无力，阴囊空瘪，皱巴巴的，像沙漠中失去水分的果子！他们的手腕都被捆着，浑身长着脓疮，走起路来摇晃欲坠。轮船上有漂亮的桅杆、现代的甲板，而他们却惊恐万分、不管不顾地纷纷投入水中。"④ 他们或是遇上海难被抛入海中而身亡、或是无法忍受途中折磨而宁可跳入海中寻死，结果大都有去无回；更有甚者，小说中提到的"幸运号"轮船如同"神殿之花号"一样悲催，整船苦力几乎都藏身大海⑤。幸存者经过百余日的海上颠簸和饥饿折磨到达古巴港口被卸下轮船时，除年少和性情

---

① 陈翰笙主编：《华工出国史料汇编》第 1 辑，《中国官文书选辑》第 2 册，中华书局 1984 年版，第 105—106 页。

② 陈显泗：《关于中国与古巴》，《郑州大学学报》（人文科学）1962 年第 1 期，第 18 页。

③ 黄卓才：《鸿雁飞越加勒比——古巴华侨家书纪事》，暨南大学出版社 2011 年版，第 163 页。

④ 陈显泗：《关于中国与古巴》，《郑州大学学报》（人文科学）1962 年第 1 期，第 33 页。

⑤ 同上书，第 34 页。

开朗的以外，"其他苦力都快奄奄一息了……他们一个接一个瘫倒在码头和马路上，马上就有人逼迫他们爬起来。苦力们手脚并用，连滚带爬，在甘蔗种植园高低不平的路上艰难前行。"① 在古巴岛上苦力们一边干着艰辛的体力活一边受着非人的待遇，其境况简直不如黑奴，因为"如果是自己的马，人们会格外上心关照；如果是租来的马，他们就不会那么悉心照料了。而苦力就是租来的'畜生'"②。

(四) 画卷四：华工华侨的历史性贡献

小说主人公尼古拉斯于 1853 年首往哈瓦那，与其说是刑满释放后寻求表哥的帮助，还不如说是因其立场"是维护保守党人"而被当局政府"赶出了波哥大"③，其时年仅 23 岁，还未加入贩卖苦力的大军；另据小说结尾尼氏本人在临终前口授的讣告，可知其享年 58 岁，离世的时间应为 1888 年。期间尼伙同他人，贩卖至古巴的中国苦力已有十多万众——这与史实基本吻合。这批苦力大军中既有焕发东方智慧的主人公范倪，又有田墨元为代表的众多能工巧匠，还有太平天国运动中幸存下来的不少革命者，更重要的是他们全都来自一个拥有数千年文明的民族；他们被坑蒙诱骗贩卖至此，实际上既充当了移居古巴出卖劳动力的建设者、又扮演着东方文化传播者的双重角色，必然对古巴的社会历史产生深远的影响。就小说所涉及的而言，这批"契约华工"所做出的主要历史性贡献可扼要概括如下。

1. 有力地促进了古巴经济的持续发展。在反对黑人奴隶贸易的世界性大潮中，古巴当局于 1820 年宣布禁止非法奴隶贸易，然而此时的古巴尚处于工业早期，经济上主要是种植园经济，古巴的社会经济发展因此遭遇瓶颈。此时的十多万华工可谓"及时雨"，给古巴社会经济带来软着陆的机会和时间——对此，小说中尼古拉斯的秘鲁合伙人阿贝亚说得更为直接："古巴岛如果没有这些'雇佣工'，那它很快就会衰落。"④

2. 极大地丰富了当地人们的社会生活。小说中田墨元是华工中能工

---

① 陈显泗：《关于中国与古巴》，《郑州大学学报》（人文科学）1962 年第 1 期，第 36 页。
② 同上书，第 37 页。
③ 同上书，第 73 页。
④ 同上书，第 83 页。

巧匠的代表，他本人是"一个年轻的黄金手工艺人"，其所仿制的清代云纹玉坠"睡鱼"几近以假乱真，连田氏本人都说"在最后一刻他自己也'搞糊涂了'"①，此外他"还会制作陶器和青花瓷"②。范倪本人曾"到上书房当了太子的伺读"，其诗书、珠算、书法等可谓无一不精；而且之前还曾进皇家官窑坊"生产皇家瓷器"，亲手"做模、上釉、铭文，样样工艺精美无比"③。来到古巴后，他们联手制作的灯具和玩具别具风格，艺术品位高，堪称"同类中的精品"，一度成为"古巴的流行时尚"④。事实上，20 世纪高峰时期古巴有成千上万的华人齐聚在华人街的中国城（Barrio Chino），中国的文化和饮食等对古巴人民的社会生活产生了潜移默化的影响⑤；时至今日，酱油已成古巴烹饪时常用的重要调味品 Salsa China（中国酱油），鼓则在古巴演化为当地甚为流行的乐器 Cajita China（中国盒子），忠义勇武的历史人物关羽经华人的渲染而为一些古巴人所崇拜，进而演变成其所信奉的神灵 San Fan Kon（三番公），可以说中国独特的美食、艺术、精神、文化等极大地丰富了古巴人的社会生活。

3. 有效地策应了古巴的民族独立革命。范倪曾安慰主人尼古拉斯"先生，有一些叛乱者被你从人贩子那里买了过来。如果不是您的仁慈，他们早就身首异处了"⑥，其实范氏所说的这些"叛乱者"就是太平天国运动失败后的一些逃亡将士，他们将太平天国的反抗精神和战争策略也随身带至古巴。小说末了范倪本人最终于 1870 年"跟一个姓李的中国人走了。他是铁匠，是范倪的同乡。这个人要范倪教古巴人怎么使用火药，要在东部战争中派上用场"⑦。可见，华工对古巴的民族革命绝非限于口头上的声援，而是积极甚至直接组织自己的同胞一同策应古巴人民反抗殖民压迫。事实上，1868—1878 年间古巴人民迫于西班牙的殖民压迫而掀起了十年之久的民族独立战争；就在其前后，十余万众的"契约华工"被

---

① 陈显泗：《关于中国与古巴》，《郑州大学学报》（人文科学）1962 年第 1 期，第 172 页。
② 同上书，第 152 页。
③ 同上书，第 25 页。
④ 同上书，第 174—175 页。
⑤ 潭江：《哈瓦那纪念碑上的名言》，《人民日报》（海外版）2007 年 2 月 6 日，第 67 页。
⑥ 陈显泗：《关于中国与古巴》，《郑州大学学报》（人文科学）1962 年第 1 期，第 38 页。
⑦ 同上书，第 177 页。

贩至古巴而备受压榨，他们深感自己的命运不仅与古巴人民的命运相似而且紧密相关，于是纷纷策应古巴人民反对殖民压迫的民族独立战争，其中直接"参加起义的华工就有1000余人"①。历史上亲身经历这场战争的冈萨洛·德克萨达（Gonzalo de Quesada）将军，在战后著有《中国人与古巴独立》，真实地记录了华工在这场战争中可歌可泣的英勇事迹，并呼吁"将来我们能够为中国人树碑的时候，让我们镌上下面两句话来颂扬他们的恩义吧：在古巴的中国人，没有一个是逃兵，没有一个是叛徒。"②；如今古巴首都哈瓦那市区的威尔逊大街上就耸立着一座三米多高的华侨华工纪念碑，上面即镌刻着将军的那两句无尚赞誉："No hubo ningún chino desertor；no hubo ningún chino traidor. "

4. 成功地传播了中国的民族文化。小说中卡塔赫纳的桑多瓦尔神父认为，"中国人的脑子可不是空无一物，他们继承了中国的很多元素，就算是皮鞭抽打也不能抹去这些印记"③ ——这批苦力生在中国、长在中国，从小到大都接受着数千年华夏灿烂文化的沐浴；自登上古巴岛的那一刻起，他们便用质朴的方式演绎着生命中尚在流淌的华夏民族文化，从唐装、旗袍等为代表的服装服饰到舞龙、杂耍等为代表的娱乐，再到诗歌、书法、儒家思想，乃至独特的祭祀习俗……尽管他们在古巴生活得无比艰辛，在客观上却成功地传播了华夏民族的灿烂文化，同时亦为丰富古巴民族文化做出了不可磨灭的历史性贡献。

四　结语：亟须眷顾的古巴文学

就文学消费而言，古巴文学作品一般难以闯入英美为主流的西方读者的消费视野，亦难以进入中国读者的消费视野，因而成为一个文学阳光难以普照到的旮旯。究其原因：一是强势文学的傲慢与抗拒。以英、美文学等为代表的强势文学总是相信自己更具有普遍性，总想把持文学话语权进而维持自己的主流地位，因而对于异于己的他者文学，尤其对那些曾为殖

---

① 吴越、华雯菁等译：《西语文学引进受阻》，《文汇报》2012年8月2日。

② 同上。

③ 陈显泗：《关于中国与古巴》，《郑州大学学报》（人文科学）1962年第1期，第116页。

民地的弱小民族文学总是横挑鼻子竖挑眼，不愿平等交流和译介。二是语言中介问题。古巴文学作品主要是西班牙语书写的，而西班牙语作为外语专业则迟至 1952 年才在北京外国语大学开设，起因竟是当年北京召开"亚洲及太平洋区域和平会议"时找不到足够的合格西语译者；改革开放后随着中国与英语国家经贸关系的上升，西语在中国开始沦落为"小语种"，而且西语毕业生又多不情愿做西语文学翻译，使"翻译者短缺成了西语现当代文学引进国内的最大瓶颈"①。三是语言文学外围存在的一些不利因素。古巴先后沦为西班牙及英国殖民地、后又成为美国的附庸，1959 年革命胜利后又遭美封锁，其政治话语、经济力量以及科学技术发展等方面先天不足，举个极端例子，20 世纪 90 年代前"由于种种原因，出版社的书目中古巴作家的小说寥寥无几。毫无疑问，经济条件影响了国内小说的出版……此外，评奖活动也取消了，而评奖活动在或大或小的程度是能鼓励上述文学创作的。"② 有必要补充的是，20 世纪初以周氏兄弟及茅盾等为代表的一批文学健将曾十分看重亚、非、拉等地区弱小民族文学的译介，而且 60—80 年代中国还曾掀起追捧"文学爆炸"及"魔幻现实主义"的"拉美文学热潮"，然而其背后有着政治思想的诉求以及诺贝尔文学奖的情结。一旦这些遮蔽的浮云飘去，作为弱小民族文学代表的拉美文学又"回落到它似乎应该占据的社会边缘位置"，古巴文学亦不例外。

然而，仅就文学丰富多样性的本质以及世界文学概貌的了解而言，全面译介、研究包括古巴在内的弱小民族文学作品是不可或缺的。另一方面，在拉美文学驰骋世界文坛的过程中古巴文学一直是其核心战将，19 世纪的何塞·马蒂是现代主义先驱，20 世纪的阿莱霍·卡彭铁尔则是魔幻现实主义的主要代表，而且上世纪 50 年代的古巴独立革命曾极大地唤醒了拉美作家群的"拉丁美洲意识"，鼓舞着他们携手同进，共创拉美"文学爆炸"之盛世。令人遗憾的是，国内对古巴文学的译介与研究仅限

---

① 朱景冬：《文论家评九十年代古巴小说的"爆炸"》，《外国文学动态》1999 年第 3 期，第 47—48 页。

② 滕威：《拉丁美洲文学翻译与中国当代文学》，《中国比较文学》2007 年第 4 期，第 47 页。

于马蒂及卡彭铁尔等少数几位大家；上世纪末虽有中国社会科学院研究员朱景冬在《外国文学动态》上撰文《文论家评九十年代古巴小说的"爆炸"》，但并没有达到引起国人译介、研究古巴文学的预期效果，而且朱文本身即是对 1999 年 2 月 14 日《格拉玛报》上奥马尔·佩德罗莫所撰《古巴小说的爆炸》的编译而已。整体观之，当代古巴的一些著名作家及其经典作品似很难赢得国人的眷顾，更遑论做深入的文学研究了。借此，我们提出两点希望：一是期盼将来有更多的中、外作家眷顾"贩卖华工"这一文学创作的历史死角，将"契约华工"海外生活的画卷以文学性的语言和情节逼真地铺展开来，以感染读者从而借鉴受益；二是期盼将来有更多的优秀译者眷顾古巴文学这一亟须眷顾的现实旮旯，将古巴的经典民族文学作品以优美的汉语原汁原味地展现在中国读者面前，以促进文化交流，并成功地感染汉语读者从而借鉴受益。

古巴华裔与再移民华裔的文化公民身份构建：《猎猴》中华裔形象的自我认同

张韵凝①

摘要：《猎猴》是古巴裔美籍当代作家克里斯蒂娜·加西亚的代表小说。它展示了四代华裔融入古巴社会的奋斗历程：他们采取文化杂合、妥协于主流话语体系的不同方式，建立起各自的文化公民身份。与此同时，《猎猴》中的华裔跨越国境线，再移民到美国，参与越战，面临更加复杂严峻的身份认同危机。这些再移民华裔的自我认同突破了文化公民身份理论建构的限制，形成全新的文化公民身份，也引发读者对于流散本质的思考。

关键词：《猎猴》；文化公民身份；古巴华裔；再移民；身份认同

克里斯蒂娜·加西亚 1958 年出生于古巴，两岁时随父母移民美国。在纽约，她曾辗转于爱尔兰裔、意大利裔、犹太裔聚居区。早年生活中的文化融合经历也令古巴移民在美国社会中的自我认同成为加西亚的写作主题。不仅如此，她尝试创造多国籍角色（multi-hyphenated identities）：他们在跨越国境线的同时，也对不同国籍带来的文化身份进行减损、整合（Santos 202）。在 2003 年出版的《猎猴》一书中，加西亚讲述了一个古巴华侨家庭横跨三个大洲的百年奋斗史。

布朗大学的胡其瑜教授曾定义流散过程中个体面临的二元矛盾："融

---

① 作者为北京大学西葡语系 2013 级本科生。

入与排斥，一国身份与多国身份，……文化的纯正性与杂合性、刻板性与适应性"①（Hu-Dehart 2005：435）。在处理这些基本矛盾的过程中，个体也建立起其文化公民身份（cultural citizenship），实现在多重文化政治系统中的自我认知。在《猎猴》一书中，各角色选择融入古巴主流社会手段的差异性也导致了其文化公民身份的不同。

现今人类学领域有关文化公民身份的定义可分为以拉美裔文化研究工作组（Latino Cultural Studies Working Group）和王爱华（Aihwa Ong）为代表的两种对立理论。拉美裔文化研究工作组以保留边缘群体的文化特性为目标，他们认为文化的差异性正是保持美国多元文化社会的重要力量（Flores and Benmayor 1997：15）。在此立场下，他们推崇为同族裔的群体建立共同社区，以保持其文化特性的纯洁。另一方面，王爱华认为文化公民身份是在与同自身矛盾的移入国主流价值协商后进行的文化行动和获得的信仰（Ong 1996：738）。她强调在融入主流社会的过程中妥协的重要性：在不改变统治者话语体系的基础上，受到权利主体的操纵，或进行服从性的合作（Siu 2001：13）。

虽然人类学家们还没有提出针对古巴华裔的理论，笔者认为《猎猴》中人物的文化身份建构实现了对上述对立理论的两相实践：通过文化主动杂合或被动服从，他们成功融入古巴主流社会。同时，在再移民美国的过程中，华侨的文化身份构建也呈现出理论之外的新模式。

在《猎猴》一书中，加西亚在不同的时间线上安置了一系列多国籍的人物。《猎猴》的主线为陈攀（Chen Pan）一生的奋斗史。他1857年抵达古巴，作为苦力在甘蔗园劳作。成功逃脱种植园后，他在哈瓦那唐人街开设了一家二手商铺，娶黑奴卢克莱西娅（Lucrecia）为妻。他们的二儿子洛伦佐·陈（Lorenzo Chen）回到中国进行医科培训，并与一中国农妇结婚。然而在启程回古之际，洛伦佐在广州街头邂逅一位妙龄少女并坠入爱河，他们一起回到哈瓦那，生下比伯·陈（Pipo Chen）。

《猎猴》故事的一条副线叙述了在古巴1959年革命胜利以后，多明戈·陈（Domingo Chen）和父亲比伯·陈从关塔那摩海军基地移民美国纽

---

① 原文为"integration and exclusion… national and transnational, purity and hybridity… rigidity and flexibility"。

约的经历。比伯在相思的痛苦中卧轨自尽；多明戈虽然适应了大都市的生活，却在越南战场上陷入了身份认同的困境——在他看来，深肤色的敌人，比白皮肤的战友更具亲近感。《猎猴》另一条副线的主角为洛伦佐的中国女儿陈芳（Chen Fang）。她是当地最早接受教育的女孩之一，但又因其崇尚西方、独立自主的思想而备受社会排斥。她终身未嫁，对于情爱的所有回忆来自一段与法国贵妇的缠绵。在"文化大革命"的监禁与迫害中，她的叙述戛然而止。

古巴华裔的二重文化身份构建——杂合与妥协

拉美裔文化研究工作组强调建立由少数族裔主导的中间地带（borderland）。《猎猴》中哈瓦那唐人街正是这样一个多族裔文化融合的场所，陈攀的黑人妻子卢克莱西娅在此发挥着至关重要的作用：她不仅在家庭生活中融入非裔生活习俗；也通过在哈瓦那走街串巷地售卖自产蜡烛，建立唐人街和外部世界的资本联系，实现文化元素的流动。在加西亚的塑造下，唐人街不再局限于代表中国文化，它获得了跨文化属性，在融合非裔和中国元素的基础上，一个自主、非殖民化的文化身份诞生了，成为哈瓦那主流社会的有机组成部分。

同时，该文化的杂合也渗透到了精神层面。卢克莱西娅也是书中信仰杂合（spiritual syncretism）的典型代表。幼年被白人父亲的强暴经历令她对天主教会有着抵触情绪，但她并没有完全摒弃自己的天主教信仰："她时不时地点根蜡烛，供奉祭品，向天上和地上的神灵轻声祷告"（García 2004：128）[①]。她的萨泰里阿教（Santería）信仰来源于对母亲每日祷告的记忆："神圣的处女，雷格拉圣母，请赐予我力量，保护我们远离敌人的侵害……"[②]（García 2004：133）。在丈夫的熏陶下，她吸取佛教信仰的精髓。在家里的厨房中放置着一尊"盘腿而坐、面容和蔼、体型肥硕的中国佬"[③]（弥勒佛像，García 2004：132），在做所有重大决定前，她

---

① 原文为 "She lit a candle here, made an offering there, said prayers to the gods of heaven and the ones on earth"，本文出现的所有译文系笔者自译。

② 原文为 "Ay, Sagrada Virgen, Señora de Regla, dame tu fuerza y protégenos de nuestros enemigos…"。

③ 原文为 "an alter with a statue of a fat chino sitting cross-legged and content"。

都要在这尊佛像前供上柿子。

在融合天主教、萨泰里阿教、佛教信仰的基础上，卢克莱西娅实现了个体非殖民化的过程。她通过拒绝排外地信仰任何一支宗教，避免了再次服从于父权的主流话语体系。在信仰杂合的过程中，她也获得了有力的自我认知①。通过对卢克莱西娅的塑造，加西亚表达了她对多国籍个体身份认同的理解：在融合的过程中，无论是黑人性（Blackness）还是华人性（Chineseness）都跨越了种族的界限而自由流动，成为建构流散社会的重要文化元素。

笔者认为，卢克莱西娅在自家进行的佛教与萨泰里阿教的融合可以被看作古巴华裔"圣关公"信仰（Sanfancón）的缩影。这个非洲化的信仰原型来源于三国时期武士关羽，但圣关公在外形上又与萨泰里阿教中的武士昌戈（Changó）、天主教中的武士圣巴巴拉（Santa Barbara）近似。事实上圣关公最早出现于1900年第一个华裔定居点在古巴建立之际，而该信仰在古巴以外的华人社区都不为人知晓（Scherer 1998：9-10）。虽然该信仰的杂合缘由无人记录，我们不由猜测早期古巴华裔同卢克莱西娅相似的文化仪式——在坚持自身信仰精髓的同时融入非裔和天主教主流文化元素，以便融入古巴主流社会。

自19世纪后半叶的苦力贸易始，华人在古巴社会遭受长久的歧视：他们是社会中的他者，有着另一种语言、另一种思维、另一种逻辑。即使是强调人种多样性的人类学家费尔南多·奥尔蒂斯（Fernando Ortiz），在讨论古巴社会的华人组成时也戴上了东方主义的有色眼镜："除了少数个案，亚裔（对于古巴主流社会）的影响不足一提"②。在《猎猴》中，加西亚对华裔受到的歧视倍加渲染，除了上文所提及的文化杂合，华裔融入古巴主流社会采取更多的是妥协自身中国性的方式。

———————————

① 在 The idea of Latin America 一书中，杜克大学的米格诺罗教授提出非殖民化的双重性：知识层面/个体层面的非殖民化（decolonization of knowledge and of being）。前者强调打破建立在"白人的、男权的、欧洲化"价值体系上的知识根基；后者强调打破以"白人、男性、欧洲"为主权话语的社会体系（Mignolo 2007：138）。笔者认为，米格诺罗的定义很好地解释了卢克莱西娅的信仰杂合尝试。

② 原文为"el influjo asiático no es notable fuera del caso individual"，在"Los factores humanos de la cubanidad"一文中，奥尔蒂斯将古巴的人口组成比喻为 ajiaco（一种古巴炖菜），以体现其多样性（土著人、克里奥尔人、非裔、亚裔、法国人、美国人）。

在种植园中，黄种人矮小瘦弱的体格、每个月领取的微薄工资①、对种植园主逆来顺受的态度使苦力们成为黑奴的眼中钉和嘲讽对象。为了融入黑奴的群体，陈攀刻意与黑奴为友。逃离种植园后，在山林中逃窜的陈攀想起黑奴兄弟曾讲过木棉树是黑人母亲的象征，于是他"爬向木棉树，把树下神圣的泥土在脸颊、喉咙和太阳穴上揉搓，以理清思绪"②（García 2004：38）。木棉树叶轻轻颤动，仿佛在回应他的求助。随后，陈攀的妥协转为具象化，"他的皮肤变成红棕色，就像古巴岛上的泥土一样"（García 2004：41）。

进入哈瓦那主流社会后，陈攀通过妥协实现的文化身份建构陷入二元困境。一方面，他尚不能被平等看待。虽然白人顾客对他大加赞赏，他知道"一旦时局变得困难或者工作难找，他只是另一个贫穷的中国人"③（García 2004：184）。跻身中产阶级后，陈攀依旧备受歧视："一个像陈攀一样穿着白色亚麻西服、头戴巴拿马帽的中国人就像一道奇观，如同一只会说话的猴子，或者穿着晚礼服的羊。人们的目光不由地追随着他"④（García 2004：65）。另一方面，他急于摒弃自己的中国性。他学着富有的白人在巴塞罗那街买雪茄，长期贿赂警察局长以防像其他中国人一样被当作赌徒抓捕起来。回望故乡时，他感觉不到一丝思念。与在故乡农村的田垄劳作、靠天吃饭相比，古巴自由的生活更令他喜爱。陈攀最终得出结论："重新做回中国人，要比做古巴人难多了。"（García 2004：245）然而，在被动加入主流社会时，过分的妥协又导致一部分移民走向自我东方化（self-Orientalist）的极端。从古巴战争退役的陈攀开始"重新穿起传统中国服饰，宽大的棉布裤子和长袖褂子。他决定再也不和现代的事物有任何交集"（García 2004：178）。这种自我东方化的行径与融入的愿望背道而驰：他们陷入了完全孤立的境地。

---

① 苦力与雇主签订八年的劳动合约，每月可以领得微薄的薪金（4比索）；然而种植园严苛的环境、来自雇主和监工的频繁体罚，令他们的实际处境与黑奴无异。

② 原文为"crawled to the tree and rubbed its sacred earth on his face and throat, on his temples to clear his thinking"。

③ 原文为"when the times grew difficult or the jobs scare, (he was) just chinos de *porquería*"。

④ 原文为"A chino like Chen Pan in a white linen suit and a Panama hat was something of a spectacle, like a talking monkey or a sheep in evening dress. Many people glared at him before turning their heads"。

值得一提的是，在《猎猴》中，加西亚注意到了古巴华裔的特殊性，即他们是华侨——这个有着共同历史传统和文化根源的流散群体的一部分。他们有中国这个强大的文化体作为后盾，这也加强了移民与祖国之间的血缘联系。确实，落叶归根的归乡情结在第一、二代古巴侨民中很是常见。在他们眼中，古巴只是一个中转站，在此他们将通过劳力赚取钱财，以便晚年回归祖国的怀抱。陈攀在唐人街的朋友们就是归乡情结的典型代表，他们为古巴创造经济价值，却很少涉足文化生活领域，保持着自己的中国性，宁可出巨款从中国运来年轻的新娘，在集会上回忆着往事、吟诵着李白的名篇："他们达成共识：只有在中国，才有真正的生活（García 2004：83）。"① 中国人的本土情结决定了大部分华侨的暂住性（sojourn），相应地，其文化身份也没有经历变迁。

古巴华裔再移民面临的文化身份建构困境

由于经济和政治原因，1959 年古巴革命胜利后，许多华侨加入移民浪潮入籍美国。在再移民的过程中，古巴由移民接收国变成了华裔的"祖国"，成为新的乡思对象。移民们从对古巴的怀念与回忆中汲取力量，并将古巴文化元素运用到新的文化身份建构中。在此国籍转换的过程中，移民的中国性全然流失。

抵达纽约后，古巴移民成为多明戈父子最常接触的对象。多明戈工作的中餐馆"哈瓦那龙"（Havana Dragon）中有同他们一样在古巴革命后流亡美国的老侍者。餐馆的常客还有一位著名的古巴鼓手，他在 1962 年被流放之前曾是岛上最好的鼓手。《猎猴》的纽约篇中充满了多明戈对于古巴生活的回忆，大部分都与对母亲及母亲家族的文化传统相关联。多明戈从都市的自然现象中获得力量，因为其与萨泰里阿教——即其母亲的宗教信仰系统相合："即使（空中）仅有都市畸形的月亮和少得可怜的星宿，望向星空总能是他感到慰藉。他的母亲总是把行星比作众神。金星是爱神（Ochún），火星是战神（Changó），光环围绕的土星是智慧之神（Obatalá）。"（García 2004：44）他的母亲家族时代都是康加鼓手，康加鼓声成为他自我定义的一部分。然而向纽约都市生活妥协时，对康加鼓的

---

① 原文为 "Only in China, the men agreed, was life lived properly"。

热爱成为他必须割舍的文化身份。和所有时髦的年轻人一样，他随瓦图西（Watusi）乐曲起舞，虽然这个同样源自非洲的"音乐撞击着他的皮肤，像是遭雷劈后神志不清的呓语。像是来自另一个世界……他感觉乐手们似乎在用他的骨头弹奏"①（García 2004：46－47）。多明戈在美国社会重建的文化身份体现了对人类学家理论的两相实践：一方面，置身于古巴裔移民社区让他时刻不忘自己的古巴血统，萨泰里阿教信仰令他在陌生的都市生活中得到安抚；另一方面，他妥协于都市流行的新音乐形式，而实现对于自身音乐传统的剥离。

另一方面，中国文化传统在多明戈融入美国社会中影响微乎其微。章节中唯一提到其中国性的片段在于多明戈向茶水里加糖时，忆起父亲向他讲述的家族历史："他父亲告诉过他，在甘蔗地里劳作，就是讨好悲戚的鬼魂。那些企图逃跑的苦力的幽灵被锁链拴在一起，脚踝溃疡、被铁磨烂、用破布缠紧。还有幸运些的自杀了的苦力的幽灵，他们死时穿着周日礼拜的衣服。"②（García 2004：48）百年前华人苦力祖先的历史对于多明戈而言，只是一个模糊而遥远的存在，既不构成他自身文化身份的一部分，也不对其"古巴人"的自我定义构成阻碍："多明戈想要说自己的血统是复杂的。但他应该怎么决定自己是哪里人呢？'古巴'，他最后回答说，'我来自古巴。'"③（García 2004：46）

在《猎猴》中，加西亚在剖析再移民所带来的复杂身份认同困境的同时，也将视点聚焦到了再移民发生的国际背景上：美苏冷战的开始与越战的爆发。与一些美国少数族裔作家④相同，她将目光聚焦到亚洲战场上。在越南，作为美国士兵的多明戈所经历的身份构建冲突达到了《猎猴》全书的巅峰：他经历了跨种族身份认同（cross-racial identifications），陷入对于自身身份的困惑中。虽然获得了军官俱乐部的准入资格，多明戈

---

① 原文为 "El Watusi Man was hitting the skins like a dialect freaked by thunder···*De otro mundo*. Domingo felt the *timba* as if the Man were playing his own bones"。

② 原文为 "To work the sugarcane fields, his father had told him, was to go wooing mournful ghosts. The chained gangs of runaway souls, ankles ulcerated and iron-eaten and wrapped in rags. Or the luckier suicide ghosts who'd killed themselves dressed in their Sunday best"。

③ 原文为 "Domingo wanted to answer her, to say that his blood was a mix of this and that. So how was he supposed to choose who he wanted to be?' Cuba,' he said. 'I'm from Cuba.'"。

④ 如墨西哥裔作家 Américo Paredes，Rolando Hinojosa。

并没有受到热情招待："他的皮肤颜色太深了，他的面部特征令军官们并不能马上接纳他。"① （García 2004：209） 在战地医院中，他也被区别对待："护士们对他紧绷绷的态度就像塞得过紧的床单。"② （García 2004：209） 多明戈最大的担忧，就是他的战友把他当作越共击毙。另一方面，西贡的自然风光唤醒了他对于非洲文化身份的遐想："风声就像接连不断的乐声，让多明戈想起一句古老的非洲谚语。"③ （García 2004：160） 深皮肤的年轻越共们激发了他的同情心：在逮捕了一位十五岁的少年越共后，多明戈爬进男孩躲藏的洞穴，感到特殊的家的氛围。他找到男孩写给祖国的诗，并决定翻译：诗篇中所传达的种族忧郁，是背井离乡的多明戈所清晰感受到的，也是一同作战的白人军官们难以理解的。

　　具有讽刺意味的是，多明戈对待越南女性的态度中有典型的东方化痕迹：在他看来，越南女人是无知、缄默的，他毫不顾忌地将她们当作性玩具。他同 Tham Thanh Lan 上床——这个越南女孩不仅仅是他刚刚战死的战友的情人，同时也曾被白人军官粗暴地用匕首强奸过。他无动于衷地听着有关退伍老兵带着越南未婚妻回到美国的传闻："她们在丈夫的坚持下被打扮成中国娃娃，成群出现在得克萨斯或者密西西比州的小市镇上……最令人悲伤的是那些自杀的新娘——服毒自尽、割腕……任何让她们的灵魂自由飞回家乡的手段。"④ （García 2004：208） 这些不幸的越南新娘与上文提到的自杀的中国苦力遥相呼应：作为亚裔流散者的后代，多明戈加入到霸权话语体系，而成为新一流散浪潮的罪魁祸首。意识到这一流散恶性循环，多明戈对跨文化寻求 （cross-cultural lust） 提出质疑："人们是否注定不该进行如此长途的跋涉？和与自己如此不同的人进行融合？"⑤ （García 2004：208） 多明戈的这一困惑也引向多国籍个体构建的根源：他

---

① 原文为 "his skin was too dark, his features not immediately identifiable as one of them"。

② 原文为 "The nurses had been as tight with him as one of their over-tucked sheets"。

③ 原文为 "The wind moaned a continual dank music, played an African refrán in Doming's head"。

④ 原文为 "Under-aged girls dressed up like China dolls at their husbands' insistence, paraded around small towns in Texas or Mississippi … Saddest of all were the suicides-the poisonings, the slit wrists. Anything to set their souls free to fly home"。

⑤ 原文为 "Were people meant to travel such distances? Mix with others so different from themselves?"

不再试图调和不同的文化身份，而是更进一步质疑流散本身与公民文化身份构建的合理性。

总结

《猎猴》不仅仅是一部简单的华侨家族奋斗史：加西亚对于 19 世纪后半叶到 20 世纪后半叶之间古巴华裔的处境进行深刻剖析；考虑到移民潮的历史背景，加西亚的视阈也扩展到再移民美国的华侨。通过刻画一系列多国籍的角色，加西亚记录下移民构建文化公民身份的不同方式：在古巴，华人或是通过杂合的方式，将中国性元素与主流文化元素相融合，实现自我认同；或是通过对自身中国性的否认，完全服从于主流话语体系下。然而，对于持有落叶归根信念的老华侨们，重建文化身份并非必经之路。随着华人再移民到美国，他们的自我认同变得更为复杂：他们对古巴产生的乡思、对古巴文化传统的珍视远大于对其中国性的留存。因此对于这些再移民来说，他们在文化身份建构中需要解决的主要是古巴和美国文化之间的冲突。

《猎猴》的另一亮点是它提出文化身份建构的可逆性。远离主流话语体系，一个为融入主流社会而建构的文化身份可以在极端情况下消解：在第三世界的战场上，多明戈感到更多的是其古巴性、乃至中国性而非其美国身份的冲击。这种对自身种族的重拾不仅使少数族裔间建立相互同情，更使个体陷入更深层的身份认同困境中，开始质疑移民存在的合理性——对于流散的根本质疑，也是《猎猴》提出的悬而未决的问题。

参考文献

［1］ Flores, William Vincent. *Latino cultural citizenship: Claiming identity, space, and rights.* Beacon Press, 1997.

［2］ García, Cristina. *Monkey Hunting.* Ballantine Books, 2004.

［3］ Hu-Dehart, Evelyn. "Afterword: Brief Meditation on Diaspora Studies." *Modern Drama* 48.2 (2005): 428 – 439.

［4］ Mignolo, Walter D. *The Idea of Latin America.* Blackwell Publishing, 2007.

［5］ Ong, Aihwa. "Cultural Citizenship as Subject-Making: Immigrants Negotiate Racial and Cultural Boundaries in the United States ［and Comments and Reply］". *Current Anthropology*, Vol. 37, No. 5, 1996, pp. 737 – 762.

［6］ Santos, Jorge. "Multi-Hyphenated Identities on the Road: An Interview with Cristina García." *MELUS* 41. 2 (2016): 202 – 212.

［7］ Scherer, Frank F. "*Sanfacón, Orientalism, Confucianism and the construction of chineseness in Cuba, 1847 – 1997*". CERLAC Working Paper Series, 1998.

［8］ Siu, Lok CD. "Diasporic cultural citizenship: Chineseness and belonging in Central America". *Social Text* 19. 4 (2001): 7 – 28.

第 三 辑

特写与访谈

万里情牵哈瓦那

——访台山古巴华侨村

黄卓才①

我终于找到了最牛的"古巴村"了。

中国苦力 1847 年抵达古巴，至今已有 169 年的历史。由卖身的"猪仔"劳工而至后来的自由移民，共同形成 20 多万人的古巴华侨群体。他们的家乡，主要是南粤"广府"，其中尤以五邑地区的台山、恩平、开平、新会等县市为主。于是，在这些侨乡就出现古巴侨属众多的"古巴华侨村"。

那一天，我接到一个电话，是台山古巴侨属李焕钦先生打来的。他在电视上看了我讲古巴见闻的访谈节目，向电视台要到我的电话。

"我们村古巴侨属上百户，古巴华侨上百人……"

畅谈良久，放下电话，我久久不能平静！我判断：台山最大的"古巴村"就在这里了！说不定，这就是中国第一"古巴华侨村"！

最牛的"古巴村"

多年来，我特别关注"古巴村"的信息。除了我是古巴侨属、古巴华侨研究者，还因为前古巴驻广州总领事菲力克斯先生希望我带他去参观古巴村。我一直想为他找到一个比较典型的村落。

---

① 作者为暨南大学文学院教授、华侨华人研究院研究员。

我怀着浓厚的兴趣探访了松咀村。接待我的，除了焕叔，还有95岁高龄的李炳沃先生和他69岁的儿子。炳沃老先生的父亲和他自己分别是古巴、印尼归侨。一位将近百岁的长者，身体却很硬朗，耳聪目明，声如洪钟，头脑十分清晰，是村史的活字典。关于古巴华侨侨属的情况，他如数家珍。

松咀村是三合镇温泉村委会的一个自然村，位于台海（台城—广海）公路边，离台山市府所在的台城9公里，靠近喜运来温泉和颐和新城，很好找。

这是一个典型的侨村。据1978年的数据，全村100零几户人家，400人口，几乎都是侨属，几乎所有的房子都是"侨房"。这些侨房，绝大多数是古巴华侨、侨属在20世纪20—40年代以侨资兴建的，其中只有几户是美国、加拿大的侨产。

根据两位长者的回忆，松咀人去古巴已有120多年历史。经我和焕叔实地调查，逐户点数，百多年来去过古巴谋生的有90多人，翻查族谱落实名字的88人。这些老侨均已去世，但在村中大多数有亲属在，一些古巴土生华裔如今生活在哈瓦那和美国迈阿密等地。一个百户人家的村子有这么多的古巴华侨、侨属，实在令人吃惊。

为什么去阿湾

松咀人去古巴在当地并非孤立现象。汤湖堡（即现在的温泉区）好多村子都去了不少人，只是松咀村去的人最多罢了。至于整个台山，那就更不用说，"去阿湾（古巴哈瓦那）"在20世纪上半叶的台山曾经是一个流行词。而在古巴侨界，台山话、广州话通行无阻，台山华侨社团也有十多个。

当年为什么这么多人去古巴？

台山有一首民谣："家里贫穷去阿湾，去到阿湾实艰难……""猪仔华工"时代不说，即使是到了自由时代，古巴华侨一直谋生不易，富人很少，这是事实。但20世纪上半叶，古巴的环境还是不错的。19世纪末美西战争后，战胜方的美国取代西班牙控制了古巴，资本主义得以发育。20世纪30年代，美国支持军人巴蒂斯塔政变上台并保持长期的蜜月关系，美资大量涌入，古巴经济迅速发达，"世界糖罐"加上旅游业繁荣，吸引了欧美大量游客和投资者，哈瓦那成了灯红酒绿的"销金窟"、"小巴黎"。松咀村旅古侨胞李杏坛有诗为证：

> 公园景物望无边，电炬齐明耀九天。
> 白叟黄童游似鲫，红男绿女美如仙……
>
> ——《三愚诗存·中秋游湾京中央公园》

当时正值美国排华，中国自由移民于是从大陆、香港、菲律宾、美国加利福尼亚等地涌向古巴。古巴对华侨工商业历来诸多掣肘，但勤劳节俭和聪明过人的华人总能在夹缝中求生，艰难之中仍可赚到钱。

我参观了焕叔家的两座房子。其中一座，建于1935年，主要资金是他爷爷在古巴开洗衣馆赚的钱。他让家人花一倍的高价（1200元）抢购了一块风水宝地，又花了4000元的材料和人工费，建成这座100平方米、一层半的"楼仔屋"。另一座比较新的，是他后来做长途贩运生意赚钱建的，生意本钱当然还是侨爷"祖传"。如今，他家里保存着父亲从古巴带回来的"金山箱"，不少旧照片和十几封古巴家书，以及一座大照身镜和老式大挂钟。他告诉我，还有一批旧田契（土地证）没翻出来。

在这些文物的背后，就是焕叔的爷爷和父亲的故事。

爷爷树圣生于1888年，本是普通农民。20多岁结婚后生下一女，日子过得并不宽裕，于是决心出洋谋生。1915年左右到了哈瓦那打工。三年后回国再添千金，返哈瓦那继续艰苦创业。几年后开了一家洗衣馆。1924年（36岁）第二派（次）回家，儿子群登还在老婆腹中，他又去了古巴，埋头于衣馆生意。当年生意红火，李树圣乐不思蜀。他不断寄钱回家赡养老婆子女，儿子群登却像侨乡的"侨二代"公子哥儿一样，变成了依赖侨汇混沌过日的"二世祖"。树圣急了，赶紧办纸（护照）让他去古巴。群登成婚后，妻子有孕在身，他即于1949年奉父命赴古巴，后在哈瓦那唐人街开了一间杂货铺。

1945—1949年，即中国抗战胜利后的那几年，断了水路多年的台山华侨从世界各地蜂拥回国，娶妻、起屋（建房）、买田，一时好景无两。树圣无法抽身回乡，但他寄了不少钱回来，吩咐家人起屋、买田、投资银行。家人买下了21块田，总面积约五亩（土改时评为富农）。他还投资台山通亚银行，股份数现已无法查考，但焕叔指着旧屋墙上的大挂钟和照身镜告诉我，这就是新中国成立前夕通亚银行倒闭时，他亲自去台城搬回来的。

当年古巴货币（比索）与美元等值，"汇水"高，诱惑力强。在松咀，像李树圣这样"掘金"成功的先例早已有之。于是，阿湾成了村人趋之若鹜的移民目的地。

在古巴华侨中，还有少量另类"隐士"，他们饱读经史，满肚文墨，但"当逊清之末叶，朝政不纲，逮及民元，军阀专横，淆乱益甚，忧时之士，避居异域，拭目以俟其清者，不乏人矣。"（古巴公使李迪俊《三愚诗存序》）旅居湾京的村人李杏坛，即属此类。

20 世纪二三十年代，哈瓦那出现了一家独特的会馆——松咀馆。古巴曾经有过各种类型的华侨社团组织，但以一个村子名义建立的社团和会馆，我还是第一次听说。这显然也是人雄势众和寻求互相扶持庇护之故。

情系哈瓦那

不过，古巴华侨成功创业、为家庭致富脱贫的背后，也隐藏着许多辛酸、许多血泪。焕钦的爷爷回唐山，儿子尚未出世就匆匆返回古巴；父亲呢，新婚后也不等到儿子降生，就惜别娇妻去哈瓦那。到了 25 岁，才第一次在异国他乡见到爸爸。而他焕钦本人呢，直到父亲在古巴过世，也没有机会见到。两代侨妇，即焕钦的"阿人"（祖母）和阿妈，更想不到生离就是死别！她们又是怎样由少妇到老太婆，一直独守空房、熬过一生的？个中的孤寂与痛苦，今天生在"糖水"中的年轻人，是根本不能理解的吧！

还有一件事，对于这个家庭也是重大的打击。1959 年，卡斯特罗上台，华侨处境恶化，能逃的则逃，逃不了的只好听天由命。在"国有化运动"中，华侨的商铺甚至连街头摊档统统被没收，焕钦爷爷和父亲的两间商铺充公了。因受美国封锁，作为报复措施之一，古巴政府宣布禁止美元流通，私藏美元非法。他爷爷藏在衣馆的 12 000 美元被搜去。这是一笔相当于两三间华侨商铺资产的巨款，损失何其大啊！他们不服气，去打官司，却以失败告终。

焕钦的父亲和爷爷已经先后于三四十年前客死他乡。据他所知，爷爷和父亲在哈瓦那并无"番婆"（西裔妻室）及后裔，当年衣馆已经倒塌，被改建成凉亭，松咀馆不复存在了。当年他的出洋美梦也被粉碎。在那个中、古两国都关着大门的年代，万里远隔，他只能梦牵情绕哈瓦那了。但是，旅古乡亲的信息还是间间断断地传来。20 年前，开始有些松咀后裔从古巴、美国等地回来寻宗问祖。村人李赞灼（李生）曾两次应国家侨办的邀请到北京参加国庆观礼，随后回乡省亲。他当时是古巴洪门民治党副主席，后来曾任中华总会馆主席、洪门民治党和李陇西公所三个社团的主席，是著名古巴侨领。

这些年，信息畅通了，焕钦两个移民哥伦比亚和美国的儿子事业有成。看到陆续有侨属前往古巴拜山、旅游访问，又碰上了美古复交的好时机，他也心动了。特别是反复多次收看了电视台播放我古巴之行的访谈节目之后，他深埋心底的哈瓦那情结再掀波澜，一个强烈的心愿萌动了，他和儿子已经在盘算着怎样去古巴了。

（本文原载《古巴随笔——追寻华人踪迹》，广东高等教育出版社 2017 年版）

再访最牛古巴华侨村

黄卓才①

  我第二次访问松咀村，除了原班人马之外，还带上了回乡探亲的古巴著名侨领周卓明，还有他的侄子及同乡朋友。台山电视台得知消息，派了两位年轻记者随行采访。

  周卓明先生是中华总会馆的西文书记，古巴洪门民治党副主席。一听说访问古巴村，他就来了劲。

  当下时事的一个热点，是互相对抗了50多年的一对老冤家美国和古巴复交。这件事引起全世界的关注，华侨和侨属自然盯得更紧，古巴华裔回乡寻宗问祖、中国家属前往古巴探亲旅游的热情已被点燃。

  上一次去松咀，发现了这个古巴华侨村，回来就写了一篇访问记。这次再来，是想多见一些村民，多了解一些情况，获得更多的研究资料，把有关信息继续传播出去。

  一大早，古巴侨眷焕叔（李焕钦）就等在村口了。村头的大榕树下，男女老少聚了一大群人。一接触，就知道他们都是古巴华侨的后人。远方来客周卓明自然是最受欢迎的贵宾。他亲热地拉住村民的手说："太高兴了，见到这么多乡亲！"

  一见面，焕叔就交给我一份五页 A4 纸的《松咀旅古巴人名》复印表格。上面手写记录着村中每个古巴华侨的姓名、乳名、（旅古）时间、终老地、置业情况、亲属的情况，还有个"其他"的备注栏。

---

① 作者为暨南大学文学院教授、华侨华人研究院研究员。

统计列入表格的数据，确知该村 20 世纪以来，旅古巴华侨 88 人，其中归侨 21 人，转赴美国的 7 人，在古巴去世的 56 人，以侨资建造的两层楼仔屋或青砖屋共 31 间。

焕叔的调查工作是受我的委托去做的。他告诉我，表格材料逐家逐户核实过。老一辈华侨的情况，是从族谱查找的，同时参考了 95 岁的老人李炳沃的回忆。炳沃的父亲是古巴华侨，他本人是印尼归侨。这位老人是台山银行的黄金交易师，辨别力、记忆力特别好，他对村里的情况，以及父亲讲过的事情记得清清楚楚。没有他，谁也不可能知道这么多。

显然，这是一份极有价值的调查表格。村人最早去古巴谋生的时间，大约是 1880 年，但早期四五十年的情况，记忆已经模糊，有待进一步考证。焕叔说，全村去过古巴的，除了表格内列出的 88 人，还有几个待落实，一共 90 多人应该是有的。我希望他继续努力，再深入访问侨属，找找更早年的族谱，看看有没有记载。我们研究历史，包括华侨史，是必须言出有据的。

村民李燕琼是已故古巴侨界名人李生的侄女，看上去 60 岁左右，很有活力。她今天出来迎客，特别开心，穿得漂漂亮亮的。她告诉周先生，阿叔在家乡用的名字是"赞灼"，在古巴做过洪门副主席，就是你现在的职位，曾经两次被邀请回国参加北京的国庆观礼，并回来家乡探亲。周卓明说："我认识，我认识，你阿叔在古巴的名字是李生，后来他还做过古巴中华总会馆、洪门民治党和李陇西堂三个华侨社团的主席，是我的老同事和老领导。"得知阿叔是这样一位"大侨领"，李燕琼满脸自豪。她热情地带我们到家里去，给我们斟茶，然后指点着一个房间说："这就是阿叔出生的地方。"当谈起李生先生还有一子一女在哈瓦那时，我鼓励她趁早去古巴探亲。李燕琼笑着说："好想去啊，但……"我明白，对于普通农家来说，路费等问题还有难言之隐。

村民们热情地给我们讲述村子的历史，讲述家人去古巴谋生的故事。对着记者的摄像机和我们的几台摄影机，他们都很兴奋，纷纷争着和我们合影。

在焕叔的带领下，我们来到昌和村，这是一个只有 18 户人家的小村子。村民介绍说，这个村子的人家都是从松咀分支出来的。90 年前，松咀的村地都建满了房子，没有办法再建新屋了，只好向外发展。其实两条村是相连的，实质上是一条村。他们说，昌和村家家户户都有人去过古巴。由此可见，当年的古巴侨属生活不错。

我们参观了村子的祠堂。祠堂原来用作"书馆"，有学生在上课。现在提倡集中办学，这里变成了村民的文化活动中心。门前的对联"侨胞热心建书馆　村民团结尽峥嵘"朴素地表达了华侨侨眷爱乡重教的心意。

榕树下的花基上，坐着一位饱经风霜的老人，正在全神贯注听记者采访。我和太太前去一问，原来是一位96岁的抗战老兵。他曾经参加过在韶关等地打日本仔的战斗，政府每月发给他500元的养老慰问金。谈到国家正在纪念世界反法西斯战争胜利70周年，9月3日是日本投降日，在天安门广场举行大阅兵，还会发给他一次性补贴5000元，老人露出欣慰的神情。是的，台山华侨（包括台山的旅古华侨）和侨属在抗日战争中做出了重大贡献，他们的英雄事迹正在传扬。现时，全市的抗战老兵只剩下21名了，年纪最大的已过百岁，其中不少是侨属，他们是全民族的宝贵财富。

事后，我问这位抗战老兵的名字，他是不是古巴侨属。焕叔说，他叫李德良，是古巴侨属；父亲叫李道深，是旅居哈瓦那的华侨。我翻阅调查表，上面没有他们父子的名字。我对焕叔说，这就是调查表的遗漏之一。

访问过程有个小插曲：一位村民说对面毓英学校大楼上有个大钟，是古巴华侨带回来的，关于这个大钟还有一段故事。我们兴致勃勃地赶去参观，记者也据此做了报道。但后来弄清楚了，这不是古巴钟，而且不属于松咀村。电视台只好作了更正。不过，这个插曲倒是引起了村民的注意，作为最牛的古巴华侨村，除了目前已发现的少量家书、金山箱和田契外，还能找到一些什么有关的文物吗？——侨乡的文物保护意识仍需提高。

（本文原载《古巴随笔——追寻华人踪迹》，广东高等教育出版社
2017年版）

古巴华侨村

——台山松咀村调查记

①

2016 年 7 月 7 日，我和五邑大学"广东侨乡文化研究中心"的刘进、凤群、石坚平、姚婷、冉琰杰、吴捷等六位老师，慕名前来位于台山市三合镇温泉圩附近的松咀村进行调研。之所以说"慕名前来"，是因为此前广州暨南大学中文系的黄卓才教授（台山人，古巴侨属，我的好朋友）近年已先后两次访问了松咀村，并在美国纽约一班台山文化人编辑出版的《台山文化之友》第九期（2015 年 12 月出版）和第十期（2016 年 4 月出版）上发表了访问文章，黄教授还在电话中让我分享了他的调研成果，令我十分感动，引起我极大的兴趣，于是促成了我们此次调研活动。黄教授兴奋地说："我终于找到了最牛的'古巴村'。"我们就是踏着黄教授的足迹走进松咀村的。

三合镇政府城镇建设管理与环保局局长、镇侨联会主席、镇级侨刊《康和月刊》社长甄畅民同志陪同我们调研，给了我们很多指导。

接待我们的是李焕钦（我们都亲切称呼他"钦叔"。他曾两次热情接待黄卓才教授），他是村中的古巴侨属，今年已 68 岁，长得十分壮实，一看便知是劳动好手，他热情、睿智、健谈，又是一位文化能人。他生于

① 作者为中国华侨历史学会理事、广东华侨历史学会顾问、江门市华侨历史学会副会长、五邑大学广东侨乡文化研究中心副教授。

斯，长于斯，对松咀村的历史及人文变迁了如指掌。我们一边做调研，钦叔一边热情、细致地给我们述说松咀村的历史与人文，令我们乘兴而来，满载而归。

松咀村前田野开阔，阡陌纵横，村头的大榕树，荷包形的池塘，平整的塘基，梳式架构的青砖瓦房，窄深的巷道，昭示人们这是一条传统的岭南风格古村落。改革开放后，村里人逐步富裕了，不少人已将老祖宗留下的旧房子拆了，建成两层楼房，加上还有多座楼房在建，所以，村容村貌显得凌乱不洁。古村落的面貌正一天天消退。这是松咀村给我们的"第一印象"。钦叔同意我们的看法和忧虑，但他认为，这种变化终究改变不了松咀村作为典型侨村——古巴华侨村的辉煌历史。

钦叔说：松咀村是台山有名的"古巴村"，也可能是台山最大的"古巴村"。我们村里的古巴侨属上百户，旅居古巴的华侨上百人。根据 1978 年的统计数字，全村 100 多户人家，有 400 多口人，几乎都是侨属，绝大多数人去了古巴。村中几乎所有的房子都是侨房，绝大多数也是古巴华侨和侨属在 20 世纪 20—40 年代用侨资建造的。只有少数几户是美国、加拿大的侨房。

钦叔说：松咀村是个"总"名称，其实它包括三条村子：一条叫盛和村，一条叫东和村，还有一条叫昌和村，均为李姓，都是古巴侨属所建。盛和村立村最早、也最大。其他两条村子都是从这里分出去的。村头的"世扶李公祠"，是纪念立村的李世扶公，他是李姓第十九世。公祠两层，是中西式建筑，有点洋气。顶层正中刻写"汉持书馆"四个字。"汉持"是什么人，我们还未搞清楚。世扶公，是从东坑徙来的，距今约三百年。公祠当年是村中的孩子们读书的书馆（学校）。

改革开放后，在旅外乡亲和村民的共同捐助下，1997 年对公祠及村容进行过整葺，所以公祠显得很新。公祠入口两边的对联和里面的碑刻记载了这个工程。对联是："侨胞热心建书馆　村民团结尽峥嵘"。碑刻是："蒙广大华侨香港同胞和村民热诚捐助，建成环村水泥路，横大路至树头和鱼塘边砌石，塘基全部换装大水龙排水，工程可观，耗资十一万元。为表彰捐款人，谨刻芳名纪念。（略）　松咀村　一九九七年十月。"

钦叔说，这个碑刻只记载了 1997 年那次的村容建设。早在 1986 年，内外乡亲已捐资 15 万元，对村容进行过整葺。此后，2001 年捐有 10 万元、2005 年 15 万元、2012 年 5 万元、2015 年 4 万元，共六七十万元，使公祠、村容村貌不新发生新变化。

看完盛和村，钦叔又领着我们穿过巷道来到东和村调研。东和村在盛和村后面，两条村子基本上连成一体。钦叔说，由于人口增长，盛和村再也没有地方供新增或新搬入的村民建房居住，但新村民都想聚族而居有个好照应，便在盛和村后面的空地上建房立村，形成一条新村——东和村。钦叔家的两座房子就在这条村子里。他先领着我们参观他的新楼房。这是钦叔改革开放后做长途贩运生意赚下的钱、于 1990 年建成的，共两层。楼下客厅里挂有不少照片，最珍贵的一张是他的爷爷和父亲二人的合照，十分神气，令我们赞赏不绝，纷纷打开相机拍摄。二楼两个房间里分别摆放着爷爷从古巴带回来的"金山箱"，保存得非常完好，像新的一样。钦叔说，这是他们的"传家宝"。

之后，钦叔把我们领到另一座房子——一座用青砖建造的两层"楼仔屋"（这是村民对这种新式屋宇的美称）。钦叔说，这座"楼仔屋"是民国二十四年即 1935 年爷爷从古巴寄银回来建造。这是爷爷在古巴开洗衣馆时赚的钱。宅基地是一块风水宝地，他看中后让家人花了一倍的高价（1200 元）给"抢"购过来，又花了 4000 元才建成这座"楼仔屋"。钦叔自豪地说："这是我家的祖屋。"我们看到，祖屋的神台被完好地保护下来，钦叔爷爷父子的照片、父母的照片也保存得很好。墙上挂有通亚银行送的大镜屏和挂钟，引起我们浓厚的兴趣。钦叔给我们讲述：爷爷在古巴开洗衣馆的 20—40 年代，生意很好，赚了不少钱，便投资台城通亚银行，成为股东之一。这间银行的旧址还在，是北盛街 92 号。后来，由于受到金融风波的影响，银行破产了，老板拿不出钱来还给股东，便送了这两件东西给爷爷作抵偿。我们一直把这两件东西视为"宝物"、"传家宝"，努力保护好。现在，有文物收藏家愿出高价收购这两件"宝物"，我们也不动心。

从钦叔爷爷的"楼仔屋"出来，我们"扫描"了一下东和村，发现东和村建有不少这样的"楼仔屋"。钦叔说，这就是松咀村最有特色的古巴侨房建筑。在昌和村，这样的侨房建筑整齐划一，更有特色。

昌和村距离盛和村有一段路程，甄畅民同志先带着我们驱车前往，钦叔骑自行车随后赶到。昌和村毗邻颐和温泉度假村，仅以一道高大的围墙分隔在外面。村口有座两层平顶书馆，"昌和村"的村名十分醒目，右方墙上镶有石刻一块，为"捐资修建昌和书馆芳名留念"，两边的对联写着："昌盛发达振中华　和睦故乡传海外"，是昌和村内外乡亲爱国爱乡精神的真实写照，令我们肃然起敬。

昌和村的侨房建筑真的如钦叔讲的那样，非常整齐。第一排的 9 座侨房像是同一张图纸"印"出来的，我们发出的啧啧之声令甄畅民同志兴奋不已，他对我们说：昌和村的自然环境好，侨房整齐划一，又靠近颐和温泉度假村，镇政府计划把它打造成旅游点，并投入资金把村场及道路都建好了，但池塘边的杂物屋大煞风景，镇政府计划再投入资金把它们全部拆除，使村容村貌变得更加靓丽，成为一个吸引游客的旅游点。没想到，村民们却要政府补偿他们的损失，而且要价还不低。政府无能为力。这些杂物屋也就拆不了，村子显得杂乱无章，太可惜了！

钦叔来到后，对我们讲述了昌和村的历史。他说：昌和村初建于民国八年（1919 年），是在古巴谋生发了财的松咀村民，自己组织起来，买下这块地，统一规划，然后进行建筑的，共建了 13 座两层的"楼仔屋"。当年，我爷爷第一次从古巴回到家乡，由他主持，为他四个兄弟在这个村子里建了一座"楼仔屋"。

在调研中，钦叔津津乐道地给我们讲述了他爷爷的发家史和松咀村人的古巴情结。

钦叔说：爷爷叫李树圣，生于清朝光绪十五年（1889 年），本以务农为生。20 多岁结婚后妻子生下一女，生活日益贫困，于是决心出洋谋生。当时美国已通过排华法律，美国是进不去了。正如台山一首民谣所讲："家里贫穷去阿湾，去到阿湾实艰难……"时间大约是民国四年（1915）爷爷去古巴。四年后的 1919 年第一次回家，以四兄弟名义在昌和村建一座"楼仔屋"，1922 年爷爷第二次回来，父亲群灯（乳名号道炎），还在老婆腹中，便又匆匆回到哈瓦那，经营他衣馆生意，1935 年寄钱回来，在东和村建一座"楼仔屋"。以后没有回过家，于 1975 年客死古巴。不过，爷爷不断有钱寄返来赡养老婆子女。我父亲长大后也像侨乡很多侨眷子弟一样，慢慢地变成了依赖侨汇混沌过日子的"二世祖"。爷爷急了，赶紧给他"办纸"（护照）。1949 年，我父亲奉爷爷之命来到古巴。当时，他结婚不久，妻子有孕在身，还未等到儿子降生就离别自己的母亲和妻子去了哈瓦那，在唐人街开了一间杂货铺。此后，再也没有回过家乡。1977 年父亲在古巴病逝。我自生下来后就没见过父亲，只是在相片上"见"过他的模样。这是我人生中最遗憾、最痛苦的事情！

爷爷在古巴生活很节俭，把钱省下来又寄回供养家庭。听说古巴三四十年代由于美国资本大量涌入，经济一度很繁荣，爷爷赚了一些钱。抗战胜利后，侨汇又通了。爷爷寄了不少钱回来，吩咐家人起屋、买田、投资银行。家人因为 1943 年台山的大饥荒吓怕了，认为有田地最保险，于是买了 21 块田地，加起来总面积约 5 亩。新中国成立后，土改时，我家划了个富农成分，地被政府没收了。家人还投资台山通亚银行，买了很多股份。后来碰上金融风波，银行破了产，我们的投资股息无收，只得到了挂在祖屋墙上那面大镜屏和大挂钟。

对爷爷的生意打击最大的是 1959 年卡斯特罗领导的革命胜利取得政权之后。卡斯特罗当政后，经济上推行"国有化运动"，不许个体经济存在，比我们国家建国（指新中国）初期还要厉害。华侨开的商铺、甚至街头的摊档统统被没收。爷爷的洗衣馆和父亲的杂货铺被"充公"了。卡斯特罗政府还宣布私藏美元为非法，爷爷藏在洗衣馆的 12 000 美元"救命钱"被搜去。这是当年一笔相当于两三间华侨商铺资产的巨款。损失之大，可想而知！此后，爷爷和父亲在古巴艰难度日，直至被病魔吞噬生命！爷爷是 1975 年病逝的，享寿 86 岁；父亲是 1977 年病逝的，年仅54 岁，正当壮年啊！爷爷去世后两年父亲便去世了，可见对父亲的打击是很大的！我们家连续两年失去了在古巴的两位亲人，家里一个个悲恸欲绝！

在谈到松咀村村民的古巴情结时，钦叔说：松咀人大概是从清朝光绪年间去古巴谋生，最早在 1880 年左右，至今已有 120 多年历史。黄卓才教授第一次来松咀调研时，委托我查族谱、采访长者，把松咀村的古巴侨属搞清楚。现在，我搞了一份《松咀（村）旅古巴人名》。根据统计，我村自 19 世纪末以来，旅居古巴的华侨约有 95 人，其中归侨 24 人，转赴美国 8 人，在古巴去世 61 人。用侨资（古巴华侨为主）建造的两层"楼仔屋"或青砖瓦房共 37 间。

钦叔说，旅古巴的松咀人中有两个名人值得一说。一个是侨领李瓒灼，又名李生。在古巴的侨胞都叫他"李生"。他先后任过古巴洪门民治党副主席、主席、中华总会馆主席、李陇西堂主席。曾经两次被我国政府邀请回国到北京参加国庆观礼，并于1995年、1996年回家乡省亲。

另一个是李圣琚，又名李杏坛，是松咀村旅古巴华侨中较有文化知识的人，黄卓才教授称他们是"隐士"，说他们"饱读经书，满肚文墨"，很难得。李圣琚是一位诗人，写有《三愚诗存》。在《中秋游湾京中央公园》诗中曰："公园景物望无边，电炬齐明耀九天。白叟黄童游似鲫，红男绿女美如仙……"（《台山文化之友》第九期）记述了当年哈瓦那的繁荣景象，很珍贵。

钦叔送了一份"人名"录给我们，我们感激不尽。这份"人名"录是研究松咀村人的古巴情结的珍贵资料，特附于文后供研究者参考。

（本文经李焕钦修正及补充，十分感谢。2016年9月）

附表　　　　　　　　　松咀村旅古巴人名
（均李姓，故省去姓氏）

| 姓名 | 乳名 | 时间 | 死亡地 | | 置业情况 | 亲属 | 其他 |
			家乡	古巴			
李树圣		1889—1975		√	建有一间楼	焕钦	
道炎	群灯	1924—1977		√	仔屋		
圣琚	又名杏坛			√		伟坚	《三愚诗存》作者
伦圣	子安	1880—1948		√		嗣蕃	
道沾	双才			√	建二间砖屋	伟伦	
道波	双盘			√		建伟	
双女	双女			√			
华宗	华宗			√		国泽	
琼圣				√		立平	
迎圣				√		沃添	
现圣				√	建屋一间	杰权	
道照				√			
德河	德河	由古转美					

续表

姓名	乳名	时间	死亡地		置业情况	亲属	其他
			家乡	古巴			
道违				√	在港置楼	家属在美国	
德亮	德亮	由古转美			在家建楼仔屋		
圣球				√			
国栋	国栋			√			
国诚	国诚	两人转往美			建有楼仔屋		
国进	国进						
坐圣	炳然			√			
锐明				√	两间青砖屋	树源	
伦明		由美迁古巴		√		灿辉	
圣羡				√		树海	
道珍				√		树海	
道尧		归家	√		青砖屋	永昌	
永昌	荣欣	归家	√		开照相馆	锡森	
朴圣				√	建楼仔屋	伟强	
咏圣	荣丰						
坚圣				√	建屋一间	伟贤	
道一		归家	√		开杂货店	卓旋	
道新				√		斌成	
道合				√		卓旋	
佈圣		归家	√			锡光	
照圣		归家	√			灼维	
国恩	国恩			√		荣任	
雨圣				√	建屋一间	道慈	
心圣				√		灿辉	
达圣				√	建青砖屋	灼维	
道镜				√		烷光	
圣璞				√		法荣	
国英	国英			√		伟正	
圣寅		归家	√			维利	
杨圣		归家	√		楼仔屋	焕章	

姓名	乳名	时间	死亡地		置业情况	亲属	其他
			家乡	古巴			
步圣	子洪佐	归家	√		青砖屋	亲属焕钦	
湛圣				√	青砖屋一间	健炽	
仁明				√	青砖屋一间	锡池	
杰明		归家	√		建屋一间	羡沛	
仲圣				√	青砖屋一间	绍新	
俊圣		归家	√			健丰	
国珍	国珍			√	建屋一间	锡光	
俭圣		归家	√			超权	
祥圣		归家	√			超侠	
祯圣		归家	√		开杂货店	灿棠	
尚圣		归家	√		青砖屋一间	钜海	台城购楼
道爵			√			仲民	
长德	长德	迁居美国					
金烈	金烈	归家	√			天云	
道蔼 攒灼	荣德			√		燕琼	
	又名李生	曾任陇西堂主席		√			两次应邀回国参加国庆观礼。育有一子一女在古巴
圣察				√	建屋一间	宗海	
道滚				√	建屋一间	达夫	
道义		归家	√		青砖屋一间	振波	
昌瑞	槐新	迁居美国					
圣安				√		裕能	
圣荫				√	建屋一间	颂仪	
道砚	沃尧	归家	√				
圣尧 伯民 伯松				√		伟岳	其二子在古巴出生。一子在古巴陆军基地工作
		伯民、伯松8年前回国寻根					

续表

姓名	乳名	时间	死亡地		置业情况	亲属	其他
			家乡	古巴			
启圣				√		真红	
杰圣				√	建二间楼仔屋	业超	福林在古巴育一子一女，仍在古巴
福林				√			
圣寿				√	青砖屋一间	永昌	
道南	寿堂			√	建屋一间	松伟	
杏圣				√	楼仔屋香港购楼	仕仪	
道怀	德立	转美后归家	√				
仕俊				√		仕仪	
耀明				√	建楼仔屋	焕光	
沃标		转往美国					
德明				√		惠民	
圣挺				√			
圣权		归家	√		建房一间	道将	
圣镇				√	建屋一间	健宁	
若圣		归家	√			灿荣	
道舜				√			
昌恩	锦沛	归家	√			耀希	
述圣				√	建屋一间		
圣添				√		卓俊	
道深				√		德良	
积圣				√	锐锋		
道暖				√			
道进			√			景参	
伯寅		转往美国				树海	
道湛				√	建屋一间	伟尧	
仰明			√		建砖屋一间	维利、安民	

调查人：嗣蕃、炳沃、焕钦。

江门五邑古巴侨情简述

梅伟强①

江门五邑侨乡享有"中国第一侨乡"的美誉，它同时也是著名的"古巴华侨之乡"。1998 年江门市侨情调查的资料显示，江门五邑旅居古巴的华侨华人有 5666 人。分布如下：蓬江区 60 人，新会区 887 人，台山市 1228 人，开平市 857 人，恩平市 1480 人，鹤山市 1154 人。从绝对数字看，5666 人这个人数不算多，但如果我们从五邑旅古巴华侨经历了一个半世纪的深刻变化之后来看待这个统计数字，就应该认可这是一个不小的数字。我认为更重要的是，在这个数字后面隐藏着五邑人移居古巴的悠久历史与悲惨人生，以及他们对古巴和家乡社会经济的发展所作出重要贡献的不争史实。其奋斗之艰苦、贡献之巨大，同任何侨居地比都毫不逊色。

据记载，早在 1839 年，就有英国商人拐骗大批台山人运往中南美洲的英属圭亚那及古巴。"苦力贸易"自此开始。② 但是，真正有大批华工被运往古巴充当"苦力"，还是在 1842 年鸦片战争以后。1847 年 6 月 3 日，从福建厦门运出的第一批契约华工 220 人（一说 206 人）乘"奥肯多"号双桅船航行 142 天之后，抵达古巴哈瓦那港（邑人习称夏湾那、亚湾）。这是华人进入古巴的"纪念日"。今年适逢华工进入古巴 165 周年。

---

① 作者为中国华侨历史学会理事、广东华侨历史学会顾问、江门市华侨历史学会副会长、五邑大学广东侨乡文化研究中心副教授。

② 陈冠中：《美国华侨血泪简史》，香港《明报月刊》1977 年 10—11 月号。

据谭乾初《古巴杂记》所载，1847—1874 年的 27 年中，被拐运至古巴的华工共 143 040 名，除了途中死去的 17 032 人，实际运抵古巴的华工有 126 008 名。[①] 这些被拐卖到古巴的华工，称为"猪仔华工"。古巴的"猪仔华工"中，广东籍者占总人数的 90.9%，福建省次之，占 5.7%。广东籍者中，以珠江三角洲五邑地区为最多。[②] 五邑中又以新会籍者最多。新会华侨史研究学者称，1876 年，新会在古巴的"猪仔华工"有 1.5 万多人。[③] 如果再加上台山等四个邑的数字，在 19 世纪 70 年代高潮期，在古巴的五邑华工应有三五万人之数。除了新会，台山和恩平也有不少人赴古巴谋生。在台山民间流传"家里贫穷去亚湾，为求出路去金山"的民谣。"亚湾"即古巴的哈瓦那，"金山"即美国的代称，是富裕的象征。台山广海镇有条夹水村，共 30 户人家，有四户去了美国、三户去了加拿大、11 户去了古巴，往古巴的占侨户的 4 成多，是有名的"古巴华侨村"。

恩平市牛江镇鹏昌乡（村委会）鹏昌村有位老人叫郑尚尧，因生活所逼，"认定出洋才有出路，遂决心去古巴"。于民国八年（1919）来到古巴，时年已 36 岁。他先在甘蔗园打工，以后做小生意，渐渐稍有积蓄。郑氏在古巴拼搏了 61 年，于 1980 年 10 月回到家乡安度晚年，这时他已 97 岁高龄。他说：早年在古巴谋生的恩平人多在山咀咕埠（圣地亚哥古巴），最多时约有 4000 人。现在牛江镇侨居山咀咕埠的不超过 14 人。华侨在古巴大多经营洗衣馆、餐馆、冰室、副食、百货等，也有的开设摄影、绘画、银行、五金电器、纺织厂等。[④]

我曾考察过新会沙堆镇的两条"古巴华侨村"梅阁乡（村委会）和独联乡（村委会），很有文化内涵，值得介绍。

梅阁乡为蒋姓村落。在蒋氏祖祠"永耀堂"（族人多称"大祠堂"。是为纪念在梅阁开族的蒋氏始祖清居公而建）门口有副对联曰："族蕃梅阁家本莆田"，说的是蒋清居公于明洪武六年（1373 年）从福建莆田来到

---

①　转引自吴凤斌《契约华工史》，江西人民出版社 1988 年版，第 243、246 页。

②　同上。

③　欧济霖、陈汉忠：《新会华侨华人史话》，中国县镇年鉴社 2004 年版，第 28 页。

④　《恩平文史》1986 年第 10 期，第 34 页。

梅阁开族繁衍，已历 600 多年。今梅阁乡已发展成 10 多条自然村，有7700 多人口（2000 年），成为新会最大的乡之一，有名乡望族之称：旅居美国、加拿大及港澳台等十多个国家和地区的乡亲有 2624 人（1998年），其中古巴有 24 人。梅阁人也是在鸦片战争后大量来到古巴谋生的。其人数在全盛时期约有 1000 人之数。① 旅古巴的梅阁人早年在哈瓦那沙把打与廿六街的中华义山区内，建有"蒋乐安堂公坟屋"，是厝寄先昆仲骨箱之处。它的存留被视为"我蒋姓旅古巴国史证，永为蒋姓在古巴繁衍族裔，时节致祭瞻仰，表达念祖怀宗哀思。"② 古巴著名侨领蒋道日即是梅阁乡人。

独联乡为林姓村落，共九条自然村，现有常往人口 3721 人（2000年）。旅居美国、加拿大、委内瑞拉及港澳台等十多个国家和地区的乡亲6139 人。林姓先祖自元朝末年在此立村，至今已有 600 多年历史。鸦片战争后，独联乡民为求活路，走上了赴古巴谋生的不归之路。据乡人《独联侨刊》主编林达天先生调查，独联乡最早应招募华工去古巴的是林绍德的儿子林启为、林启党等乡民。林绍德本是翰林之家，但也因时势所迫，让自己的儿子去古巴谋生。这应是同治、光绪年间（1862—1909 年）的事。到光绪末年，林启为已在古巴奠定了基业。之后，他的孙子林英朗、英睦、贤胜、贤强以及乡民林英楫、鲁英、启时、繁英、连登、林进、贤焕、恩南等人接踵前往古巴，成为第二、三代旅古巴华侨。20 世纪初年，古巴政府见移民日增，便乘机提高征收高达 70 银圆的"移民费"。但独联的古巴移民仍不减。1919—1930 年高潮期达 700 余人。③1998 年侨情调查时，独联乡古巴华侨仅有 11 人。

当年被拐骗卖往古巴的五邑华工，有 90% 的人被卖到甘蔗种植园和糖寮（糖厂）里，其余的则由烟草、咖啡、胡椒等种植园主或农田、菜园业主买去。少量的去筑路。西班牙殖民政府在古巴推行最野蛮、最惨无人道的奴隶制度，如恩格斯揭露的那样，是以"隐蔽的苦力奴隶制度代

---

① 《梅阁侨刊》2002 年 12 月号，第 16 页。
② 《梅阁侨刊》2000 年 10 月号，第 16 页。
③ 林达天：《人生采访选录》，2003 年 1 月（内印），第 124—125 页。

替公开的黑人奴隶制"①，罪恶累累，罄竹难书。被贩卖到古巴的新会1176人中，有36人向陈兰彬的调查团官员控诉了殖民者的罪行，要清政府为他们申冤做主。

五邑籍古巴华工用生命和血汗，以进取、勤劳的精神为古巴殖民政府创造了金子般的财富——蔗糖；他们生产的水果、蔬菜、杂粮和畜产品，开设的洗衣店、餐馆、杂货店，满足了古巴人民生活的需求。1997年，北京世界知识出版社出版了古巴驻华大使夫人梅塞德斯·克雷斯波·德格拉写的书，名为《从苦力到主人翁——纪念华人到古巴150周年》，热情赞扬了中国移民为古巴经济的发展与民族独立所作出的重要贡献。她说：中国移民在古巴经营的洗衣坊有很多，"在我妈妈看来，衣服洗得最干净的地方，就是华人洗衣坊，当衣物取回的时候，床上用品被浆洗得雪白干净、平整无瑕，还带着一股洗后的清香。这至今还使我们念念不忘。"②她还说：不论是在第一次古巴独立战争（1868—1878年，又称十年战争），还是在第二次古巴独立战争（1895—1898年）中，很多华人组成战斗队，他们英勇善战，"冲锋陷阵，打得非常出色"，有"很多华人给起义军提供了极大的支援和帮助，他们有的还冒着生命危险深入到被西班牙军队严密监视的城市、乡村，为起义军战士筹集粮食、药品、衣服和鞋帽等生活必需品。"③古巴革命将领冈萨洛·德克萨达著有《中国人与古巴独立》一书，记述古巴华人在古巴民族独立和解放战争中作出的巨大贡献。1913年，在哈瓦那市中心耸起一座圆柱形纪念碑，碑上的铭文也记述了在古巴的华人为古巴的民族独立与解放而英勇献身的英雄业绩，碑的底座上刻着冈萨洛·德克萨达将军对华侨不怕牺牲精神的赞词："在古巴独立战争中，没有一个古巴的华人是逃兵，没有一个古巴的华人是叛徒。"台山的陈黄阳、开平的胡德都是这样的英雄人物。陈黄阳是古巴家喻户晓的"中国医生"，在1895年的独立战争中，他参加革命军担任医生，任铁打士将军的上尉副官，救治了许多华侨和古巴伤病员，被古巴人

---

① 《马克思恩格斯选集》第1卷，人民出版社1995年版，第110页。

② ［古］梅塞德斯·克雷斯波·德格拉著，刘真理、王树雄译：《从苦力到主人翁——纪念华人到古巴150周年》，世界知识出版社1997年版，第6页。

③ 同上书，第12页。

民称为"中国神医"。在 20 世纪 30 年代古巴人民反对马查多独裁统治的斗争中，梅阁侨胞蒋安理参加古巴共产党，同古巴人民一起进行了英勇的斗争。第二次世界大战结束后，他出任《光华报》经理，为古巴的解放战争作宣传鼓动，对古巴 1959 年革命胜利作出了贡献。

五邑籍古巴华侨素有爱国爱乡的优良传统，他们发扬"进取、勤劳、开放、包容、奉献"的华侨精神，为祖国的独立解放和家乡的发展进步建树了不朽功勋。仅以梅阁和独联两乡为例作一说明（止于新中国成立以前）。

建侨房，置产业。独联和梅阁旅古巴侨胞省吃俭用，常汇款回乡改善家人的生活。有些较富裕的侨户便建楼房、开商店、置田产。独联乡估计建造屋宇四五十间，尤以林英楫的两层逸庐楼及多座家宅最为瞩目，门楣上装饰小幅屏障，雕塑立体花鸟彩画，很有特色。林绍德的后人也建有几座侨房。林贵有的住宅上方"1929"的字迹，成为当年古巴华侨建造侨房兴盛年代的标志。

梅阁乡也建有很多古色古香的侨房。我考察过的古巴侨属蒋丁华的侨房就是其先辈建造的，高三层，青砖构建，土洋结合，很有气派。

建碉楼，保村民。梅阁和独联乡都毗邻新会有"土匪窝"之称的古兜山。民国初年，盗贼蜂起，乡民谈匪色变。1913 年，梅阁占元学校遭古兜山贼匪洗劫，掳去师生十多人。消息传到海外，侨胞十分震惊，当即致函乡中父老，倡议兴建碉楼，以保护乡民和学校师生的安全。在侨胞们的捐助下，梅阁先后建起了南营、西营、北营、东营、惠来楼、靖海楼等十多座三层或四层的碉楼。独联乡也在民国初年建造了五层高碉楼，同西闸连成屏障。旅古巴等地乡亲捐款建造的碉楼，构建了安全的乡防网络，有效地保护了乡民和乡校师生的人身及财产安全。

修路桥，建码头。梅阁地处西江下游，河网密布。往昔，从南营至渡口路段，泥泞一片，行人叫苦连天，乡人渡船去江门或斗门走亲戚，更是步履维艰。又，新塘村边与北营之间，横隔一个大坑，乡人下地或去沙堆、梅湾等地，要涉水而过，很不方便。为了改变家乡交通的落后状况，1924 年，旅古巴梅阁乡亲倡议并捐巨资，先修通渡路和大坑桥。1930 年建成了一座气势恢宏的"梅阁码头"，码头边还建有为旅客寄存物品的两个大货仓，有供旅客歇息候船、避风雨和暴晒的八角凉亭。亭内嵌有 4 块梅阁乡建筑渡船码头捐款芳名刻石，是珍贵的文物遗存。码头和八角凉亭是梅阁人最引以为傲的华侨公益建筑，一位居住在江门市区的梅阁乡亲蒋城塘是这样描述他心目中的梅阁码头的："上了年纪的人尚记忆犹新，从前有拖尾渡、电船（实际是内燃机单行机动船）来往于江门、澳门、石岐，它是乡人通往国内外的始发点，也是梅阁昔日窗口一个亮点。我觉得这座码头很有特色，很漂亮，风格别致。就农村而言，可以毫不夸张地说，梅阁码头不但在省内国内，而且在全世界或许独树一帜。我在退休前，因公务跑遍中国东南西北中许多地方，以及在 20 世纪 80 年代，在国外援外工作期间，有机会到过法国、荷兰、苏联、利比里亚、多哥、贝宁等欧洲和非洲一些国家，耳闻目睹，没有一座乡村码头可以与梅阁码头媲美。又据小儿在新世纪初曾到德国、比利时、日本考察，也未见过有哪些乡村或小镇有像梅阁码头那样靓。"① 我曾考察过梅阁码头和八角凉亭，它们的确"很有特色，很漂亮，风格别致"。我站在江边欣赏两岸景色，大有"风景这边独好"的感受，对古巴等地侨胞的善举美德肃然起敬。

旅古巴独联侨胞林英楫、英朗、启岸、启点、启篇、启时等人，早年捐资购买农田 3.6 亩，建成命名"华侨路"的道路，它从今鹅山脚下通往新桥头再接南门里南面的山边，大大方便了乡民出行和参加生产劳动。

建侨社，聚侨心。20 世纪 20 年代后期，梅阁乡古巴归侨联络旅古巴乡亲，内外合力，在乐野祖祠旁建起了一座两层中西合璧式带有小花园的洋楼，取名"旋安社"，意在为侨胞们回归故里时提供一个休息聚会、闲话桑麻、安度晚年的场所。该社建成后，又成为侨胞及归侨、侨眷支持家乡建设的议事场所，沟通海内外讯息的侨社总部。

建报社，长知识。1931—1932 年，梅阁乡由美、加、古等国归侨集资建成了"阅书报社"。它与旋安社遥遥相望，互相辉映。其造型与旋安社基本相同，也是一座两层中西合璧带有小花园的西式洋楼。从楼名便知这是供归侨、侨眷和乡民阅读书报、长进文化知识的场所。它是梅阁乡重要的文化设施。2004 年 3 月，阅书报社重建落成后，门前嵌上了一副对联："阅书怀赤子　报社迓归侨"。这副对联充分表达了阅书报社建造的缘由、功能及乡人对旅外乡亲怀念与感激之情。

---

① 《梅阁侨刊》2005 年 4 月号，第 25 页。

办侨刊，传侨情。今《独联侨刊》的前身是《独洲月报》，创刊于1927年，为独联乡刊。今《梅阁侨刊》的前身是《梅阁月刊》，创刊于20世纪20年代末，为梅阁乡刊。联络侨情，敦睦乡谊，建设家乡，是两刊的办刊宗旨。在旅外乡亲的关爱和资助下，两刊出了百数十期，深受侨胞喜爱。两刊均在抗战时停刊。

兴学校，育人才。独联乡在20世纪20年代后期，在侨彦前辈林逸川、林英流等人捐助下，办起新学校。1913年，梅阁蒋氏各大房在旅外乡亲支持下，以祖祠为校舍，分别办起务本、遗爱、中和、占元4所学校。一乡四校，盛名一时，远近闻名。1919年，公议合并，组成共和、大同两校；1931年，两校再并成一校——梅峰小学，成为梅阁唯一的乡校。四所乡校为家乡培养了不少人才，使梅阁成为新会著名的"文化之乡"。梅阁先侨功不可没。

（作者撰于2012年6月11日）

古巴著名侨领周卓明

黄卓才[①]

在我的心目中，周卓明（Jorgo Chao Chiu）先生是古巴侨界中名闻遐迩，最令人敬佩的一员干将。他现时的职务有两个，一个是中华总会馆的西文书记，一个是洪门民治党副主席。中华总会馆和洪门民治党分别是古巴排在第一、二位的华侨华人社团。在这两个社团组织中，周卓明是历届主席的左膀右臂，双肩挑起了这两个组织的日常事务，说他是一个总理的角色，那是一点也不夸张的。

周卓明 1943 年在哈瓦那出生。父亲是从广东斗门乾务镇去古巴谋生的华侨，在哈瓦那与赵姓华裔女子结婚，生下一飞和卓明兄弟俩。哥哥生于 1941 年，比卓明大两岁，1959 年高中毕业后一直从事侨团工作，通过自学掌握了普通话。1988 年起担任古巴中华总会馆主席至 2004 年去世。1984 年中国国庆曾应邀到北京观礼，并返斗门探亲。卓明紧随哥哥之后，1966 年（23 岁）也进入中华总会馆工作，至今已近 50 年了，他辅佐过吕戈子、苏子伦、李巨元、段克诚、关绍坚、周一飞、李生、黄文竞和伍迎创等九任前主席，现在又是新任会长崔广昌将军的得力助手。周卓明是中华总会馆和整个古巴华侨社会近半个世纪历史变迁的见证人。

周氏兄弟的共同特点，低调、务实、肯干。虽然他们从不宣扬自己，他们的履历、成绩极少见诸书报和网络，但熟悉他们的人都知道，在古巴华侨华人社会一落千丈，侨团处境和个人生活都相当困难的情况下，他们

---

① 作者为暨南大学文学院教授、华侨华人研究院研究员。

怎样兢兢业业地工作，忠心耿耿地为侨社服务，作出了怎样重要的贡献。因此他们在侨胞中有很高威望，也受到广大土生华裔的拥戴。伍迎创主席十分赏识卓明的为人、学识和作风。我去哈瓦那访问时，伍主席跟我说，周卓明学识丰富，为人谦虚谨慎，工作勤勤恳恳，他是哈瓦那现存老华人中唯一精通中文和西班牙文，能讲英语、普通话和粤语的难得人才。

周卓明的名字，早就如雷贯耳，我俩也早就建立了书信、E-mail 联系。但有缘相会，则是 2011 年的事。那年 8 月底，李识然主席和他（副主席）率领古巴洪门民治党代表团访问广州、佛山、北京等地，主要任务是邀请国内致公党组织和有关人士前往哈瓦那参加于 2012 年 1 月举行的该党成立 125 周年纪念大会和国际学术研讨会。我荣幸地在被邀之列。那一天，我们在五羊新城一家酒楼饮过早茶后，一同前往二沙岛参观广东华侨博物馆，然后共登广州塔（小蛮腰），参观广东科学馆、广州大学城。在万亩果园，又与番禺区致公党的年轻骨干们相聚。当天一起饮茶的，还有暨南大学的古巴侨属颜咏棠教授、梁玲珠医生夫妇。这一次，我有机会结识了番禺致公党的陈建雄等古巴侨属。

通过接触加深了了解，我更加敬佩卓明。自此，我对他以"卓明兄"亲切相称。

由于工作关系，由于他的语言天赋和文字表达能力，也由于他对中华文化的热爱，所以在会馆内外，都非常"抢手"。他经常慰问颐侨居（中华总会馆主办的养老院）的老人，接待来自国内和海外的访客，帮助侨属和华裔双向寻宗问祖，给留学生解决疑难问题，回复研究古巴华侨的学者的咨询，接受中文记者的采访……一天到晚都有忙不完的事儿。除了哈瓦那华侨社团的职务外，他还担任北京中国海外联谊会的理事，所以有较多机会来中国访问或参加会议和重大活动，带领华裔青少年来中国参加夏令营。2014 年 1 月，他又与蒋祖廉主席带领一个洪门访问团来访。我与卓明已经接上了电话，本可再续前缘，一起饮饮茶、聊聊天。但因他们行色匆匆地转战广东各地，竟然失之交臂。

我们的第二次见面，是同年 6 月，在哈瓦那，也就是我和家属访问古巴的时候。从广州出发之前，古巴驻穗总领事菲力克斯先生已经明确告诉我：入境古巴不需要签证。但为了保险起见，我还是通过电子邮件请卓明兄给我发一份中华会馆的邀请。我知道，他的电子邮件是应接不暇的，而古巴的网络又很不给力。然而他却一点也不让我失望，一份由伍迎创主席签署的漂亮请柬及时传了过来。

更加令人感动的是，6月3日那天，他在百忙中完美地为我的跨国家庭访问团组织了一场筵请侨领的午宴。那一天，适逢中国人登岸古巴167周年纪念。上午9时，他带领十多个社团的侨领前往哈瓦那南郊的雷格拉小镇旧港码头向"苦力华工"先侨献花。下午4时，又要乘飞机去北京参加世界华侨华人社团的会议。卓明忙而不乱，淡定周到地在洪门总部餐厅订下宴席，并参加了宴会，发表了讲话，还一一介绍各位侨领让我认识。在赶往机场的三轮车上，他还不忘记递给我的翻译小寇一张小纸片，上面是让我去拜访的大沙华前中华会馆主席的地址。

2015年7月底，周卓明应现任珠海市侨务委员的侄子俊达之邀回到家乡。我们又一次见面，并有机会畅叙。我邀请他来暨南大学华侨华人研究院座谈，并对他做了一个两小时的专访。卓明从当地华人教育现状的角度，表示了对"汉语缺失"现象的忧虑。其实，他的忧虑何止这个呢？现时整个古巴侨社的前景都很暗淡，颇有暮色苍茫、大厦将倾之势。古巴现职侨领年事已高，其中已有近三分之一不懂或基本不懂中文，甚至连自己中国的根在何处，父亲的中文名字是什么也不知道。今后华人社团谁来管理？大量的侨团文物将会落入谁手？老侨们十分担心中华文化在古巴断了血脉，这也是周卓明的一块沉重的心结。

但是时势有时是会逆转的。也许，在不久的将来，会像宋代诗人陆游说的那样："山重水复疑无路，柳暗花明又一村。"古巴一定不会忘记华侨华人曾经为他们的革命、为他们城乡经济的繁荣作出多么大的贡献，不会忘记中国人是多么聪明智慧、吃苦耐劳、多才多艺……改革开放中的古巴，总有一天会想起可爱可敬的中国人，重新打开移民的大门，欢迎他们进来。

但愿卓明兄和老侨们的担忧是多余的。

（本文原载《古巴随笔——追寻华人踪迹》，广东高等教育出版社2017年版）

华裔名士吴帝胄

黄卓才①

啊，回来了！吴帝胄（Pedro Eng Herrera）终于回来了！

得到美国布朗大学教授胡其瑜、堪萨斯大学教授刘博智等国际学术界热心人士的慷慨资助，81 岁高龄的古巴华裔名人吴帝胄终于在 2014 年 5 月 9 日回到广州！

事情缘起于 2013 年 5 月，胡其瑜教授到古巴再次访问吴帝胄。他们已经是老朋友了。深谈中，吴帝胄说一句话："我很想回中国看一眼。"胡教授深知这句话的分量！她被感动了，立即表示："好，我们给你买机票！"

见到美丽繁华的广州，吴帝胄异常兴奋，彻夜难眠。第二天一早，就与胡其瑜、刘博智教授一起参加了中山大学的拉美移民学术研讨会。就在这个会上，我第一次见到了这位古巴华裔名宿的风采。

两天后，他应广东省侨办的邀请，住进了广州华厦大酒店，并开始了为期四天的访问活动。省侨办主任吴锐成、副主任林琳接见了他，《广东华侨史》主编张应龙教授和编写组工作人员对他进行了口述历史的采访。然后，省侨办招待他"广州一日游"，派车送他回家乡新会祭祖……在此期间，吴帝胄有机会与从未谋面的广州亲人欢聚，和他们一起畅游花城，我也有机会跟他漫步珠江边、海珠桥，促膝夜谈。

其实，早在 2013 年 7 月，经我引荐，广东省侨办《广东华侨史》编

---

① 作者为暨南大学文学院教授、华侨华人研究院研究员。

写组已经向吴帝胄发出了邀请书。适遇古巴政府开放公民出国旅游，吴帝胄顺利拿到签证。

吴帝胄 1935 年 1 月 15 日在古巴出生。父亲是旅古华侨吴国祥，新会古井镇文楼乡人，曾任哈瓦那《华文商报》记者、编辑。1970 年，他非常幸运地获得免费乘中国货船回国的机会，1973 年终老于家乡双龙村。帝胄的母亲埃尔维拉·埃雷尔（Elvira Herrer）是西班牙移民后裔，一个美丽的白人女性，生下第三个孩子帝胄后 18 个月死于天花。父亲将年幼的儿子带去哈瓦那唐人街，除了舞文弄墨，还经营过多种生意：杂货铺，水果摊，雪糕店，鱼档，餐馆，菜园，赌档。吴帝胄在唐人街长大，幼时只会说广东四邑话，5 岁后进入中华双语学校，才开始学讲西班牙语。少年吴帝胄曾加入国民党的三民主义青年团，还是乐队的乐手。

"帝胄"意为作战时保护皇帝头部的装具，也可以解释为皇帝的后裔。父亲给他起的名字隐含深意，吴帝胄没有辜负父亲的期望。

17 岁时，帝胄离开嗜赌成性的父亲，开始到唐人街以外的世界闯荡。

1959 年卡斯特罗革命爆发后不久，他和成千上万的激情澎湃的年轻人一起，加入国民革命民兵队，还组织了 50 个和他一样的华裔革命者，成立了一支特殊的华裔民兵队伍。这支队伍身穿天蓝色衬衫、橄榄绿长裤，头戴黑色贝雷帽，手持德国二战老步枪，并用广东话来发号施令。他们自认为是 19 世纪成千上万为古巴独立而战的华人后代，就连他们的民兵队也是为纪念自由战士 José Wong（黄淘白）而命名为黄淘白华裔民兵队。黄淘白是中国大革命时期的左派，1928 年去古巴，创立美洲（古巴）华侨拥护工农革命大同盟（后改名社会主义同盟），并曾创办《工农呼声》（后改名《光华报》），宣传民族民主革命思想，1930 年被马查多政府以共产党嫌疑逮捕、杀害。吴帝胄和他的华裔民兵同志参与了清除唐人街妓院、赌场、鸦片馆等一系列活动。与此同时，他还和其他的左翼古巴华裔成立了新民主同盟，在工人运动中非常活跃。

1960 年 10 月 1 日，在中华人民共和国成立 11 周年之际，吴帝胄和他的伙伴们把中华人民共和国国旗插在了中华会馆的屋顶。它的主人，已经携带钱款逃往美国。"我们成了维护革命秩序的一支力量。"吴帝胄非常自豪。

我问他："你们当时冲入唐人街，有没有做过损害华侨利益的坏事？"

"没有！"他很肯定地回答。

1961 年 4 月 17 日，逃亡美国的古巴人在中央情报局的协助下，在猪湾发动进攻，企图推翻新政权。黄淘白民兵队曾被派往战场迎战入侵之敌。

其后，民兵队解散，吴帝胄和部分战友当了警察。但只干了三个月，他就辞职了，原因是待遇太低。他曾经去餐馆和食品批发店打工，后来加入国家安全部。听说吴帝胄有过被国安部开除的惨痛经历。我问原因，他说是被指亲中。"文革"期间中苏不和，古巴倒向苏联，中古关系一度冷淡。

无论如何，在人们的印象中，吴帝胄还是一个革命者、革命家。奇怪的是，他晚年竟然信佛。我问为什么，他说："拜拜佛，心里很舒服。"但我想，人生起伏曲折的经历，以及理想与现实的反差，可能是他需求精神慰藉的真正原因。

在中山大学，吴帝胄用 PPT 展示了他的画作，并给一位学生赠送了手绘的格瓦拉画像。50 多年来，他生活在哈瓦那附近一个叫瓜纳瓦科阿（Guanabacoa）的小镇里。当时的养老金只有 91 比索（相当于 3.64 美元），生活非常清苦，原本高大的身躯已经矮缩到一米六。但他一直坚持进行自发的艺术创造。古巴缺少颜料、纸笔墨和画布，他却能用杂七杂八的材料图画。他遵循心中"原始天真"的中古民间文化传统，用鲜艳明亮的色彩，描绘孔子、关羽、孙中山等中国杰出历史人物，画他最崇拜的革命英雄切·格瓦拉，以及 1959 年古巴革命前五彩缤纷的哈瓦那华人社区。他爱古巴，也爱中国。他有一幅代表作，万里长城在整个画面蜿蜒，中间是浩瀚的哈瓦那海湾和古老的摩罗城堡，古巴国旗和五星红旗并立飘扬。这就充分表现了他的古巴——中国情结。他朴素的家，外墙也是用于创作的"画布"。上面画有切·格瓦拉和他在玻利维亚的革命场景，表达自己对这位革命英雄的敬意。他的美术作品里一个常见的主题是大朵金黄色向日葵——"生命之花"。吴帝胄最喜欢它"向阳而生"的个性。他画过一幅《奶母白鹿》，描绘白鹿把一个婴儿哺养得白白胖胖。这个动物与人的爱心故事来源于中国古代传说，从中也可见这位古巴华裔画家的中华文化传承。

吴帝胄在广州期间，适逢另一位古巴华裔超现实主义画家陈国成

（Luis Chang Painfer）在华侨博物馆举行个展，我们一起去捧场。

"你卖画吗？"闲谈中我问帝胄。他说从来不卖，只送人。

"想不想也在广州开个人画展？"

"当然想啦！"他说，"但政府不让我带画出境。"

这让我有点不明白。比他有名的华裔画家邝秋云（Flara Fong）也曾带作品来上海开画展，他怎么就不行？也许他还没摸清申请的门路。他真是个老实巴交的人。

吴帝胄不但是一位自学成才、有自己独特风格的画家，而且是颇有成就的民间历史学家。他关心时事，研究历史，能用打字机写作，用西班牙文和少量中文讲自己的经历和古巴华人的百年沧桑。2008 年，他与古巴前驻中国、越南大使加西亚（Mauro Garcia Triana）合著的《中国人在古巴，1847 至今》一书，由英国朋友译成英文在美国出版。他这次来广州，还把一本西文书稿《中国移民在瓜纳瓦科阿的笔记》，委托我为他寻求中文翻译和出版机会。

这位八旬老人至今没有闲着。他欢迎学校的老师和学生来参观他的家，通过他的作品来了解革命。吴帝胄也会欣然前往学校，亲口向孩子们讲述为古巴独立而战的中国战士以及华裔民兵在革命中的故事。

帝胄的西裔妻子叫贝京（Belkis），他们在一起幸福生活了 60 年后，贝京于三年前去世。他经常去哈瓦那看望他至爱的女儿丽婵（Laysim），以及接待世界各地慕名而来的客人。他们来聆听他的人生故事，欣赏他的艺术，以及了解古巴华人的历史。他的日子总是过得那么充实。

吴帝胄从广州回国后，托在哈瓦那大学留学的博士生小寇给我送来一幅画。画面上描写的是他家门前的美丽景象——蓝天白云下，红屋顶、黄柱子的凉亭，青绿的树木和草地，色彩缤纷的繁花，清澈的小河里有亭子和花木的倒影……我明白，他回到中国家乡看过"一眼"之后，很开心，很快乐！

（本文原载《古巴随笔——追寻华人踪迹》，广东高等教育出版社 2017 年版）

唐仲喜：从清洁工到新侨领

黄卓才[①]

就像石头缝中的小树，数十年如一日努力攀缘，顽强生长，终于枝繁叶茂，开花结果……

唐仲喜移民古巴40年，由善飞咕省中华会馆的清洁工到该省洪门民治党主席。在古巴那个特殊的社会环境下，她竟然在个体经营中成功地闯出一番功业，令人惊诧。她靠的是运气吗？不，是靠勤劳的双手，以及勇敢和智慧。

携子移民

唐仲喜没有赶上20世纪四五十年代古巴的经济繁荣期，她移民古巴，是1975年。当时古巴比中国还穷，连古巴人本身都拼命往外跑，有谁肯像她那样移民古巴！

她也是逼于无奈。

18岁那年，她嫁了一个53岁的古巴华侨，而且生下了一个儿子，只好"嫁鸡随鸡嫁狗随狗"。

她的出嫁，不情不愿，完全被动。

1972年10月上旬，有三个古巴华侨男人来到唐仲喜的家乡——广东省恩平县（后来改市）圣堂镇塘垅村。一个是古巴中华总会馆主席、新会人苏子伦，一个是会馆秘书、斗门人周卓明，还有一个本地华侨胡乙

---

① 作者为暨南大学文学院教授、华侨华人研究院研究员。

富，古巴生省（维亚克拉拉省）善飞咕市（后来从生省分出来，升级为善飞咕省，即西恩富戈斯省）中华会馆主席。一行三人，刚刚从北京参加完国庆观礼，衣锦还乡，引人注目。胡乙富更是精神抖擞，因为他返乡的目的，是要娶老婆。

　　恩平是个大侨乡，历史上去古巴谋生的人很多，华侨回乡娶老婆是很平常的事情，老夫少妻现象也常见。问题是，这个"少妻"不知怎么会鬼使神差地落在唐仲喜头上。

　　唐仲喜出身农家，幼年丧父，初中毕业后就被招工到县二轻机械厂当工人。此刻，她正专注地开着车床，心无旁骛。她绝对想不到这个姓胡的小老头怎么会找到她。只打过一个照面，母亲已经同意，党支部书记的叔叔竟然帮她办好了结婚手续。仅仅一个星期，唐仲喜就做了新娘。

　　她当然死活不肯就范。丈夫睡在床上，她趴在桌子上打盹。这样的"持久战"打了一个月，新郎胡乙富终于忍不住了。他向丈人丈母娘告状说，你女儿不肯跟我，就离了吧，说不定她还告我强奸。丈母娘一听急了，快去求女儿。唐仲喜是想过逃走的，偷渡去香港，或者出走去邻县开平……但那时候交通不便，一个从未出过远门的姑娘，哪有那么大本领。"离婚？以后谁敢娶你啊！"妈妈哭着哄她、求她，她只好缴械投降了。

　　1975 年，唐仲喜带着未满两岁的儿子海平移民古巴。他们由广州到北京，登上苏联的飞机，经停莫斯科，第三天到达哈瓦那。也许是因为有侨领老公的关系，在莫斯科转机时，中国大使馆送来了牛奶水果，母子俩享受了特殊的关照。到哈瓦那，也有中华总会馆朋友苏子伦、周卓明接待。丈夫姗姗来迟。当他从古巴中部的善飞咕赶到京城时，已经是妻儿到达的第二天晚上 11 点多了。唐仲喜没有责怪老公，善飞咕虽然只距京城250 公里，但他坐了 18 个多小时的火车。你想想，坐着平均每小时只能走 13 公里的老爷火车，是个什么滋味。

由清洁工到时装师

初来乍到，一无所有。

　　丈夫胡乙富 18 岁由叔父带去善飞咕，叔父让他在生果铺照看档口。勉强熬了两年，他感到索然无味，就出去找女友，逛街、跳舞。叔父生气，他干脆出走，住进中华会馆。卡斯特罗革命风起云涌，已经入籍的胡乙富秘密加入古巴共产党，成为地下党员；同时加入华侨组织的新民主大同盟。1959 年革命胜利后，他当上了善飞咕中华会馆主席、新民主大同盟（后改名社会主义同盟）主席。他还是持有密探局证书和镶金手枪的密探。虽然身份是如此特殊，地位是这般显赫，胡乙富却告诉老婆，他没有工资，收入全靠"抽水"——老侨到中华会馆来打牌，他每张牌桌收两元。如果哪天翻风落雨，老侨们不来打牌，他就只好望天打卦，喝西北风。

像许多华侨一样，胡乙富也没有自己的房子。他们一家三口就寄居在中华会馆，依靠政府凭证配给的一点粮油和生活用品，过着赤贫的日子。

不久又有女儿降生，唐仲喜陷入了彻底的困境。

穷则思变，她要工作！适遇中华会馆的清洁工辞职，她接上了班。每月工资 80 元（古巴土比索）。工钱很低，但可以接受。那些到会馆来打牌的老侨，多半是在古巴"国有化"运动中被没收了店铺的老板，他们的最初"退休金"只有 40 元，熬到今时，也只不过 60 元。相比之下，她很珍惜这份工。

唐仲喜上班，面对的是中华会馆一片脏乱。她花了好大力气才把厕所打扫干净，但到第二天老侨来打牌，又会弄脏，亟须耐性。会馆里老鼠成群，白天也肆无忌惮出来活动。你坐着打牌，它还会咬你的脚。有个房间，堆满了纸皮杂物，成了最大的老鼠窝。唐仲喜决心来一场灭鼠战。没有老鼠笼，她想起小时候晒谷场上诱捕麻雀的办法，在房门口的鼠路上，张开一个麻包袋，往袋里扔进去面包。她在三四米外的隐蔽处拉着一根绳子，等到十只八只老鼠进了袋，她把绳子一拉，袋袋平安。她把麻袋恨恨地往地板上摔拍，如此屡试不爽，灭鼠战役大获全胜。

唐仲喜的清洁工作受到老侨们的赞扬。但微薄的收入毕竟难以维持家计。唐仲喜想到了车衣服（缝纫）。古巴人收入低，但穿着打扮却相当讲究，街上行人尤其是女人一个个都穿得光光鲜鲜。善飞咕是古巴中部南岸一个游客众多的国际旅游城市，有"南部珍珠"之称，缝缝补补的功夫固然有得做，就是时装生意也大有机会。于是，唐仲喜弄来了一台旧衣车（缝纫机），在中华会馆一角摆开一个档口。

在古巴那个"消灭私营经济"的年代，她这个个体小档口可能是不合法的。但是，她要吃饭，孩子要吃饭，谁来养活他们？她必须挣扎，必须寻找生计。广东华侨"敢为天下先"的勇气，从某种意义上说是逼出来的。

也许是开过几年车床的原因，唐仲喜的裁剪车缝技术的确不错，开张不久就顾客盈门。改补一件旧衣服收费三五元，缝一件新衣服十多元，这样的收入比清洁工多了好几倍。她又肯动脑筋，哈瓦那某华侨社团有一批旧草席准备当垃圾处理，她闻讯赶去运回来拆洗干净，编织成草帽出售，在海边旅游区大受市民和游客的欢迎。中华总会馆的沙发破了，她把真皮拆下来，换上新布，先让沙发翻了新。然后，她把还可用的真皮剪下来，擦洗打蜡，又跑到哈瓦那去买来金属环、拉链、铭牌等配件，缝制成一个个时尚手袋、钱包，成了市场上的抢手货。

几年间，唐仲喜的缝纫档口逐渐发展成了时装生意。由于设计新颖时尚，车工精巧，她的时装名声远播。1990 年，应邀参加了哈瓦那华区举办的时装展览会，她的艰苦创业登上了第一个高峰。

从翻译导游到餐厅老板

1992 年苏联解体，作为古巴第二大港口、西印度群岛著名良港的善飞咕，香港来的货船取代苏联货船，往来更加频密。与唐仲喜同声同气的香港船员靠岸就要休息，就要玩乐，西班牙文翻译的需求也就多了起来。两年前，唐仲喜已经和长期驻扎于此的梁先生交上了朋友，他以前是一个商船船长，后来升任香港某远洋运输公司的经理。在梁经理和船员的鼓励下，她走出中华会馆，当起了翻译。

当翻译？唐仲喜什么时候学会了西班牙文？只有初中中文文化的她，来古巴后没有机会上学读书，她的西班牙语完全是靠自学得来的。一个 15 年的新移民，就这样当起了翻译来。这，又是一个奇迹！

而在 10 年前，1980 年，她已经为母亲办理了移民。有母亲帮忙料理家务，她从家务中解脱出来，成了善飞咕旅游区中西文兼通的最受欢迎的翻译。

资金的原始积累是最艰难的。她省吃俭用，一个比索一个比索地积钱。她的钱不敢存银行，也不敢让丈夫看见，因为他好赌。她把钱藏得密密实实。

几年之后，她竟然有机会廉价买到了某驻外机构淘汰的一辆轿车。

虽然是二手车，但比起街上行走的 50 年代美国老爷车，它的性能还是优越得多。这台车让她如虎添翼，从此，她的工作又多了一项：导游。

古巴 2013 年才允许私人买汽车，同时恢复房地产交易，而唐仲喜早就买了车。在 1985 年又捷足先登买下了一栋建筑面积 600 平方米的临街大宅，房子后面还有 200 多平方米的空地，可以种菜、种果树、养鸡……

机会总是留给有准备和敢作敢为的人，唐仲喜就属于这类人。

有了房子，有了汽车——后来增加到两辆，唐仲喜一跃成为善飞咕首屈一指的中国餐厅老板。她的餐厅名为"卡拉 OK 餐厅"，服务对象主要是香港海员和欧美游客，也有中国访客和先富起来的当地人。实际上，她的生意还包括旅业。收费标准是每人每天 60 红比索（专供外国游客使用的比索），包括住宿费、早餐和晚餐，不包午餐。这个标准与首都哈瓦那的私人旅馆相当，或略高，但住得更好、吃得更好——龙虾、海蟹、鱼等海鲜和鸡、鹅、鸭……非常丰盛的中西餐。唐老板还学会了烧烤，下厨给客人做酥脆香滑的烤乳猪。而如果客人想在省内游览用车，甚至要她亲自驾车、导游、翻译，也不另外收费。这样方便周到的服务，哪能不大受欢迎呢，生意红火自然不在话下。

唐仲喜成了善飞咕 3000 多位华人华裔中艰苦创业的成功人士。

像许多海外华侨一样，创业之路并不平坦，唐仲喜也是历尽艰险才走到今天的。古巴社会治安虽然总体不错，但小偷和盗贼依然存在。唐仲喜的发家岂能不让人眼红？有一次上街，钱包被偷了。还有一次，趁她回中国之机，三个古巴男人入屋打劫，搬走了能够搬走的东西，包括几乎所有的衣物和家具。唐仲喜母亲反抗，还遭到强水灌喉的严重伤害。而两次都是她亲自破案：一次请了两位姐妹帮忙，迫使扒手当面交回钱包；一次将三个男贼送进监狱。唐仲喜的机智和勇敢，连古巴警察也不得不叹服。

2012 年，唐仲喜被选为古巴洪门民治党善飞咕省支部主席。她是从 20 世纪 70 年代移民中成长起来的古巴新侨领。在卡斯特罗时代（1959—2006）的 40 多年间，中国人移民古巴人数极少，华侨社团出现了严重的断层。唐仲喜从这个断层中拔萃而出，成为承前启后的一代新侨领，令人欣喜，更令人寄予厚望。

2014年，上任不久的唐仲喜为了弘扬中华文化，在善飞咕策划了一场盛大的旗袍表演。她亲自从中国采购了几十套漂亮的旗袍，组织当地华裔姑娘训练。她们的精彩表演被古巴电视台录像后在全国播放，引起轰动。

唐仲喜主席目前正在做几件事。第一，加强善飞咕洪门与国内致公党、与家乡的联系，为古巴华裔回国寻宗问祖牵线搭桥。第二，组织有关资源，在善飞咕举办中文班。第三，请求古巴洪门总部支持50%的经费，购买一块地皮，建立善飞咕华人墓园。

当年在石头缝中挣扎生长的小树，现在已经根植在古巴的沃土，成为参天大树。唐仲喜主席每次回中国访问，都受到广东、广州致公党的欢迎。她为古巴华裔寻宗问祖的工作也有了成果，已经为善飞咕的段伟民找到了他在广州的同父异母哥哥，并让他们见了面。按唐主席做事的风格，以及充沛的精力，相信她今后一定会有更大的作为。

（本文原载《古巴随笔——追寻华人踪迹》，广东高等教育出版社2017年版）

海隅秀才赵肇商

[中国香港] 雷竞璇①

在古巴，我最早认识的华侨是赵肇商和蒋祖廉两位先生，2010 年年底我和家人去古巴，希望寻找一下祖父、父亲的痕迹，按父亲从前来信上的地址，抵达哈瓦那就马上到华区。结果发现那地址竟是《光华报》所在，但重门深锁，无法入内。再经打听，找到了赵、蒋两位先生。交换名片后，得知赵先生是《光华报》的总编辑，蒋先生是翻译员。两位都友善热心，开了报馆的大门，引领我们进入参观，向我们介绍《光华报》的历史和古巴华人的情况。当时和我一起的有我三弟，是香港《大公报》的执行总编辑。赵先生看到他的名片，露出敬慕之情，和我三弟交换了一点报人的经验和感受。然后，我 2013 年 1 月再到古巴，进行访谈老华侨的工作。首先找赵先生，他一口答应，让我完成了第一个访谈，令我对这项尝试的信心大为增加，我很感谢他。至于蒋祖廉先生，也作了访谈，可惜他的堂兄弟蒋祖乐先生在 2012 年逝世，没法再会面。我第一次到古巴时和他们堂兄弟俩吃了一顿饭，从他们口中了解了很多从前华侨社会的情况，祖乐先生很儒雅，文墨水平比较高，我本来期望和他再次细谈，结果无法如愿，真是遗憾。

虽然离乡数十年，赵先生到现在还乡音未改，说的应是古旧的新会话，我听起来有点困难。现时还在古巴的华侨，在家乡上过学的为数不多，像赵先生这样读过中学的更加凤毛麟角。于是，华区凡涉及翰墨和摇

---

① 作者为香港中文大学香港亚太研究所荣誉研究员。

笔杆的事，多由赵先生操办，他可说是古巴华人社群的秀才。我一再对他说，要争取时间，趁记忆尚完好，将古巴革命前后他自己和其他华侨的政治经历写下来，以供后人做参考，他也同意。赵先生今（2016）年83岁了。

访谈在2013年1月8日下午进行，在哈瓦那中华总会馆内。是年12月我再到古巴时又见到赵先生，谈话中他补充了一些情况，见本文末的后记。

我名叫赵文立，正式名字是赵肇商，文立是我读书时取的名字。家乡是新会古井霞露乡，1933年在乡下出生。

我父亲名赵厚和，属于我家庭"和"字辈；母亲名黄月桂，长乐村人氏。我父亲读书很少，可能只读过一两年。我大伯即我父亲的哥哥先来古巴，他有些少生意做。在1922年办手续让我父亲来古巴，将生意交托给他，自己回去乡下，之后再没有回到古巴。我父亲是1904年出生的，来古巴时约18岁，已经结婚。我是在他第一次从古巴回到乡下，停留一年多两年期间出生的。我还有两个弟弟，但二弟出生三个月便病死了，三弟没有来古巴，一直在中国。三弟出生时父亲已经离开乡下回去了古巴，所以他小时没有见过父亲。我父亲回到古巴不足一年，我母亲就在乡下病死，我当时十一二岁，我弟弟是由婆婆照顾的，我婆婆是扎脚的。我和弟弟相差11岁。后来我父亲年老了，1989年11月从古巴回去中国三弟处生活，住在江门市，直至1990年9月逝世。他逝世后三弟来信告诉我，我才知道①。我三弟现在还在江门市，做些出口买卖生意，常常到外地办采购。

打仗时（指抗战）乡下常被贼劫，我母亲和我去了香港避难，不久父亲从古巴到香港和我们聚合，然后一起回乡。当时我大约六岁，父亲将金钱塞在我衣袋中，路上遇到一伙贼人，我走在前面，因为是小孩子，没有受到注意，没有搜我身，贼人只是搜我父母亲，没有搜到钱。后来我父亲在乡下用这些钱买了点田地，等到我弟弟出

① 赵先生参加古巴革命，当过民兵，之后在政府部门工作，详情见下文，其父得以回中国，相信和赵先生此一身份有关。

生，约在 1944 年，父亲就回来古巴。我母亲去世后，我父亲没有再娶。

我小时候因为有父亲从外面汇钱回来，生活比一般人稍好。当时一般人生活极其困难，很多人要吃番薯叶、龙眼核，吃得脚也肿了。钱常常贬值，又换来换去（指货币转换），做小买卖的很困难。

我在乡下读完小学，考上了在江门市的新会一中。我父亲在古巴买了纸张，寄回来给我办手续来古巴，即是用假纸张办理，纸张上的人已经死去，是一个姓黄（或为"王"）的。我 1952 年来古巴，当时十七八岁，假名叫"供邦"，没有"黄"字。当时用假纸张来古巴很普遍，曾经有三个人共享一张姓李的假纸张一起来古巴的情况，古巴政府对此也是知道的，但贪污厉害，有钱就可以办到。当时买假纸张要花 800〔古巴〕元，我父亲因为有生意，可以负担。我是在古巴革命胜利后，大约在 1961 年才恢复原来的姓名赵肇商，是得到古巴革命政府支持才改名的。没有付钱，请两个人作为见证，买了士担（印花），办理改名手续。

我抵达古巴时，父亲有两间杂货店，我就在杂货店工作。杂货店卖酒水、生果、米油盐、罐头、牛奶等，光顾的有中国人也有西人。地点在夏湾拿，近 Hospital Príncipe①。后来我父亲将一间店卖掉，于是我们父子、另外两人一共四个人在剩下的一间店里工作，我每个星期都去市场买些香蕉、番薯、芋头等回来店里发售。古巴革命后，我父亲继续经营杂货店，直到 1968 年政府全部没收商店，他被安排到其他杂货店，继续工作了一年多，就退休了，但还继续住在原来 Hospital Príncipe 的老地方，直至回中国。

我 1952 年离开新会来古巴，先到香港办手续。在香港逗留了大约两个月，和几个朋友一起，他们也在办手续，去其他地方，来古巴的只有我一个。在香港时，游览了胡文虎别墅，很漂亮，又去浅水湾游水。来古巴是乘飞机的，星期二起机，星期六到达，经过日本、檀香山和墨西哥。

---

① 这是两条街道的名称，指杂货店在这 Hospital、Príncipe 两条街道相交处，在古巴，习惯如此说明地点。此处离华区不远。

　　我到达后就开始工作，在父亲的杂货店，晚上学说吕文①。父亲请了一个西人老师，一星期来教我三次，每次一小时，在晚上，放工之后学。父亲还买了一本字典给我。这位西人老师住在离杂货店不远的地方，我是晚上到他家里上一个小时的课。

　　杂货店早上 8 时开门营业，至下午 1 时，再在 3 时开门，至 7 时结束，星期日休息。我在杂货店工作，薪水每月约 50 元（古巴比索）。后来我感到厌倦，去了《华文商报》做学徒，学执字粒，每月薪水也是 50 元，但吃、住都在报社，一日三餐，还可以（免费）洗衣服，当时有三间戏院，我们报社的人看戏不用买票，常常在一间看完就去第二间。在《华文商报》工作了一年多，我又觉得不喜欢，回到父亲的杂货店工作。古巴革命胜利时，我"左倾"，加入了救国大同盟，去当了民兵，人们称我"共产仔"。古巴革命胜利前，大同盟和《光华报》都在地下工作，当时我虽然已经"左倾"，还未便加入。革命胜利后，大同盟改称"古巴华侨社会主义同盟"，开始露面，我于是加入。1961 年古巴和中国建交②，同盟和《光华报》就由 Santiago de Cuba 搬来夏湾拿。古巴革命胜利，大同盟组织民兵队支持革命，称为"黄淘白民兵队"。黄淘白原本是中共党员，在中国国内搞革命，被国民党所逼，1927 年逃来古巴，组织一个"救国大同盟"，简称"大同盟"，后来改名为"古巴华侨社会主义同盟"，现在还是这个名称。他在 Santiago de Cuba 办《光华报》，开始的时间是 1928 年 3 月 20 日，油印，一个月一份，人们称之为"共产报"。后来国民党和古巴独裁政府勾结，将黄淘白投入监狱。国民党的爪牙在 1930 年 8 月 13 日凌晨用皮带将他在狱中勒死，说他是自杀，后来连尸体也找不到。黄的同伴三人被勒令 72 小时内离境，后来因为得到古巴劳动党帮忙，才得以留下。我当时还未来古巴，这些情况是后来听老前辈说的。今年（2013）是《光华报》的 85 周年了。

　　当时和我一样当民兵的，还有吴帝胄。我们一部分人参加古巴〔革命政府〕提供的训练，一部分人负责守卫银行、警署等。我是负

①　指吕宋文，即西班牙文。
②　此处所说有误，中、古建交在 1960 年 9 月。

责守卫工作的，先由武装部管辖，后来内政部成立，改由内政部管辖。之后内政部要求民兵加入警察，于是我去当了警察，一当就当了14年。被安排当交通警察，月薪105比索，不多，但当时物价也低廉。我后来身体不好，有胃病，申请辞职，但内政部挽留，终于经医生委员会核准，才辞职离开，这是1976年的事情，我当时未够60岁。当时中华总会馆药店需要人，我就到药店工作。当时担任总会馆财政的人叫凌以明①，刚好他要回中国，主席周一飞请我当财政，于是我一当财政就当到现在，几十年了。当时中国有货船来古巴，回程时可以搭载一些华侨回国定居，凌以明是这样回国的。当时《光华报》欠缺校对和排版的人手，担任总编辑的冯啸天和中华总会馆主席周一飞说希望我去帮忙②，因为我以前在《华文商报》工作过，〔对报纸工作〕有些认识，于是我去了《光华报》帮忙校对和排版，后来冯啸天病了，我就被逼当总编辑，但校对和排版也兼做，这是2000年的事情，冯啸天后来在古巴病逝。《光华报》以前是一星期出版六天，但后来人手不足，只能一星期出两天。我2006年正式退休，现在每月领取退休金422比索。

　　我1959年结婚，我岳丈名蒋连翘③，是经营杂货店的，20世纪70年代去世。我年纪比我妻子大两岁，她是蒋子林的侄女，蒋子林也在《光华报》工作，后来还当了总编辑，我是经由蒋子林介绍认识她的。蒋子林是蒋连翘的弟弟④。我因为也在报馆工作，认识蒋子林，有一次大家去海滩，他带了侄女去，我们就认识了，后来结婚，因为合不来，1975年离婚，之后她另嫁他人，然后去了美国，她有一个姐姐在美国。我们一起生活的十多年，她都没有工作，我要养家。我们育有一子一女，儿子因为要服兵役，办理了很长时间的手

　　① 据中华总会馆的华侨登记表，凌以明原名凌先祺，西名Ignacio Lang，新会司前公社新建乡人，1903年生，1924年到古巴，任职厨师，1976年9月返回中国。
　　② 冯啸天，西名Hector Fung，番禺黄埔乡人，1916年生，1948年6月到古巴，2001年8月3日去世。
　　③ 蒋连翘，新会梅阁乡连安村人，1904年生，1919年到古巴，1938年入古巴籍。
　　④ 蒋子林，西名Oscar Chiang，新会梅阁乡连安村人，1907年生，1926年到古巴，任职于《光华报》，1970年5月31日去世。

续，才在 1999 年去了美国他母亲处。女儿现在仍在古巴，她是 1967
年出生的，现在（2013 年）45 岁，做会计工作，结过几次婚，第一
次结婚生了一个儿子，这儿子后来跟父亲一起生活，第三次结婚又生
了一个女儿。她也想去美国跟随她母亲。她不会说也不会写中文，第
二代华侨一般都是这样。

　　我离婚后没有再结婚，现在和一位女士住，她是老林的老婆，
她的女儿和她丈夫去了危地马拉和委内瑞拉，留下房子给她，我搬
过去住。我以前住在 Zanja，很近（中华总会馆），现在住得比较
远了。

　　我以前工作时，和父亲一起都有寄钱回乡下。古巴革命胜利后，
捷·古华拉（Che Guevara，即切·格瓦拉）当财政部长，去中国访
问，两国签了合约，华侨可以汇钱回乡，我就和父亲一起汇。开始时
父亲汇钱给我弟弟，一年可以汇 170 元，我也可以汇，少一些。一年
汇一次，后来我记得增加到一年 270 元，到 1995 年就停止了。

　　我 1999 年去过中国，是去参加建国 40 周年庆祝，由古巴经苏联
到北京，我趁机回乡到江门见我弟弟，在中国停留了两个多月。回中
国就只有这一次。中国加入世贸之后，强大得多了，世界各处都有中
国货品。

　　古巴革命后，美苏争霸，古巴听命于苏联，后来苏联解散了，古
巴很困难，中国不计既往，由于政治原因帮忙古巴……现在在古巴生
活是比较困难，但温饱还是不成问题，我儿子间中接济我，所以日子
还过得去。现在从美国可以汇些钱来古巴，但有限额。

后记

2013 年 12 月我再到古巴时见到赵先生，当时他刚做过心脏手术，出
院不久，比较虚弱，我将 1 月时访谈的整理稿交给他，请他过目并修正，
后来再见到他，他说看了，没有问题，也没有修改，但我估计他并没有细
看。交谈中赵先生补充了以下资料：

　　"左倾"华侨的组织最先叫"救国大同盟"，1927 年 4 月成立，其后
改称"新民主大同盟"，再后来才改为"古巴华侨社会主义同盟"。此组
织在 Santiago de Cuba 以一间"粉仔厂"（面粉厂）作掩护，进行地下工

作，由苏子伦主持。1959 年古巴革命爆发时，大同盟的主席是吕戈子。1960 年 9 月 28 日中国、古巴正式建交，古巴政府将之前的国民党总部交给大同盟。同时，由吕戈子组成一个七人委员会，负责改组中华总会馆，赵先生为七位委员之一。当时的七位委员至今只有赵先生仍在，他担任中华总会馆的财政，即始于该时。

《光华报》是从 1928 年 3 月 20 日开始的，最早叫《救国报》，其后改称《前进报》，之后再改为《光华报》。最早时油印出版，一月只出版一次。古巴革命后，从 Santiago de Cuba 搬到哈瓦那，先在原《民声日报》的报址即 Zanja 114 号，古巴革命后，《民声日报》并入《光华报》。1968 年迁到 Manrique（按：现译"马里克街"，华侨称之为"马利克街"，亦在哈瓦那华区内），1975 年才搬到现在的 San Nicolás，将原 520、522 号两间店的店面合并而成。

上述之吕戈子、苏子伦为古巴共产党党员，赵先生曾申请入党，但当时还是中国籍，没有成功。赵先生后来入了古巴籍，准备再申请加入古共，但当时因为刚好辞去内政部的警察职位，故最终都未有加入古巴共产党。

2013 年年底和赵先生见面时，他说这一年的夏天古巴下了连场大雨，他深受其苦，请我回香港后设法带一件雨衣给他，我后来买好了托朋友带到古巴给他，古巴物资匮乏，这是写照之一。

（本文原载《远在古巴》，中信出版社 2016 年版，收入本书时略有修改）

洪门主席蒋祖廉

[中国香港] 雷竞璇①

　　蒋祖廉先生是我在古巴接触得最早也接触得最多的一位华侨，他2012 年起担任古巴洪门民治党的主席。民治党有一幢大楼，里面的餐厅每日中午向华侨提供免费午膳，餐厅旁有宽敞的大厅，华侨常在此处休息或者打麻将耍乐。我常常到这里和华侨蹓头，蒋先生几乎每天都回此处办公，因此和他见面的机会很多。蒋先生衣着朴素，待人谦厚，办事很认真。和他的访谈于 2013 年 1 月 9 日下午在民治党大楼的办公室内进行。该年年底我再到哈瓦那时，将整理好的访谈记录交蒋先生过目，他几天后拿回来给我，他详细读了，更正了一些内容，再用另外一张纸写了他的意见给我参考。蒋先生虽然是一"党"的主席，但和大多数华侨一样，爱国爱家乡，对政治其实并不热衷，他最关心的，是做好服务侨胞的工作。2004 年时凤凰卫视台拍了一部有关各地唐人街的纪录片，到哈瓦那找到蒋先生访问，记者看到古巴华区如此破败不堪，问蒋先生希望以后的日子怎样过，蒋先生答得很平淡，说没有什么特别要求，只希望余下的日子健健康康地度过。

　　2014 年 2 月初，蒋先生和几位古巴华侨应中国政府的邀请回国度春节，经过香港，我们再次见面。蒋先生 1950 年时是经由香港前去古巴的，60 多年后第一次回来这里，可惜他在香港只停留了一天，无法细看一下这地方的变化。

---

① 作者为香港中文大学香港亚太研究所荣誉研究员。

下面是蒋先生的谈话：

我乡下是广东新会县梅阁乡，近崖门，也就是南宋时和元兵海战和宋帝昺跳海的地方。我是在乡下出生的，在乡下小学读书，是本乡各宗族公费开办的学校。我们家在祖父时本来是做生意的，买卖烟草、杂货等，后来因为和日本打仗，之后又内战，生活困难，我于是来古巴。我当时16岁，1950年6月抵埠，在夏湾拿过了两个星期，然后去Santa Clara找我两位伯父①。我这两位伯父即我父亲的哥哥是1925年来古巴的，当时正在Santa Clara做杂货店生意，他们知道乡下生活困难，寄信给我父亲，说不如让我和堂兄蒋祖乐来古巴②，他们在古巴需要人帮手，我们在古巴工作几年，如果情形和他们一样，赚些钱便可以回乡。在这两位伯父之前，我们家里没有人来过古巴。我堂兄蒋祖乐比我早一年来到古巴。

1949年，我来古巴前，在乡下读完小学六年级，进入了升中班，预备升学。在乡下没有工作过，只帮过忙做割禾等事情。16岁出外也不算年纪特别小，当时来古巴的有些年纪比我更小，如十二三岁。

我这两位伯父到达古巴初期，在Santa Clara的糖厂做斩蔗的工作，非常辛苦，从前古巴和西班牙合作开糖厂公司，由一个中国人做总工（工头），招募中国人前来斩蔗，我两位伯父是做斩蔗工人，不是总工。斩蔗工人的薪水很低，不过二三十元。当时在他们那间糖厂做工的华侨很多，有180人。他们后来赚了些钱，转到较大一点的城市开杂货店，因为城市的人口比较多，生意上可以销售多些。我和堂兄初到古巴时，也是在Santa Clara做斩蔗的工作，很辛苦，属于体力劳动，早出晚归。后来伯父见我们斩蔗太辛苦，说不如给我们一点本钱做自己的生意。我两位伯父在中国时做过一点糖果、点心，有些认识，于是买好面粉、糖等，做成点心、糖果，卖给在糖寮工作的工

---

① Santa Clara在古巴岛中部，现译"圣克拉拉"，华侨称为"生打加拉"。从前此地华侨甚多。

② 据中华总会馆的华侨登记表，蒋祖乐先生西名Ángel Chiong Chiu，1928年生，1949年12月到古巴，2012年10月9日去世。

人。后来到伯父的杂货店工作，就没有这样辛苦了。我就是在这个时候认识 Fausto 孙①，他的叔叔也是在 Santa Clara 经营杂货店，Fausto 一直在 Santa Clara。

前来古巴，我是先从新会去香港，再坐飞机来古巴，旅费是伯父供给的。伯父很慷慨，见到我们后生辈循规蹈矩，即使在困难时期也想念家乡，不断寄钱回家接济，所以后来叔伯兄弟都不计较，不用我们偿还了。

在伯父的杂货店开始工作时，薪水是每个月 30 元，已经算是很高的了，有的人只拿到 20 元。我每个月还给我伯父 10 元，又寄钱回乡接济我母亲和我的一个妹妹。我们食、住都在杂货店内，故此用钱的机会不多，能够积蓄一点钱。杂货店买卖粮食，如米、豆类、猪油、罐头等，是卖给当地人的。我在 Santa Clara 的杂货店工作了六年，然后来夏湾拿，因为当时古巴经济转差，外省埠的生意愈来愈难做，而夏湾拿较为兴旺，薪水也比较好，生意容易做一些。我在夏湾拿做过餐馆、杂货店等工作，薪水有 80 元至 100 元，比从前多。我堂兄蒋祖乐也来了夏湾拿工作，过了两三年，大家一起积蓄了一点钱，就开一间杂货店。从前的华侨自己积蓄了一点本钱，就可以向中国银行贷款开店做生意。我们开店要 2000 元到 3000 元，自己有一千几百元，向中国银行贷 2000 元，另外需要找人做担保。还款则视乎生意情况，生意好的话多还一些，可以省点利息。当时做生意古巴政府规定溢利②是百分之十八，米、油等的溢利较小，是百分之十，我们中国人开的店为了竞争，又将溢利降低一些，希望因此多做生意。当时开杂货店的本土人、西班牙人、阿拉伯人也很多，同一条马路上往往有由不同人开的店。古巴独立时，本土人对中国人比较信任，这是因为中国人一般忠诚待人，很少讹骗他人，所以古巴人较多帮衬中国人开的杂货店，我们中国人的店也往往将价钱降低一些，增加竞争

---

① 中文名字为孙伯生，西名 Fausto Sing Eng，民治党 Santa Clara 的主席，中山人，1932 年生，1953 年到古巴，其父为古巴华侨；2013 年 1 月我到 Santa Clara 找华侨访谈时他刚好去了其他地方，未能见面。

② 溢利，即税后利润。

力，因为这情况，当时西班牙人对中国人颇为歧视；此外，中国人杂货店会三间或五间联合起来向大办庄买货如米、猪油等，并且付现金，大办庄因此提供百分之一或百分之二的优惠，来价低了，也就可以卖得便宜些。当时古巴的中国人都来自广东四邑，大家团结，也有社团如中华总商会等协助，故此做生意占有优势。都是向大办庄订货，办庄中国人、西人开办的都有，名叫"批发大货仓"，我们大单入货，价钱比较便宜，所以也能够便宜些出售。大米、猪油等多来自美国，没有什么货品从中国运来。

我们是在 1958 年开店的，算是中型杂货店，三四人工作，也就是我、堂兄之外再请一两个人。我们的收入比打工时来得好。1959 年古巴革命，1962 年我们的杂货店被古巴政府没收，连本钱也未拿回。从前古巴的中国人经营杂货店的很多，全古巴杂货店当中百分之三十是中国人经营的，有的小有的大，光在夏湾拿，就有二三百间中国人开的杂货店。来古巴的中国人，早期多数做斩蔗的工作，后来积累了一些钱，就做洗衣，因为洗衣不用说话，容易应付得来，洗衣是比较下等的工作，至于开杂货店和开餐馆，是比较高级了。另外有一些办庄如广安隆、永兴隆等，从中国、香港办货前来，有瓷器、酱油、酱料等，规模较大，资金也较多，但聘请的雇员未必很多，往往也只是两三个。这些办庄和香港的金山庄有联系，有时也做驳汇的业务。华侨汇钱回乡，都用驳汇，将钱交办庄，拿到汇单，寄回去给家人，钱在香港提取，如果要转回乡下，有新会人所说的"巡城马"可以将钱带回去，也很安全，巡城马也讲究信用。驳汇由办庄抽取百分之五的手续费。我当时在乡下有祖母、父母和一个妹妹，我接济他们，但汇钱多少，则视乎生意情况，若生意好，就多汇一些，没有固定。

1959 年古巴革命后，我们的杂货店还继续经营，但已开始有限制，要申报工作人员，以得到配给。1962 年被政府没收，由政府派人来主持，没收时说会给我们信用券作赔偿，但结果没有给。我被安排到其他杂货店工作，是为政府打工，薪水 85 元，比之前少了，但生活还可以，20 世纪 60 年代时比索的币值等于美元，后来才贬值。在这间杂货店我得到提升，当了经理，负责管理，薪水也增加到 130

元，这间店有工作人员三四名，我在这里工作了七八年。然后有个西人朋友建议我转到他那里工作，他负责管理一个商业区，每个月对区内的杂货店、牛肉店、生果店等进行检查，叫作"内务商店"，看看有没有亏空公款等情况，他那里的工作比在杂货店好，因为在杂货店当经理要监视工人有没有偷窃等，很麻烦。于是我转过去了，薪水也增加到 165 元，在那里工作了十多年，直至 65 岁退休，这份工作比较好。古巴一般人的退休金是 130 多元到 140 多元，很不足够。我因为工作了几十年，退休金每个月有 267 元，现在仍是，但现在生活费贵了，也就不够用。所以退休后到《光华报》工作，多一份收入。

我一直单身，没有结婚，也没有孩子。我堂兄蒋祖乐也是一样。从前华侨的思想是希望赚些钱，然后回乡，结果钱赚不到，也不能回乡。我们两人是因为经济条件不容许，所以没有结婚。当时打工赚到的钱不多，还要汇钱回去家乡接济，所以就没有什么积蓄。

（问：在乡下已经结婚的华侨可以申请妻子来古巴吗？）

华侨是可以将妻子带来古巴的，但花费很大，一般人负担不起。办理妻子从中国来古巴，光机票就要千元，从前 1000 元是笔大数。家人来了，又要租赁地方住，租赁地方往往一个月 30 到 40 元，打工的人收入才 80 至 100 元，试问怎么负担得起呢？所以只有有钱人才能将家人从中国办过来。能够这样做的人很少，其他就是在这里赚到了钱，回乡结婚，不然就单身了。也有和当地人结婚的，数目也不少。但也不容易，本土人对中国人有歧视，主要是因为来古巴的中国人都很穷，来这里就是想打工赚钱，古巴女人一般都喜欢嫁有钱的丈夫。

古巴革命前，中国人的娱乐也不少。有人喜欢赌博，有的为之丧失身家。旁边的 San Nicolás 马路就有一间大赌馆，麻雀、牌九、番摊都有，但我没有赌博。我来到古巴时，这里已经没有中国人吃鸦片烟了，但上一代时有。当时夏湾拿有三间影戏院，金鹰、新大陆和新民，但外埠没有①。影戏院放映广东话电影，戏票二角，很便宜。大

---

① 原话如此。查哈瓦那当年有四间戏院。外地也有，如大萨瓜（大沙华）就有三间。

家一般趁周末星期日店铺休息，到华区见见朋友，倾倾偈①，吃吃唐餐，和看电影。所以从前华区在周末到处是华人面孔。华区也有广东大戏，票价五六角，新大陆戏院有时从香港请来戏班演出，我还记得最后一班是从香港来登台的戏班，很著名。也有体育活动，尤其是我们这些〔在中国〕读过书的人来了之后，组织打篮球、乒乓球等，在洪门民治党这里还有球队。

从前华侨的社团很多，有同乡会、宗亲会、音乐研究社等。我1950年来到古巴时，在报纸上读到报道，说古巴有五万多华侨，在夏湾拿的有万多人，之后还陆续有人来，直到1953年，由于中国解放后不让人再出来，中国人来古巴就停止了。

我来古巴时古巴和国民党政府有邦交。我是到了香港，手续由航空公司包办。公司好像叫昌兴公司②，来古巴是乘搭泛美航空。我拿国民党证件，到胡须公③上台，古巴和中华人民共和国建交，我们就转换护照，大使馆协助我们申请和取得中华人民共和国护照，成了中国公民。我和堂兄一直是中国公民，没有申请入古巴籍，我还记得伯父看到不少人申请入古巴籍，取笑他们有大国国民不当，去当小国国民，所以我们保持了自己的中国国籍。我两位伯父回去中国结婚，但没有带妻子来古巴，两人一直经营杂货店，后来也被政府没收，最后两人都在古巴去世。

关于入不入古巴籍，有个商业利益问题。20世纪40年代时的古巴总统制定法律，称为"百分之五十法律"。例如你的店请两个人，其中一个一定要是本土人，另一个可以是外国人；做生意的也有同样限制，很多人为了切身利益，就入古巴籍。例如我们杂货店我和堂兄是中国籍，就要再请两个古巴籍的人，这样才合法。但其实当时政府很腐败，只眼开只眼闭，用钱可以疏通。老华侨当中持中国护照的为数不少，古巴政府也没有所谓。

古巴解放，对华侨是没有什么利益的。我们中国人主要希望做生

---

① 广东话，意为聊聊天。
② 即加拿大太平洋航空公司（Canadian Pacific Airlines），华侨称之为昌兴公司。
③ 原话如此，即指卡斯特罗。

意，现在没有什么生意可做，没有入息，所以没有什么好处。

我是从外埠来到夏湾拿之后，开始参加洪门民治党的活动，主要是希望多交朋友，多些交流，大家互相帮助。民治党从前是个政党，但后来已经没有什么政治色彩了。现在民治党在夏湾拿有 300 多会员，连外埠的话全部共 2000 多人，是古巴最大的华侨团体，会员大部分是第二或第三代华人，像我这样从中国来的已经很少，全古巴总共才 200 多人。现在每逢过年过节民治党都有庆祝，有一个餐厅，供应免费午餐给中国人和西人，还有中文班。民治党现在所在的大楼是 1942 年落成入伙的，之前租赁一个地方，后来在 1940 年发动捐募，筹得款项后兴建，入伙后将部分地方出租，得到收入，减轻负担。我是从 2012 年开始当民治党主席的，我堂兄以前当过，最早的主席是知名侨领朱家兆①。

来了古巴后，我只在 1989 年回过中国一次，是中国政府庆祝革命 50 周年，请华侨回去。我们古巴有六个人，周卓明也在其中，经苏俄到北京再到广州，逗留了一个月，回到了乡下，但几乎一个人也不认识了。当时我父母亲都已去世，只有妹妹还在。

古巴革命后，不准华侨将钱汇出，但很多华侨有家人在乡下要接济，最初的一两年，还有办法用"黑市"将钱汇出，但后来行不通了。之后中国大使馆和古巴政府取得协议，准许华侨每人每年汇 270 元，是经由古巴银行再接中国银行汇回乡下的，但后来又停止了。我最后汇钱回乡，大约在 20 世纪 70 年代。

1959 年后，很多华侨离开古巴，有的是冒险坐艇离开（去美国），冒生命危险，死去的也不少。有的去了其他国家。不过，能够成功离开，第一要有钱，第二要有亲戚朋友在其他地方办理手续，我和堂兄都没有离开的条件。华侨现在是一日比一日少了。

古巴现在的生活是比较困难，但读书上学不用钱，住宿不用钱，看医生不用钱，只不过药物很差，没有供应，生活靠配给。我自己住在郊外，不在华区，离华区有半小时车程，我一直住在那里，最初是

---

① 朱家兆，西名 Ferderico Chi Casio，台山泡步乡潮北村人，1884 年生，1917 年到古巴，1943 年入古巴籍，任永兴隆总经理，1943 年至 1964 年担任民治党主席。

租赁的，后来政府说我交了这么久的租，这地方就算是我的，再也不用交租，只要付水电费用，古巴人很多都是这样子情形。古巴的交通费便宜，但汽车少，很拥挤，往往等待半小时一小时也等不到。我住的地方人口较少，地方较宽敞，搬来华区的话，地方很细小，也较肮脏。

附记

2010 年 12 月我第一次到古巴时，曾会晤蒋祖乐、蒋祖廉两位，在华区的天坛饭店请他们一起午膳，蒋祖乐先生介绍从前古巴华侨的情况，以下为当日谈话的事后笔录：

华侨至 1964 年仍能以黑市汇出金钱，但汇出 100 元，收到往往只有一半。1994 年起完全中止汇出款项。

• 蒋祖乐初到古巴时，每月赚 30 元，自留 5 元，汇出 25 元，汇到香港。

• 古巴革命前，18 元古巴元约等于 100 元港币。

• 在杂货店工作收入：若为古巴人，约 70 至 80 元；无身份之黑工，只能收取一半左右，如有居民证，薪水则稍低于有古巴籍者。古巴革命前贪污厉害，本来规定到达古巴五年之后才能申请居民证，但用黑钱，可以立即领到。

• 在餐馆工作，收入比在杂货店多，因有"贴士"。但西班牙人很少聘中国人任大厨，大厨月入约 200 元。

• 星期日休息，一般从郊区到市区店铺收取信件，故华区街道周末很热闹。华区从前有七八间办庄。

（本文原载《末路遗民——古巴华侨访谈录》，牛津大学出版社2017 年版，原题为《一党之魁 无关政治》）

助侨归故里　乡情暖人间

——古巴乡亲黄玉琼寻根认亲记

温国科①

　　她，是一位伟大的母亲，年纪轻轻外嫁异国，丧夫后独力抚养二女成才；

　　她，是一位思乡的游子，纵使被苦难压弯脊梁，也没有放弃回家的梦想；

　　她叫黄玉琼，出生于1932年的古巴华人，祖籍中山西区长洲。

　　在现实与梦想之间，黄玉琼是不幸的，因为自从1954年嫁去古巴，她就像断了线的风筝，与故乡、亲人失去联系，日夜操劳的境况让她几乎失去了生活的乐趣。黄玉琼又是幸运的，因为在2015年5月，她得到"娘家人"——中山市外事侨务局（以下简称"外侨局"）的帮助，回到了魂牵梦绕的家乡，寻根认亲。

　　离乡时的孩提，再次回来已是耄耋，积聚了81年的乡愁，因为"助侨行动"如愿以偿。亲见家乡的繁荣景象，感受着不是亲人胜似亲人的热情，黄玉琼泪水盈眶："做梦都没想到能回来，感谢家乡政府。"

回乡：牢记着父亲叮嘱与祠堂模样

　　"露从今夜白，月是故乡明。"20世纪20年代，黄玉琼的父亲黄兆

---

　　①　本文作者为中山市外事侨务港澳局《中山侨刊》执行编辑。

林，因为谋生需要，从中山石岐长洲辗转到了澳门，站稳脚跟后安家立业，在 1932 年生下了黄玉琼，她排行老二，还有一姐一弟。在黄玉琼的回忆中，父亲因为不甘心在乡下过"日出而作，日落而息"的种田生活，选择去了澳门，但对家乡的感情很深，有条件都会回去，因此她们三姐弟出生后，每人都回过乡下。

黄玉琼记得最清楚的，是 2 岁多时跟随父母回乡参加堂大姐的婚礼，在热闹的老屋里，她和一群小伙伴站在酸枝大椅上，踮起脚观看仪式。还有，就是父亲指着祠堂，对她的那一句叮嘱："你要记得，你是中山石岐长洲西堡西大街人。"这句话深深印在了黄玉琼的脑海里，以致后来她在向人介绍时，常常不说出生地，而说自己是中山人。

离家：无奈选择外嫁古巴

"离恨恰如春草，更行更远还生。"1954 年，澳门社会动荡，百姓生活窘困。为了改善家境，黄玉琼选择远嫁古巴的王姓华人。离家时，父亲除了叮咛，念叨最多的是要她记得回来。

外嫁到古巴，住在首都哈瓦那，丈夫吃苦耐劳，生活倒也安稳。随着两个女儿的诞生，黄玉琼憧憬过上更幸福的日子，"刚去的三四年，工钱很好，与家里有联系，我还寄钱回去，后来就不行了"。阻隔通信的是古巴政变，1959 年 1 月 1 日，菲德尔·卡斯特罗领导起义成功，建立了革命政府，实施包括土地改革在内的国有化改革，全部私人资本收归国有，这给在古巴从事餐馆、杂货等生意的华侨带去巨大打击。1962 年，美国宣布对古巴实行经济、贸易和金融封锁，关键的蔗糖出口和石油、零件进口中断，做生意成为不可能，无数华侨华人开始千方百计离开古巴。"当时很想家乡，但没能力去改变什么。"黄玉琼的丈夫在这期间，承受不住财产被没收的打击，一病不起，3 年后与世长辞。失去家庭顶梁柱，两个女儿嗷嗷待哺，黄玉琼虽然泪没少流，但也只能无奈的留守，这一留，就是 61 年。

思乡：深藏心底的愿望

"故乡今夜思千里，霜鬓明朝又一年。"谁也无法想象黄玉琼在哈瓦那生活的艰辛，曾经因为要照顾幼女，她无法到政府提供的岗位工作，因此没了退休金保障；因为没有文化，她只能长期帮人洗熨衣物、打扫清洁。日复一日的操劳压抑着黄玉琼对家乡的挂念，"有时做到撑不住，就会想，答应过父亲要回乡下。"

幸好，懂事上进的女儿还能宽慰心灵，"我没文化，不想女儿也这样。所以，你明白吗，她俩喜欢读书，我再苦再累也要供。"虽然古巴实行全民公费教育制度，但靠着起早贪黑打工换来的微博收入，黄玉琼也只能勉强保障女儿的生活。由于古巴受美国40多年的封锁，实行计划经济，百姓维持生活有诸多困难。黄玉琼的大女儿毕业后做教师，小女儿毕业后打工，所挣工钱不多，又住得远，常常自顾不暇。此时的黄玉琼已是年老体弱，也无法再打工，唯有独居在老年公寓里，每天为了吃一顿免费餐，要步行十七个路口，一来一回花去大半天，碰到下雨路滑，还曾摔倒骨折过。"老人之家有早餐，可是太远，我一天不可能走几次。女儿们的生活都一般，又有什么能力照顾我？"

以前丈夫去世，抚养女儿是心愿；女儿长大了，供读大学是心愿。等自己老了，黄玉琼的最大心愿就是回家乡，"我一直都想回，但在那样的环境里，只能想想。"每每念及自己过着有上顿没下顿的生活，她就不免悲伤起来。

寻根：做梦都没想到的幸福

"故乡何处是，忘了除非醉。"正当黄玉琼以为会抱憾终生时，命运之神为她带来了希望。2013年12月，中山市外事侨务局与中山广播电视台组成的《海外中山人·美洲系列》摄制组到了古巴。作为当地极少数的乡亲，黄玉琼接受了采访。当摄制组看到老人的生活处境时，唏嘘、同情、悲伤、无奈之情杂陈，女工作人员甚至几度落泪。"古巴乡亲很少，能走的都走了，留下的都是老人家。黄婆婆太苦了，但她没有太多抱怨，只是说回不了家乡死都闭不了眼。离开时，我们纷纷把身上的钱拿给她。"当时的总制片江丽清回忆道。

侨务部门一直被华侨华人当作"娘家人"，黄玉琼的故事很快传到中山市外侨局局长冯金怡耳中，她随即做出指示"要尽力帮助老人寻根圆梦"。话说2014，国务院侨办在第七届世界华侨华人社团联谊大会上推出"海外惠侨工程"八项计划；2015年，又定义是"为侨服务行动年"，提出了进一步落实惠侨计划，服务广大海外侨胞的工作要求。于是，外侨局提前大半年启动了"助侨回乡圆梦行动"，经过紧张准备，在协调、联络中国驻古巴大使馆、古巴中山邑侨自治所，为黄玉琼办妥签证、护照，以及订机票等事宜后，2015 年 4 月 29 日，黄玉琼终于搭上回国的航班，考虑到老人年事已高，外侨局还邀请其大女儿王瑞兰随行。飞荷兰，再转机至广州，经过近 30 个小时的长途跋涉，黄玉琼回到了朝思暮想的家乡，面对媒体的采访，她有些不好意思，"我做梦都想不到能回来，几晚睡不着。"

因为有清晰的信息指引，黄玉琼寻根很顺利。5 月 3 日上午，外侨局工作人员带着黄玉琼回到长洲村，老人记忆中"被父亲嫌弃"的乡村如今遍地高楼、繁华热闹。在村里的黄氏大宗祠前，她突然停住，"这个，这个……我认得，以前，在这里太公分猪肉，只允许父亲和弟弟去领。"很快，在村民的帮助下，黄玉琼从族谱中找到了父亲的名字，"对，黄兆林，没错，我父亲。"带着颤抖的话音，激动的泪水，老人恭恭敬敬地上香，嘴中念念有词，仿佛在告慰祖先：我回来了……

"为侨服务、寻根圆梦、失散一甲子、亲人再相认……"从 3 日老人寻根活动开始，这些话成为不少媒体议论的"热词"，黄玉琼寻根的新闻获得了海外侨领、华侨华人的大量"点赞"，认为是中山为侨服务、温暖侨心的一大举措。面对外界的关注和询问，冯金怡局长表示，以前华侨华人寻根，大都是自发性的，因为今年是"为侨服务行动年"，国侨办提出要进一步帮助侨胞更好生存和发展，所以黄婆婆回乡寻根有助侨专项资金的支持，她代表为数不多的古巴乡亲，完成了一个共同的心愿。以前是侨胞为家乡建设出钱出力，现在中山的经济发展了，市政府也希望尽可能帮助异国他乡的有困难的侨胞。

认亲："娘家人"帮助实现的奇迹

"我不想这么麻烦外侨局的姐姐啊，帮我回来已经很好了。在这里住得像皇帝宫，又陪我到乡下四处走。"在黄玉琼看来，"娘家人"为她回乡可谓不遗余力：办理护照，联系大使馆和同乡会；资助费用，申请了专项资金；安排寻根，提前派人前往……对此，冯金怡挽着老人宽慰道："这是我们应该做的，您回到家啦，我们都是您的亲人。"

6日，再次陪同老人回长洲村寻找祖屋的外侨局工作人员，意外获知了一条重要线索：黄玉琼的姐弟都健在。这对于早在2014年已经根据线索到西区寻找其亲人未果的工作人员而言，无疑是一大惊喜。"真是踏破铁鞋无觅处，得来全不费功夫。无论如何也要让婆婆与亲人团聚。"工作人员暗下决心，加快查证，很快传来振奋人心的消息：黄玉琼的姐姐在澳门，弟弟则在香港。"是真的吗？我一直以为不可能再见到他们了。"黄玉琼听后又惊又喜。当天下午，黄玉琼与姐姐黄玉珍取得了联系，"你父母的名字是？乡下在哪里？……"姐姐再三确认后，喜极而泣，"妹妹你再不回来，我们可能就见不到了"。此时，距离黄玉琼回古巴只有3天时间了。

经过几番努力，7日一大早，黄玉琼赶往珠海与姐弟相认。为此，外侨局派专人陪同，还安排了医护人员随行。12时12分，失散了61年的姐弟重逢了。

"你没怎么变，就是缩水了。"姐姐黄玉珍认出了妹妹，用颤抖的手抚摸着黄玉琼的两颊，心疼地落泪。

"你还好吗……弟弟在哪呢？"激动地与姐姐相认了好一会儿，黄玉琼才想起弟弟来。

"姐姐，我在这。"循声而来的黄伟忠紧握着黄玉琼的手，眼泪夺眶而出。

"少小离家老大回，乡音无改鬓毛衰。"尽管离别了61年，但三姐弟却丝毫不显陌生，他们紧握着对方的手，享受着团聚的幸福时刻。黄玉琼的女儿拿出精心保存的外公、外婆的合影，以及当时的全家福给大家看。黄玉珍的儿子则说道："妈妈一直保存着姨去古巴后寄回来的信、照片。"从他手机里翻拍的照片可以看到，黄玉琼年轻时的单人照、结婚照，以及去古巴后的几张生活照。

午饭后，这个团圆的大家族又携手回黄氏大宗祠祭祖，刚下车，黄玉琼就拉上早已等候一旁的冯金怡，开心地介绍道："这是我姐姐，这是我弟弟。"或许是太兴奋，话反复说了几次。冯金怡笑答："你们长得很像，看着就是一家人，替你们感到高兴啊。"

祭祖之后，亲人陆续得知了黄玉琼的境况，开始担忧她回古巴后的生活。"我们已经通过古巴中山邑侨自治所，以后每天为婆婆提供一顿免费餐，也知会了当地侨领给予照顾。"冯金怡的话语仿佛是"定心丸"，让大家松了口气。事实上，自2010年起，古巴以市场为导向的经济改革已经展开，而中山与古巴也保持着良好的交流关系。2014年11月25日，古巴驻穗总领事菲利克斯·劳尔·罗哈斯曾到访中山，传递古巴新颁布《外国人投资法》的信息，并探讨推动中山有实力的旅行社开设"古巴游"线路，以及两地医药产业合作的事宜，这意味着未来中山与古巴的交往将有更多的可能。

"姐姐，多亏了有家乡政府的热心帮助，我们才能相聚，真是要感谢他们。"弟弟黄伟忠的话语引得大家频频点头。其实，从回乡的一刻开始，黄玉琼就没有停止过道谢。在她看来，如果没有外侨局、没有家乡政府，寻根认亲都是一纸空谈。这一次团聚，不仅温暖了她清冷的过去，还温暖了整个家族的心灵。

后记

早在2014年，笔者就从同事口中听闻了黄婆婆的事迹。当得知其寻根之旅成行时，第一反应就是要去见她。真正与之交谈，隐约感觉到这位老人有着诸多难言之隐，又能清晰体会到她对家乡真情流露的思念，禁不住心生感叹"门外若无南北路，人间应免离别愁"。当写完这些故事，我由衷地为婆婆圆了凤愿感到开心。或许，老人对"为侨服务行动年"没有什么概念，但此次经历真实地告诉她，再也没有什么能比找到家乡的祖屋，与失散的姐弟团聚叙旧，更幸福的事情了。这一切，离不开日益富强的中华民族对海外炎黄子孙的关注、关心、关爱之情，离不开侨务部门对旅外乡亲用心、用情、用力地服务……乡愁、寻根、圆梦，这些埋藏在无数华侨华人心底的愿望，或许有些沉重，但值得追寻和坚守。正如黄玉琼不敢想象的回乡梦想，在坚持81年后实现了。所以，不妨记住那句话：梦想还是要有的，万一实现了呢？

（本文原载《中山侨刊》2015年5月总第118期）

古巴中华总会馆的命运和困惑

——著名侨领周卓明先生访谈录

黄卓才　莫光木①

2015 年 8 月 2 日下午 16 点，在暨南大学专家楼 107 室，暨南大学华侨华人研究院研究员、中文系教授黄卓才（以下简称黄教授）对古巴中华总会馆西文书记周卓明书记（以下简称周书记）就其半个世纪的会馆亲历进行了采访，广东省致公党退休干部刘丽萍（以下简称刘）参与了访谈，暨南大学政治学博士后莫光木（以下简称莫）协助访谈并整理录音，以下为访谈实录整理稿。

黄教授：中华会馆是整个华侨社会的缩影，华侨社会兴，中华会馆兴，华侨社会衰落，中华会馆就衰落。所以我想通过你几十年在会馆工作的亲身经历，谈谈你的所见所闻。今天仅是一个访谈，更详细的情况，希望你未来能够出一本书，详细记录你在会馆的工作经历和体会。

请问你是哪一年进入会馆工作的？

周书记：我是 1966 年进入会馆工作的，因为当时刚刚好有一个技术人员访问团，需要翻译，我就去做临时工。在我为会馆工作一年半载后，他们发现我做得还挺好，便向中国大使馆报告。中国大使馆就说需要这样的人才，问我愿不愿意正式在中华会馆工作。我个人好愿意，因为中华会

---

①　本文由暨南大学文学院教授、华侨华人研究院研究员黄卓才先生访问，暨南大学华侨华人研究院博士后莫光木陪访及整理。

馆个个都是侨胞，我希望有这样的机会为华侨华人服务，作出一点自己的贡献。一心为华侨服务，这个是我最主要的目的，所以我和我哥（周一飞）马上答应了中华会馆。本来我当时在一家叫"永兴隆"的商店工作的，因为"永兴隆"已经被政府接收，属于政府的国有企业，所以后来我要求退出"永兴隆"，情愿在中华会馆工作。但政府又舍不得放我离开"永兴隆"。我哥哥在新大陆戏院当司理（经理），政府很快让他去中华会馆工作，而我却要等两三个月才正式获得批准。

黄教授：你从商店调去中华会馆工作，工资会不会少了很多？

周书记：是的，少了一些。老实说，中华会馆的工资是很低的。不过我从为中华会馆做贡献、为华侨华人服务的角度考虑，工资虽然不高，但我觉得没有问题，我照样乐意做这个工作。在"永兴隆"的时候，初时我是做收银的，后来政府让我去学习，培养我做副司理（经理）。学习期满后，政府委任我做副经理。

黄教授：你乐意为华侨华人服务的原因是什么呢？是不是因为父母都是华侨？

周书记：我爸爸是华侨。母亲是华裔，她在古巴出生，不会讲中文。我觉得在中华会馆工作，我的心就"爽"一些。

黄教授：在中华会馆工作，就必须懂中文，你在哈瓦那出生，你是在哪里学的中文？

周书记：本来我父亲就教我讲（中文），他是斗门人，我就跟他学讲斗门话。我母亲在一间戏院——"新大陆戏院"工作，她天天上班就要我陪她去，等她下班后一起回家。这样，我每天都有好几个小时在这间戏院，整天看中文电影，边看边听，成为一种习惯。我自己都觉得奇怪，为何没人翻译，我都能听得明白？我的经验说明，即使没人翻译，有机会也可以学会中文。

莫："新大陆戏院"是华侨的戏院？

周书记：当时华侨戏院大部分是放粤剧电影，会有一些字幕，所以我就慢慢学会了中文。

黄教授：国语和广东话，两种你都学到了？

周书记：自从我开始在中华会馆做事，经常和大使馆有来往，不懂普通话就没办法和他们接触，所以我就开始听他们怎么讲（普通话），后来我看到拼音，都可以讲出来。这个过程其实挺辛苦，不是那么简单的。但我肯学，有什么不懂的，我不怕丑，不断地问。大使馆人员知道我有心学，他们都会跟我解释一下。所以慢慢就学会普通话。我曾经担心，没有经过学校的学习，我能不能讲好普通话，但我渐渐觉得，别人能听懂我所讲的普通话，就行了。开始的时候，我听别人讲还是有点困难，但我开始留心听，观察人家的嘴型，慢慢慢慢就可以听懂了。

黄教授：很厉害！后来你还做了中文教师，是吗？

周书记：是啊。因为当时好多华裔想学习中文，所以（中华总会馆）设立了中文班，我和我哥就开始在那里教中文。其实我自己的程度都很浅的，没办法教得太深，初步教学的东西都是找比较容易一点的。当时并不仅是我们两兄弟在那里教，还有两三个华侨在那里任教。

黄教授：你进入会馆，是 1966 年，正好大陆开展"文化大革命"。在你到会馆工作的时候，有没感觉到"文化大革命"的冲击呢？

周书记：有。当时我当时不太了解什么叫做"文化大革命"。我只知道他们都在背语录，我就跟着他们读，但我不知道什么意思。好多人唱革命歌曲，同时中华会馆组织人马表演七个样板戏。一个是《红灯记》，一个是《沙家浜》，我还在《红灯记》中表演比较简单的角色。（莫光木：你也参加表演吗？）老师他们教我怎样唱。段克诚先生扮演《红灯记》的主角李玉和，我也跟着他学唱。因我经常看电影、看粤剧的缘故，已经有一些基础，他们唱的时候，我就知道谁唱得比较好些，哪些唱得差些。有些人要求我教他们，但我没有这个能力。因为学唱要先听，跟着谱学才能唱得出来，我就跟着"咪啦啦……啦啦啦"这样学起来。所以，后来我演《沙家浜》的主角胡传魁，（刘：你演胡传魁呀？）（黄教授：这个角色好狡猾的。）他们都觉得我演得挺好。当时在中华会馆礼堂有两块镜匾，一块是民治党赠送的，另外一块是国民党赠送的。就因为有"国民党"几个字，有人就把它抹去了。当时那个纪念碑也一样，有"国民党"字样都要被抹去。（黄教授：你说的是"没有一个人是叛徒"那个纪功碑。）我看到好多这样的情况，很不明白。我 1971 年来到中国，打算买些礼物比如衣物等给家人，他们告诉我说不能穿，要有补丁才能穿。我纳闷，新衣服还要补丁！后来呢，又因为我是外国人，他们看到我有古巴的护照，他们就要我帮忙买些单车、缝纫机等物品，因为我就有权利买，所以他们叫我一起去买这些东西。我发现中国人还经常要开会，做生意的店主要关门去开会，我感觉不太正常。但这些都是规定的，所以我也只好跟着潮流走。

黄教授：看来，"文革"对古巴侨社的冲击还是比较轻微的。那次你回来探亲，是用自己的旅费吗？

周书记：不是，是当时古巴对外友好协会组织一个官方团，其目的就是让有些人回来家乡，了解一下中国发展情况如何，回到古巴后向华侨报告，让他们放心。因为当时好多华侨有国民政府的情愫，他们不想加入中华会馆，认为中华会馆是共产党的组织，不要加入。很多人有这个想法，都有恐惧心理。这次访问让大家了解家乡，看到家人过得都不错，慢慢又开始将侨汇寄回国内。由于古巴华侨又可以汇钱回家乡，他们都十分高兴。家属就会马上写信告诉他们收到了款项，当时的华侨就开始慢慢加入中华会馆。后来两个国家签订了一个"国药"贸易协议，每年一次允许中华会馆会员买些药品寄回国内，华侨看到加入中华会馆会有些好处，当时好多人就马上加入中华会馆。还有部分华侨想从古巴坐船回中国，中华会馆有权派位给会员；会员想选择回国探亲的，可以到中华会馆报名，会馆尽量安排他们回国团聚。

黄教授：我记得我爸爸的信里面是这样说的，由于每年的侨汇，政府是限额的，所以由中华会馆审批，家属的地址是否真实，汇款数额等。

周书记：古巴银行规定，每年汇款总额可以汇一百万美金，但汇多汇少要按照亲属的亲疏远近关系而定，父母、妻子可以汇170元，兄弟姐妹叔伯等关系可以汇150元，关系再疏远一点，只能汇100元。有些华侨归国，有些华侨过世或者移民到别的国家，华侨汇款的人数减少了，所以后来单次汇款可以汇多一些。父母、妻子最多可以汇270元，兄弟姐妹可以汇230元，最低可以汇150元。

黄教授：当时古巴的钱很值钱的。中国和古巴交好，所以古巴币与美元等价。但中国在汇兑美元时，压得较低，美元相对不值钱，一百美元才几十元人民币。

周书记：所以有些人见到这样的情形，就不汇了。而别人则利用他的份额汇款回国，称为"卖簿仔"（汇款额度）。这样，买到簿仔的，一年又可以多寄出一些侨汇。

黄教授：由于中华会馆能够办这些实事，有利于华侨，所以这些华侨就肯逐步逐步加入会馆。

周书记：是的。加入后又支持、拥护会馆。

黄教授：在你1966年进去的时候，会馆有多少会员呢？

周书记：我看应该有一万多会员，因为当时规定华侨才可以加入会馆，第二代的华裔不能加入，是中国人才可以有权加入中华会馆。就算已经加入古巴国籍，也可以汇些款。由于古巴政府给我们的额度有限，当时汇款的确很麻烦。华侨要能够证明家乡有亲属，中国国内的家属也需要申请，证明有亲属在古巴，（双方都办完手续）才可以汇款回国。

黄教授：我都写过这些证明，开始就是街道办事处、派出所写的，后来不行了，要公证处写才行。

周书记：因为要盖章，要政府部门才能写出来。

黄教授：中华会馆原有一栋四层的大楼，1966年进去会馆工作的时候，是不是已经被古巴人占了三层？

周书记：对，我到会馆工作之前几年就只剩下一层了。1960年9月28日，古巴承认中华人民共和国，并且建交，马上和台湾断交。国民党（当局）所有的物业都被古巴政府没收了，将其交给有进步思想的华侨管理。当时的确有好多人同情共产主义，倾向大陆。中华会馆本来有四层楼，连同会馆所有物业，都被古巴政府没收了。古巴政府打算把中华会馆还给华侨，但最后中华会馆办公楼第一第二第三层、律师楼、药店，都被没收了。中国银行在第一层，也被没收了，只给中华会馆留下一层楼（四楼）。后来古巴民众住宿有困难，看到中华会馆有空房，尽管有政府的封条，他们把封条撕掉了，强行住进去。在他们眼里，他们就是要住在那里，看有谁敢赶他们出去，眼里基本没有国法。（黄教授：谁抢到就是谁的了啊？）是啊，因为他们没房住。（黄教授：难道政府一点办法都没有啊？）政府也没有办法，就这样被市民占住了。

黄教授：我听说，中华会馆建馆的时候是两栋的？

周书记：不是，是一栋。

黄教授：我去看中华会馆，最痛心的地方就是，一栋四层的楼被人家占了三层，很没道理啊。

周书记：是的，就是没有道理可言的。

黄教授：以后有机会，希望把这些房产拿回来。

周书记：如果有机会，我们都希望。现在中华会馆在四楼办公的嘛，我们要走一个电梯，才能上得去。

黄教授：那个电梯都很旧了啊。

周书记：是的。那个电梯非常差，经常坏，好多时候逼不得已要走楼梯上下楼。

黄教授：现在一楼是不是还有一个小小的空间，中华会馆有人在那里负责接待的？

周书记：是的。古巴有三位华裔将军，其中一位叫邵黄（已故），他是古中友好协会的主席。多得他帮忙，让我们能够拿到一点点的地方可供上下，因为升降机从那个地方上去。不至于与其他人有更多的接触，搞了一道门从那里进去。

黄教授：传达室是在被占了好多年之后才拿回来的？

周书记：在中华会馆成立100周年的时候（1993年），交还了那个小小的接待室。人们去中华会馆办事，一定会从那里经过的，有一个人坐在那里，可以接待。

黄教授：你进去中华会馆做事的时候，当时中华会馆的情况是怎样的？

周书记：不说夸口的话，自从我们两兄弟去了中华会馆工作，我们就开始想做好多事情。进去的时候，看到有些东西很可惜，有些东西简直就被当作垃圾一样处理了，看到我就觉得不是很满意。最好就是整理好每一间房间，让人一进去中华会馆，都觉得环境可以。所以，我们两兄弟就将它布置好。对我来说，我也喜欢布置。中华会馆是中国的地方，应该按照中国的方式来布置，（我们这样做了）所以受到好多人的欢迎，（反映说）真的值得来这里看看。

黄教授：这么多东西凌乱地堆在那里，是不是因为从四层楼缩为一层楼，因为东西太多而导致的？

周书记：有关系。好多华侨见到这么多东西，都不太理会。我们原有一个中华书店，（后来关了，）那些书放在箱子里，也搬来中华会馆。其实中华会馆的房间很好，就是需要收拾一下。

黄教授：我去看过，现在布置得很好，会议室都很漂亮。图书室的情况如何，是不是一向都有的？

周书记：图书室呢，（很久以前就有，）一定要找一个人来管理，一有书籍、画报、报纸等送给会馆，一定要有一个人专门负责摆好它，编好号。有人来选择这些书看，一下就可以找到。但我们现在没有这个人员来打理，因为多一个人干活，工资又重一些，会馆经济方面有困难，所以我们就不能够请多一个人。（黄教授：找留学生帮忙呢？）正式留学生来古巴的话，他们的任务都是读书的，要他们做义工，不太好。不过会馆有什么活动，要求他们来中国表演节目，宣传中国的文化，他们很愿意参加，这些对我们来说，也是一个好处。宣传中国文化，他们比其他的人更在行，有些人随随便便表演，就说是中国的舞蹈，比如两个手指竖起来（比画）跳舞，就说这是中国的舞蹈，这哪是中国的舞蹈啊，我们看到都不顺眼。

黄教授：图书室那里国民党时代的图书还有没有呢？

周书记：国民党一知道要被没收，就把所有的文件、重要的东西都带走了。拿不走了，要么烧掉，或者扔掉，好多东西就不见了。有些革命之前的资料等重要的东西（包括会员名册、登记表格等）全部不见了，迫使中华会馆在 1961 年年底开始重新登记。所有的华侨在古巴都需要重新登记，所以，我们现有的资料，都是由 1961 年之后开始的，以前的那些，全部不见了。

黄教授：以前那些《光华报》都没有了？

周书记：以前那些，因为我们也不懂如何保护，这些报纸都被虫蛀完了。专家要给药水保护什么的，我们不太懂。好些东西通常都是拿布或者纸张包住，过一段时间打开一看，都被虫蛀完了。

黄教授：现在能够称得上镇馆之宝的文物有哪些？

周书记：有好多。第一，在礼品箱有一副郭沫若的亲笔题字，中国代表团看到感觉很惊讶："你们都有郭沫若亲笔写的字？"是他 1961 年 7 月去的时候题的。许多人都觉得奇怪，郭沫若很少题字给别人的。好值钱啊！第二，在中华会馆礼堂那里有一块牌匾，从清朝流传至今，没人知道它有多大价值。（黄教授：我知道，我知道，这个牌匾很有历史价值，一个清朝的外交官，系钦差大臣所题。）还有一套关公像、拜神所用的器具，都是清朝时候留下来的，好像是光绪皇帝十九年的。

黄教授：华侨特别重视拜关公，关公的地位在商界是很高的。最近的就不值钱啦，陈国成（华裔画家，去年来广州开画展）最后有没买到关公回去？（刘：有，陶瓷的）清朝的就很值钱了，主要不是指它值多少钱，而是由于它是一个很有历史意义的文物，所以多少钱都不要卖了它。而且，你退休之后，你教后来的人，这些是宝贝，国家的，中华民族的宝贝。

周书记：你想卖都没有这个能力卖。所有的东西，古巴政府都已经清点过。

黄教授：我爸爸在中部一个县城（大沙华）的会馆（当主席），他所在的这个中华会馆是全古巴第一个，比哈瓦那的总会馆还要早13年。但是后来没人管了，所有东西都被卖了，听说是住在会馆的最后两个华侨卖的。有些他们认为不值钱的东西，就扔在那里，最后也丢失了。有一个关公像，原来古巴人很崇拜的，不敢动的，后来都被偷走了。胆子大起来连关公都偷走了。

按你这么说，原来中华会馆这些文物全部都属于古巴政府的，我们都没权管了。

莫：当时你去会馆工作的时候，会馆有多少工作人员？

周书记：我当时进去的时候，工作人员还比较多，共有十五六人。因为当时华侨比较多，事情相对来说就多些。当时会馆组织好多活动，有一个黄文道先生，他教别人修车；还有另外一个人教影相、冲洗照片……

黄教授：当时的华侨还没有那么老。

莫：当时（1961年）古巴中华会馆登记的有一万人，而整个古巴侨社有多少华侨？

周书记：大概有一万五千人。不过在华侨最多的50年代，差不多有6万华侨。华裔本来不让加入中华会馆的，后来因为会员越来越少，才允许他们加入，条件就是父母双方都是中国人。再过了一段时间，随着人数继续减少，父母双方有一方是华侨，也可以加入了。这是为了保持会员人数不至于那么少。

黄教授：我看历史资料，说20世纪四五十年代，古巴革命前夕，最高峰的时候有20万华侨。有没有这个数？

周书记：可能有，在50年代的时候。

黄教授：小莫你知道呢，四五十年代，古巴是美国控制的时期，当时古巴很兴旺，哈瓦那是非常繁荣的，被称为"小巴黎"。而当时美国的迈阿密还没怎么开发，哈瓦那人称迈阿密为"乡下"。所以有人不明白，为什么这么多人去古巴？其实从 20 年代开始，古巴就开始慢慢兴盛起来了。到了四五十年代，资本主义经济发展得相当好了。但巴塔蒂斯政府贪污腐败，于是有卡斯特罗革命。

周书记：为什么这么多华侨进入古巴，我认为还有一个原因，是因为古巴币与美金是平等（等值）的。打工拿到 100 古巴银的薪水，就相当于 100 美金。

黄教授：你说这个我还没想到。是很有道理！

周书记：所以，何必去别的地方，去古巴就可以了，在古巴赚的钱可以换美金，出国或者回中国，都用古巴币换美金。所以好多香港唱粤剧的花旦都喜欢去古巴表演。在表演的时候，华侨赠送用美金做的花篮，或者金牌等，所以人人都说，去古巴赚钱最开心了。

黄教授：你有没听说过在古巴革命之前有哪些大商家是中国人开的？

周书记：我所知道的就是朱家兆，他所开的公司就是"永兴隆"大杂货公司，开始是私营的。1962 年之后，所有的私人生意都归国营，它被古巴政府没收了。

黄教授：这个过程一直从 1962 年持续到 1968 年，我爸爸的商店就是 1968 年被接收的。

周书记：从此，好多人就不愿意去古巴了。原有的古巴华侨都没生意可做了，都到别的国家谋生。

黄教授：为什么古巴华侨减少得这么厉害，就是因为好多华侨都走了。我老爸当时 61 岁，年纪大了，不想走了。

周书记：汇率兑换对华侨来说又是一个打击，很多人辛辛苦苦干活，革命后还有些积蓄，都想将血汗钱兑换成美元，他们争先恐后去排队兑换。这个对华侨影响很大，但政府规定每个人只能兑换 100 元。很多人手头不止 100 元，就只好找没钱的人帮忙兑换，不然的话，就全部蒸发了。如果银行存款超过 10 000 元，政府就要全部没收，这样令华侨非常痛心。他们几十年辛辛苦苦攒下的钱，都全部不见了。好多人十分愤恨，一走了之，不愿意待在古巴。

黄教授：我最近听台山"古巴村"一位叫李焕钦的侨眷说，他爷爷和爸爸都在哈瓦那，一个经营洗衣馆，一个开杂货店。到没收的时候，除了货物之外，还在洗衣馆搜出他有 12 000 美金。12 000 美金很多的啦！（刘：当时一个月才十来块工资，甚至只有几块钱。）都被没收了。

周书记：当时如果你收藏美金，是犯法的事情，不把你抓进监狱都算是幸运的事情了。

黄教授：他们父子俩去打官司，结果打输了！

周书记：（革命后）新的法律，是不允许民众拥有美金的。好多华侨听到这样的消息都害怕，把美金烧了，或者撕烂。

黄教授：撕烂都不给古巴政府！上次吴帝胄回来，他当时组织民兵队，冲击唐人街，我半开玩笑问他有没做坏事，他说没有。我问他没收什么，他回答说都是烟馆、妓院，都是那些不三不四的行业。

周书记：中华会馆他也有份插五星红旗。

黄教授：华侨对他有什么看法？

周书记：怎么说呢？每个人的思想不同的，有些人同情，有些人对共产党还是有不同的看法。

黄教授：他是挺革命的，不过后来这个人的转变也挺大的。我接触过他，后来他信佛了。

莫：当时好多华侨都有中国国籍，属于中国公民，中国政府对于古巴政府没收华侨资产，持一种什么态度？

周书记：因为这些是（古巴）国家的法律，属于他国的内政，任何国家都不能干涉。我都忘了这叫作什么原则。

黄教授：最坏的就是包括柬埔寨、越南等国，通常都是以革命之名，没有道理可言，相当于抢劫。（刘：学中国的公私合营。）中国我觉得好些，还有一些补偿，（在公私合营公司、工厂）安排个职务、给工资等等，古巴就没有，连街头的摊贩都没收掉，华侨成为革命的对象。

周书记：也等于说华侨好多阶段都有形容不出来的苦。

黄教授：古巴现在逐步开放，招商引资，作出各种保证，但是历史上做过这样的事情，如何让别人相信？

周书记：不相信，因为好多人（主要是古巴在美国的侨民）来投资过，但是钱被没收了。（20 世纪）八九十年代的时候，曾经说归还部分资产给投资者，后来又说不能还，或下个月，或明年再还。这些（投资）

人经常往返古巴，寻求一些希望。当时华侨在哈瓦那火车站附近有一家中国餐馆，被没收了，后来曾说归还部分资产，但是年过一年，经常去索取无果，连旅费都亏了，后来不得不放弃了。政府的信用也没了。

黄教授： 现在（中国）去古巴投资的，都是属于国家投资，私人就很少。

周书记： 中国人除非在古巴定居才可以投资，否则不能投资。

黄教授： 现在古巴同美国建交，以前古巴没收了美国在古巴的资产，我看新闻报道，说有一百亿美元。

周书记： 古巴也有古巴的借口呀，它认为美国封锁古巴 50 多年，也一样要赔偿。所以正常的关系建立，需要好多条件。

黄教授： 你哥哥周一飞是 1988 年当选会长，他之前是哪个？

周书记： 关绍坚。我进去之前是吕戈子，吕戈子之后是苏子伦，苏子伦之后是关绍坚，之后就是我哥周一飞。接着是李生，之后是黄文竞。黄文竞不想做，后来辞职，政府再次以无领袖为由接管中华会馆，并设立了选举筹备委员会。崔（广昌）将军作为筹备委员会的组长，他没有参与选举，他认为应该由中国人来做。后来就选举了伍迎创，在选举出会馆领袖后，（选举筹备委员会）才撤销。

黄教授： 你辅助过几任会长、主席？给你留下最深印象的是谁？

周书记： 8 个。我觉得苏子伦挺好的。1971 年，我跟随他来到中国，他将在中国的所见所闻向华侨进行宣传。吕戈子也有他的贡献，比如争取汇款、国药等。每个阶段（各位主席）都有好的或者不好的地方。

黄教授： 吕戈子的太太是古巴人，苏子伦呢？

周书记： 苏子伦的太太也是古巴人。

黄教授： 他们都做得不错？那你哥哥周一飞是不是做得更好？

周书记： 华裔中人人都说他做得最好，他做了二十多年主席。因为纸张缺乏，关绍坚为了《光华报》的发展需要买印刷纸，他在黑市非法购买纸张，古巴政府就将其革职查办。周一飞就开始当了临时主席，想在几个月之后再重新选举关绍坚，但是古巴政府一直不允许中华会馆进行选举，所以周一飞就一直担任主席一职，从 1988 年开始至 2004 年去世。

黄教授： 古巴政府会过问中华会馆的主席选举？

周书记： 会的。我哥周一飞得民心的原因有多方面，除了老华侨的拥护，还深得华裔的拥护。第一，经常举办各种活动，例如每个华裔只要交10比索，就可以教其学煮中国菜。第二，与中国大使馆的联系也很密切，经常举办舞会，教中国大使馆的年轻人跳舞，他们都很乐意参与。

黄教授：举办的活动很丰富，同古巴、大陆的关系都很好。他做了这么长时间的会长，最大的贡献是什么？

周书记：人家评价他的作用主要在于以下几方面：一是能够团结全体华侨和华裔；二是组织华裔群体参与中华会馆的活动；三是成立了华区促进会，恢复唐人街，使之更加兴旺。

黄教授：华促会是不是政府机构？那个历史学家委员会呢？

周书记：历史学家委员会是在华区促进会被取消后成立的。

黄教授：历史学家委员会的级别很高的啊，他的主席是（古共）中央委员，现在还是不是？

周书记：现在还是。（他威信很高，）总之，在过去的哈瓦那来说，他想做任何事情，没人可以干涉他。他对哈瓦那的发展的确有贡献，人民的生活水平有提高。

黄教授：委员会与中华会馆、洪门的关系好不好呢？

周书记：唐人街实际在其掌握管理之下，但他从来不参加中华会馆的活动，后来听说他对中国人的东西不感兴趣。他提出不想在哈瓦那继续做下去，想调到别的地方。

黄教授：我去到的时候，见那里是一个空架子，一无所有。我们所请的博士导游说不要去看了，没什么东西可看的。这个机构是虚设的，不做实事的。

莫：现在中华会馆有多少会员？

周书记：现在政府将中华会馆变成联合会，将社团作为会员。目前有十几个社团，而且我们的经济来源是依靠各个社团缴纳的会费，但是非常少。他们赚100元，只上缴五分钱（0.05%）给中华会馆。中华会馆没有办报纸了，即使办报纸也是亏本，根本没钱赚的。一份报纸两毛钱，没得赚的。

莫：古巴现在开放了，对会馆有没有放开一些，管得有没有那么严？

周书记：管得更严。现在好多人都希望做些生意，但是政府不是很赞成。

黄教授：中华会馆不是做生意的，可以介绍生意。你有没有想过，20年后，中华会馆会变成怎样？

周书记：如果没办法培养华裔，没有新人进来的话，我觉得没什么希望。我就希望获得华裔的支持，这个很重要。我比较担心的，是他们有没有心保持中国文化。

黄教授：我觉得沟通有问题，我去到天坛饭店，同（我的朋友）员工陶炎聊天，他在他妹陶琦那里打工。他说新移民只有30人而已，《环球时报》报道则有40人左右。

周书记：我们没办法同新移民接触。

黄教授：他们也反映没法同你们老侨接触。（首先是）语言不同，他们讲普通话，你们说粤语。而且，他们二三十岁，你们六七十岁，思想差别好大。

周书记：老华侨的思想是旧思想。

黄教授：也不能说是旧思想，大家的经历不同，（新移民）他们对老华侨的经历完全没有感觉，他们的主要目的就是赚钱的，你们聊的是资产被没收的事情，大家的话题也不同。所以难沟通，难交朋友。我问陶炎，你们不加入中华会馆，将来谁来接班啊？他说想成立新移民的组织。

周书记：我们不太掌握新鲜事物，也想寻找一些能够继承传统的年轻人，有些新移民是可以向土生华裔传承中华文化的。

黄教授：新移民一般都是有文化的，如果他们组织新团体，当然是好事情。但是，中华会馆这个团体这么大的家当，要是没有人接班，最后甚至被古巴政府没收了，那不是很可惜？我就希望，这些新团体就是去接中华会馆的班。

周书记：我都有这样的愿望，但是政府不容许我们继续接收会员，只能将那些注册的社团作为会员，不能够有新会员。

黄教授：如果组织新的移民团体，不能够加入中华会馆啊？

周书记：现在都有好多华裔成立了团体，但是十几年都没有得到政府的批准。

刘：新的组织不批准，中华会馆是百年老店，不会被取缔的吧？

黄教授：政府不取缔，但是等着你自己消亡，不允许你有新的血液进来，是这样吗？

莫：假如主席或者工作人员有变动呢？

周书记：我们会馆的经济有困难，工作人员都很有限，现在只有八个工作人员，想打理一下图书室，都没有办法。

黄教授：我觉得古巴历届政府对中国人是限制的，并不是一直很友好的。

周书记：两国关系也有亲疏的时候。

莫：古巴短期内发生变动的可能性大不大？

黄教授：有可能，等老一代退下来之后，可能会有变化。劳尔任期到2018年就结束了。其儿子公开表示对政权不感兴趣。

周书记：古巴现在培植一个接班人，50岁左右。

黄教授：中国报刊已有报道，说他是古巴未来的接班人。你在会馆一直做书记的职务？

周书记：他们有时想让我做主席，我表示不愿意，书记都很让我头痛。当主席要抓主意，我觉得很头痛。

黄教授：如果按照经历和能力，肯定是你了。我写了一篇文章，叫《古巴著名侨领周卓明》，其中有些事实不知会不会写错，有机会请你审核一下。华侨华人社团是否可以秘密发展会员？

周书记：吸收会员，政府要查看名册，有新的会员需要报告，不能随便吸收。

黄教授：你上次帮我查找到我父亲及他的几个朋友的会员表，是不是1961年登记的表格全部都有保存下来？那些表不能让别人拿走。

周书记：最担心的就是赵××先生，（他年纪大了）有时候他拿了东西又不放回去，有些弄丢了就是这个原因。

莫：有机会可以请一些义工（留学生）帮忙拿相机或者扫描仪将这些资料数字化。

周书记：他们都说我们是来读书的。中华会馆有一些比较旧的电脑，好慢。

黄教授：我最后问你一个问题。我父亲所在的会馆，房子坏了，屋顶漏水了。怎么办？

周书记：那个会馆是我们会馆的分馆，我们应该支持维修，但是由于经济问题，我们自身难保。

黄教授：他们是不是想修理？

周书记：我觉得华裔对修理并不是那么热情。

黄教授：现在谁是主席？

周书记：姓黄的。

黄教授：马里奥·黄。是上次你叫我去找的那位。但是他只做到1995年，现在已经不是主席了，会馆都已经散了。

周书记：但他自己承认他是主席就好。

黄教授：他是一个非常热心的人。他是在当地出生的华裔，他在编一本书，记录城市华人的历史，包括我父亲的历史。我照了几张照片，他就不让照了，他说出版后送给我，他有版权保护的意识。如果他在古巴出版有困难，我跟他说可以拿来中国出版，我们找人翻译出版，比在古巴出版要快很多，古巴出书很艰难的，你可以传达这个信息。你叫他拿过来，我想办法。我也很困难，要找人翻译，又是免费的，很难找。现在吴帝胄还有一本书稿，关于他所在的镇的华人的故事，放在我这里，需要找人翻译。这两本书是一样的性质，记录了古巴两个镇的华侨生活，甚至可以合在一起出书。但同他（马里奥·黄）联系很困难。我不懂西班牙文，他不懂中文。

周书记：我都说我们会馆有好多家私不用了，想给分会馆用，但是三年过去，没人愿意要。

黄教授：要恢复（大沙华会馆）是不可能了，但是作为一个博物馆或者是可行的。摆一些家具、文物。

好，谈了两个钟，累了。今天的访谈就此结束吧，谢谢各位。

第 四 辑

书评与序跋

喜读《古巴随笔》

徐世澄①

暨南大学文学院教授黄卓才是一位勤奋的作家。2006 年 12 月，他撰写并出版了《古巴华侨家书故事》，作者以珍藏的其父亲、古巴一位地方侨领黄宝世（1898—1975）在 1952 年至 1975 年间写给他的 40 多封家书为基本史料，用流畅的笔触和精练的语言，情文并茂地描绘出一个普通华侨家庭几代人百年生息、繁衍与发展，活现了一部真实的华侨家庭生活史。

2011 年 7 月，黄卓才教授又在《古巴华侨家书故事》的基础上，补充了不少有价值的史料，更新和扩展了原著的内容，出版了《鸿雁飞越加勒比——古巴华侨家书纪事》一书。书中还增加了大量新旧照片，并托出新的链接，使全书图文并茂，既具有史料价值，又能引人入胜、打动读者。作者运用连带追根、左联右穿、旁叙及他等手法，开创了家书作品的新体例。

热心的黄卓才教授曾先后把他写的《古巴华侨家书故事》和《鸿雁飞越加勒比——古巴华侨家书纪事》两本书寄给我，并与我通电话。我在祝贺他的著作出版的同时，建议他有机会一定要到他父亲生活和工作过的古巴去看一看，去寻找一下他父亲的轨迹。他回答我说，在他有生之年，他一定会去古巴。

不久前，黄教授高兴地告诉我，他于 2014 年携夫人及生活在中国、

---

① 作者为中国社会科学院荣誉学部委员，拉丁美洲研究所研究员、博士生导师。

加拿大、美国三国的儿子、女儿和外孙女一起组成"跨国家庭访问团"访问了古巴，专门到他父亲生活和工作过的大萨瓜（Sagua la Grande，大沙华）和古巴首都哈瓦那等地"纪念先侨，追寻龙迹，了解古巴。"寻根访祖之行结束后，他又满怀深情地写了《古巴随笔 追寻华人踪迹》一书，准备交付广东高等教育出版社出版。黄教授执意邀请我为他这本新著写篇序言，这对我来说，是莫大的荣幸。

我仔细拜读了《古巴随笔》，书中所叙述的很多人和物，勾起了我清晰的回忆。我曾于1964—1967年在古巴哈瓦那大学留学三年。留学期间，我曾到古巴各地访问，我到过黄教授的父亲黄宝世先生居住过的大萨瓜。我曾与许多老华侨交谈过。我也常到哈瓦那唐人街桑哈街去访问。我亲眼见到，当时的中华总会馆是如何在十分困难的条件下，在春节前夕，为每户华侨分配一瓶酱油。1967年我从古巴留学归国后，由于种种原因，一直没能回古巴。直到1992年，中古两国关系改善后，在相隔25年之后我又回到我思念的古巴。此后，我曾六次访问古巴。每次回到古巴，我都会到哈瓦那唐人街去拜访中华总会馆和《光华报》报馆，到"旅古华侨记功碑"去瞻仰。

《古巴随笔》是一本以"关注拉美战略伙伴，追寻古巴华人踪迹"为主旨的纪实散文集。全书分随笔"古巴情结"、访问记"探寻之旅"和人物故事"丽岛友朋"三部分，并配有200多张相关图片，生动地记叙了作者率领的"跨国家庭访问团"在古巴实地调查访问的第一手材料，揭开了位于古巴中部的"广府华侨乐土"大萨瓜神秘的面纱。通过万里寻踪，作者以超常的慧眼和社交能力，在友人的帮助下，寻找到其父亲生活和工作的轨迹和不少有价值的文物资料，并与认识其父亲的当地市民进行了攀谈。最令人感动的是书中描绘的作者及其家人到"敬爱的父亲、爷爷、曾祖父"墓前扫墓的情景。作者一行将从广州带来的香火、一块钢板刻字的墓志铭、一本《鸿雁飞越加勒比》书和糖果拜祭黄宝世先生，并饱含深情地行三鞠躬礼。书中忠实地记录了作者细致考察当地居民和新老华侨华人、土生华裔的生存情况。此外，书中还讲述了他的古巴情结和他的古巴友朋。

黄卓才教授是古巴侨属学者，生活在一个五代华侨家庭。他长期观察古巴、研究古巴，作为文学院中文系写作专业的教授，他善于以文学笔法描述见闻、表达思想和观点。在《古巴随笔》一书中，他从多个侧面描述了加勒比岛国古巴及其华侨华人的现状与历史。相信这本书一定会像他的前两本描写古巴华侨华人的书一样，受到广大读者的热烈欢迎！

我想借此机会提一个建议，研究古巴和拉美华侨的历史是一项十分有意义的系统工程。建议黄卓才教授所在的暨南大学华侨华人研究院和国内其他研究华侨华人的单位能培养更多的掌握西班牙语的研究古巴和拉美华侨的人才，并与古巴和拉美研究华侨华人的学者一起，更好地发掘、整理、研究拉美华侨的历史，为中古、中拉友谊添砖加瓦。

（本文原载《古巴随笔——追寻华人踪迹》，广东高等教育出版社
2017 年版）

《古巴随笔》跋

黄卓才①

  我追寻古巴华侨华人的踪迹，是从整理、出版先父黄宝世的家书入手的。那是十多年前的事了。中国人 1847 年开始移民古巴，至今已有近 170 年的历史。这段历史曾经无比辉煌，而又饱含沧桑和血泪。华人是古巴民族独立和国家建构的积极参与者，在 19 世纪末两次独立战争中立下了不朽的功勋。在古巴人口结构中，华人是古巴除了西裔和非洲裔以外第三个重要的族群。古巴华人人数一度居于拉丁美洲华人之首，几乎和美国华人一样多。当年哈瓦那华人街的繁华程度仅次于三藩市……而在世界各地华侨中，他们所受的苦难也是最深的。由 19 世纪的"猪仔"劳工到 20 世纪上半期的劳工法（俗称五十工例），下半期的"消灭个体经济"运动，无不让华侨留下刻骨铭心的伤痕。即便如此，由契约华工到自由移民 170 年来延续下来的数以十万计的华人后裔，在当今古巴改革开放的时代潮流中，依然满怀激情地迎接社会变革的到来，一马当先……

  因其辉煌，因其对侨居国和祖国做出的伟大贡献，也因为难以想象的深重苦难，长期以来，国内外侨界人士和人文学者对于古巴华侨华人这段历史的关注从未间断。从 1927 年古巴华裔安东尼·恰法特·拉图尔（Antonio Chuffat Latour）的《古巴华人史略》，或更早期有关古巴华侨华人的著作算起，到 2013 年国内青年学者袁艳博士的《融入与疏离：华侨华人在古巴》面世，全世界留下了一批古巴华人研究著作，但不算太多，

---

  ① 作者为暨南大学文学院教授、华侨华人研究院研究员。

或者说远远不够。特别是这 50 多年，在古巴，在中国本土，研究者和著作都寥寥可数。

非常幸运的是，在新世纪古巴研究的山野中，也有我栽植的一棵小树，那就是暨南大学出版社 2006 年出版的《古巴华侨家书故事》。此书后来更名《鸿雁飞越加勒比——古巴华侨家书纪事》，于 2011 年、2016 年两次推出修订版。其英文版和西班牙文版也有望在不久的将来与海外出版社联合出书。《鸿雁飞越加勒比——古巴华侨家书纪事》还荣获《中国作家》第二届"中山杯"华侨华人文学奖，被史学界、文学界誉为"填补了古巴当代华侨史的空白"。

然而，这仅仅是追寻古巴华侨华人踪迹的第一步，我没有理由就此歇息。我虽无"雷霆不移"的"仁者之勇"，却有"广其学而坚其守"之心。我必须继续前行，到侨乡去，到古巴去，到友朋中去，到文物资料中去，追溯，寻觅，挖掘……

这本《古巴随笔》，是我近年追寻古巴华人足迹的又一个小收获，谨以此呈献给所有心怀古巴情结和有万里寻"龙"兴致的读者朋友。

2016 年是中国与拉丁美洲及加勒比地区的"中拉文化交流年"。仲春时节，美国总统奥巴马访问古巴，结束两国大半个世纪不相往来的历史，为本来已经滚烫的"古巴热"加了一把火。

2017 年 6 月 3 日则是中国人抵达古巴 170 周年纪念日。本书得以在此期间面市，必须感谢两位富有远见卓识的伯乐：广东高等教育出版社副社长刘宗贵先生和第五编辑室主任黄跃升先生。同时我要向徐世澄先生致敬，他是一位古巴研究的权威专家，因为我们十年的友谊和心心相通的"古巴情结"，在百忙中为我作序，令我感动不已。我还要向热心陪伴、支持和帮助我追寻古巴龙迹，以及为本书提供照片资料的各位亲属和朋友，致以深挚的谢意。特别是中国优秀留古学生、在哈瓦那大学攻读医学博士的寇顺超先生，为我们的跨国家族访问团做义务导游、翻译、摄影，谨此表示衷心感谢！

（2016 年 8 月 1 日，于暨南园）

华裔古巴人在革命洪流里的悲欢浮沉

[美] 程映虹①

《我们的历史没有终结：三个华裔古巴将军在古巴革命中的经历》（*Our History is Still being Written：the Stories of Three Chinese-Cuban Generals in the Cuban Revolution*）是美国左派出版社"寻路人"（Pathfinder）2005年推出的一本重要作品，内容主要是对今天古巴军队中三个身居高位的华裔将军的访谈。书的策划、采访和编辑是同一个人。出版社非常重视这本书，时至今日还在美国各地（尤其是华裔社群和大学）举办座谈会和其他形式的活动进行推销。由于书的内容涉及华裔移民在古巴的历史和在古巴革命中的作用，对于中国读者来说应该有特殊的兴趣。

革命前古巴华裔社群的形成

这本书的书名就隐含了对所谓"历史终结论"的反驳。自20世纪90年代初苏联东欧阵营瓦解、其他一些主要社会主义国家开展或深化经济改革和对外开放后，美国学者福山的"历史终结论"为这个历史性的变化提供了一个理论解释，宣布了20世纪形形色色的对抗市场经济、民主制度和个人自由的革命和社会实验的失败。在这个意义上，意识形态的历史以自由主义的胜利而"终结"了。福山的这个解释理所当然地被很多左翼理论家视为西方在冷战结束初期作为战胜者一方的自鸣得意。在随后的讨论中，有很多论者指出自由主义并不能解决后冷战时期的种种意识形态

① 作者为旅美历史学家，德拉华州立大学教授。

问题，因此"历史"并没有"终结"；但在另一方面，对冷战时期和自由主义对峙的特殊的意识形态的"终结"，除了一些声调高亢但内容空虚的政治声明，似乎还没有什么以事实为基础的有力反驳。因此，说自由主义终结了意识形态的历史根据不足，说自由主义打遍天下无敌手更是夸张，但说曾经和它对抗的一些主要意识形态之退出历史舞台，似乎是一个难以反驳的事实。

但是，《我们的历史没有终结》恰恰是要在这后一个方面挑战"历史终结论"。它的目的是通过三个华裔古巴将军半个世纪的革命经历，说明古巴的革命在后冷战时期仍然在继续。这本书主要有三个部分，第一部分是"华裔在古巴：社会主义革命带来的变化"。华人前往古巴始于19世纪40年代。当时西班牙在古巴的殖民政府迫于国际社会废奴运动的压力，开始着手准备结束奴隶制，从中国引入了大约15万名契约劳工缓解奴隶制结束所带来的蔗糖种植园的劳工短缺问题。这些中国契约劳工到古巴后的境遇十分悲惨，契约上明文规定的报酬和福利得不到保障，劳动条件十分恶劣，实际境遇和黑奴十分相近。到了19世纪70年代中期，清政府在国内外压力下展开调查，结果是和西班牙政府签约，废止契约劳工。余下的中国劳工中有相当大一批人在获得自由后留在了古巴，后来陆陆续续不断有中国人前往古巴谋生，组成了古巴的华裔社群，建立了中国城。

在《我们的历史没有终结》中，华裔古巴人的身份可以分为三个阶段：殖民统治和旧政权下种族歧视的对象、民族独立的参与者和1959年以后社会主义革命的受益人。换句话说，华裔古巴人要么是受苦人，要么是革命者和被解放者，这种阴阳身份转换以1959年为界。这些无疑是事实，但仅仅是一部分事实。华裔早在19世纪末就加入了争取古巴独立的民族斗争，赢得了包括古巴独立之父马蒂在内的古巴民族主义者的尊重。华裔对古巴独立的贡献在1959年以前就被古巴社会所承认。其次，更重要的是，华裔古巴人有不同的社会经济成分和地位。和世界上其他地方的中国移民一样，他们发愤工作，通过个人奋斗和社群合作取得经济成功，他们当中有工商业者、银行家、餐馆老板、商店店主、专业人士和街头小贩。他们的贡献是古巴经济和社会生活的一个有机部分，他们的勤奋也赢得了不同族裔古巴人的尊敬。革命前古巴中国人社群非常活跃，华文报纸就有4份，还有众多的会馆和组织。经济成功和社区自立是千千万万中国移民在世界各地得以落地生根的关键，也是中国人在本土以外对世界文明的奉献。当然，黄、赌、毒这些阴暗面在华裔群体中也非常突出，是中国城复杂的社会生态的组成部分。因此，革命前古巴华裔的身份是五光十色的，决不仅仅是盼解放的受苦人。《我们的历史没有终结》一书中虽然也承认华裔的经济活力，但却把这个事实从华裔"阶级分化"的角度来叙述，使之符合"革命"的主题。

华裔社群在革命后的遭际

华裔古巴人和 1959 年古巴革命的关系是双重的：很多人出于对民主自由和族裔平等的向往加入了革命，组成了华裔纵队。这些人在革命后如果选择继续和新政权合作（1959 年古巴推翻独裁者巴蒂斯塔的革命实际上是由一个民主革命的统一战线发动的，但革命后一种政治势力独占政权的现实很快瓦解了这个统一战线），他们可以进入上层，成为种族平等的象征。书中的三位将军用自己身居高位来说明"社会主义革命"给华裔带来的种族平等，说这在美洲其他有华裔的国家是罕见的，对于中国读者来说这显示了"官本位"意识并不仅仅是中国的传统，而是所有政治权力高于一切的社会的价值标准。实际上，如果按照这个标准，那么古巴旧政权和军队中的种族成分也不简单，被推翻的军事独裁者巴蒂斯塔（他从 20 世纪 30 年代到 50 年代末一直影响古巴政坛）就是穆拉托（白人和黑人的混血，另一说是他实际上是墨斯蒂索，即白人和美洲土著居民的后代），因此旧政权下的种族压迫和歧视又从何谈起呢？

更重要的是，1959 年以后参加革命的那一部分华裔地位的上升并不能代表整个华裔社群的命运。在革命后的社会改造中，经济上成功的华裔社群首当其冲，和外国资本一起成为国有化和合作化的对象，近百年发展起来的私营华裔社区经济到了 20 世纪 60 年代中期不复存在，甚至连街头小贩都在 1968 年的"革命攻势"运动中被扫除干净。这个运动类似于中国"文化大革命"和大跃进的结合，当时古巴全国动员，投入一个不切实际的 1000 万吨糖的指标，号召无私奉献和自我牺牲，为此一夜之间消灭一切残剩的小生产者和私营经济，街头摊贩的"财产"被没收，摊主集中送入劳动营。至于华裔社区独立的组织、出版物和各类活动，在新体制下更是不可能继续存在。因此，革命后古巴华人虽然在新政权下政治上处于和其他族群平等的地位，但同时丧失了自己历史上所形成的经济和社会地位以及自主性，而这恰恰是古巴华裔的族群特征。但《我们的历史没有终结》对这段革命终结了华裔社群的历史一字不提。

古巴华裔社群的这个遭遇在当时并不是孤立的。在第三世界形形色色的"国有化"和"经济独立"的浪潮中，被"充公"的并不只有西方资本和民族资本，也有大量的华裔资本和中小商业。例如1964年缅甸军政府实行"社会主义"，剥夺私人资本，首当其冲的就是华裔社群，很多一夜之间从腰缠万贯到一文不名的华裔只好回到中国，他们的身份也由"活侨"（即在居住国有产业的统战对象）变成"死侨"（即回不去的、不再是统战对象的华侨）。20世纪70年代中期南越和柬埔寨"革命"成功，又再次上演了针对华裔的这样一出"社会主义改造"悲剧。数十万华裔丧失的不但是财产，更是生命，很多人只得投奔怒海，成为难民，而且还背上了"剥削者"和"寄生虫"的恶名。他们当中很多人辗转来到北美后重新白手起家，现在又是成功的小业主。在那些他们曾经生活并在经济上获得成功的国家，对他们财产的"国有化"虽然是赤裸裸的剥夺，远比剥削更恶劣，但却蒙上了"公有"和"公正"的道义外衣。相对于西方资本和所在国的民族资本，华裔实业家和一般生意人虽然是富人，但却是弱者，他们的发展没有任何政治势力可以依赖，完全靠经营得法，靠辛勤流汗，夹着尾巴做人，政治动乱中常常成为牺牲者，因此成功特别来之不易。不但如此，他们在居住国受到的这种政治和经济遭遇也根本得不到自己原来祖国政府的同情甚至声援，因为中国当时自己也刚刚经历了类似的"社会主义改造"，不但要向共产主义穷过渡，还要号召世界革命。

1959年古巴革命给华裔社区造成的冲击是如此巨大而彻底，以致古巴华裔的族群意识到了20世纪80年代弱化到了难以恢复的地步。书中受采访的老将军们承认，到了80年代，古巴华裔的新生代对"华裔古巴人"的概念十分陌生，但他们把这种族群身份意识的丧失完全归于自然原因，说这是因为当时在古巴"只有大约300人是在中国出生的"（意为还活着的第一代移民），而回避社会政治原因。按照这个解释，那么华裔必须依靠源源不断的新移民来保存自己的族群特征，这显然和很多国家华裔族群生存的历史和现实不符。华裔社群受冲击的另一个突出表现是哈瓦那中国城的衰落和破败。书中说，1993年一些华裔后代向中古友好协会联合发起请愿，要求修整和复兴哈瓦那的中国城，具体达到两个目标：一是保护中国城原来的传统文化和艺术，二是恢复中国城的经济活力。由于书中只渲染 1959 年革命后华裔中的革命者政治地位的上升，对整个华裔社群尤其是中国城在革命后的遭遇基本没有介绍，因此这个"新发展"对于不了解历史演变的读者来说显得十分突兀：既然华裔古巴人既参加革命又从革命中获益，那么他们的社区中国城又到哪儿去了呢？古巴华裔社区衰落的一个原因和中古关系有关：从 20 世纪 60 年代中期开始一直到 90 年代末，古巴由于和苏联结盟，被当时的中国称为苏联称霸全球的马前卒，两国关系不是敌对就是冷淡，古巴的华裔当然不能指望有什么出头之日。到了 90 年代初，苏东瓦解，古巴转而从中国获得巨额援助和国际支持，这也就是为什么 1993 年古巴一些华裔后代有勇气发起请愿、要求恢复中国城活力的政治背景。

华裔将军与古巴经济改革

如果说《我们的历史没有终结》对于华裔社群在 1959 年革命后的遭际的介绍大有值得推敲之处，那么它的第三部分"特殊时期及其他"对自 20 世纪 90 年代以来古巴社会的演变为读者提供了很多有价值的材料，而这和"历史没有终结"这个主题是非常相关的。90 年代早期苏联结束对古巴的全盘经济援助后，古巴经济陷入困境，不但从 60 年代早期就实行的食物和主要生活物资（包括火柴和手纸）的配给制变本加厉，有世界糖罐之称的宝岛连糖都要从拉美邻国进口。中国社科院拉美所著名专家徐世澄先生，在他 2004 年发表于《拉丁美洲研究》上的关于古巴经济的论文中，详细罗列了古巴人民生活物质的配给情况，有兴趣的读者可以参看。

值得赞赏的是，《我们的历史没有终结》对于古巴经济困难不但没有回避，而且没有简单地归结于"外国封锁"。三位受访者之一邵黄将军甚至说他小时候看到古巴大量向外国出口西红柿、豆类和卷心菜，但革命后古巴完全依赖苏联和东欧的蔬菜，因此这个渠道一旦结束，古巴蔬菜极端短缺，给外国游客食用的蔬菜都要从海外空运。古巴飞行员称这些航班为"耻辱的飞行"。为了摆脱经济困境，领导古巴军队后备役的邵黄将军（他也是古中友协主席）在第二号领导人劳尔·卡斯特罗支持下主持了有限的经济改革，号召大种蔬菜，多余产品可以在市场上出售，多劳多得，按劳分配。这个经济改革首先在军队进行，因为军队有政治特权，可以试点，可以经商。这个改革的结果是有些菜农的收入超过了部长的名义工资，邵黄为此受到政治压力，被批评为"走资本主义道路"，鼓励两极分化，在国家经济困难时把紧缺物资（菜棚设备等材料）用来生产和国家大政方针无关紧要的蔬菜。在这场"姓社姓资"的争论中劳尔出面说按劳分配是社会主义原则，说菜农的收入不可以高过部长的工资是没有根据的。他还说自己是这个实验的"教父"，有问题可以找他。

对于了解古巴革命历史的人来说，这场"姓社姓资"的讨论似曾相识。20世纪60年代早期在实行了国有化和计划经济之后，古巴立刻出现了经济困难并实行了生活物资的配给制（从那时起一直延续至今），当时一些经济领导人主张仿效苏联的经济改革，实行一定的物质刺激、市场机制和独立核算，保障人民的食品和日常生活用品的供应，但这个主张被否定，随后发起了类似于中国"大跃进"和"文革"的"革命攻势"运动，企图一举过渡到共产主义。回顾这段往事，让人不禁掩卷而叹。

今天，华裔邵黄将军主持有限经济改革的勇气使人想起了半个世纪前曾经活跃在哈瓦那中国城的华裔先人。在这个意义上，可能也仅仅在这个意义上，说"我们的历史"——指华裔对古巴经济和社会发展的实实在在的贡献而不是一个更宏大的意识形态化的历史叙事——没有"终结"，完全是合情合理的。

（本文原载《南方周末》2008 年 4 月 3 日）

"抵万金"的张力　立体的信史

［美］刘荒田①

　　黄卓才先生的《古巴华侨家书故事》最近推出新版，不仅书名改成了《鸿雁飞越加勒比——古巴华侨家书纪事》，内容也有大幅度的更新，装帧设计精美，全书面貌焕然一新。这是一本很有张力的书，我越往下读越能体味出其丰富与独特。读了新版，我更加抑制不住向读者推荐的冲动。

　　顾名思义，"家书"是"纪事"张力的引擎。在 20 世纪下半叶的漫长岁月，电话电报并不流行，更没有互联网，华侨与母国亲人的联系方式，主要是写信。借这些陈年家书，作者"穿过历史的隧道，走进中、古两国几十年前那个特殊的年代，走进一个老华侨的生活领地和内心世界"。所谓"家书抵万金"，其价值，不但在互道境况，互通情愫，还在于构建立体的家国信史。

　　黄卓才先生这本以真实取胜的散文体纪实文学作品，有三个鲜明的特色。

　　一是以家书串起散落的万里亲情。"纪事"的缘起，在于作者的父亲黄宝世先生从侨居地古巴邮寄来的 43 封家书。最早的一封，写于 1952 年，是作者在台山永隆村祖屋的箱底发现的，无邮戳，中式信封和信笺有水渍。这封托"走水客"连汇款一起带交的银信，有对刚刚以优异成绩考进初中的儿子的教诲与嘱咐，还有对汇款的详尽交代。为

---

① 作者为旅美华文作家，著名散文家、诗人。

什么后者的篇幅超过前者？原因不但在于写信人忙于生计，无暇抒写乡愁，写信人也未必愿意向下一代袒露感情的软弱部分；更在于这一笔笔"养家银"，是男子汉有担当的证明，是物化的亲情，是爱的深层表白。在海外受尽屈辱与艰辛的先侨，唯一的安慰就是把实实在在的钱寄回家去。

和侨汇一样，"回国"是越洋家书的另一主题。落叶归根，是黄宝世先生晚年唯一的追求。彼时的中古两国，关系阴晴不定，使得"回家"成为最大的悬念。其间的梦想、筹划、试探、幻灭，个人卑微的命运和共产主义运动中意识形态之争结合得如此紧密，实在耐人寻味。

二是通过诠释家书以比较同年代的跨国人生。由于显而易见的客观原因，著者寄给父亲的所有书信，都无从寻觅，不可能一并在本书披载，成为互相诠释的"两地书"。好在著者别出心裁，凭借感情丰沛的笔致，以父亲写每一封家信的特定时空为前导，铺陈相关背景和史料。两种人生的并列、对照，加上分析，这种生动具体的比较，使这本书的意蕴格外深沉。当时的古巴和中国，实行大同小异的社会主义制度，充满浪漫激情的古巴人和拘谨认命的中国人，经历类似的革命狂欢之后的精神困惑以及迫在眉睫的物质短缺，书中都有感性的反映。

1968 年，在古巴的"国有化运动"中，黄宝世老先生的个体杂货小店，像所有的华侨中小企业一样被政府没收，曾经繁荣的华人社区风雨飘摇，老侨生活陷入困境。退休后，"我的退休金由古巴政府发给，每月四十元，仅可糊口。如买多少黑市货，就无法应付。"同一年，中国正轰轰烈烈地进行"文革"，作者成了落难的牛鬼蛇神，月工资被降到 20 元，也只好在逆境中痛苦跋涉。1971 年，73 岁的老人在信中诉说，作为古巴经济命脉的食糖业，由于甘蔗歉收而产量减少，无法向外换取物资。"近来黑市非常厉害，猪肉每斤八元、米六元，鸡近几年来没有配给，黑豆每斤十元，薯芋果蔬异常渴市。"

那一年，担任中学教师的著者所在的广东中山，虽史上以富庶的鱼米之乡著名，但也和全国一样，"肉类、鱼、粮食、食油、布、肥皂等凭证限量供应，手表、自行车等不但凭证供应（一个单位一年最多分到一两张票），而且价格很高（比如一只上海牌手表 200 元，相当于一个医生或中学教师 4 个月的工资)"。同处于艰难困苦中的两代人相濡以沫，老父亲千方百计把从前经商的微薄积蓄寄回；同时，把回乡梦化为争分夺秒的行动。可惜，夙愿难偿，终归客死他乡。

三是展现国际宏大视野下的家族命运。读这本书，我们岂止重温侨乡普通人家的沧桑家史，真切品尝弥漫于岁月风尘下的人生百味；在宏阔的国际背景下，它还以普通中国人的家族命运折射出中国的巨变。

1922 年，著者的父亲婚后不久即赴古巴，时年 23 岁。1937 年回乡时，向妻子透露了人生理想：出去再熬他十年八载，最多一二十年，赚了钱就回来，在家乡附近的瓶身山开金矿，在家里种果树、养鸡。然而他的乡梦给加勒比海的怒涛吞没了。著者作为广义的"金山伯"的后代，前半生历经劫难，到了改革开放以后，境遇有了彻底的改变。从中学教师升到大学教授，首创《经济写作》和《旅游写作》等系列教材，出版专著 20 多种。退休后，勤于笔耕，和同甘共苦的伴侣一起，运动、旅游，晚年堪称写意。和祖父的人生成为更鲜明对比的，是著者的后一代。长子黄雅凡和女儿黄炼，都出生在父母落难的岁月。当时，远方的祖父看了两张照片，在回信上提及"雅凡聪明听教训"、"亚炼康健肥硕可爱"，为之"无限欢喜"。祖孙之情只能到此为止。雅凡在暨南大学毕业后，赴美加留学，获分子生物学博士学位，现任加拿大植物生物工程公司首席科学家、总裁，取得多项专利，并登上美国科学院的讲台；女儿黄炼，赴美留学，攻读硕士学位，后在芝加哥的媒体工作。次子黄鹄，在广州任公司经理和省业余羽毛球联谊会会长。这棵扎根于中华大地，在时代的风雨中生长的家族之树，正是世代飘零的华侨及其后裔奋斗不息的缩影。

这样一本既富于华侨特色又具有思想深度的纪实之作，获得读者的喜爱是理所当然的。我回国期间无意中获悉这样的插曲：2009 年，曾留学古巴后在北京担任西班牙语翻译的谭艳萍小姐，这位读了《古巴华侨家书故事》而成为粉丝的台山籍青年白领，被书中的真情实境和感人细节深深打动，不止一次流下了热泪。她把这本书推荐给在美国堪萨斯大学设计学院摄影系主任刘博智教授。刘教授是著名摄影家，为了拍摄华侨题材而奔走 30 多个国家和地区。刘教授读罢这本书，决心循家书的线索，以镜头收集古巴先侨遗迹。他的这一打算获得谭艳萍的呼应，她请了长假，和刘教授在古巴会合。他们花了 27 天时间，投入紧张的寻访，终于在古巴中部小镇大萨瓜找到了黄宝世先生生前的华裔与西班牙裔朋友，由他们带领，去祭拜了黄宝世先生的墓。就此，中、古两国几位读者和著者成了亲密的朋友……现在，作者已将这些信息写入书中。

千里迢迢成挚友，万里寻踪觅线索。一本纪实作品竟有如此之大的张力、感染力和凝聚力，我想就是源自"立体信史"固有的文学特性。

（本文原载《佛山日报》2011 年 11 月 24 日，后略有修改）

古巴华侨的苦涩记忆

[美] 程映虹[①]

　　古巴的华人社区曾经是拉美最大，世界上也是屈指可数，那么为什么会在 1959 年革命后短短数年间消失？此书为社会主义制度下的移民研究提供了生动可信的材料。

　　在纪实作品充斥书市的今天，很多书籍和文章都对历史事件提供了绘声绘色的描写，甚至包括多年前的那些对话和场景描写。但是这种细节的丰富恰恰在专业史家眼中常常是可疑的。最可信的其实只有那些有一定文本依据的作品。在这个意义上，《鸿雁飞越加勒比——古巴华侨家书纪事》（以下简称《家书》）是一个非常好的例子。

　　《家书》的编写者是广州暨南大学教授黄卓才，他的这本书为普通百姓的家事如何反映大时代的历史风貌、如何和专业史家的叙述和描绘相参照提供了一个范本。作者的父亲叫黄宝世，他在 20 世纪 20 年代前往古巴谋生，30 年代回过一次中国，成家立业后又回古巴艰苦创业。他在古巴大萨瓜市开了一家小商铺，60 年代中期在古巴革命后的社会主义国有化中被没收，此后只能依靠古巴政府发给的微薄的生活费度日。他一直想叶落归根，但由于古巴方面的政策限制始终没有如愿，最终在异国他乡的孤单和贫寒中离开人世。

　　黄卓才把他父亲的一些家书编辑出版，由他本人对家书中涉及的历史背景作了一定的说明，同时还把自己和家庭在"文革"前后的遭遇穿插

---

　　① 作者为旅美历史学家，德拉华州立大学教授。

其中。这样，我们就有了一本有相当的文本依据的历史纪实作品，它横跨大洋，把古巴和中国这两个社会主义国家自20世纪50年代至今的真实历史和社会变迁连接在一起。

《家书》涉及的内容非常广泛，从华人在19世纪中期前往古巴谋生创业，成为古巴经济中最有活力的族群开始叙述，到20世纪六七十年代中国和古巴同时深陷传统社会主义的泥淖难以自拔，再到后冷战时期中国的改革开放给民生带来的改善和古巴的因循守旧使原来就捉襟见肘的经济更加困难。这些都是国际移民史和社会主义历史的大问题。

从学术的角度来看，《家书》尤其为社会主义制度下的移民研究提供了生动可信的材料。国际学术界中的移民历史研究一般来说都是在殖民主义和帝国主义的背景下展开，至于社会主义下的移民问题，关心的人不多。古巴的华人社区曾经是拉美最大，世界上也是屈指可数，那么为什么会在1959年革命后短短数年间消失？古巴革命之后华裔社群究竟面临的是一个什么样的境况？

一般来说，在概念上我们知道，社会主义国有化的一般过程、生活物资的配给制是怎么回事，生活在一个由国家严格控制经济和社会活动的社会中一般外侨的处境大概又会是如何。尽管中国本身并没有这样的群体，但在很多实行国有化的非西方国家大量的华侨或华裔有这样的遭遇，例如古巴和越南这样的社会主义国家，还有亚洲的缅甸和拉美的智利这些在对外资的政策上有社会主义倾向（也对外资和外侨产业实行国有化）的民族主义政权。在这些国家的华人的历史经历值得中国人关注。

《家书》的价值是用鲜活的材料充实了这种基于一般社会主义经验的历史抽象和想象。从这个角度来看，《家书》最重要的特色，是在两个具体历史问题上向史家和普通读者提供了细节和视角。

第一个问题，是古巴华侨向国内汇款。汇款一向是华侨对家族的最重要义务和连接乡梓的最强固纽带，哈瓦那的华社尤其如此。另外一个重要原因是古巴华侨在经济上支持中国爱国主义运动，例如辛亥革命，后来又踊跃购买抗战时期发行的爱国债券，数额高达当时的270万美元。为此20世纪40年代国民政府在哈瓦那设立了中国银行的分行。但在1959年革命后，古巴政府实行严格的外汇管制政策，甚至连华侨向中国汇款接济家人也受到极大的限制。

　　黄父的多封家信中，汇款一直是一个最重要的具体问题。1975 年黄父一封信中这样说："根据中古协定，多年来古政府每年提供十万元为侨胞寄回祖国亲属应用，事因中古感情太差，去年迟到十月尾又经使馆交涉，然后宣布有了侨汇，还订出种种不利侨汇的条件，不外想断绝我们侨汇。由于多年来侨胞失业，因经济问题无法多寄，还有部分侨胞完全无寄，侨汇结束后尚余九万元（意为由于种种政策和处境限制，古巴政府给华社的十万元配额中只用了一万元！）。往年还可以汇些少（应为给）先侨家属和回祖国的老侨为生活，今后完全失了希望。"同年 12 月的一封信说："今年侨汇特别改变，不同往时分等级寄付。每一侨胞一律限寄270 元。死亡及老侨回国者完全无权汇寄"，而且还担忧"来年汇款手续非常难"。

　　黄父在这里提到的"事因中古感情太差"，指的是自 60 年代中期开始，古巴因为在社会主义阵营中投靠苏联，公开和曾经不顾自己严重的经济困难和粮食短缺支持它大量大米的中国翻脸，到了 70 年代又因为中美缓和关系而对中国更加敌视的那段历史。中古关系紧张，使本来就被古巴政府视为和资本主义关系密切的华人的处境雪上加霜。

　　60 年代初的国有化完全剥夺了古巴华侨中上层阶级的财产，1968 年的"革命攻势"又把连街头小贩在内的华人小本经营完全充公。《家书》指出，和中国当年实行国有化不一样，古巴既没有经过公私合营，也没有对业主做任何补偿，而是无偿剥夺。那些失去生活来源的华侨只能靠政府每月发给的数十元比索艰难度日。但就是在这样的困境下，他们还是省吃俭用，有的过去还小有积蓄，每年争取寄一点钱回家。但古巴政府对汇款接受对象做了严格规定，例如直系亲属两百五十比索一年，兄弟姐妹两百，依此类推，很多华侨即使还有一点钱也难以如愿寄回中国，等他们死后财产一般收归古巴政府。

　　当时虽然古巴的经济状况并不比中国好多少，但由于汇率的关系，每年一个在中国的侨眷如果能收到两百多比索，相当于四五百元人民币，对一户平民是一笔很大的收入，等于一个普通工人的年工资。黄卓才说，"文革"中虽然普遍工资很低，基本日用生活品都要靠配给，但他所生活的珠江三角洲是鱼米之乡，物产丰足，自由市场物价低廉，比起古巴严格的配给制来说其实日子要好过很多。因此每次收到父亲的汇款，黄卓才心中都十分愧疚，"有一种不能承受的沉重"。

另一个具体问题是医疗。古巴革命后号称实行全民医疗保健和免费医疗，实际上缺医少药的情况非常普遍而严重，可以说是有政策而无实施。古巴华人多半来自广东，对中草药的需求量很大。革命前古巴华侨社群每年从中国购买大量中草药，开设了很多中草药的商店，不但用于治疗，而且也用于食疗，在很大程度上解决了自己的医疗保健需求。中草药商行成了古巴华社的一个重要行业，吸收了大量劳动力。

但古巴革命后，尤其是 60 年代下半期以后，中草药店被没收，成药的进口不但受到严格限制，而且也和其他日常生活用品一样实行配给。而依靠古巴官方实行的医疗保健制度根本不能满足需求。黄父在 1969 年的一封信中说：古巴革命后没有私人开业的医生，一切由国家安排，"本埠建立大规模新医院，楼高六层，工作人员二百余人，每日诊症人要摆长龙，然后轮到，而且医药缺乏。我上几个月到眼科检验，需配眼镜，到现在仍未有眼镜交来。物质缺乏可想而知。"

除了经济受剥夺和生活的极度困窘，老年华侨叶落归根的心愿也成了遥远不可及的奢望。《家书》中提到高龄的黄宝世多次从他居住的省份前往哈瓦那，打听回国的手续和途径，但每次都是失望而归。黄卓才说，"鉴于古巴老侨财力耗尽，有的侨胞家属从香港寄去美金和飞机票，古巴方面却迟迟不让他们出境……华侨搭乘中国货船回国无望，旅游观光回国无望，连亲人出机票援助回国也那么难，似乎每一条路都被堵死了，古巴政府的做法令人不可理喻。"

同一时期的东南亚华侨虽然财产被剥夺，很多人毕竟能得回归故里。黄著说："相比之下，古巴的华侨似乎更加悲惨。老侨的店铺已被没收，生活来源被切断，只得靠微薄得连吃饭都成问题的退休金过日子，他们孤独无助，祖国有家归不得，七老八十还如孤雁漂泊他乡。"

我 2010 年曾经前往哈瓦那和古巴东部最大城市圣地亚哥，想向当地华社了解当年经过几代华人艰苦创业建立起来的南美洲最大的中国城是怎样在 1959 年革命后的十年间迅速衰亡的，也想了解那些革命后没有离开古巴的华人在他们的社区被釜底抽薪后是怎样生存的。但很遗憾，除了一些仍然健在老人的口头叙述，能够见到的文字材料很少，但有一些还是能和《家书》中的材料相印证。

在汇款和中草药配额问题上，我在侨社的中文报纸《光华报》1967年某期上就看到这样的告示："中华总会馆（即侨社负责和古巴政府打交道的组织）今年度侨汇和国药分配：明天发侨汇和国药分配表，侨胞循会员证号数照规定时间领取勿早到场。"寥寥数语，读者可以想见侨胞的困窘和焦灼。

由于和中国之间的信息沟通几乎断绝，古巴华侨对他们在中国的亲戚状况非常不了解，节衣缩食省下的钱汇过去后，中国银行在当地有时找不到指定的收款人，产生很多问题。在访问中我看到一份1967年华社致中国银行广州分行华侨服务部的回函（可能是留下的副本），回应对方关于好几十份无人认领的汇款的问询。通过长时间的了解，华社通知中国银行哪些人现在香港，汇款先存放在中国银行，哪些人联系不上，可交给附近的某某代领，某人又已去世，请转交某地址的某某，等等。我难以想象，本身处于与世隔绝状态的哈瓦那华社是付出了多大努力才了解到"文革"中故乡的这些亲人的下落和近况的。翻着那些发黄发脆的纸张，看着那一行行工整的楷书，心中泛起的是难言的苦涩。

一些社团的会议记录中对侨胞的生计困难也常有所反映。但由于所处的政治环境的缘故，对一些实质性问题也常常是语焉不详。在这个意义上，《家书》为专业史家了解那段历史从一个特殊方面留下了一些珍贵的材料。作为一个专业历史学者，我衷心希望看到更多以家书文本为依据的历史纪实作品。

（本文原载上海《东方早报》2015年10月30日）

一部基于家书的古巴华侨跨国家庭史

——为黄卓才的《鸿雁飞跃加勒比——古巴华侨家书纪事》修订新版而作

袁　艳①

欣闻暨南大学黄卓才教授所著《鸿雁飞跃加勒比——古巴华侨家书纪事》近期将推出精印的修订版，我和好些读者朋友一样翘首以待。

本书 2006 年初版名为《古巴华侨家书故事》，2011 年易名为《鸿雁飞跃加勒比——古巴华侨家书纪事》再版。这部以作者黄卓才教授父亲黄宝世先生（古巴华侨）在 1952—1975 年间通信的 40 多封往来书信为基本史料和叙述脉络的著作，堪称文史合一的典范，兼具重要的文学和史学价值。该书问世以来，深得国内外读者好评。美籍华裔散文家刘荒田、美国特拉华州立大学历史学教授程映虹等均撰文评介。作为关注古巴华侨华人历史研究的后学，在此不揣冒昧，谈点对该书的读后感想。

在国际学术界，学者们常用跨国主义视角来研究跨国间的移民，该书同样体现出跨国主义视角的运用。全书以跨国往来的私人书信为基础史料，以中古两国的时代变迁为背景，讲述了一部古巴华侨跨国家庭的私人生活史。颇为有趣的是，这个以古巴华侨黄宝世为家长的家庭最初仅为中古跨国，经后辈努力奋斗，又成为中（国）、美（国）、加（拿大）跨国家庭。在以政治经济为主要研究领域和对象的正统中国史学研究中，此类

---

①　作者为西南科技大学拉美研究中心讲师。

私人生活史殊为罕见，或可归类至社会史研究范畴。由于撰述本书的作者为书中讲述对象家庭一员，本书亦可以视为一部自述史。同时，受限于史料获取困难等多种因素，国内学术界对古巴华侨华人的研究极为薄弱，而本书以微观的古巴华侨跨国家庭为叙述对象，颇具价值。具体而言，本书具有如下主要特点和价值：

一是史料珍贵稀缺。历史著作贵在客观真实，其基本要求即是运用一手资料进行写作。本书以私人书信为基础史料，客观展现了当时书信撰写人的所思所想及感知到的家国处境。正是基于这些一手的书信资料，全书的行文讲述尤显真实，奠定了本书成为可靠"信史"的基础。2011年，本书获得第二届"中山杯"华侨华人文学奖，评委亦认为该书"填补了古巴当代华侨史的空白，具有较高的史料价值"。时至今日，随着电子信息时代的到来，手写书信的稀缺性更加凸显，本书的价值亦随之凸显。

二是写作手法创新。黄卓才先生系知名学府暨南大学中文系教授，其文采自然毋庸置疑。作为多本写作教材的著者，他对文字的准确运用和对行文的自如掌控在本书中得到淋漓尽致的展现。华侨研究前辈专家、本书初版责任编辑黄松赞先生曾用"文史合一，体例创新"来描述本书，并总结出书中运用到的近十种写作手法，诸如"随文注释""乘机带出""连带追根""左联右串""旁及叙他""层层相套""相关回味""借题发挥""借此发扬"等。正是多种写作手法的综合运用，使本书在有限的篇幅里既呈现了一个华侨跨国家庭的私人生活史，也恰到好处地嵌入了中国、古巴乃至国际社会的局势演变和政治经济大事件等。

三是图文并茂，可读性极强。本书作者在行文讲述中选配了大量照片，使得这个古巴华侨跨国家庭的历史和书中述及的人物都更为立体生动。作为一本"文史合一"的著作，本书既可为学术研究所用，亦可作为极值得品味细读的休闲知识读物。因此，这本可读性极强的著作必定拥有极为广泛的读者群。

四是情感真挚，感染力极强。正如黄松赞先生所言，"本书字里行间充满情义，亲情、爱情、友情、乡情、国情、民族情以至天下情，一齐浓浓地流淌于书中。"想必所有读者在品读本书时，都能够感同身受地体会到书中处处流淌着的真挚情感，亦可体会到作者在写作本书过程中所调动和倾注的感情。除却前述诸种情义，作者对于父亲常年生活工作所在、并最终长眠于斯的古巴亦产生出浓浓的情结。而这一情结，想必也是他著述本书的动因之一。

正是因为本书文笔活泼，精彩绝伦，文学价值甚高，某种程度上可能使读者更为深刻地体味到本书的文学韵味而致冲淡其历史价值。此外，如果从专业历史研究和学术的角度来看，颇为遗憾的一点是，全书因缺乏严谨的论证和中心的论点而致神未聚，因感情色彩浓烈而失却历史写作所强调的客观性。但这已然属于不近情理的苛求和吹毛求疵。毫无疑问，瑕不掩瑜，对所有从事当代古巴华侨华人研究的史家而言，本书都是绕不过的必读书目。据我所知，书中史料已为海内外学人陆续引用和分析。本书的历史价值必将随着时间推移而日益彰显。

本书毫无疑问是一本用心写就的优秀文史著作，这从本书的销量和社会反响得到侧面的印证。北京、广州、中山、台山多家电台、电视台对作者及该书做了专题访问，十多家报纸刊发消息评论。黄宝世家书被中国华侨博物馆、中国人民大学博物馆、广东华侨博物馆等收藏机构争相收藏。

近日我还得知该书即将推出英文版和西文版的信息。随着本书漂洋过海，"长期被遮蔽"的古巴华侨华人历史和故事或将受到更多人的关注。

古巴华侨史论第一书

黄卓才①

　　期盼已久的古巴华侨史著终于问世了！它出自一位巴蜀青年学者之手，特别令人惊喜。

　　中国人从 1847 年起向古巴移民。160 多年来，至少有 20 万华侨华人先后到这个遥远而神秘的加勒比岛国谋生。在难以想象的险恶和艰辛中，创造过无比的辉煌，对所在国的政治、经济、社会文化等方面都做出了伟大的贡献，对自己祖国也有出色的回报。往事历历，有迹可循。古巴之所以能够由未充分开垦的处女地变成糖产最多的"世界糖罐"，是因为融入了中国十多万名"猪仔""苦力"青春、血汗乃至生命的缘故。20 世纪上半期，古巴成为美洲最繁荣的国度之一，遍布全国 300 多个城市的 4000 多家华侨华人商店、厂场活跃了经济，为古巴百姓提供了周到的服务。在 19 世纪末两次独立战争中，许多华侨华人与古巴人民并肩抗击西班牙侵略者。他们英勇善战，扬威疆场，屡立奇功，胜利后战斗英雄代表人物胡德中校被推举为共和国总统候选人。1959 年卡斯特罗革命，又涌现了著名的华裔三将军——莫伊塞新·邵黄、阿曼多·蔡、古斯塔沃·崔。加勒比的浪漫与激情和华夏文化基因的结合，还催生了林飞龙这样的国际著名超现实主义画家、世界级艺术大师。而曾被誉为"小巴黎"的古巴首都哈瓦那，拥有过比肩美国最大华埠三藩市的"中国城"。如今，哈瓦那市区高高矗立的那座镌刻着"没有一

---

① 作者为暨南大学文学院教授、华侨华人研究院研究员。

个中国人是逃兵，没有一个中国人是叛徒"的"旅古华侨协助古巴独立纪功碑"依然被世人所景仰……按理，对于古巴这样一个重要的侨居国，应该有人来把中国移民的经历好好记录下来，把这份历史文化遗产留给世界，留给子孙后代。但在古巴，华侨华人的历史被"边缘化"，被有意无意地"遗忘"；随着老侨陆续故去，华人社团相继关门，宝贵的历史文物亦在流失。而在母国，竟然也很少有人去深究这段历史，以致直到现在还没有见过中国出版的一本全面记录古巴华侨华人历史的著作。

于是，"抢救"呼声渐起！从侨属、侨务工作者到学者，从民间到官方，从国内到国外，都可以听到这种呼声。在此背景下，袁艳博士的《融入与疏离：华侨华人在古巴》起而填空补缺，现实意义是重大的，引起人们的高度关注也是很自然的事。

此书应该说是一本富有浓烈理论学术色彩的史学论著。但从内容主体来看，又是一本名副其实的古巴华侨华人史。它以"史"为经，以"论"为纬，系统地梳理了华侨华人在古巴160多年的曲折历程，挖掘和记载了许多未被入史或几被湮灭的事实，总结出好些可供回味和借鉴的宝贵历史经验。它用厚重的史实有力证明：华侨华人在古巴历史上的存在和贡献不容抹杀，深入分析探讨华侨华人在古巴的历史足迹，充分传扬他们可歌可泣的事迹和伟大精神，无疑是学术上的一大贡献。

本书亮点多多。我略举几端，与读者分享。

亮点之一，主线鲜明，视角全新。

古巴华侨华人160多年的历史进程波澜起伏、错综复杂。如何抓住一条具有实质意义而又可以总览全局的主线进行记录和论述，至为关键。作者在大量检阅国内外相关记载和著述的基础上，选择了前人尚未涉足的一条主线，即古巴华侨华人与当地社会关系的演变。同时，通过大量历史现象的研判，她又机敏地发现，古巴华侨华人与当地社会关系的亲疏，在不同的历史时期有不同的表现，有时融合，有时疏离，而在不同时期融合的深度和疏离的尺度也是不同的。这是一个全新的视角。透过这个视角，作者就可以与读者一道进行深入细致的观察和思考，找出不同历史阶段离合的原因和演变的规律。阅读此书，觉得深受启迪、兴味盎然，我想与此不无关系。

亮点之二，全程扫描，系统梳理。

接触过古巴华侨研究的人都知道，至今国内外学者的兴趣大多依然停留在"猪仔"、"苦力"即"契约华工"的层面，而1959年卡斯特罗革命后的华侨华人所走过的道路，则少有深度的反映。近年虽有少量文章和著作推出，但实在远远不够。我的《鸿雁飞越加勒比——古巴华侨家书纪事》尽管被誉为"填补了当代古巴华侨史的空白"（《中国作家》第二届"中山杯"华侨华人文学奖评委评语），但实际上只是从华侨家庭私人生活角度观照的一个时代侧影，并非正史。而本书跟踪考察了古巴华侨华人1847年至今160多年历史长河的完整流程。作者以论带史，以史证论，史论结合，效果相得益彰。她把这160多年的历史分成三个阶段：契约华工时期、自由移民时期和卡斯特罗革命后的新时期，并对各个时期融入与疏离的不同表征进行了科学分析，从而得出自己的结论。我觉得这些结论是言之有理，言之有据的。

亮点之三，严谨治学，挖掘新料。

如果说对各个不同历史时期"融入与疏离"的判断还可以见仁见智的话，本书新挖掘出来的史料，其宝贵价值就确定无疑了。"巧妇难为无米之炊"，米是有的，但要花工夫去找。此前学者们之所以"舍近求远"，与史料的多寡不无关系。远期（契约华工时期）现成史料较多，而20世纪自由移民时期资料比较缺乏。近期即卡斯特罗革命后，古巴老侨"被融入"，社会信息又比较封闭，材料更难寻觅。袁艳博士出自南开大学历史学院，受过名校严谨治学传统的熏陶。为了写好这本书，她花了两年多时间，读遍了所有能找到的中英文文件、书籍、文章和零碎史料；同时多次赴京，夜以继日沉浸在国家图书馆等收藏机构，翻阅了古巴《光华报》《华文商报》《开明公报》和侨乡《粤侨导报》《广东文史资料》等传媒文案。她还到京广等地上门向专家请教，并运用现代通信手段向海内外征集有关材料。她从各种渠道得来的材料，无论新旧、巨细，都经过认真的甄别考证，确保其真实可靠。天道酬勤，作者果真成了"巧媳妇"，她捡拾起这些散落的、尘封的、新鲜的"米"，烧成一锅好饭，把前人的研究推进了一大步。

　　袁艳博士的文笔流畅，精彩绝伦，虽是严肃的论著，读来却引人入胜。稍嫌不足的是少了点儿"地气"。作者虽然到过主要的古巴侨乡——广东五邑，接触过当地一些学者和侨属，但行色匆匆，还来不及深入进行调研，获取鲜活的第一手材料；而受限于时间和经费，她还没有机会到古巴去实地寻访。

　　瑕不掩瑜，此书无疑是一本十分难得的、高水平的史论。

《古巴华侨银信》序

黄卓才①

　　尽管我对华侨家书并不陌生，但当李柏达先生将他珍藏的 80 多封古巴华侨家族银信展露在我面前时，我仍然感到十分惊讶。

　　古巴！"古巴"这两个字首先让我眼前一亮。古巴（亚湾）曾经是中国的一个移民大国，由 1847 年"卖猪仔"开始，先后到这个遥隔万里的拉丁美洲岛国谋生的中国人至少有二三十万。在我的家乡五邑（江门）地区，"去亚湾"曾经是一个"流行词"。卡斯特罗革命后，由于社会制度的认同，歌曲《美丽的哈瓦那》在神州大地上广泛传唱，"古巴糖"一度进入中国城乡的每个家庭，国人对这个兄弟之邦也就耳熟能详。但自从上世纪 60 年代古巴实行"国有化"，大小产业（包括小商店和街头摊档在内）一律被没收，当地华侨失去了谋生的手段，曾经繁荣的华人社区迅速式微。加上水路遥远、信息闭塞等原因，古巴华侨华人的研究也停滞不前。直到近期，古巴老侨已经所剩无几，大小华埠渐次沦落，大量的文物和史料流失，才有人突然醒来，喊出"抢救"的呼声。在这种情势下，忽见这批古巴华侨家书冒出来，怎么能不令人惊喜呢！

　　家书保存之不易，是大家深有体会的。而华侨家书的收藏，就更加困难。你怎么可以想象，一个家族、两个国家（古巴、中国）、三代人（收藏者的曾祖辈、祖辈、父辈）之间的通信，竟能历时 80 多年（1925—1975），在经受了抗日战争等严重战祸、旧社会农村的匪患盗贼，以及

---

　　①　作者为暨南大学文学院教授、华侨华人研究院研究员。

"文化大革命"等动乱劫难，还有台风、洪水、虫蚁等自然灾害的侵袭，仍然能完好地保存至今！在农村，像李云宏家族这样珍藏家书的例子实在不多。不少人因文化水平所限，或搬迁、扫除，或老人去世，书信就会被当成垃圾扫地出门，或一把火烧掉。这批家书之所以传承下来，有一个特殊原因——它传到第四代，到了一个对银信情有独钟的集邮爱好者、青年收藏家手上，同时又遇到了一个重视华侨历史、弘扬华侨文化的好时代。这又是多么令人庆幸和欣喜啊！

2006 年起，我出版了两本书①，发表了先父黄宝世在 1952—1975 年间的 40 多封古巴家书，曾经引起读者关注和文史界、收藏界专家的高度重视。不止一位朋友曾经断言很难再有这样的家书出现。谁知，一山还有一山高，李氏家族古巴银信不但时限上比我父亲的家书（1952—1975）长 26 年，而且数量也几乎多了一倍（86 封：45 封）。作为私人生活史和心灵史的民间家书，向有"信史"的美誉，是最真实可靠的历史记录。而华侨家书更是一种宝贵的跨国民间文献，国际信息和世界风云也会游弋其中。若然像学术评论界所言，我的两本书在某种意义上构建了一部古巴当代华侨史，那么李氏家族银信就不仅是对这部当代史做了有力的佐证和补充，同时也为 20 世纪上半叶的古巴华侨现代史研究提供了丰富生动的史料。为此，我鼓励柏达把它编辑成书，进一步丰富华侨史料的宝库。柏达十分努力，仅仅用了一年多的业余时间，就把《古巴华侨银信——李云宏家族家书》书稿拿出来了。

从史料的视角看这批银信，其中抗日战争时期部分，最让我震撼，也最珍贵。珍珠港战事发生后，太平洋水路被封锁，美洲侨汇几被断绝。日军多次入侵台山，狂炸滥轰，烧杀抢掠，生灵涂炭。而天公偏偏不生眼，连续三年大旱，作物失收，台山侨眷生活陷入困境，以致哀鸿满地，饿殍遍野。海外华侨心急如焚，纷纷捐款抗日，或回国参战，或设法从滇缅公路迂回曲折地寄钱救济亲人。本书的第 25 封银信，信封两面密密麻麻地盖着邮戳，经编著者考证，此信是在多个国家、地区兜兜转转，经驼峰航线进入昆明、重庆，足足历时半年才最后到达台山。而此时，台山已经沦

---

① 黄卓才：《古巴华侨家书故事》，载《鸿雁飞越加勒比——古巴华侨家书纪事》，暨南大学出版社 2006、2011 年版。

陷，李氏家族中有的家庭早已家破人亡，有位妇女被卷入逃难人流，远走他乡，卖身求生。这是当年台山侨乡一个多么凄惨的缩影！是对腐败的国民党政府和日本侵略者一个多么有力的控诉！这些家书将会让我们的子孙后代懂得什么叫作"战争"，什么叫作"天灾、人祸"，什么叫作"沦陷、走难"，什么叫作"灾荒、饥饿"……

这批银信中的每一封，你细细品读，都会看到历史的身影，它的史料珍贵价值是不言而喻的。而由于编著者做了相当深入的分析研究，为读者提供了颇有助益的"解读"。因而我相信，本书对于金融史、邮政史、交通史、对外关系史和家书、侨批、文献信息等方面的研究都有助益。

当然，李氏家族银信的价值还远不止于此。它和所有的华侨家书一样，对于普通读者来说，传谕、教化作用和艺术欣赏价值也是不容忽视的。

银信的三位曾祖辈和祖辈华侨作者（李云宏、李云宽、李维亮）都是农民出身，读书不多，而且遇到文言文向白话文时代转变的困扰，方言的困扰，以及中西文化碰撞的困扰，使他们的文字表达困难重重。因而书信中不仅并非字字珠玑，甚至还有好些不文不白、不太通顺的地方。但是，如果你细心阅读，就不难发现里面有许多令人关注的信息。诸如20世纪20年代古巴政府的禁赌、禁毒，排华，60年代新政府实行共产受到美国压制，中古贸易的易货方式，以及古巴华侨为何出走美国，等等。而信中展示的不怕艰险，勇于闯荡，刻苦勤俭、爱国爱乡、重视教育、敬重父母、关怀亲人，等等，则体现了华侨的优秀品格和伟大精神。他们的每一封信，都离不开寄钱。寄钱，不断地寄钱！即使在只靠微薄的养老金糊口、侨汇受到侨居国政府严酷限制的困境中，依然千方百计地寄钱。临近生命终点时，竟破釜沉舟、倾其所有，将"一生积蓄一次寄回"。这是何等的感人！相对于某些侨眷在家乡缺乏大志，不思进取，习惯依赖侨汇过悠闲自在生活，则海外华侨更显独立、奋发、自强，视野和胸怀也更加开阔。针对侨乡的陋习和不良风气，华侨长辈在银信中一边寄钱，一边反复劝导儿孙"人生在世，须要守慎德行，切勿乱作行为。人伦不固（顾）"；与邻里相处要有气量、"以和为贵"，切勿因小事争斗，有矛盾"祈用和平善法解决，切不可用仇怨气语讲话"；"期望力谋进取，发展图强"，"择善而从，立定志向"，"千祈勤俭，不可闲汤（荡）过日"。"父母功劳大过天，儿应奉养父母亲"，教导后辈要常记"血脉之情，平等对待"……简朴的语言中表现了高尚的道德修养，传授了中华民族优秀的传统理念和西方的平等、民主、博爱理念。今天的读者可以从中获得教益。

此外，艺术欣赏价值也值得肯定。颇见功力的书法，精美而内容丰富的邮票，以及丰富多彩的信封和邮戳，都会吸引读者的眼球。这批银信大多用毛笔字写成。李云宏、李云宽和李维亮的书法都不错，其中尤以云宽为佳。云宏、云宽生于 19 世纪 80 年代，维亮生于 1903 年，他们所受的教育是在清末民初。那一代人学毛笔字，就像我们今人学电脑，是必修课。但书法的优劣，则与各人所下的功夫与天分有关。我特别欣赏老一代华侨对中华传统文化的坚守，他们把"文房四宝"（纸、笔、墨、砚）带到大洋彼岸，直到晚年还锲而不舍。其情其艺，着实值得敬佩。

（本文原载《古巴华侨银信——李云宏宗族家书》，暨南大学出版社 2015 年版）

《古巴华侨银信》后记

李柏达①

　　银信又称侨批，是指海外华人华侨通过民间渠道以及金融、邮政机构从海外寄回家乡的信件，是一种兼有书信和汇款功能的家书。2013 年 6 月 19 日，联合国"世界记忆"工程国际咨询委员会第 11 次会议在韩国召开，16 万封粤闽华人华侨留下的珍贵记忆遗产——《侨批档案——海外华侨银信》通过投票表决，正式被列入《世界记忆名录》。这是继开平碉楼与村落之后，江门五邑地区又一世界遗产，也是产生于台山的第一个世界遗产。

　　我出生于一个古巴华侨家庭，家里有不少祖辈留下来的华侨书信。自 20 世纪 80 年代初开始，我爱上了集邮，家里的华侨书信和古巴邮票成为我的第一批集藏品。近年来，本人对侨批研究逐步深入，这些古巴华侨银信成为了编组"2012 第二届东亚集邮展览"镀金奖邮集——《广东五邑侨批（1900—1949）》的重要素材，古巴银信的集邮价值被淋漓尽致地挖掘出来，五邑侨批的庐山真面目亦逐渐为人们所认识。

　　2012 年 11 月下旬，"台山市集邮协会成立 30 周年集邮展览"在台山市博物馆举行，《广东五邑侨批（1900—1949）》邮集和《广东五邑银信史》邮集参加展出，邮展吸引了大批的市民、学生、各地集邮爱好者和海外华侨前来观看。邮展刚刚结束，就接到暨南大学黄卓才教授的电话，说他来到台山，想看看我的古巴华侨银信。可惜邮展已经结束，于是相约

---

① 作者为古巴侨属，青年集邮家。

在台山温泉喜运来酒店见面。畅谈之下，黄教授鼓励我将祖辈的古巴华侨书信整理出来，供学术研究，或出版。一个普普通通的台山华侨家庭的书信，惊动了一位全国著名大学的教授百里奔波追寻，我深深为之感动，也感受到古巴华侨书信在学术研究上的重要性。于是，我下决心将我家几代华侨侨属的旧书信整理出版。

经过一年多的努力，《古巴华侨银信——李云宏宗族家书》书稿终于完成。自1925年6月在古巴的我的二祖父李维亮寄回家乡的第一封家书起，到1975年8月玛料李芳叔父寄回家乡的最后一封家书止，共86封家书，时间跨越半个世纪。这些家书紧紧围绕"银信"这个主题，讲述了一个古巴华侨家族的百年奋斗史，重现了清末、民国、新中国三个不同历史时期发生在古巴和台山的家事、国事和天下事，记录了百年侨乡台山及古巴历史的演迁。每当我捧读宗族的家书，总是控制不住内心的激动，不知多少次流下伤心的泪水。每一封家书，都是一份先辈的遗训，如"在家千祈勤俭，不可闲荡过日"、"父母功劳大过天，儿应奉养父母亲"、"人生在世要守慎德行"、"择善而从，立定志向"、"力谋进取，希望发展图强"等祖训，均可成为当代的治家格言。在书稿付梓之前，还有几句压在心底里的话要说。

一、幸遇良师出书稿。本人才疏学浅，身居穷乡僻壤，是一个默默无名的小字辈，对于出版自己的著作简直不敢奢望。2012年年底，有幸结识暨南大学黄卓才教授。或者是因为我们都是台山古巴华侨的后人，或者是因为我们有共同的爱好，我们一见如故，结下了不解之缘。黄教授建议我将家族的古巴华侨家书整理出来。我虽然编组过邮集，但编书写书却毫无经验。我好像是初次做人媳妇一种，战战兢兢，不知如何入手。黄教授耐心地向我传授写作知识和方法，从信件的整理，著作体例的建立，原信字句、注解和解读内容的审订，各章节标题和书名敲定，写作注意事项乃至标点符号等细节，都提供了指导性的意见，使我每次遇到困难的时候都能迎刃而解。可以说，如果没有黄教授的指导，此书难成。在这里，我代表我们全家向黄卓才教授表示衷心感谢和致以崇高的敬意！

二、众志成城著作成。2013年年初，我携着《古巴华侨银信》初稿到暨南大学，受到该校国际关系学院、华侨华人研究院院长曹云华教授和陈奕平教授、黄卓才教授等专家学者的热情接待，他们对书稿的内容做了高度评价，并提出了详细的修改意见。此后，曹院长还亲临台山，指导我编写书稿。在编辑书稿过程中，得到了我的家人、邮友、同学、同乡的大力支持。我的妻子帮我打印信件和校对，秋凤、秋霞、雪霞三位姑母给我讲述家书里的往事，旅居美国的李素娜、林秋珠和旅居巴拉圭的陈婵姬等同学帮我翻译书信，台山集邮协会陈灿富理事为我审稿，海宴颜明海先生送来古巴华侨文史资料，还有五邑大学张国雄副校长、梅伟强教授、刘进教授以及我的一班同学、邮友鼓励我出版书稿，他们都为促成书稿的完成付出了辛勤的劳动，特此致以谢意！

三、家书故事撼心灵。集邮 30 多年，这些家书伴我度过一个又一个的春秋。然而，以往只重视对邮史的研究，未能真正领会家书的内涵。从整理家书的时候开始，经过反复的阅读、打字、校对、撰稿，我逐步走进家书及其背景的故事中去，真正感受家书的内在震慑力，撼人心灵，感人肺腑。每一封家书，都是一份祖辈的遗训，为我们今后漫步人生之路指明了方向。感谢祖祖辈辈为我们保留下这些珍贵的史料，使我们可以完整地复现当年的历史，也给我们留下一笔巨大的精神财富。我要用围绕这些家书的故事，告知和教育我们的子孙后代，侨乡人民应该怎样做人、怎样做事，大力弘扬华侨精神，建设一个富裕文明的新侨乡。

本书编辑期间，广东南方影视传播控股有限公司、广东电视台编导的纪录片《华侨魂》在台山开拍，该公司副总监许华琳老师得知我在编辑书稿，特邀我讲述古巴华侨银信的故事，并提供古巴华侨银信史料作为该片的素材。

2013 年 9 月 29 日，5 艘台山渔船在西沙遇险，其中 3 艘渔船沉没，88 名渔民落水，其中 26 人获救生还，14 人遇难，48 人失踪。在处理该事件中，我参与了一些遇险失踪渔民家属的善后安抚工作。其中，一位失踪渔民家属在事件发生后十多天的时间里，因悲痛过度，无法接受现实，导致情绪大起大落，无法解脱。我将祖辈古巴华侨故事讲给她听："以前我的祖先漂洋过海去古巴谋生，比现在台山渔民出海捕鱼的风险更加大，沉船事件常有发生。但那时国家懦弱，政府无助，出洋之路九死一生。我的长白公云宾就葬身于加勒比海，那时海外华侨孤独无助，有苦有难只有自己默默地承受。现在国家强大了，渔民在海上遇险，国家派出大规模的救援队伍专门负责搜救，各级政府及时做好善后工作，虽然目前遇难者家庭很困难，但有国家的大力支持、社会各方面的帮助，一切困难都会顺利解决的。同样是在海上遇险，两个不同的时代，遇难者家属际遇迥异，对比过去华侨出洋遇险，现在渔民幸运多了。人要学会感恩，知道感恩社会，就是要遇险渔民家属面对现实，渡过难关，放眼世界，积极面对未来。"一个古巴华侨银信故事，感动了这位失踪渔民家属，她放下心头包袱，抬起头来，积极做好各项善后工作，料理好家庭的事务，勇敢地面对未来的挑战。可见，古巴华侨银信故事撼人灵魂，感人肺腑。

四、创新体裁求突破。我是一位华侨文物收藏研究爱好者，在书稿编辑过程中，突出展示银信文物，并在原信的基础上整理原文，加上标点、注释和解读，通过对每一封书信产生的背景、邮路、邮戳等方面进行研究，打破了邮政史、侨批史、华侨史、金融史、侨乡社会史的界限，将邮史与历史融为一体，让读者能够从不同的角度去解读银信。我这种体裁创新的尝试，希望能得到读者的喜欢。

"烽火连三月，家书抵万金"。86 封古巴华侨家书，演绎着一个家庭、两个国家、三代华侨的变迁，讲述了一个个发生在侨乡社会悲欢离合的动人故事，记录了五邑银信的产生、发展和消亡的历史。现在，我将这些银信整理出版，希望能加深读者对五邑银信的了解，引起社会的共鸣。

由于本人的知识水平和写作能力有限，舞文弄墨未免贻笑大方，书稿写得不当之处，敬请读者指正，希望有不同见解的朋友提出不同的意见，欢迎来信、来电或来电邮共同探讨。

通信邮址：529200　中国广东省台山市台城街道办事处

e-mail：525518241@qq.com

2014 年春

（本文原载《古巴华侨银信——李云宏宗族家书》，暨南大学

出版社 2015 年版）

《末路遗民——古巴华侨访谈录》序

[中国香港] 雷竞璇①

认识到古巴华侨的独特景况，并继而编写本书，对我来说是一段意味深长的因缘。

我祖父和我父亲曾经在古巴谋生，他俩和当时出洋的华侨一样，都是只身在外，不带家眷。祖父什么时候去古巴，已不可考，他 1959 年来香港，之后因为年迈没有再回转古巴，1965 年在香港去世。我父亲 1954 年从家乡广东台山去古巴，1959 年时伴同我祖父来香港。他俩前来香港时，古巴革命已经爆发，政府更换，卡斯特罗上台执政。翌年 8 月，我父亲返回古巴，他当时以为古巴的政局会有转机，但结果并非如他所期望，古巴革命后实行社会主义，不再回头，在当地谋生于是变得困难，再也无法汇出款项接济在香港的家人。挣扎了几年之后，我父亲终于在 1966 年亦即我祖父去世后不久离开古巴来到香港，两年之后，他在此地病故，得年只有 47。我当时正在读中学，对祖父、父亲两人在古巴的工作和生活情况，所知极少。自从父亲病故，母亲不愿提及古巴，我们家庭对上一辈这段海外经历，也就逐渐淡忘。2004 年我母亲去世，之后我整理她的遗物，找到一批信，捆成一扎，绝大部分属于现在已经停止使用的邮简，是父亲历年从古巴寄回来的家书，约 200 封，基本能反映他在古巴十余年生活的情况。阅读这些信件后，引发我的好奇，于是在 2010 年 12 月去了这遥远得仿如在天尽头的岛国，在哈瓦那（La Habana）逗留了十天，出发前阅读

---

① 作者为香港中文大学香港亚太研究所荣誉研究员。

了若干有关书刊，稍稍认识古巴华侨悠长也跌宕起伏的历史，而古巴此行又令我对当地华侨的景况，有了初步体会，总结起来，其实是"破败凋零"四个字。哈瓦那华区纵横好几条马路，两旁的楼宇很有气派，但几十年没有维修，破旧不堪，区内也不见什么店铺，一片颓唐，路上只偶尔见到一些中国人面孔。我到过区内几个华侨团体，见到的都是耄耋之年的老人，大家还是乡音无改，绝大部分抵达古巴之后就没有回过中国，飘零孤岛几十年，近乎与世隔绝。我由是意识到，这是一个独特的群体，已走到了道路的尽头，行将消失，是一群被时代忘记的遗民。

虽然苟延残喘，无可逆转，但是这群遗民其实在延续着一段长长的历史。中国人到达古巴，最早在 1847 年即道光二十七年，并且很快便在当地形成一个庞大社群。背景是当时资本主义的生产发展需要大量劳动力，初期是依赖非洲黑奴，欧洲兴起禁奴运动后，劳动力供应不足，转而向亚洲打主意，看中了人口过剩、经济颓败的中国和印度。最早到达古巴的华人，是作为"苦力"（coolie）以"卖猪仔"的方式被贩运过去的，到达后从事最辛苦、繁重的体力劳动，实际情况和奴隶相去不远，经此方式被贩运到古巴的苦力，超过 14 万人。其后，经清政府派遣官员前往调查和交涉，此种残酷的人口贩运才在 1874 年中止。自此之后，古巴一直存在一个华侨群体，其人数时多时少，视乎好几个因素，如中国社会稳定或动荡、古巴政府移民政策宽松或严苛等。古巴华侨数目亦受美国情况影响，如 20 世纪初美国强力推行排华政策时，一大批华侨从加利福尼亚州移居古巴。总之，华人前往古巴，大体上没有间断。1949 年后，情况开始发生根本变化，新中国成立初期仍有华侨到达古巴，但数目逐渐减少，至 1955 年基本中止，我父亲属于最后一批到古的华侨之一。1959 年 1 月，古巴革命胜利，不久之后推行社会主义政策，私营企业被没收，店铺国有化，禁止雇佣关系。由于难以在当地谋生及发展，自此之后再无中国人前往，古巴的华侨社会从此便进入消亡期。

古巴革命前华侨的人数究竟有多少，并无准确点算，但一般估计在五至八万之间，属于美洲大陆人数最多的华侨群体之一。但 1959 年古巴革命后，不少华侨离开，人数逐步下降，余下者死的死、老的老，2010 年我到古巴时，当地华侨告诉我，仍然活着的，只有大约 300 人，全部都年纪老迈。由于美国对古巴长期实施禁运和封锁，这些华侨半个世纪以来和外界近乎断绝联系，在日常生活和精神面貌上显得和其他地方的华侨群体大不相同，依然是早年的面目。1959 年后，他们经历了古巴政治的变迁，接受社会主义制度改造，又是一段其他华侨社会没有遇上的异常历程。

2010 年访问过古巴后，我感到应该作出努力，将这些遗民的情况记录下来，不然的话，不出若干年，这些老华侨逝去，烟消云散，一段独特的历程也就湮没无闻。由于历史原因和古巴革命后的处境，残留的古巴华侨一般读书不多，知识水平比较低下，没有意识也没有能力将自己的经历记录下来。于是，在 2010 年的旅程后，我萌生了通过口述方式为古巴华侨保存历史记忆的想法。古巴华侨以广东四邑人为主，其中台山人数目尤多，我自己是台山人，能听能说台山及与之相通之开平、恩平和新会方言，同时能读能写西班牙文，自觉具备进行此口述历史项目的条件，于是向我曾经任职过的利希慎基金提出申请，呈上计划书，结果得到支持，并应利希慎基金要求，将此口述历史项目托付香港大学香港人文社会研究所督导。得到资助后，我便再次前往古巴对华侨进行访谈。

2013 年 1 月我重返古巴，按计划在当地停留了一个月。这次到达时，当地华侨告诉我，余下的华侨人数已下降到 200 人左右。此行除哈瓦那外，亦前往卡马圭（Camagüey，华侨称之为"甘玛畏"或"甘玛隈"）、谢戈德阿维拉（Ciego de Ávila，华侨称之为"舍咕"）、西恩富戈斯（Cienfuegos，华侨称之为"善飞咕"或"善灰咕"）等城市，与那里的华侨进行访谈，结果共成功访问了 26 人，另有第二代华裔五人。每次访谈都留有录音，部分还有录像。对于有大学学者从香港远道前来了解他们的经历，老华侨一般感到惊讶，也很高兴，故此相当合作。古巴社会对私隐的观念相对宽松，谈话因而比较坦率。但也有好几位人士拒绝访问，或访问中途不愿意继续，原因各式各样。此次调查和访谈，我聘请了古巴青年 Oscar Amador Peña 协助，受访者当中有几位要用西班牙语说话，Oscar 将之译作英文。对于口述历史，我本来一直有点抗拒，觉得不甚可靠，但要趁这群遗民还在的时候保留记录，细想之下也别无选择，于是，我第一次作了口述历史的尝试。

访谈旅程结束后回到香港，我开始整理收集到的材料，并就对古巴社会和华侨的观察，陆续撰文在报章上发表。结果这些文章引起香港电台电视部的注意，原来该台正在拍摄海外华人系列纪录片，已完成了北美及南洋两部分，都已在本港的电视台播映过，正计划拍摄南美洲部分。读到我在报刊上的文章后，他们前来商量，邀请我一起再前往古巴，协助拍摄工作。这正好给予我再访古巴的机会，可以借之和当地华侨再次接触和进行访谈。于是，在 2013 年 12 月，我和港台电视部的导演和摄制人员前往古巴，此行停留了三个星期，期间去过东部的圣地亚哥德古巴市（Santiago de Cuba，华侨称之为"山爹古巴"或"汕爹古巴"），结果多访问了四位华侨，同时将年初时访问的记录交予各受访者，请他们核实，并与当中的若干位作第二以至第三次访谈。这次再到古巴，华侨告诉我，他们的人数进一步下降，剩下只有大约 150 人。上次到古巴时访谈过的余景暖先生，此时已逝世，赵肇商先生则刚做完心脏手术，离开医院不久，人显得很虚弱。

经过两轮访谈，我为 30 位华侨和五位土生华裔人士留下了口述记录。不过，收到我整理的访谈文稿后，只有几位受访华侨有所回应，大部分都没有什么表示。此情况主要是因为他们的文化水平一般不高，不大重视文墨，有好几位甚至已经不能阅读中文。此外，一般而言，他们也不大明白此项目的重要性和学术意义，认真阅读文稿并提出修改意见的只有寥寥几位。

大部分访谈在哈瓦那完成，其余的在上述的卡马圭等四个城市，历史上马坦萨斯（Matanzas，华侨称之为"马丹萨"）及大萨瓜（Sagua La Grande，华侨称之为"大沙华"）两地从前都华侨众多，但现在已经没有或者余下者年龄太大、估计能成功访谈的机会不高，故此没有前往。另曾到访过圣克拉拉（Santa Clara，华侨称之为"生打加拉"），但该处本来答应联络的华侨突然外出，访问无法进行。

访谈进行时，发现这些海隅遗民不但乡音无改，他们说话时还有不少特别的用词。我整理谈话记录，用现在通行的书面语，但也尽量保留他们的独特词语，有需要时加以注明。其中地名的处理颇费心思，原因是古巴地名现在有正式的中译名，但华侨们依然沿用历来的一套，主要是以四邑方言翻译过来，有一种特殊的历史意义。例如古巴首都现在译作"哈瓦那"，但华侨向来称之为"夏湾拿"或简称"湾城"。在本书内，叙述部分我用正式中译地名，但受访华侨的口述部分则保留他们的用词，附以西班牙文的原来名称，本书正文前的地图和地名对照表可作参考。

本书的 30 多位受访者，各有一段悲欢交织的个人历史，到了此际我坐在香港家中的书桌前写作这篇序言时，古巴华侨的人数相信已减至 100人左右。古人有"传亡国，继绝世"的说法，我不敢妄自攀附，但有缘能为这些远在天涯的时代遗民保留一点记录，我感到高兴，虽然回想起他们的遭遇，仍不免惘然。现在，访谈过的老华侨有四位已经故去，重洋阻隔，邮政难通，其余仍在的本书出版后也不知能否送达他们手中，今后还能和他们见面的机会看来是极为渺茫，只能默默地遥祝他们在远方的余下日子过得安隐。

附记

一、口述历史的整理记录连同录音、录像已存放在香港中文大学图书馆，题目为《古巴华侨口述历史报告》。

二、对前后三次在古巴的闻见，我写了《远在古巴》一书，牛津大学出版社 2015 年出版，简体字版中信出版社 2016 年出版。

三、我协助香港电台电视部拍摄的古巴华侨纪录片已播出，可以在网上重看，链接网址：http：//programme. rthk. hk/rthk/tv/programme. php? name = tv/rootsoldandnew2016&d = 2016 – 01 – 16&m = episode。

（本文原载《末路遗民——古巴华侨访谈录》，牛津大学出版社
2017 年版）

《远在古巴》：古巴华侨濒临消逝

林雨希①

　　最初在林道群先生的微博看到《远在古巴》即将出版的预告，其中引用作者雷竞璇博士的一段话，关于古巴老华侨一段沉痛的历史。看到封面上一名老华侨抽着雪茄，发现我对他们的经历一无所知，包括古巴。今年春节前去澳门，经过星光书店看到这本书就忍不住买了下来。此书的中文简体版也即将由中信出版社出版。

　　为什么《远在古巴》的作者雷竞璇博士对居住在古巴华侨群体那么感兴趣？因为他是台山人，当年他祖父远赴古巴谋生，辗转带上他父亲。到了1959年他祖父、父亲一起回到了香港，那一年古巴发生了革命，作者父亲又阴差阳错回到了古巴，无法脱身，滞留六年后又于1966年返回香港，两年后郁郁而终。作者直至母亲去世后整理遗物才发现一批当年父亲从古巴寄回来的两百多封信，从中才了解到父亲在古巴那段伤心的过往。作者根据信中他父亲提到在古巴的经历，了解到古巴老华侨群体各类人物、他们在古巴的居住地以及各种经历，但毕竟信件的叙述很单薄，有很多存在疑惑的地方，也由此引起作者对古巴的浓厚兴趣，于是有了2010年年底奔赴古巴的一次考察，对他父亲提到的各种人事进行追溯。这是本书第一辑的内容。

　　通过翻阅资料以及对当地华侨的访谈，作者发现古巴华侨的历史，自然是非常沉痛。古巴的华侨最初是鸦片战争之后陆续抵达的，绝大部分是

----

① 作者为广州市从化区交通局干部，书评人。

被骗被拐甚至被绑架，俗称"卖猪仔"。他们大多来自广东四邑（新会、开平、台山、恩平）。华侨在古巴的命运十分悲惨，当时他们是作为黑奴的替代品，主要从事种植甘蔗、烟草、咖啡等最繁重的工作。据当年清政府调查，在古巴的华侨达14万人。起初华侨死亡率非常高，半数华人在抵达五年内死去。后来经清政府严重交涉古巴才停止了人口贩卖活动，在古巴的华人才渐渐稳定在六万左右。此后仍源源不断有中国人前往古巴，直至1959年古巴发生革命，变成社会主义国家。由于长期被美国经济封锁，再加上当年古巴政府亲苏联，中国人不再前往古巴谋生，导致在古巴的华人群体逐渐衰落。2013年年底作者最后一次去古巴时，仍在的华侨剩下150人左右。留在古巴的老华侨由于长期与世隔绝，如今大多垂垂老矣，由于当年前往古巴谋生的这批华人，大多文化水平不高，并没有意识将这段历史保留下来。因此作者自第一次从古巴回来就一直惦念着这批华侨，一直想为这批老华侨保存一点记忆而做点什么。经过争取，得到来自他故乡的利希慎基金会、香港大学的资金支持，并于2013年1月和12月两次前往古巴，每次逗留一个月，先后访谈了约四十位老华侨，将他们的记忆保存下来，本书的第三辑精选了部分访谈。这批访谈的完整部分也即将出版。

作者在古巴对老华侨的访谈记录显得无比珍贵，在作者对他们进行访谈记录的几年前已经有好几位过世，这个群体的消逝真的是可以预见的残酷现实，正如作者所言，这完全是跟时间赛跑。对于精选在本书的访谈，给我留下印象最深的是周柏图先生。周先生并非生活在当年古巴华侨聚居的地方，在得知有个中国人去拜访他时显得一片茫然，待了一阵才一字一字吐出古老的中国话音，作者形容这是"孤悬海外的遗音"。

值得一提的是，雷竞璇博士学术作风十分严谨，此书内容经过作者翻阅大量书籍资料，并实地考察撰写而成。比如在《流落远方的语词》提到，在访谈古巴老华侨过程中发现他们的用词有点特别，发现他们大多说的是古老的广东四邑方言，作者根据严谨的考据，将一些常用的词和如今通译逐一进行甄别、对比。在《关云长在古巴》《天主堂里的观音》提到关于古巴老华侨群体信仰的种种细节，都是根据当地老华侨回忆的基础上，翻阅大量的相关资料才最后得出结论。

前阵子在微博上看到朋友转发一条消息，滚石乐队在古巴免费开演唱会，古巴街道万人空巷。随着美国对古巴的邦交正常化，这个停滞了近半个世纪的国家或许会焕发出无穷的活力。这不禁让人联想到七八十年代同样是社会主义国家的中国。

（本文原载《深圳晚报》2016 年 7 月 5 日）

亲情文化美学的时代奇迹

——读《古巴随笔》的随笔

贾　非①

文学的审美使命是崇高的。

这句"别林斯基式"的古老话语，在当今崇高与使命被淡出娱乐化生活与大众传媒的病态时尚里重提，似乎有悖"潮流"。然而，这一使命之心旌神帜，却被黄卓才教授一个传奇式的跨国行动无声地摇动了起来。一卷《古巴随笔——追寻华人踪迹》（广东高教出版社 2017 年 1 月版），抒写了东西方两个兄弟国家"海内"与"海外"血脉亲缘、生死相隔的那段悲苦历史。在大时代的福波里，黄教授从曾经的历史封闭里走出，突发亲情文化灵感，天开异想地邀集了身居美、加、中三国的子孙三代眷属，组织一个跨国家庭访问团。以自助游的方式前往古巴寻巡、探访家族先人到古巴谋生的历史足迹；亲历其境体验华人先辈所经历的生活环境，喜乐和苦难。

作者的父亲黄宝世先生（1898—1975）是古巴一位地方侨领。他以 50 年的青春和生命为所在国和故国所做的贡献，赢得了侨居地人民的尊敬，被称为"高尚的人"。黄教授这位古巴侨属学者作家在异国他乡的魂魄冲撞，自然也给读者带来了第一等的神智刺激和审美感受。

---

① 作者为暨南大学文学院教授、作家，暨南大学出版社前总编辑。

　　黄教授令尊大人于 30 年代初，出于社会现状和家境的原因，历史性地随同广东沿海华族群体，告别故乡——台山，漂泊出洋，辗转加勒比海，到达古巴中部小城茹苦谋生。岁月留痕，历史的氤氲使得台山成为"中国第一侨乡"，同时亦成为古巴华侨的"最牛的"家乡（见《万里情牵哈瓦那》——访台山"古巴华侨村"、再访"古巴华侨村"）。侨乡，这一特定的国际移民概念，在当代中国人的生命与生活中，被焕发出了时代的光亮。走出"国门封闭"与"海外关系"灾难的中国人，可以有机会到远在地球另一边的先人侨居的国度，去寻宗问祖，链接"双重"侨乡的亲缘信息与灵脉，此乃中国改革开放国策赋予国人的亲情灵感与机缘，盖源于当今这个伟大的时代。

　　作者存有黄老令公在 1952—1975 年间写的四十多封家书。他以此为往事叙解的基本史料，加以在这些家书指引下过来的人生经历，曾以长篇报告文学《鸿雁飞越加勒比——古巴华侨家书纪事》为题，生动成书（暨南大学出版社 2011 年版）。当年，即以其生动的文学构思和话语本色，获颁《中国作家》第二届中山杯华侨华人文学奖项。2014 年，他率领"跨国家庭访问团"走访古巴，专门到他父亲生活和工作过的大沙华（Sagua la Grande）和古巴首都哈瓦那等地"纪念先侨，追寻龙迹，了解古巴"。寻根访祖之行结束后，又满怀深情地写作并出版了《古巴随笔追寻华侨华人踪迹》一书（广东高教出版社 2017 年版），并以此隆重纪念中国人到达古巴 170 周年（1847—2017）。《古巴随笔》可以说是《鸿雁飞越加勒比》的续篇，但视野更广、深度更佳。

　　这是一本以"关注拉美战略伙伴，追寻古巴华人踪迹"为主旨的纪实散文集。全书计含随笔"古巴情结"、访问记"探寻之旅"、人物速写"丽岛友朋"三个单元，并配有 200 多张相关图片，翔实记叙了作者率领"跨国家庭访问团"在古巴城市和乡镇实地访问的生动情景，揭开了位于古巴中部原来不为人知的"广府华侨乐土"大沙华神秘的面纱。

　　黄教授是古巴侨属学者，生活在一个五代华侨家庭。他长期观察研究古巴，善于以文学笔法描述见闻、表达思想和观点。而《古巴随笔》一书的侨史、学术价值自不待言。其亲情文化的美学价值，尤为当今缺位了的主流文化添加声色，鸣响出了一曲动人心魄的国际亲情美学旋律。该书从先人血与泪的行走、世界风与云的人间，到国际山与海的情缘、子孙情与智的流脉，都有萍踪履迹的忠实采集与描绘，其亲情文化美学氛围之宽泛、浓烈，为一般文史著作所难以囊括。

作者通过万里寻踪，在结识友人的帮助下，寻找到其父亲生活和工作的轨迹和有价值的文物资料，并与认识其父亲的当地市民进行攀谈。尤令人感怀的是书中描绘作者及其家人到"敬爱的父亲、爷爷、曾祖父"墓前扫墓，用从广州带来的香火、一块钢板刻字的墓志铭、一本《鸿雁飞越加勒比》新书和糖果，拜祭黄宝世先生，并饱含深情地行三鞠躬礼的亲情场面，感人至深。其民族心神美德、祖系亲情灵脉，光耀海天之外。同时也拉近、连紧了异国"乡情"与本土"乡情"的血缘、亲缘至爱。无怪乎作者发出真情地感叹：《古巴，我的拉美家乡！》

旋即作者又到哈瓦那唐人街去拜访中华总会馆和《光华报》报馆，到"旅古华侨记功碑"去瞻仰。又细致考察当地居民和新老华侨华人、土生华裔的生存情况。书中以"探寻之旅""丽岛友朋"等为专题章节，详细记录并多侧面描述了加勒比岛国古巴及其华侨华人的现状与历史。结识了诸多古巴朋友。诸如人物专题中广东女孩杨素明的古巴传奇、"千里单骑"走古巴、搜寻华人资献筹建博物群的陈建洪等等，都深情地展示了他《难解的古巴情结》。

黄卓才的《古巴随笔》以平实的散文记事语言，娓娓亲切的叙事风格，不着雕饰夸张，或访谈、或探寻、或纪实、或感发，笔运灵活，天工自然。偶有幽默，不露声色，展示出他匠心独运的才气。这些都构成他将本书的亲情、情结升华为审美感受的文化能量。

黄卓才的家族跨国旅游寻祖活动，开创了一个独有民族心理特征的时代奇迹；同时，其作品《古巴随笔》在开启亲情文化情境上，又成为一个美学奇葩。"亲情"一般不被学界认为是美学范畴的话题。他只是人脉关联中常见的伦常关系。在现当代文化文学艺术作品中尤其如此。黄卓才两部作品的独创性、独到处，恰在于与此相反。

正如作者在书跋中写道，"这仅仅是追寻古巴华侨华人踪迹的第一步，我没有理由就此歇息。我虽无'雷霆不移'的'仁者之勇'，却有'广其学而坚其守'之心。我必须继续前行，到侨乡去，到古巴去，到友朋中去，到书丛中去，追溯，寻觅，挖掘……"

　　作者在古巴的寻访期间，以其卓越的民间外交才能，广泛接触各界名要，结友甚多。文化使领官员、华裔侨领、知名作家、学者、艺术家，皆得其友善之情的深切交往。作者在其著作中也有言道，愿以此为中古侨界开启的文化交流搭建一个新平台，开展创意性工作。

　　2016 年是中国与拉丁美洲及加勒比地区的"中拉文化交流年"；2017 年则是中国人抵达古巴 170 周年纪念年。本书得以在此期间面市，必将承接一定的社会使命。愿黄卓才教授彰起的古巴亲情文化热，为中国主流文化美学的复兴，掀开新的更为绚丽、开阔的篇章。

　　　　　　　　　　　　　　（2016 年岁尾至 2017 年 1 月于暨南园）

小说《黄色行李》简评

张　鹏①

　　19 世纪中后期，古巴没有像拉美其他地区那样，从欧洲殖民者的手中获得民族独立，仍然是欧洲的一块殖民地。英国工业革命正如火如荼地进行，率先开始对"私自贩卖黑奴"开战，以打破殖民地封闭式自足经济模式，促进工业品的倾销，推动殖民地资本主义的发展。受此影响，古巴当局于 1820 年规定贩卖黑奴为非法。古巴经济发展遭遇瓶颈：一方面，土生白人中的富裕阶层致力于发展古巴的早期工业，但"禁运黑奴"导致他们缺少劳动力；另一方面，大批以引进新技术、开发国内市场为目标的庄园主也面临同样的尴尬——劳动力缺乏。工业发展和国内市场的开拓都在呼吁一支廉价的劳动力大军。英国政府虽然禁止贩卖黑奴，却并不限制使用中国苦力。正因为如此，从 1842 年开始，往古巴贩运中国苦力的罪恶交易就开始了。

　　在这样的大背景下，故事的主人公——尼古拉斯·丹戈·阿梅罗登场了。丹戈的父亲出生于古巴，是非常有威望的上流社会名士。尼古拉斯本人在纽约和巴黎接受了高等教育，学习经济专业。第一次来到古巴的尼古拉斯非常落魄，只想发挥所学优势，在算数方面有所建树，但这个有着"魔鬼般效率"的精明人物发现了"贩卖中国人到美洲"的巨大商机，因而放弃自己的初衷，成为一名老练的人贩。一批批中国苦力在 19 世纪下半叶源源不断，在受尽非人旅途折磨后，来到完全陌生的土地。这些中国

---

①　作者为天津外国语大学拉丁美洲研究中心主任，西语系主任、教授。

苦力也改变了古巴的民族构成：在白种人、土著人、黑人的基础上，出现了黄种人。小说选定的这一过渡时期（从没有黄种人到贩入中国苦力的这一段时期）在古巴文学作品中鲜有涉及，而著作者玛尔塔·罗哈斯敏锐地抓住了这个过渡时期。

尼古拉斯初到哈瓦那时形同丧家之犬，不仅在波哥大蹲了三个多月的牢房，而且父亲已逝，一无所有，仅有表兄菲利克斯权作倚靠。但仅仅几年过去，他的社会地位就大大提升，成为一名在伦敦、纽约和香港均设有办事处的进口商。第二次来到哈瓦那，他的富裕令人咂舌：光是行李就有90件，都是"远渡重洋，满含几个大洋气味的与众不同的大箱子"。此外，还有"上十个身穿天蓝色丝绸长袍的黄种人，他们都是帮毛头小伙子，那么年轻，像是青春期的少年。"其实，在诸多进口货品和外贸的幌子下，尼古拉斯干的是贩卖人口的买卖。小说的题目《黄色行李》① 因而也具有双重所指：一是来自中国的商品；二是来自中国的苦力。尼古拉斯机会主义的敏锐和他无孔不入的嗅觉使他成为贩卖苦力的最重要的组织者，不断往秘鲁钦查和古巴岛上输送中国劳工。这项肮脏交易的遮羞布下充满了各种丑恶和冒险：贿赂、虚伪、欺骗、残酷、贩运途中经过大洋时的万般惊险。

小说的另一位主人公范倪是中国苦力的代表，是一个在古巴人眼中带些神秘的人物。这个"神秘"与他的个人经历有关。从孩童时候起，受在紫禁城当差的叔叔的引荐，范倪就进入了这座"深宫大院"。由于他的机敏和聪慧，得以陪侍太子学习，这个经历使他掌握了丰富的知识。就在日子平稳向前的时候，不幸从天而降——范倪必须经过阉割，成为太监。又是叔叔，借着办公差的时机，把他带出了皇宫深宅。一个偶然的机会，漂泊在南方的范倪在澳门遇上了尼古拉斯，成为他的仆人。在陌生的土地上，范倪要凭借自己的机敏和智慧，一方面得以生存，另一方面开拓自己的前程。

小说在描写范倪与尼古拉斯关系的过程中，凸显了两种文化的差异，以及因文化差异而导致的双方误解和歧义，这也是小说的成就之一。在小说的第七章"范倪的训话"中，面对刚刚登船古巴、自己都不知道身在

---

① 玛尔塔·罗哈斯著：《黄色行李》，张鹏译，五洲传播出版社 2012 年版。

何方的苦力们，作者有意把能造成歧义和误解的层面进行叠加，范倪对苦力们的训话在庄园主们看来，完全与自己的预期相反。这样的处理，更凸显了一对反差：一方是受欺骗、受虐待的苦力们；另一方是他们将来的主人，古巴岛上的庄园主们。

多元文化碰撞不仅表现在黄种人与土生白人的接触冲突中，还表现在黑人和黄种人的沟通交往上。当然，后者的着墨不如前者浓厚，是对"多元文化碰撞"这一主题的补充和增色。黑奴的代表人物是布鲁尼尔达，这是个野性十足、身材火辣、脚戴铜环的女奴，充满了反叛精神和对自由的渴望。布鲁尼尔达有些医术，历经曲折后逃脱魔窟，最后还是逃不过命运的捉弄，被警察追捕，在声声警笛催逼中神经错乱。她与尼古拉斯的交集是在医治"脓疮缠身"的苦力时产生的。布鲁尼尔达在苦力身上唤起的色情幻想与尼古拉斯对伯爵夫人的痴迷形成另一对反差。伯爵夫人赫巴克阿美丽迷人，脚戴金环，勾起了尼古拉斯的无穷欲念。

至此，作者以 19 世纪下半叶充满矛盾冲突的时期为背景，经过细致的布局安排和前期对东方文化的确凿调研，从历史和民族融合的角度艺术地勾勒出一个虚幻的世界，在这个世界里，丰富的人物和场景相互交融，汇成今天多元文化特色鲜明的古巴岛。

"历史"在本部小说中只是一种文学手段，虽然作者对中古两国这一段时期的历史进行了深入的研究，创造出完全可信的历史氛围和关键人物，但作者关注的不是"再现历史"，而是创造历史的这些人物，他们是如何在特定的环境中挣扎、抗争、思想和行为的。

除了贩卖苦力，貌似正经外贸商品的"黄色行李"后还有一样见不得人的东西——鸦片。小说中范倪就是伴着鸦片出场的："他不时吸一口竹烟斗，吸入他已经习惯了的量，烟斗里面装的是鸦片。"小说中，购买鸦片的是一群加利福尼亚淘金者，作者没有在他们之中选取某个特定的人物代表，而把他们作为一个群体去描写。这是一群莽撞的冒险者，他们来到古巴岛的目的就是从事毒品交易。除了加利福尼亚人，古巴岛上以苏卢埃塔为代表的大庄园主，在"皇家经济发展委员会"的幌子下，既贩运苦力（1847 年，正是他们把第一批苦力贩运到了古巴），又购买鸦片和鸦片酊。

在小说中，作者借助"鸦片"达到文学表达的效果。鸦片的药理作用模糊了虚构世界和现实世界之间的差别，使描写充满了想象的空间。人物经常在鸦片的作用下进入如梦似幻的状态中，回想起过去发生的事情，抑或是想象出某种场景，在这些段落中，有时连读者也不能分辨是真是幻。在某个特定时刻，人物又突然从幻梦中回到现实，小说的描写又回归到现实的层面。所以，"鸦片"在小说中具有了文学表现手法的功能，能激发读者的想象，成为一个主动的阅读者。

在现实与梦幻交错的同时，小说中还用到了人称交替使用的手法。第三人称占主要部分，其中交替出现第二人称。这就像照相机焦距的调近或调远，既可以通过第二人称反映诸如人物内心独白这类非常隐私的片段，又可以通过第三人称拉开距离，以一个旁观者的姿态观察事件的进展。

小说的另一个特点是精练但不乏艺术化的语言。这种语言带领我们走进 19 世纪下半叶的哈瓦那，领略那个时代的哈瓦那画卷：中心城区与周边地区庄园和蔗糖厂之间的反差；各个阶层人物之间的反差；充满异国情调的中国文化与本土热带文化、黑人文化的反差等等。

画卷除了反映重大题材，还掺杂了爱情、欲望、情感等成分，使小说的可读性更强。我们不仅可以看到年轻的尼古拉斯面对美丽的伯爵夫人时无法遏制的欲念；火辣，充满野性美的黑人女奴；还见证了奴隶贸易中的钩心斗角、尔虞我诈、精密算计；尼古拉斯与范倪关系中前者的实用、欺诈、算计的本性，以及后者的智慧和耐心，两人斗智斗勇的过程又以令人意外的方式结束。

所有这些情节或手法，使《黄色行李》成为一部充满悬念，可读性非常高的小说，全文充满了高度的暗示性和持续的趣味性。小说作者玛尔塔·罗哈斯是一个充满社会责任感的女作家。她历来非常关注殖民时期的古巴社会，对古巴民族的形成过程充满了创作的激情。这一点可以从她的其他小说中得到反映，如《斯宾塞王的摇椅》（1993）、《白皮书》（1998）、《奥维耶多的闺阁》（2003 年），以及获得过阿莱霍·卡彭铁尔文学奖的《落入英国人手中的一年》（2006）。

（本文原载《黄色行李》，五洲传播出版社 2012 年版）

附录：古巴地名对照表^①

一、省名

西班牙文名称	现今正式译名	老华侨所用名称	备注
Artemisa	阿尔特米萨省	亚尖美沙	
Camagüey	卡马圭省	甘玛畏	
Cienfuegos	西恩富戈斯	善飞咕/善灰咕	
Ciego de Ávila	谢戈德阿维拉省	舍咕	
Granma	格拉玛省		
Holguín	奥尔金省	柯景	
Las Tunas	拉斯图纳斯省		
Matanzas	马坦萨斯省	马丹萨	
Mayabeque	马亚贝克省		
Piñar del Río	比那尔德里奥省	便拿思澳/边拿厘佑省/边省	
Provincia de la Habana	哈瓦那省		
Sancti Spíritus（Provincia）	圣斯皮里图斯省	散晏尼都	
Santiago de Cuba	圣地亚哥古巴省	山爹古巴/汕爹古巴/山咀咕	
Villa Clara（Provincia）	维亚克拉省	生省	
Guantánamo	关塔那摩特区	云丹	
Municipio Especial Isla de la Juventud	青年岛特区		

---

① 本表由黄卓才在雷竞璇教授所著《远在古巴》、《末路遗民——古巴华侨访谈录》两书附录的基础上补充整理而成，尽量收入了本书涉及的地名。

二、城市名

西班牙文名称	现今正式译名	老华侨所用名称	备注
La Habana	哈瓦那	夏湾拿/湾城/湾京	首都、省级
Aguacate	阿瓜达	亚华吉地/亚华加地	
Alacianes		亚拉加冷埠	
Artemisa		亚尖美砂埠	
Arroyo Blanco	阿罗约布兰科		
Alto Leclro		押度舍路埠	
Bahía de Cochinos	科奇诺斯湾		
Batahano		抱打华那埠	
Bayamo		槐音务埠	
Bayamo	巴亚莫		格拉玛省省会
Boyeros	博耶罗斯		
Buena Vista	布恩纳比斯塔	好视觉	
Caiharien		介华连埠	
Camaguey		甘马威埠	
Camejuani		甘马华呢埠	
Cárdenas	卡德纳斯	格颠剌司/加达拿埠	
Carlos Tercero	卡尔洛斯特耳塞罗	三沙罗	
Chaparra	查帕拉	集把拉	
Cifuentes		善宽地埠	
Colon		个窿埠	
Corralillo		科拉利约镇	
CuCes		古习士埠	
Cumanayegua		固马拿也话埠	
Florida		科罗李拉埠	
Fomento		福门托市/科缅度埠	
Funta Alegre		本打亚李忌利埠	
Guanabocoa	瓜纳瓦科阿	云那巴歌	

西班牙文名称	现今正式译名	老华侨所用名称	备注
Güira de Melena	古伊拉德梅雷纳	乌伊拉麻连拿	
Jatibonico	哈蒂博尼科		
Jobabo		荷花芊埠	
Juguay Grande		大霞长埠	
Holguin		柯景埠	
Isla de pinos		马丹沙松树埠	
Las Palacios		巴拉兆埠	
Lueto		葛度埠	
Manguito		阴结度埠	
Manzanillo		万山厘佑埠	
Marianao	马里亚瑙	马利嬲	
Marti	马蒂		
Matanzas		马丹沙埠	
Maximo gomeez	马克西莫·戈麦斯	一月一日镇	
Minas de Matahambre	马塔安布雷矿区	马丹饥饿	
Morgon		磨梗埠	
Morón	莫龙		
obabo	霍瓦沃	荷花户	
Palma Soriano		把蔗蔬靓埠	
Palmira	帕尔米拉	巴委拉埠	
Panes		湾你埠	
PeriCo		卑厘咕埠	
PlaCetas		巴拉雪打埠	
Playa	普拉亚海滩		
Playa Giron	吉隆滩		
Pidro Betancomt		役登拱埠	
Pinar del Rio		边拿厘佑埠	
Rimedios		厘尾料埠	

续表

西班牙文名称	现今正式译名	老华侨所用名称	备注
Regla	雷格拉	力刺	在哈瓦那东南部
Rodas	罗达斯	车辙	
Sagua La Grande	大萨瓜	大沙华	在生省
San Anotonio de Rio Blanco	圣安东尼奥·里奥布兰科	白散多河	
San Francisco de Paula	圣佛朗西斯科德帕拉	慢的金山	
San José de las Lajas	圣何塞 德 拉斯 拉哈斯		马亚贝克省省会
San Juan de los Remedios	雷梅迪奥斯		
Santa Clara	圣克拉拉	生打加拉/汕打加拉	生省省会
Santacruz del sur		南山打咕噜埠	
Santa Isahel de las Laja		拉夏埠	
Santiago de Las Vegas	圣地亚哥 德 拉斯 贝加斯	散的丫告	
Santiago de las Zagas		汕爹咕拉委架埠	
Saneti Apiritus		山爹庞列度埠	
Smaralda		嘻眉拉拿埠	
Tarará	塔拉拉	达拉海滩	
Trinad		進你拉埠	
Trinidad	特立尼达	千里达	
Union de Reyes		劳良埠	
Varadero	巴拉德罗海滩		
Vedado	维达多	惠多道	
Viñales	比尼亚莱斯	葡萄园	
Venezuela	委内瑞拉		
Yaguajay		游华体埠	
Zulueta		素律打埠	

三、哈瓦那华区街道名

西班牙文名称	现今正式译名	老华侨所用名称	备注
Aguila	阿基拉街	阿鱼拉街	
Amistad	阿米斯特德街	亚密打街/友谊街	中华总会馆所在地
Calzada del Monte		蒙特路	

续表

西班牙文名称	现今正式译名	老华侨所用名称	备注
Campanario	甘帕纳里奥街	甘吧拿廖街/钟楼街	九江公会、余风采堂
Corrales	科拉莱斯街	个拉呢街	
Cristo	克里斯托街	结多街	
Cuchillo	谷奇瑶街	咕至佑街/故止佑街	
Dragones	德拉贡乃斯街	拿拉贡呢街/龙街/鳙昂汝街	黄江夏堂、李陇西堂、中山自治所、溯源堂、龙冈公所、至德堂
Lealtad		利尔达大街	
Malecón	马莱孔	海旁大道	
Manrique	曼里克街	马利克街/盲李忌街	洪门民治党总部、安定堂
Obispo	奥比斯波街	奥必波街	
Rayo	拉约街	拉育街	
Salud	萨卢街	沙鲁街	
San Nicolás	圣尼高拉斯街	生呢哥拉街/山汝个鳙街	陈颖川堂
Zanja	桑哈大街	生下大街省下街	古巴社会主义同盟

后　记

2016 年 6 月的某日，我收到暨南大学黄卓才先生的来信，信中提到 2017 年是中国人抵达古巴 170 周年。黄先生提议共同编撰一本文集，以资纪念。我随后向工作单位的领导刘捷教授提及此事，得到他的大力支持，使得本书问世有了初步的可能。

古巴华侨华人研究在国内学术界是冷门方向，关注此问题的专家学者屈指可数。要编撰成书，何来文章？黄卓才先生提议采取约稿和收编已发表文章相结合的方式，汇集古巴华侨华人研究的各类文章，为中国人抵达古巴 170 周年献礼。在此，特别感谢黄卓才先生，从筹划出书到编辑定稿，他承担了搜集文章、分类组稿、邀约并联系作者等大量工作。正是他的努力，使得本书汇集了海内外古巴华侨华人研究专家的相关文章，展示了近年来中国老中青学者对古巴华侨华人研究的成果与结晶。同时要感谢为本书提供文章的诸位专家学者，没有你们的慷慨赐稿，本书就将是停留在设想阶段的"空中楼阁"。另外，感谢本书责任编辑张林主任以及参与本书编审、校对的编辑老师为本书正式问世所做的大量技术性工作。

在此需特别说明的是：

一、本书文章中的某些观点和数据不尽相同，这是学术研究中的正常现象，根据文责自负的原则，我们一律不作改动。

二、本书作者众多，又来自内地、香港、台湾和海外，所以表述方式和语言风格有较大差别，相信读者可以理解。

三、我们竭尽全力联系了收入书中文章的所有作者，希望获得收编文章的许可和授权。但遗憾的是，小部分作者一直未能联系上，尤其是已故作者不知如何联络。如若文中作者或相关家属读到本书，请与我们联系。

袁 艳
2017 年 1 月于四川绵阳